21世纪经济学系列教材

ECONOMICS

区域经济学

Regional Economics

张秀生 主编

WUHAN UNIVERSITY PRESS
武汉大学出版社

总　序

　　一个学科的发展，物质条件保障固不可少，但更重要的是软件设施。软件设施体现在三个方面：一是科学合理的学科专业结构，二是能洞悉学科前沿的优秀的师资队伍，三是作为知识载体和传播媒介的优秀教材。一本好的教材，能反映该学科领域的学术水平和科研成就，能引导学生沿着正确的学术方向步入所向往的科学殿堂。作为一名教师，除了要做好教学工作外，另一个重要的职能就是，总结自己钻研专业的心得和教学中积累的经验，以不断了解学科发展动向，提高自己的科研和教学能力。

　　正是从上述思路出发，武汉大学出版社准备组织一批教师在两三年内编写出一套经济学和管理学教材，同时出版一批高质量的学术专著，并已和武汉大学商学院达成共识，签订了第一批出版合作协议，这是一件振奋人心的大事。

　　我相信，这一计划一定会圆满地实现。第一，合院以前的武汉大学经济学院和管理学院已分别出版了不少优秀教材和专著，其中一些已由教育部通过专家评估确定为全国高校通用教材，并多次获得国家级和省部级奖励，在国内外学术界产生了重大影响，对如何编写教材和专著的工作取得了丰富的经验。第二，近几年来，一批优秀中青年教师已脱颖而出，他们不断提高教学质量，勤奋刻苦地从事科研工作，已在全国重要出版社，包括武汉大学出版社，出版了一大批质量较高的专著。第三，这套教材必将受到读者的欢迎。时下，不少国外教材陆续被翻译出版，在传播新知识方面发挥了一定的作用，但在如何联系中国实际，建立清晰体系，贴近我们习惯的思维逻辑，发扬传统的文风等方面，中国学者有自己的优势。

　　这一系列经济学和管理学教材将分期分批问世，武汉大学商学院教师将积极地参与这一具有重大意义的学术事业，精益求精地不断提高写作质量。系列丛书的出版，说明武汉大学出版社的同志们具有远大的目光，认识到，系列教材和专著的问世带来的不止是不小的经济效益，更重要的是巨大的社会效益。作为武汉大学出版社的一位多年的合作者，对这种精神，我感到十分钦佩。

谭崇台

目　　录

第一章 导 论

人类的一切活动都离不开一定的地域空间，任何国家或地方的经济发展都是在一定区域内完成和实现的。研究在特定空间区域内经济活动的规律就形成了区域经济学。自 20 世纪 60 年代以来，随着区位研究由微观向宏观领域的不断拓展，以及各国政府为解决区域问题而加强对区域经济活动的干预，大规模开展区域规划工作，区域经济学获得了迅速的发展。这里，我们首先阐述区域的概念、区域经济学的形成和发展、区域经济学的研究对象及其与相关学科的关系。

第一节 区 域

一、区域的概念和特征

精确地定义区域是非常困难的，正如英国经济学家哈里·W. 理查德逊所说：精确地定义区域是如此可怕的一个梦魇，以至于大多数区域经济学家宁可回避这项工作。这项工作之所以困难主要是由于区域（即经济区域，后文除特别说明外，区域均指经济区域）是一个多侧面、多层次、相对性极强的概念，而且区域的规模根据研究问题的范围与类型可大可小，大到跨国或跨洲的区域，小到一个小的居民点。H. 西伯特（H. Siebert）在《区域经济增长：理论与政策》一书中将区域作为一个中间性范畴描述，他认为，一个区域概念是一个中间性范畴，它介于无空间维的总量经济与定义为一系列空间点的高度分散的经济体系之间，是一个类似于部门的中间范畴，它使得人们可对众多单个企业作某种程度的总量分析而无需对整个国民经济做全面的总量分析。根据西伯特的意见，区域的划分带有极大的随意性。他虽然指出了划分区域的部分目的，但未指出划分标准。

最早从经济学角度对区域概念进行界定的，当推 1922 年全俄中央执行委员会直属经济区划委员会给出的定义："所谓区域应该是国家的一个特殊的经济上尽可能完整的地区。这种地区由于自然特点、以往的文化积累和居民及其生产活动能力的结合而成为国民经济总链条中的一个环节。"①

---

① 全俄经济区划委员会：《苏联经济区划问题》，第 82 页，北京：商务印书馆，1961。

美国区域经济学家胡佛（E. M. Hoover）于 1970 年也给出了一个对区域的定义。他认为"区域是基于描述、分析、管理、计划或制定政策等目的而作为一个应用性整体加以考虑的一片地区。它可以按照内部的同质性或功能一体化原则划分"①。胡佛还指出："把区域视为一种聚合体，可以减少所掌握、处理的数据和事件，这有助于描述区域。在大多数情况下，人口普查区、县的统计总量和平均数所提供的信息量与大量的单项普查所包含的信息量是同样丰富的。但在分析、处理中，前者比后者容易得多。同样，聚合体能够简化对信息的分析过程，这在一个地区内存在大量相互依赖的单元或活动而这一整体又不仅仅是各个个体的总和时尤其重要。最后，由于同样的原因，这一聚合体对于管理、计划以及公共政策的制定和实施都是必需的。从这些可以看出，最适宜的区域划分应遵循行政区域疆界。"②

从胡佛的阐述中可以看出，从这种角度来理解的区域，必然包括在某一主权国家的疆域内，中央政府对它拥有政治、经济方面的控制权，或中央政府的代表代理中央政府行使控制权（如次一级行政区或特殊地区），这些政府为该区域的经济发展提供各种公共物品，通过各种经济政策引导该区域的经济活动，并对全体居民的生活安定与福利提高负有责任。一国疆域内不同区域之间可能存在一些差异，但任一区域内部都具有政策上的一致性和连续性，因而在区域内协调各种经济活动或解决经济纠纷较为容易，各种资源要素的流动较少受到限制，各种交易活动也可以支付较少的交易成本。反过来，不同区域之间存在一定的差异，因而区际交易与合作、各种生产要素区际流动等要支付较高的成本，在居民福利方面也存在差异。一般来讲，如果研究区域经济现象时的着眼点放在要素流动或相互联系时，可以说是在有限空间内思考问题，这时考虑的重点并不在流量或数量上，而是在流动或相互联系上。

我国学者对区域概念的理解主要有：

（1）区域为有内聚力的地区。它是通过选择与特定问题相关的特征并排除不相关的特征而制定的，也就是说，区域包含的地区具有同质性。③

（2）区域为有内聚力的地区。区域所包含的地区具有同质性，经济上有密切的相关性、协调运转的整体性、相互交叉的渗透性。④

（3）区域是指人类经济活动与具体时空条件紧密结合而形成的具有特定结构、

①　Edgar M. Hoover & Frank Giarratani, An Introduction to Regional Economics, Alfred A. Knopf, p. 264, 1984.

②　Edgar M. Hoover & Frank Giarratani, An Introduction to Regional Economics, Alfred A. Knopf, p. 243, 1984.

③　方伦：《区域经济学的研究对象》，《区域经济研究》，1988（1）。

④　林德全：《区域经济规划的理论与实用方法》，《数量经济、技术经济资料》，1986 年专辑。

功能和类型的相对完整的地理空间。在同一经济区域内自然条件、资源和社会经济条件大致类似，经济发展水平和所处阶段大致相同，经济发展方向基本一致，表现为经济意义上的连续性和同类性。①

（4）区域是具有某种共同的经济特征，经济结构的内在联系较为紧密，经济发展整体性较强的地域空间。区域的范围是相对的，因而在理解上既可以指大区域，亦可以指小区域，大区域包容着小区域，形成多层次的区域划分。②

（5）区域经济学中所研究的"区域"，不是一个"纯自然地理区域"，一般也不是"行政区域"，而是具有某种经济特征和经济发展任务的"经济地理区域"。经济地理区域是拥有某些生产要素，分布着农业、工业等产业，拥有城镇、道路等客体的、具有整体化（连成一片）的空间。③

（6）区域经济学关于区域的概念可以表述为：经济活动相对独立，内部联系紧密而较为完整，具备特定功能的地域空间。④

（7）区域是由人的经济活动所造成的、具有特定区域构成要素、不可无限分割的经济社会综合体。经济区域同其他区域的一个重要区别，是它具有自身特定的三大构成要素：经济中心、经济腹地和经济网络。以经济中心（城市）为核心，以经济网络为纽带，联结广大的经济腹地，就构成经济区域。⑤

（8）经济区域一般是指政府行为影响下的区域和形成了相对独立产业部门体系和交通运输网络的区域。在我国，则是以行政区域为载体的各级经济—行政区域，如县、地区（市）、省，或者地方政府参与下所形成的它们的联合体，像东北地区、环渤海地区、长江三角洲地区、珠江三角洲地区和京津唐地区等。⑥

（9）经济区域是人的活动所造就的、围绕经济中心而客观存在的、具有特定地域构成要素并且不可无限分割的经济社会综合体。经济区域是劳动地域分工的必然结果。⑦

（10）区域是地球表面上被某种特征（特别是具有社会经济学意义的特征）所固定的空间系统。一般情况下，区域是指地表的二维平面，但对较小区域，如一个城市，常指三维空间。中国是一个区域，特征是为中华人民共和国所有；东北地区是一个区域，特征是以沈阳为中心，形成了内部互相联系、相互作用的经济系统，

---

① 武友德、潘玉君：《区域经济学导论》，第29页，北京：中国社会科学出版社，2004。
② 陈自芳、熊国和：《区域经济学概论》，第17页，杭州：浙江人民出版社，2002。
③ 张金锁、康凯：《区域经济学》，第6页，天津：天津大学出版社，2003。
④ 张敦富：《区域经济学原理》，第2页，北京：中国轻工业出版社，2002。
⑤ 程必定：《区域经济学》，第5页，合肥：安徽人民出版社，1989。
⑥ 丁四保等：《区域经济学》，第3页，北京：高等教育出版社，2003。
⑦ 高洪深：《区域经济学》，第23页，北京：中国人民大学出版社，2002。

有统一的电网，有相对独立、完善的交通网、通讯网等。①

（11）区域是指人类经济活动与时空条件有机结合而形成的相对完整的地理空间，是人类在运用科学技术、工程措施等对自然环境进行利用、改造和建设过程中形成特定性质的生产地域综合体，是由生产、流通、分配等环节构成的区域，如华中经济区、华南经济区等，它表明了经济现象的区域差异与区域经济的个性。②

（12）区域是指一个国家或一个国民经济中的一个地区，它同另外的地区之间不存在边界和相应的经济上的壁垒。同时，区域不是指一个点，也就是说，不是指一个城市、一个地区或者一定的区位，而是若干个点的总和。不是从给定的行政区划单位出发，如乡、县、市等，而是根据一定的标准把这些单位加以综合。因此，区域是一个变化的框架，它必须符合研究任务提出的要求来加以定义。③

（13）区域为以具有较强自组织能力的城市为中心形成的城镇体系、通过该城镇体系进行交易活动的所有消费—生产者的居住空间。④一般区域概念强调的是一种空间，而这种概念强调的以城镇体系为核心的有限空间是一种经济组织，这种组织是市场选择的结果而不是人为安排的结果。

（14）区域是指拥有多种类型的资源、可以进行多种生产性和非生产性社会经济活动的一片相对较大的空间范围。这样的区域小至县、乡、村，大到省和国家，以及由若干国家共同开发的某些跨国界的区域，比如亚太地区、东北亚、南极、太平洋等。⑤

可以看出，对区域下一个为人们普遍接受的定义是十分困难的。但我们综合国内外学者的研究，可以概括出一些区域的基本特征：

1. 区域特征的相对性

作为经济学研究对象的区域，不是以自然特征为标准划分的自然区域，也不是以纯粹的社会文化特征为标准划分的社会文化区域，而是在一定空间范围内，以经济活动一致性为标准划分的经济区域，或者说包括对经济活动具有重要影响的自然、文化、社会等因素在内的综合性区域。区域都是为了某种研究目的而划定的。对于同一地表空间，由于人类研究目的的不同，划分的角度和指标不同，从而可得到不同的区域划分方案。另外，任何经济区划的指标数值总有一定的时间范围，若时间范围发生变化，统计所得的指标数值会随之不同，经济区域的范围会产生移动。还有，人类的经济活动有着巨大的开拓性，随着人们认识水平的提高，生产手段的

---

① 吴殿廷等：《区域经济学》，第1页，北京：科学出版社，2003。

② 孟庆红：《区域经济学概论》，第21~22页，北京：经济科学出版社，2003。

③ 陈秀山、张可云：《区域经济理论》，第5页，北京：商务印书馆，2003。

④ 安虎森：《区域经济学通论》，第850页，北京：经济科学出版社，2004。

⑤ 孙久文、叶裕民：《区域经济学教程》，第2页，北京：中国人民大学出版社，2003。

改善，即生产力发展和科学技术的不断进步，人们在地表空间的经济活动将不断调整其布局和组合，由此将引起区域范围的扩大，或者是区域界限的变更。社会生产力的发展和科学技术的进步虽然离不开人类的活动，但它不是人的主观意志的产物，而是经济、技术和社会发展的客观结果。这一结果对区域范围的开拓，是不以人的意志为转移的。因此，经济区域就不会像自然地理区域那样，在相当长的时间内保持固定的地域范围，而是处于不断变化和发展之中。

2. 区域在经济上应是比较完整的区域

所谓完整，是指区域能够独立地生存和发展，具有比较完整的经济结构，能够独立地组织与其他区域的经济联系。这就要求区域必须具备能够组织和协调区内经济活动和区际经济联系的能力，如果不具备这种能力，它不是一个完整的区域，不能单独组成一个区域。要具备这种组织和协调能力，不仅要能够制定符合于国家宏观经济政策且能够刺激区域经济持续高涨的各种政策法令，还要具有"高级循环"，也就是要具有由金融银行业、贸易和批发业、信息产业、现代化的工业、现代化的服务业等所组成的循环系统。如果缺乏这种循环系统，则无法组织区内的经济活动，也无法组织区际经济联系，不能独立地生存和发展。一般来讲，制定政策的权力机构和高级循环系统主要集中在较高等级的中心城市里，因而这种中心城市充当区域经济的组织者和协调者，正如胡佛指出的那样，"每一个地区必须包含至少有一个'中心城市'组成的核心"①。

3. 任一区域在全国或更高一级的区域系统中担当某种专业化分工的职能

区域，并不是指单纯的自然地理区域，也不与一国的行政区域界线完全重合，它首先考虑在区域共同利益基础上的经济活动的内在联系。如果在某一范围内的一些生产部门不与区域内其他部门发生联系，而主要与国际或其他区域发生联系，则这些生产部门就构成"飞地式经济"，这些经济主要利用区外原料、资金和技术，主要以国外市场或区外市场为主要市场。如果出现这种"飞地式经济"，应该改变原有的区域划分，因为区内的经济联系应是连续的、不间断的。这种连续的、不间断的经济联系是区域划分的首要条件。由于这种密切的经济联系，区内经济活动显示出本地性特征，具有一种同质性特征。虽然区域内部也存在差异，然而同质性胜过差异性，可以忽略和舍去差异性。同时，不同地区所赋存的资源要素状况，如自然资源、资金、劳动力、技术、科学文化、宗教信仰以及发展水平是不同的。在这种静态或动态差异上所构建的区域经济，也具有不同的特征。这种区内的同质性与区际间的差异性，表现为一种区际间的分工与专业化。这样，在不同区域之间以分工与专业化为基础形成密切的经济联系，这又建造了一国的国民经济体系。

---

① Edgar M. Hoover & Frank Giarratani, An Introduction to Regional Economics, Alfred A. Knopf, p. 246, 1984.

4. 一个独立的区域并不是一个封闭的区域

它在一国总体目标的指导下，不断与外界进行物质与能量交换，优化调整自身组织结构，发挥自己独特功能的单位。没有对外的开放性，就很难找准其生存的位置；失去总体目标的导向，就会走向无序、无度，陷入盲目、封闭、僵化、停滞之中。

各区域在发挥各自比较成本优势、追求自身利益最大化的同时，也随之建立起一套各具特色、专业化突出的经济结构，塑造了在整体中的地位与形象。在一国内部，不同区域之间既有分工又有协作，既相互竞争又相互依存，既相互独立又相互联系，构成整个国民经济体系。由此也可看出，区域经济学研究的区域问题，并不是把经济学原理简单地照搬到区域上，而是从区域入手，运用经济学及其他相关学科的手段，揭示区域经济结构，区域内外生产、交换、流通和消费等有机联系及其在整体中的功能和地位。

5. 区域具有层次性

根据经济区域不同的发展阶段，可以划分为不同的等级。一方面，处于不同发展阶段的同一经济区域，生产力发展水平和市场经济发育程度具有明显的不同，表现出高、中、低不同的层次。另一方面，即使处于同一发展阶段的不同经济区域，由于它们的规模、作用与功能不等，在经济区域系统中，也必然分属于不同的层次和占据不同的位置。区分经济区域的等级是具有一定意义的，因为不同级别的经济区域，其结构、功能及内外联系不同，相应的研究手段也有所不同。

二、与区域有关的几组概念

（一）区域、地带和地区

区域、地带和地区都是常用的概念。它们的共同点都是指具有一定范围的地表空间，但它们之间也存在着一些重要的区别。英国学者哈里·理查德逊的著作《区域与城市经济学》中分析了这种区别，并指出，区域是表示两维空间任一部分的一般性的词，它对空间经济分析十分有用，如用于表示某一特殊生产者产品销售空间的市场区域概念。地带本是一个技术性名词，用来表示从边缘区分割的纬度带。地区是一个准确得多的词，是指国民经济中的一个区域，它有相当完整的结构，能够独立发挥功能。从中国的情况而言，除了地带具有明显的区别外，区域和地区的区别在于，区域更具有自然经济的含义，界限比较模糊，其经济功能主要是通过经济发展的客观联系发挥；而地区还兼有行政区域的含义，界限比较清楚，其经济功能往往通过行政手段和政策功能作用发挥，并且是在历史造就的基础上的比较有序的展开。①

---

① 叶依广：《区域经济学原理》，第 2～3 页，南京：江苏教育出版社，2002。

（二）经济空间和地理空间

地理空间和经济空间这两个概念，在内涵上既有区别，又有联系。地理空间主要与地表赋存物质的自然广延状态有关，有一定形状，并具有相对稳定性；经济空间则主要与经济变量的活动范围有关，是非实体性的，且具有变动性。① 二者由于各有不同的参照系而无法直接对比，有联系但不等值。一般的规律是，生产要素或生产力活动密集的地域可孕育出较大的经济空间；地理空间同样大小而生产要素或生产力活动稀疏的地域只能形成较小的经济空间。例如，我国西部地区虽然地域辽阔，但有效经济活动空间狭小，因而经济发展水平较低，至今仍属于不发达地区。事实上，一个地理空间可以不包括经济空间，也可以有多个经济空间交错并存，地理空间是经济空间的物质依托，经济空间附着于地理空间而存在，共同形成复合空间——经济—地理空间。

（三）经济区和行政区

行政区是以国家行政机构（政府）所管辖的范围来确定界限的，而经济区则主要是按照经济运行的特征和客观规律来决定界限的。② 经济区与行政区既有区别，又有联系。

经济区与行政区在以下四个方面表现出明显的差别：③

（1）行政区是与一定等级政府相对应的政治、经济、社会、文化综合体；行政区综合多方面因素，通过行政机构的政区划分加以确定，具有明显的政治色彩，是有意识的国家行为的产物。行政区与行政权力的执行范围结合在一起，有法定界限，比较稳定；而经济区是与一定等级的经济中心（中心城市）相对应的自然、地理和经济综合体。经济区的内容、范围、层次随着市场经济、经济中心、城镇和交通线的发展而发展，具有明显的开放性和动态性。

（2）行政区有完整而发达的自上而下的垂直式行政系统，行政区的有效运转和职能实现就是依托这些行政管理系统进行的；而经济区凭借的是发育不均衡的水平式经济网络系统，区域经济主要是在经济规律作用下通过市场调节运行的。

（3）行政区的运行主体是各级地方政府，它具有全区性的决策权、调控权和自己的利益追求，政府是区内最高层次的决策主体和利益主体；而经济区的运行主体应该是具有独立法人地位的企业，虽然每个企业也有自己的决策权和利益追求，但对一个经济区的整体而言，它不存在全区性的决策主体和利益主体。

（4）行政区具有明确的和相对稳定的区域界定，并有法律效应；而经济区的

① 武友德、潘玉君：《区域经济学导论》，第29页，北京：中国社会科学出版社，2004。
② 陈自芳、熊国和：《区域经济学概论》，第18～19页，杭州：浙江人民出版社，2002。
③ 周克瑜：《走向市场经济——中国行政区与经济区的关系及其整合》，第45～46页，上海：复旦大学出版社，1999。

界限在现实生活中往往具有示意性和动态性的特点，没有法律效应。经济区含有多个领域和多种环节，其活动范围广狭不一，有不同的辐射半径，相邻的经济区边界不一定泾渭分明，边界是柔性的，往往形成一个过渡带。

不仅如此，行政区与经济区两者还具有本质上的差异。比如前面所分析的，行政区是为实现国家的行政管理、治理与建设，对领土进行合理的分级划分而形成的区域或地方。行政区的创置和变更以政治因素为主，综合考虑社会、经济、自然等因素，行政区的大小及层次的多少主要取决于行使职权的需要。因此，从最本质的或主导的特征而言，行政区的创置与变更带有明显的政治色彩，是一种有意识的国家行为，属上层建筑范畴。而经济区是为实现国民经济因地制宜合理发展，对领土进行战略性划分而形成的具有全国意义的专业化地域生产综合体，它是在商品经济比较发达的条件下，社会生产地域分工的空间表现形式。经济区的划分以经济为主，其规模大小主要取决于中心城市的经济实力、区域经济联系、交通条件等。就其最基本的属性而言，经济区的形成绝不是人为的，而是一种不以人们的意志为转移的客观存在，属经济基础范畴。

从上述意义来看，行政区与经济区的关系，在理论上就成了上层建筑与经济基础关系的具体体现。一方面，经济基础决定上层建筑，行政区的划定不能不以经济为基础，政治、社会、文化等的格局也离不开经济这个基础，应尽量求得与经济区的一致，使行政区划与发挥地区优势相结合，与依托中心城市、组织合理的经济网络相结合，与实现区域经济发展战略相结合。另一方面，行政区格局一旦确定下来，则会反作用于经济区的发展，成为促进或阻碍经济区经济发展的因素。因此，为了便于管理经济活动，也为了通过行政区进行必要的行政干预，经济区的划分要适当考虑保持一定层次行政区的完整性，使经济区的经济发展有一定的行政区依托。但从根本上说，经济区的经济发展应该打破行政区界线，实行跨行政区的横向经济联合。行政区的界线不应该成为经济发展的障碍。

第二节　区域经济学的形成和发展

区域经济学的形成和发展最早渊源于1826年杜能提出的农业区位论，至今已有180年的历史。然而，作为一门相对独立的科学，它大体形成于20世纪50年代。自20世纪60年代以来，随着区位研究由微观向宏观领域的不断拓展，以及各国政府为解决区域问题而加强对区域经济活动的干预，大规模开展各种区域规划工作，区域经济学获得了迅速的发展。

一、古典区位论的研究

在第二次世界大战以前，区域经济学研究还主要局限在对企业、产业和城市的区位选择、空间行为和组织结构方面。在这一时期，涌现了一批至今仍有较大影响的古典区位理论，如约翰·冯·杜能（J. H. von Thunen）创立的农业区位论，以阿尔弗雷德·韦伯（Alfred Weber）为代表的工业区位论，由克里斯塔勒（W. Christaller）创立的中心地理论，以及奥古斯特·廖什（August Losch）的市场区位理论和一般区位理论。

1826 年，德国经济学家杜能出版了使之闻名于德国并对后世产生了重大影响的传世之作《孤立国同农业和国民经济的关系》（简称《孤立国》）第一卷，首创农业区位理论，并开创了区位理论的先河，杜能由此而成为现代区域经济学的鼻祖。

阿尔弗雷德·韦伯是近代工业区位理论的奠基人。在韦伯之前，德国经济学家威廉·罗雪尔（Wilhelm Roscher）、阿尔伯特·谢弗尔（Albert B. F. Schaffle）、龙赫德（Wilhelm Laumhardt）等曾探讨过影响工业区位的若干因素，列举了形成工业区位的若干条件，但其论述并未形成完整的体系，韦伯则在这些先驱者研究的基础上，建立了比较系统和完整的工业区位理论。韦伯在工业区位理论方面的代表作有《工业区位论——论工业区位》（1909 年）和《工业区位论——区位的一般及资本主义的理论》（1914 年）。韦伯理论的核心在于运用等运费线考察了运输成本、工资成本和集聚因素对工业区位选择的影响。

20 世纪 30 年代中叶，德国地理学家克里斯塔勒在其《德国南部中心地原理》一书中，对德国南部乡村聚落的市场中心和服务范围进行了实证研究，得出了三角形聚落分布和六边形市场区的高效市场网理论，即中心地理论，揭示了城市的规模、功能和等级效应，并将城市规模与等级的关系概括为正六边形模型。

德国经济学家奥古斯特·廖什以此为基础，把工业区位与市场范围结合起来，创立了完整的、系统的、严格的以市场为中心的区位理论。廖什于 1939 年出版的《经济空间秩序：经济财货与地理间的关系》被认为是区位理论划时代的著作。廖什分别探讨了工业区位、农业区位及城市区位问题，并建立了一般区位理论，他第一次突破了区位论研究皆为局部均衡式的个别因素的静态研究，描述了区位之间相互关联的体系。

二、第二次世界大战后区位论的发展①

与第二次世界大战前区位理论研究主要由德国学者来完成所不同的是，战后区位理论主要由美国和北欧学者来进一步发展和延伸，代表人物有美国的艾萨德、贝里、伯顿、D. M. 史密斯、C. A. 史密斯，挪威的巴兰德尔、赫格尔斯特兰，瑞典的加里森、哈里斯等。当时区位理论沿着两个既相互联系又相互区别的方向发

---

① 武友德、潘玉君：《区域经济学导论》，第 13 页，北京：中国社会科学出版社，2004。

展。一是区域科学方向。它是 20 世纪 50 年代末发展起来的介于区域经济学和经济地理学的一个新的研究领域，创始人是美国学者艾萨德。从 50 年代末开始，艾萨德根据区域经济和社会综合发展的客观要求，把研究重点从部门的区位论转向区域综合研究与分析。他把单个厂商的最佳区位模型加以扩展，把它转变成区域的综合模型。研究对象主要以区域经济综合开发和组织为主，常应用计量经济学、系统分析的方法，编制区域的总体模型。在他的区域科学模型中，包括了生产企业、商业流通、运输、社会政策、环境生态等各个部门，并在定量分析的基础上加以定性评价。研究的目的是建立区域空间的总体均衡模式，为工业等各种投资项目提供咨询。二是人文地理学的区域分析方向。它是战后美国的贝里、瑞典的赫格尔斯特兰等把区位论与地理研究结合而发展起来的。它是从地理区域的角度，考虑区域系统的结构和内部机制，模拟和预测区域的发展过程。常用的方法为数量统计、投入—产出分析、线性规划等数学方法，其方法论上的重要成果之一，是计量地理学的产生。

与战前区位论研究相比，战后区位论的发展有一些不同的特征：一是从单个厂商的区位决策发展到地区总体经济结构及其模型的研究；二是从抽象的纯理论模型推导，变为具有应用性的区域模型；三是区位选择的影响因子除了运费、劳动力、聚集外，又加进了包括银行、保险、旅游、服务业等在内的第三产业；四是区位决策不仅考虑节约生产成本，实现利润最大化目标，同时也考虑人们的居住、采购、出行、游乐等行为的效用最大化目标。

三、区域经济学的形成①

到 19 世纪 60 年代，随着西方国家区域经济新情况的出现和凯恩斯国家干预政策的实施，在完全竞争条件下以具体企业微观的区位选择为主要研究对象的区位理论已经不能适应制订中观或宏观的国家区域发展计划和区域经济政策的需要。第一，区位论研究具体厂商最佳区位时，都以完全竞争下的价格理论为基础，无疑这是属于微观经济学的范畴。第二，单个企业为尽可能地获得最大利润而选择的区位决策，往往不能实现区域整体利益的最优。第三，自由竞争下的自由放任往往会导致区际间的不平衡。第四，区位论所研究的是单个企业的经济行为和单个企业的市场范围，研究方法是静态的、局部均衡的方法，忽略了某一企业区位选择对区内、区外经济活动的影响以及这种影响的乘数效应、累积性效应。第五，区位论研究的是纯粹的经济因素，忽略了创新环境、制度变迁、不确定的政治因素、社会文化背景等对经济活动的巨大影响。

为了解决区域问题，西方经济学家们跳出区位论的理论限制，根据凯恩斯的理

① 郝寿义、安虎森：《区域经济学》，第 21~23 页，北京：经济科学出版社，1999。

论，开始用宏观经济学的分析方法来研究区域问题。他们利用宏观经济学的分析方法，研究区内资本积累、劳动力就业、技术创新与国民收入增长的关系，区内产业结构的演化以及升级，投资率、失业率、通货膨胀与区域经济增长的关系；研究区际间合理的劳动分工以及如何采用各种有效的政策手段来解决萧条区以及欠发达地区的问题；研究如何解决中心城市的过度集聚以及生态条件的恶化，使得中心城市发挥其主导区域经济发展的作用，如何建立中心城市各种资源要素向外扩散的通道以及乡村地区的可持续发展，以便实现整个区域的协调的发展，等等。

四、中国区域经济学的形成和发展

（一）改革开放前的生产力布局研究

改革开放以前，我国经济体制是以中央高度集权、计划行政管理、排斥市场机制为特征的。我国区域经济的研究，主要受前苏联模式的影响，局限于生产力布局的理论和方法上。生产力布局研究的中心和主体有三个方面：第一，在特定时间内，国民经济总投资的地区分配以及重大项目的分布地区、地点选择；第二，再生产的各个环节、各生产部门、各生产要素、空间组合的安排，包括对各地区内的投资结构的确定；第三，各经济区域之间、各经济中心之间、城乡之间、城市与地区之间的分工协作及其发展比例关系的确定。①

（二）改革开放后区域经济学的形成和发展

改革开放后，我国经济体制开始由计划经济逐步向市场经济迈进，区域经济发展研究的宏观环境发生了重大变化：第一，国家对宏观经济的管理由直接控制转向间接调控，市场在资源配置中的作用越来越大；第二，地方经济主体得到确立，其地位与作用逐步增强；第三，实行对外开放政策，重点对沿海实行特殊优惠政策，结果使区位条件优越、经济基础雄厚的沿海地区得到高速发展；第四，区域经济的垂直依赖弱化，区域间的横向关系迅速发展；第五，区域产业结构的转换、区域市场与统一的国内市场以及区域间的利益分配调节等区域问题随之出现而备受关注。

在上述改革开放大背景下，我国区域经济研究也冲破过去传统的生产力布局的框框，从全新的角度，全方位开展区域经济研究。② 在 20 世纪 80 年代，我国区域经济研究主要涉及编制地区国土规划，制定区域发展战略和地区产业政策等。进入 90 年代以后，面对我国区域经济实践的进一步深入和区域经济所面临的问题，区域经济研究也逐渐开阔了其研究领域，在宏观、中观领域里，包括区域发展模式、区域产业结构优化、城乡联系、西部大开发、东北老工业基地振兴、中部崛起、资

---

① 武友德、潘玉君：《区域经济学导论》，第 18～19 页，北京：中国社会科学出版社，2004；刘再兴等：《生产布局学原理》，第 2 页，北京：中国人民大学出版社，1984。

② 郝寿义、安虎森：《区域经济学》，第 27～28 页，北京：经济科学出版社，1999。

源型城市转型、城市圈发展、产业集群、区域管理、区域政策等诸多方面，以及区际间发展差异分析、区域协调发展、区际间分工合作等方面的研究。同时，也开始研究企业组织、企业的合并与兼并以及组建企业集团、跨地区跨行业的联合与合作等微观领域里的经济活动。在这种过程中，我国的一些学者翻译西方区域经济学著作和文献，并把这些理论与我国区域经济的实践结合起来，逐渐形成了一支新的分支学科——区域经济学，并出版了诸多有关区域经济的专著，为构建适合于我国国情的区域经济理论作出了很大贡献。

第三节　区域经济学的研究对象及其与相关学科的关系

一、区域经济学的研究对象

任何一门独立的学科都有其特殊的研究对象和研究领域。区域经济学是一门新兴的、正在发展的学科，所以对其研究对象各执一说。我们先把各种代表性的观点列举讨论如下：

（一）国外学者对区域经济学研究对象的界定

（1）诺斯（H. O. Nourse）把区域经济学定义为研究为人们所忽视的经济空间秩序，研究稀有资源的地理分布的科学。[①]

（2）H. W. 理查德森认为，区域经济学是研究经济学家一直不愿意承认的经济的空间组织规律。[②]

（3）胡佛认为，区域或"空间"经济学可以归纳为这样一个问题："何事"在"何地"，"为何"，以及"应该如何"。他认为"何事"包括每一种经济活动和各种经济活动单位；"何地"是指与其活动有关的区位，包括集中、分散、空间模式的相似性与差异性等问题。他认为这种"何地"的问题可以在广义的层次上，也可以从微观的角度，如地带、地段或地点进行讨论。"为何"以及"应该如何"的问题，是经济学家根据其研究能力而作出的对经济现象的种种解释。[③]

（4）艾萨德在其《区位分析方法》（1960 年）一书中认为，区域经济学是研究确定可在某一区域有效地从事生产并获取利润的单个或集团企业；改善区域内居民的福利，如提高区域内人均收入水平，改善收入分配，更有效地衡量收入等；区域内产业地分散，获得区域内资源的最有效利用……这种观点强调的是区内各种经

---

①　转引自陈栋生：《区域经济学》，第 18 页，郑州：河南人民出版社，1993。

②　转引自陈栋生：《区域经济学》，第 18 页，郑州：河南人民出版社，1993。

③　埃德加·M. 胡佛著，王翼龙译：《区域经济学导论》，第 6 页，北京：商务印书馆，1990。

济活动的一般均衡。

（5）杜贝（V. Dubey）认为，"区域经济学是以经济的观点，研究在资源不均匀分配且不能完全自由流动的世界中，各个地区的差异以及各地区间关系的科学"。①

（6）在西方权威性的《区域与城市经济手册》中，彼得·尼茨坎普和埃德温·S. 米尔斯认为区域经济学是研究空间经济分析的，并将区域经济学的研究对象界定为经济活动的空间分布与协调。②

（7）认为区域经济学的主要问题是解释一国国民经济范围内生产、人口以及产业的地区分布状况。③

从西方区域经济学研究对象的不同界定来看，其基本特点是从空间角度来研究资源配置问题。这种界定存在的问题是研究对象界定不统一，没有把区域经济学放在大经济学背景下，从国民经济整体与区域经济相联系的角度去进行研究。

（二）国内学者对区域经济学研究对象的界定

（1）认为区域经济学研究对象是国民经济发展的地域组织规律。④ 所谓国民经济发展的地域组织规律，简单地说，就是生产要素的区域配置和经济发展区域管理的规律。或者是说，这是指在一国范围内，既符合国民经济发展的全局要求，又符合各类区域个性特征的区域经济运动、组织与管理的规律。

（2）认为区域经济学是研究经济活动的空间分布与协调，以及与此相关的区域决策的科学。⑤ 经济活动空间分布指的是产业、消费者、公共设施的区位选择。经济活动协调主要指区内外经济活动的相互匹配。区域决策主要涉及两个问题，一是如何组织区域经济的问题，也就是选择何种路径的问题，二是所选择路径的支持系统，也就是如何支持所选路径的问题。

（3）认为区域经济学是综合运用区域—经济方法，以不同区域经济系统特别是其内部构造和外部关联及其发展优化的规律性作为研究对象，以评估、分析和制定区域经济政策，服务于区域经济发展和单个厂商为目的的一门应用性经济学科。⑥

① 陈栋生：《区域经济学》，第19页，郑州：河南人民出版社，1993。

② 彼得·尼茨坎普著，安虎森等译：《区域和城市经济学手册》，第1~2页，北京：经济科学出版社，2001。

③ 约翰·伊特韦尔：《新帕尔格雷夫经济学大词典》，第124页，北京：经济科学出版社，1996。

④ 程必定：《区域和区域经济学的研究对象》，《安徽财贸学院学报》，1989（3）。

⑤ 安虎森：《区域经济学通论》，第16页，北京：经济科学出版社，2004。

⑥ 丁文锋、张仁慧：《论区域经济学研究对象及相关问题》，《西北大学学报》（哲学社会科学版），1994（4）。

（4）认为区域经济学是研究区域经济活动的自组织和区际经济联系，以及与此相关的区域决策的科学。① 这种研究对象的界定强调了区域各组成部分之间在经济上的相互依赖性质以及区域经济发展的路径问题。

（5）认为区域经济学与经济地理学、国土经济学相接近，以历史上形成的以一定中心城市为依托，以经济网络联结起来的具有某种相对独立性、完整性的经济区域为研究对象。② 这种研究对象的界定突出了地域的独立性，侧重于经济地理问题的研究。

（6）认为区域经济学是研究如何建立国家经济区域系统，并按照地域分工与合作的原则来组织系统内各区域中第一、第二、第三产业的发展与布局，使之形成一个既能顺乎世界经济发展潮流、又能最大限度发挥地区优势的产业结构，形成一个大、中、小企业相结合，聚集与分散相结合，以多层次城市为节点，由运网、信息网、服务点分布网等网络系统将全区城乡连成一气的经济有机体的科学。③

（7）认为区域经济学是研究和揭示区域与经济的相互作用规律和互相关系的一门科学。④ 区域经济学主要研究区域经济的演变规律，探索市场经济条件下生产力的空间分布及发展变化规律；研究在国家范围内建立多层次经济区域体系，在发挥地区优势基础上实现资源优化配置和整体经济效益最佳的途径；研究区域经济增长、产业结构转换升级、区域政策与规律、区际经济关系变动的规律。

（8）认为区域经济学是从宏观角度研究国内不同区域经济发展及相关关系的决策性科学。⑤ 这种观点强调了区域经济学的整体性与宏观性，认为区域经济学不能以区域内单个经济主体的行为作为研究对象，应该回答区域经济发展中的宏观问题。

（9）认为区域经济学是以经济地理区域为研究对象，从不同区域经济社会发展的实际情况出发，研究各类区域经济运行的特点和发展变化规律。⑥ 它依据区域间的相互作用、相互依赖关系，对区域的生产要素按照区域分工与合作的原则，进行空间优化与组合，以实现资源的优化配置，建立能发挥区域优势的产业结构，形成以多层次的城镇系统为节点，由运输网、信息网和服务网等网络组成的协调发展的区域经济系统，从而为区域生产力布局、区域产业结构优化、区域经济社会发展战略奠定科学理论与方法依据。

① 郝寿义、安虎森：《区域经济学》，第34页，北京：经济科学出版社，1999。
② 杨欢进：《经济学家族》，第210页，北京：中国青年出版社，1989。
③ 周起业等：《区域经济学》，第4页，北京：中国人民大学出版社，1989。
④ 张敦富：《区域经济学原理》，第17页，北京：中国轻工业出版社，2002。
⑤ 陈栋生：《区域经济学》，第18页，郑州：河南人民出版社，1993。
⑥ 张金锁、康凯：《区域经济学》，第8页，天津：天津大学出版社，2003。

(10) 认为区域经济学是研究经济活动在一定地域空间范围内变化或运动的规律及其作用、机制的科学。① 即其研究对象，是一定地域空间范围内的经济活动及其变化规律。

(11) 认为区域经济学是研究区域经济发展和区际经济联系的决策性科学。②

(12) 认为区域经济学作为一门应用经济学，建立在经济地理学基础上，运用经济学的基本理论和方法研究空间问题，即地理位置、自然资源、环境条件对人们的经济活动和相应的资源配置过程的制约和影响，它是一门关于人的空间经济活动规律和经济的区域秩序和区域组织的科学。③ 区域经济学研究的客体是区域经济体系（系统），区域经济学研究的主要任务是，考察决定区域内经济发展的主要因素和区域间经济发展的交互作用过程，进而描述、阐明和评价区域经济结构的形成及其变动趋向，揭示资源的空间配置过程和经济主体的空间经济活动规律。

(13) 认为区域经济学就是研究区域经济发展的科学。这里，所谓区域经济发展，既包含了单个区域的经济增长和发展，也包括了区域之间的经济联系和相互制约关系。④

(14) 认为区域经济学有广义和狭义之分。广义的区域经济学由区际经济学和狭义的区域经济学构成。前者主要侧重于研究区际资源的优化配置与组合，以及区际经济的运行规律；后者主要侧重于研究区内资源的优化配置与组合，以及区内经济的运行规律，认为区域经济学是研究区域（区际、区内）资源优化配置与组合的，介于经济学与地理学之间的边缘学科。⑤

(15) 认为区域经济学是研究经济活动的区域特征及其空间规律的科学。⑥

(16) 认为区域经济学的研究对象应该界定为：在实现国民经济总体目标最优的前提下，以区域分工与区位优势理论为依据，以经济活动的空间分布均衡为目标，以经济的空间分析为出发点，以具有相同经济特征的经济区域为单元，研究区域内人口、自然资源、资本、劳动力、制度、体制、政策等基本要素的空间配置以及经济活动的空间结构与空间过程。⑦

(17) 认为区域经济学有广义和狭义之分。狭义的区域经济学是研究区域经济发展和区际关系的科学。它要回答一个区域是如何实现经济增长和经济发展的，各

---

① 叶依广：《区域经济学原理》，第 15 页，南京：江苏教育出版社，2002。

② 武友德、潘玉君：《区域经济学导论》，第 21 页，北京：中国社会科学出版社，2004。

③ 陈秀山、张可云：《区域经济理论》，第 12 页，北京：商务印书馆，2003。

④ 李京文：《中国区域经济学教程》，第 10 页，南宁：广西人民出版社，2000。

⑤ 朱传耿：《区域经济学》，第 3 页，北京：中国社会科学出版社，2001。

⑥ 杨云彦：《区域经济学》，第 14 页，北京：中国财政经济出版社，2004。

⑦ 白永秀、任保平：《关于区域经济学几个基本理论问题的思考》，《山西财经大学学报》，2004（10）。

个地区以及主要城市在全国劳动地域分工中具有什么样的优势，应该处于什么样的地位，承担什么样的功能；应该与其他地区建立什么样的技术经济联系，如何建立这样的联系。广义的区域经济学是研究区域经济发展一般规律的科学。研究在各种经济现象的交互作用下，区域经济作为一个相对独立整体的一般发展规律。①

上述不同观点的出现，既根源于区域经济学研究对象的复杂性，也同人们的研究角度和方法以及所接触到的国内外资料有关。区域经济学所研究的区域经济系统构造复杂，运行机制难以把握，系统内部各要素、各层次之间的联系十分密切。系统内部要素和外部环境互相影响，难以界定，很容易产生"横看成岭侧成峰，远近高低各不同"的现象。这样一来，站在不同的角度，采用不同的方法，必然形成各不相同的观点。从国内区域经济学研究中研究对象的界定来看，各种观点从各自不同的立场与视角出发，形成了不同的认识。

在对国内外有关区域经济学的研究对象进行述评后，我们认为，区域经济学的研究对象大致可以表述为：区域经济学是一门综合运用区域—经济方法研究自然资源、劳动力、资本、技术、地理位置、体制、文化背景等条件与人们的经济活动和区域资源配置过程的相互作用和影响，以及区域（区内、区际）经济关系和与此相关的区域发展决策和政策的科学。

二、区域经济学与相关学科的关系

（一）区域经济学与政治经济学

政治经济学以人们在生产过程中所发生的生产、分配、交换和消费，即生产关系为研究对象，旨在阐明生产关系发展的规律。恩格斯在《反杜林论》里，曾将政治经济学区分为狭义与广义两种，但不管哪一种，都是以生产关系为研究对象的，前者只研究资本主义社会的生产关系及其发展规律，后者则研究各种社会的生产关系及其发展规律。虽然政治经济学在研究生产关系时必须联系生产力，要在生产关系与生产力的辩证统一中研究生产关系，即在生产力对生产关系的决定作用和生产关系对生产力的反作用中研究生产关系，但是，它的研究对象是生产关系，而不是生产力。而区域经济学的研究对象，不仅包括生产关系，而且还包括生产力，这显然与政治经济学的研究对象极不相同。值得指出的是，区域经济学并不一般地研究生产关系，而是侧重于研究生产关系在空间上的组合与调整。但是，区域经济学研究生产关系的空间分布，必须以政治经济学所阐明的基本观点为理论基础。②

（二）区域经济学与发展经济学

区域经济学与发展经济学同属于经济学的分支学科，它们从思维方式、分析方

---

①　孙久文、叶裕民：《区域经济学教程》，第2页，北京：中国人民大学出版社，2003。

②　叶依广：《区域经济学原理》，第15页，南京：江苏教育出版社，2002。

法等方面来看都具有很大的相似性，而且区域经济学与发展经济学在许多方面所依据的经济学理论都完全相同，很多理论是区域经济学从发展经济学中借鉴而来的，因此我们说区域经济学与发展经济学之间有着紧密的联系，从某种程度上说发展经济学还是区域经济学的基础。但是，这两个学科也存在着明显的差异。

1. 从研究的角度来看

区域经济学更注重和强调空间维的分析，从空间的角度入手对经济问题进行探讨研究，而发展经济学则是以国家为单位开展研究的，对空间维的区域问题虽有设计，但不像前者广泛而深入。这里所说的发展经济学以国家为单位分析，并不是说它完全没有空间的概念，而是说与区域经济相比它对空间的强调没有那么突出，而是更侧重于对宏观的、整体的经济问题的探讨研究。以空间维为特征区分的两者研究角度的不同，不但体现在两者研究范围的大小上，同时还体现在两个学科的研究特色上。区域经济是具有区域特色的国民经济，它是以经济区域为载体，按一定规律运行，由必要的经济发展要素构成的经济有机体。从这一定义上我们就可以看出它的一个最鲜明的特征，即具有区域特色，而这也是区域经济学从空间维角度、从区域入手展开研究的基础和保障，因此区域经济学在研究上所充分体现的区域特性，成为了它与发展经济学相区别的另一特征。

2. 从研究的内容上来看

区域经济学以区域为中心，围绕区域经济系统，论述区域经济的各个方面，而发展经济学则是以发展为中心，将经济发展作为其目标和重点。区域经济学的研究内容都是围绕区域经济展开的，不管是理论还是政策都出自于区域经济并指导于区域经济，发展只是其中一个重要的环节。与之相比，发展经济学中同样有关于区域经济的分析，但它们都是围绕发展来谈的，没有很强的区域特征。

3. 从研究内容中的具体理论来看

区域经济学与发展经济学虽然在具体理论上有许多相似和相同的地方，但前者在理论的研究和运用过程中关注更多的是理论模式的落脚问题，更强调各区域的地域特色和地域环境，注重理论的适应条件以及对各区域的实践指导作用；发展经济学则是详尽论述了有关发展中国家的各项发展理论，这些一般的发展理论虽然也有其运用条件，但都是发展中国家普遍的特征，并没有从区位、地理条件、资源差异、历史习俗等角度对整个区域进一步细分，因此对于层级结构复杂的区域经济系统来说，其指导性和针对性都弱于区域经济学。

4. 从对结构的分析来看

结构问题一直是经济学分析中的重点，从马克思主义经济学到西方经济学，各主要学派都对结构有过精辟的论述，区域经济学与发展经济学当然也不例外。在两者的分析中虽都包含了有关结构问题的论述，但却各不相同。空间是区域经济学中的主要概念，谈论空间就不得不提及结构，而结构又决定了整个区域经济系统的功能，因此结构分析在区域经济学中至关重要，是其理论分析的基础和前提。发展经济学在论述结构时，是将结构视为影响经济发展的一个要素，在研究中始终将结构问题放置在一个局部的位置上，而非其基础和平台。

（三）区域经济学与经济地理学

与发展经济学不同，经济地理学和区域经济学属于不同的学科分支。区域经济学属于经济学分支，而经济地理学则属于地理学分支，现在还有人将其划入介于社会科学和自然科学之间的范畴。不过无论如何划分，区域经济学和经济地理学之间在研究领域仍然存在着重叠和交叉，特别是在区位论和空间结构理论的研究领域，两者是比较一致的。但由于所属学科的不同，两者在思维方式、研究方法以及研究理论指导实践的过程中必然存在差别，尤其在区域经济发展理论体系方面，仍存在着较大的区别。①

1. 从研究对象来看

区域经济学研究的是区域经济系统，而经济地理学研究的是经济地理系统。具体地说，它是研究经济地域及其系统的条件与要素、结构与功能、构造与类型，以及地域运动规律的科学。经济地域是指人类经济活动与时空条件紧密结合而形成的具有特定结构类型的相对完整的地理空间，它是综合性地域，是经济有机体，是经济地域系统的基本细胞与基层地域单元。从字面上我们不难看出，前者强调的是经济系统的概念，而后者强调的是地域系统的概念。

2. 从研究角度来看

区域经济学从经济的角度入手，经济地理学从地理的角度入手。虽然两者分析的问题、解决的问题和所要达到的目的可能相同，但其思维方式、遵循的规律和采用的研究方法却不尽相同。前者属于经济体系的一部分，经济学所固有的稀缺资源配置，生产力、生产关系发展等理论思想充分体现在其研究过程之中。而经济地理学属于地理学体系的一部分，地理学所固有的地域性与综合性以及地域综合思想，也是经济地理学的重要属性与根本指导思想，地理思维是其主要思维方法。在研究过程中，它更注重地理学方法的运用。

3. 从两者的重点研究领域来看

虽然两者的研究中心都在区域经济及其发展方面，但区域经济学更侧重区域的经济特征和经济关系，而经济地理学更注重区域经济的地理特征和地理关系。

4. 从研究的主要内容来看

区域经济学的研究内容前文已有论述，而经济地理学的研究内容包括产业结构网络理论、经济地域运动理论和劳动地域分工理论这三个基础理论和条件论、要素论、结构功能论、经济地域类型论及经济地域系统论。分析比较两者的研究内容，

---

① 叶依广：《区域经济学原理》，第16页，南京：江苏教育出版社，2002。

我们发现两门学科在研究内容中有许多重叠之处，但这些重叠部分中侧重点不同。以产业结构分析为例，经济地理学对产业结构的研究重点在于研究区域条件、要素与主导产业部门的结合以及诸部门的地域组合关系，在此基础上，研究产业结构的功能特征，强调空间概念；而区域经济学除以上研究外还包括三次产业结构变化和演进规律的理论与实践研究，注重空间和时间的结合。

另外，除了重叠部分外，两者还存在许多非重叠部分，如经济地理学中所研究的经济地域类型、经济地域系统等就是区域经济学没有涉及的范围。

（四）区域经济学与国土经济学

国土经济学是一门综合性的经济学科，是从经济角度来研究由人口系统、资源系统、环境系统复合而成的一个国家的国土经济及其运动规律的科学。从法权的观点来看，国土是指一个国家主权管辖的地域空间。因此，国土经济学所研究的地域空间范围仅与狭义的区域经济学相一致。同时，国土经济学侧重于研究国家主权管辖范围内的国土资源，包括自然资源、人力资源和经济资源等，即国土经济学从揭示一个国家或地区的国土资源的特点出发，来研究国民经济发展与国土开发、整治之间的关系及其发展变化规律。在国土经济的开发和整治过程中，虽然始终贯穿着人类社会与自然界之间进行物质交换的过程，也即国土经济学既要研究人与自然的关系即生产力，又要研究人与人之间的关系即生产关系。但是，与区域经济学所不同的是，它主要不是研究生产力与生产关系的空间分布与组合，而是主要研究国土资源的开发和整治等问题。

（五）区域经济学与生产力布局学

生产力布局学是经济学领域中的一个重要分支，是研究产业在特定空间内的运动规律及其在一定的地域范围内如何进行优化组合的科学。从研究内容来看，生产力布局学研究的问题一直是区域经济学研究的领域，区域经济学比生产力布局学研究的内容更为广泛，涉及区域差异、区域分工、区域市场、区际关系协调等问题。从研究的侧重点来看，生产力布局学主要研究生产力的空间配置最优化，而区域经济学更多的是区域整体经济效益最大化。生产力布局学的发展为区域经济学提供理论基础和方法，丰富了区域经济学的内容，而区域经济学的进展也为生产力布局学开创新的研究领域。

由上述可见，区域经济学与众多的经济学科之间存在着既有区别又有密切联系的关系，它是与政治经济学、经济地理学、生产力布局学和国土经济学等学科密切相关，并且，从方法上考虑，还包括计量经济学、运筹学、经济控制论、信息论和系统论等交叉学科的一门边缘学科。因此，运用相邻学科的有关理论与方法，吸收相邻学科的研究成果，可以为发展和提高区域经济学的理论和实践水平服务。

第四节　本书的结构和主要内容

从区域经济学演化的历史过程来看，在不同的历史时期，区域经济学的研究内容是有所侧重的。这是因为不同历史时期区域经济活动的内容不同，区域经济学研究的内容与重点也不相同。改革开放以来，我国区域经济学的研究取得了重大进展，但由于区域经济学是在较短的时间内建立和发展起来的，所以还很不完善。因此，区域经济学研究内容的确定应从我国区域经济发展的客观现实出发，吸收西方区域经济学理论研究的新成果。本书主要研究以下内容：

（一）区域经济的增长和发展

如何发展区域经济，首先要回答区域经济的增长和发展是如何发生或如何决定的，应选择何种发展模式，区域经济的增长和发展过程及趋势如何等问题。第二章对区域经济增长和发展的内涵进行了分析，论述了区域经济增长和发展的条件（包括区位、自然资源与自然条件、人口、资金、技术进步、结构变化、政策环境、法律环境、传统和文化变迁及社会关系等），介绍了区域经济增长和发展的基本理论。

（二）区域产业结构

区域产业结构是指区域内各产业的组成状态和发展水平，以及产业间的生产联系和数量比例关系，它既是区域经济结构的主要内容，又是国家总体产业结构的子系统。区域产业结构不仅是区域经济发展的关键因素，而且通过其相互关联关系影响着国民经济的总体增长和发展。优化区域产业结构是我国经济增长方式由粗放型向集约型转变的重要一环，是实现持续、快速、稳定、健康的经济发展所必备的条件。第三章对区域产业结构的阐述主要围绕区域产业结构的演进规律、区域产业结构优化、中国区域产业结构的演进和优化的对策而展开。

（三）区域空间结构

区域空间结构理论主要研究各种客体在空间中的相互作用及相互关系，以及反映这种关系的客体和现象的空间集聚规模和集聚程度，以获得社会经济活动在空间上的帕累托最优。第四章从区域空间结构的基本内涵和特征出发，介绍了区域空间结构的基本构成要素，分析了区域空间结构形成和发展的基本机制，论述了区域空间结构演化的基本规律，并简要介绍了我国区域空间结构的演化。

（四）区域经济发展差距与统筹区域发展

一个国家内，由于各地在自然地理条件、经济基础、历史、文化传统等方面存在差异，区域经济发展不平衡就成为经济发展中的一个重要现象。适度的区域经济发展差距是地区经济发展的动力，但差距过大会产生一系列严重的经济社会问题。第五章对区域经济发展差距存在和变动的经济学理论、区域经济发展差距形成的原因、测度区域经济发展差距的统计指标进行了介绍和分析，并对中国区域经济发展差距的特征、原因、影响和对策进行了研究。

（五）城市经济

城市作为一种重要的经济活动的空间组织形式，既是人类创造文明和聚集财富最主要的地域，同时也日益成为社会进步和文明发展的象征。城市经济与区域经济的其他部分相比较，具有不同于一般的特点，决定了它在区域空间布局中的特有的运行方式。研究城市区域的经济运行规律，具有重要的理论和现实意义。第六章介绍了城市的经济功能与经济地位，指出其聚集性、产业结构高级化和开放性使得城市经济在区域经济中起到了核心和推动力的作用，阐述了城市经济增长理论，并从产业政策、要素投入及收益政策和公共环境政策三个方面研究了推动城市经济增长的策略；以中国的城市发展为案例，考察城市的集群化组团式发展现象，讨论了城市群的相关理论问题。

（六）农村经济与统筹城乡发展

中国是一个农民占绝大多数的人口大国，有大约一半的劳动力在从事农业生产，但农村经济发展相对滞后，"三农问题"（农业、农村和农民）已成为关系中国改革开放和现代化建设全局的重大问题。只有统筹城乡发展，加快农村经济的发展，才能促进中国社会经济的全面发展，创建社会主义的和谐社会。第七章论述了农业在国民经济中的地位，分析了我国改革开放以来农村经济发展的成就与问题，并以此为基础，提出了统筹城乡、促进农村社会经济全面发展的对策建议。

（七）资源型地区经济转型与发展

资源型地区的转型是人类的共同课题。资源型地区经济转型是自我扬弃、自我否定和自我创新的过程。其最终目标是实现地区、产业、企业的可持续发展，塑造一个适合经济发展、适宜人类居住的优美环境。第八章对资源型地区进行了界定，对资源型地区的产业特点、历史作用以及资源型地区面临的困难进行了分析，对国外资源型地区经济转型成功的实例进行了研究和总结，对我国资源型地区经济转型进行了研究，提出了我国资源型地区经济转型的对策建议。

（八）县域经济

县域是一个比较特殊的区域空间，从古至今，都是中国政治、经济和社会系统中最基础的层次和最基本的单元。现在更成为城乡联动的关节点和全面建设小康社会的基本载体。结合中国社会主义市场经济体制建立与发展完善的背景，对县域经济进行系统研究，为县域经济发展战略的制定、发展模式的选择以及改革方案的设计提供理论指导，已成为一项具有挑战性的新课题。第九章研究了县域经济的内涵、特征和经济地位，分析了中国县域经济发展的现状及问题，重点讨论了县域经济发展模式、县级政府的作用、县域经济结构优化等相关理论，并且从实践层面归纳了推进县域经济发展的思路和对策。

（九）企业与区域经济发展

企业是区域经济发展的微观主体，是区域综合经济实力的直接体现，企业竞争力已成为国家和区域竞争力的重要组成部分。企业及其所从事的产业在地域分布上的不均衡直接导致生产要素集中的区域的差异性。企业是构建和维系区域企业网络以及区域中间产品和最终产品市场网络的关键，是决定区域的生产方式和交易方式的决定性因素。第十章主要研究了区域生产要素集中与企业聚集效能和区域经济发展、企业与区域创新系统和区域经济发展、企业与区域产业结构的合理化和高度化，力图揭示企业促进区域经济发展的根本原因和基本方式。

（十）区域分工与合作

区域分工是社会生产分工的空间形式，它不仅决定区域生产专门化、区际联系的性质和规模，同时也决定特定区域内部的部门比例和一国国民经济整体结构的动态变化。区域分工与合作是一个事物的两个方面，其根本目的是实现区域经济效益或一国整体效益的最优。一般来讲，区域分工常取决于比较优势，区域分工和合作具有发挥区域优势、提高劳动生产率的作用。第十一章探讨了区域分工与合作的客观基础，介绍了区域分工与合作的基本理论，并对中国区域分工与合作的特征及趋势进行了分析。

（十一）区域可持续发展

我国目前正处在社会经济发展的关键时刻，经济增长和社会发展也面临着种种不和谐的声音，如何实现区域的可持续发展，探寻一条社会、经济、自然协调发展、良性循环的和谐发展之路，已经成为我国落实科学发展观，建设社会主义和谐社会的一项十分紧迫而且需要高度重视的问题。第十二章从区域可持续发展的内涵和特征出发，论述了区域可持续发展的系统构建，介绍了几个具有代表性的区域可持续发展指标体系，在此基础上，分析了我国区域可持续发展的基本现状。

（十二）区域竞争力

随着区域一体化进程的加快和产业集群化的发展，从某种意义上讲，区域发展已经成为全球社会经济竞争的焦点，区域竞争力的强弱已经决定了一个地区乃至一个国家发展的优势与劣势、互补与竞争、分工与合作、繁荣与衰微。加强区域竞争力研究具有重要的理论意义和实践价值。第十三章从区域竞争力的基本内涵和特征出发，简要评介了当前几种主要的区域竞争力模型，并介绍了几个具有代表性的区域竞争力评价指标体系，并在此基础上，分别从国家、地区和城市的角度分析了我国区域竞争力的现状。

（十三）区域经济发展战略

一个区域的经济发展，涉及区域经济发展方方面面的关系，需要从整体上来协调，这就要求一个综合性的、长远的、有关区域经济全局的考虑，来确立区域经济发展的目标、重点、步骤及其实施途径与措施，而这些问题就是区域经济发展战略研究的内容。第十四章从区域经济发展战略的含义和特征出发，介绍了几种具有代表性的区域经济发展战略模式以及区域经济发展阶段的战略选择，分析了我国区域经济发展战略的演变历程。

（十四）区域经济政策

区域经济差异是一种客观存在的社会经济现象。作为一种特殊的经济政策，区域经济政策就是政府为解决区域经济差异而设计的各种政策与政策体系。第十五章从区域经济政策的含义和特征出发，论述了区域经济政策产生的必要性，介绍了区域经济政策目标、区域经济政策内容、区域经济政策效应及其评价等区域经济政策的基本内容。

主要参考文献：

1. 《马克思恩格斯选集》第4、16、21、23卷，北京：人民出版社，1972。
2. 《列宁全集》第3卷，北京：人民出版社，1959。
3. 全俄经济区划委员会：《苏联经济区划问题》，北京：商务印书馆，1961。
4. 陈栋生：《区域经济学》，郑州：河南人民出版社，1993。
5. 武友德、潘玉君：《区域经济学导论》，北京：中国社会科学出版社，2004。
6. 陈自芳、熊国和：《区域经济学概论》，杭州：浙江人民出版社，2002。
7. 张金锁、康凯：《区域经济学》，天津：天津大学出版社，2003。
8. 张敦富：《区域经济学原理》，北京：中国轻工业出版社，2002。
9. 程必定：《区域经济学》，合肥：安徽人民出版社，1989。
10. 丁四保等：《区域经济学》，北京：高等教育出版社，2003。
11. 高洪深：《区域经济学》，北京：中国人民大学出版社，2002。
12. 吴殿廷等：《区域经济学》，北京：科学出版社，2003。
13. 孟庆红：《区域经济学概论》，北京：经济科学出版社，2003。
14. 陈秀山、张可云：《区域经济理论》，北京：商务印书馆，2003。
15. 安虎森：《区域经济学通论》，北京：经济科学出版社，2004。
16. 孙久文、叶裕民：《区域经济学教程》，北京：中国人民大学出版社，2003。
17. 白永秀：《区域经济基本问题研究》，北京：经济科学出版社，2004。
18. 叶依广：《区域经济学原理》，南京：江苏教育出版社，2002。
19. 约翰·冯·杜能：《孤立国同农业和国民经济的关系》，北京：商务印书馆，1997。
20. 刘再兴等：《生产布局学原理》，北京：中国人民大学出版社，1984。
21. 埃德加·M.胡佛著，王翼龙译：《区域经济学导论》，北京：商务印书馆，1990。

22. W. 艾萨德：《区域科学导论》，北京：高等教育出版社，1990。

23. 彼得·尼茨坎普著，安虎森等译：《区域和城市经济学手册》，北京：经济科学出版社，2001。

24. 约翰·伊特韦尔：《新帕尔格雷夫经济学大词典》，北京：经济科学出版社，1996。

25. 郝寿义、安虎森：《区域经济学》，北京：经济科学出版社，1999。

26. 杨欢进：《经济学家族》，北京：中国青年出版社，1989。

27. 周起业等：《区域经济学》，北京：中国人民大学出版社，1989。

28. 李京文：《中国区域经济学教程》，南宁：广西人民出版社，2000。

29. 朱传耿：《区域经济学》，北京：中国社会科学出版社，2001。

30. 杨云彦：《区域经济学》，北京：中国财政经济出版社，2004。

31. 任保平：《区域经济理论、方法与政策》，北京：经济科学出版社，2004。

32. 朱丽萌、刘镇：《区域经济理论与战略》，南昌：江西人民出版社，2001。

33. 张秀生、卫鹏鹏：《区域经济理论》，武汉：武汉大学出版社，2005。

34. 魏后凯：《现代区域经济学》，北京：经济管理出版社，2006。

35. 周克瑜：《走向市场经济——中国行政区与经济区的关系及其整合》，上海：复旦大学出版社，1999。

36. 陈秀山：《关于区域经济学的研究对象、任务与内容体系的思考》，《经济学动态》，2002（12）。

37. 郝寿义：《建立区域经济学理论体系的构想》，《南开经济研究》，2004（1）。

38. 马彦琳、郝寿义：《经济全球化背景下区域经济研究的若干趋势》，《华中科技大学学报》（人文社会科学版），2002（4）。

39. 朱传耿、朱舜：《论区域经济学的理论创新》，《财贸研究》，2003（5）。

40. 白永秀、任保平：《关于区域经济学几个基本理论问题的思考》，《山西财经大学学报》，2004（10）。

41. 沈山：《区域经济学理论体系的构建》，《徐州师范大学学报》（自然科学版），2000（9）。

42. 孙海鸣、刘乃全：《区域经济理论的历史回顾及其在20世纪中叶的发展》，《外国经济与管理》，2000（8）。

43. 刘乃全：《区域经济理论的新发展》，《外国经济与管理》，2000（9）。

44. 安虎森、邹璇：《区域经济学的发展及其趋势》，《生产力研究》，2004（1）。

45. 孙久文：《现代区域经济学主要流派和区域经济学在中国的发展》，《经济问题》，2003（3）。

46. 田甜:《论区域经济学与发展经济学、经济地理学的差异》,《太原师范学院学报》(社会科学版),2005 (3)。

47. 方中权:《区域经济地理学与区域经济学的比较研究》,《经济地理》,2000 (5)。

48. 林德全:《区域经济规划的理论与实用方法》,《数量经济、技术经济资料》,1986 年专辑。

49. 程必定:《区域和区域经济学的研究对象》,《安徽财贸学院学报》,1989 (3)。

50. 丁文锋、张仁慧:《论区域经济学研究对象及相关问题》,《西北大学学报》(哲学社会科学版),1994 (4)。

51. 方伦:《区域经济学的研究对象》,《区域经济研究》,1988 (1)。

52. Edgar M. Hoover & Frank Giarratani, An Introduction to Regional Economics, Alfred A. Knopf, 1984.

第二章　区域经济的增长和发展

　　区域经济活动作为人类经济活动的一种空间表现形式，其目的也在于追求经济的发展，包括物质生产量的增加、劳动就业水平的提高、社会劳务产出的增长和经济结构的优化等。由于区域经济活动与市场经济，特别是与全球经济一体化有着十分密切的联系，同时伴随着经济增长理论的迅速发展，人们在认识和研究区域经济活动的过程中将其划分为区域经济增长和区域经济发展两种形式。区域经济增长是指一个国家或地区生产的产品和劳务总量的不断增加，即以货币形式表示的国民生产总值不断增加的过程。区域经济发展是指在经济增长的基础上，一个国家经济结构、社会结构不断优化和高度化的演进过程。

第一节　区域经济增长和发展的条件分析

一、区位条件

　　区位条件是指一个地区与周围诸社会事物关系的总和，包括位置关系、地域分工关系、地缘政治关系、地缘经济关系以及交通关系、信息关系等。区位条件对区域经济的影响主要是通过地理位置、交通、信息等相互作用、密切联系而发挥作用的。区位条件对区域经济增长和发展的作用主要体现在以下两个方面[①]：

　　第一，区位条件通过影响生产要素的流动而作用于区域经济发展。区位条件是直接生产部门赖以建立和发展的基础条件，交通运输和通信系统的发展水平会直接或间接地影响到生产部门的成本和效益，以及供给的数量和质量。在生产要素自由流动的情况下，根据资源最佳配置原则，生产要素往往倾向于流向区位条件优越的地域，从而有可能实现资源要素的最佳配置。

　　第二，在影响区域经济增长的区位条件中，地缘因素作用不可低估。美国经济的起飞始于大西洋沿岸的东北部，因为这一地域最接近发达的西欧国家，有纽约、费城、巴尔的摩和波士顿这样的港口城市，这些城市有发达的海上运输和贸易，欧

---

　　① 武友德、潘玉君：《区域经济学导论》，第33～35页，北京：中国社会科学出版社，2004。

洲移民也多集中在这一地域。

二、自然条件和自然资源

自然条件和自然资源是区域经济增长和发展的物质基础。恩格斯在《劳动在从猿到人转变过程中的作用》一文中谈道:"政治经济学家说:劳动是一切财富的源泉。其实劳动和自然界一起才是一切财富的源泉,自然界为劳动提供材料,劳动把材料变为财富。"①

自然条件和自然资源对区域经济增长和发展的主要影响体现在:②

第一,自然条件和自然资源影响劳动生产率。马克思指出:"撇开社会生产的不同发展程度不说,劳动生产率是同自然条件相联系的。"③ 又说:"如果把不同的人的天然特性和他们的生产技能上的区别撇开不谈,那末劳动生产力主要应当取决于:(1)劳动的自然条件,如土地的肥沃程度、矿山的丰富程度等等;(2)劳动的社会力量的日益改进……"④ 为此,马克思得出结论:"劳动的不同的自然条件使同一劳动量在不同的国家可以满足不同的需要量,因而在其他条件相似的情况下,使得必要劳动时间各不相同。"⑤

第二,自然条件、自然资源影响区域产业结构。自然条件和自然资源直接影响农业和采矿业的发展和分布,间接影响原材料工业和其他加工工业的发展和布局。自然条件和自然资源也影响区域产业结构的形成和发展。

第三,区域的经济发展过程,对一般区域而言,都经历了以农业为主要经济部门的阶段,以农矿产品为原料、以初加工工业为主导部门的阶段;以加工工业为专业化部门的阶段。区域工业化的实现,需要经历漫长的资本积累过程。而农业和采矿业,这两个和自然条件、自然资源关系最为密切的产业部门,在区域工业化起飞阶段,往往成为资本积累的初始源泉。

第四,自然条件和自然资源直接影响区域空间结构。各个经济区域的空间模式多种多样,其形成原因是多方面的,但自然条件与自然资源的地域分布状况则是重要原因。

自然条件和资源也存在着对区域经济增长和发展的制约作用:

第一,对自然资源的依赖导致思想观念的落后。在自然资源比较优越的区域,自然资源的开发利用曾对或正对区域发展产生巨大的推动作用,但由于长期依赖优

① 《马克思恩格斯选集》第3卷,第508页,北京:人民出版社,1972。
② 郝寿义、安虎森:《区域经济学》,第122~125页,北京:经济科学出版社,1999。
③ 《马克思恩格斯全集》第23卷,第560页,北京:人民出版社,1972。
④ 《马克思恩格斯全集》第16卷,第140页,北京:人民出版社,1964。
⑤ 《马克思恩格斯全集》第23卷,第562页,北京:人民出版社,1972。

越的自然资源条件获取较高的经济利益，有时也会形成依靠自然资源、依靠传统产业、依靠既有市场的思维惯性。受这种落后思维观念的严重影响，区域经济主体常常缺乏主动承受市场风险、技术风险、产业风险的能力，变革既存经济格局的动力明显不足，对产业升级转型的效果顾虑重重，最终导致本区域的落后。

第二，资源型区域在国家整体经济体系中常处于不利地位。自然资源丰富的区域往往作为国家的资源基地，在区际贸易体系中处于不利局面，在整个国家经济体系中处于依附地位，经济增长总体上受制于其他区域的发展。

第三，对自然资源的依赖阻碍了区域的发展。首先，经济发展固然离不开自然资源，但如果在开发和利用过程中，不注意有效保护，而是滥采滥用，结果就会造成水土流失、环境污染、气候异常和自然灾害频繁，反过来制约经济的发展。其次，资源产业往往具有成本递增的特点，随着资源的深度开发，低成本优势渐趋消失；而且，资源产品的差异度低，产品价格波动大，资源产业进入国际竞争后，不稳定性较强，因此，过度依赖自然资源的区域，经济发展往往具有较高的风险。再次，资源型产业大多属于高投入、高消耗、高污染、低效益的经济活动部门。这些产业技术含量低、技术创新能力弱、产业层次低，产业升级受到了技术层次的明显约束。我国多数资源型地区都是以传统的资源产业为支柱，以传统技术、实用技术为主体，技术进步缓慢，区域发展缺乏相应的技术推动。

三、人口

任何区域和社区的存在都以一定数量和质量的人口为前提，我们分析区域经济增长和发展，自然应该从生活在特定区域、特定文化背景及制度下、特定社会关系网络中，具有一定的结构和分布形态的人口入手。

人口数量是指在某一时期区域内的人力资源总数，与其直接相关的有出生、死亡和迁移三个因素。在区域中，多生多死、多生少死和少生少死现象并不仅仅受生物规律支配，而更多地还是受婚姻家庭制度、生育态度、风俗习惯、社会经济发展水平及宗教与法规的制约。生育率和死亡率及其变动，与工业化、城市化和文化教育的普及有关。人口迁移是一种社会经济变迁的重要力量和征兆，受各种推拉因素的影响。人口质量也即指人口素质，包括人口的体质、道德风尚及文化素质。

人口构成是指个体成员特征与属性的总和，包括不能改变的生物学特征，如性别、年龄、种族、残疾，以及由文化条件形成的社会学特征，如婚姻家庭状况、职业类型、阶级阶层划分、宗教信仰、教育水平、民族语言、居住情况等。人口分布则是指人口在一定的地理区域的自然聚落形态，包括他们的密度、距离和接近其他人和事物的交往方式。显然，人口社会构成、人口分布与社会经济发展有着密切的关系。

（一）人口数量与区域经济增长和发展

第一，人口增长与经济增长之间呈一种相关关系。人口规模与市场规模、劳动分工以及技术创新潜力有着密切关系。恩格斯在1884年就早已指出："生产本身又有两种。一方面是生活资料即食物、衣服、住房以及为此所必需的工具的生产；另一方面是人类自身的生产，即种的蕃衍。"[1] 根据马克思主义原理，社会再生产是物质资料再生产和人的再生产的统一，两种再生产相协调，就能促进经济增长；反之，则会延缓经济增长。人口增长对经济增长的阻碍作用具体表现在：过大的人口规模将会削弱资金积累的能力并造成公共设施供给的压力，人口的迅速增长将增加赡养人口和就业压力，并降低人均实际收入水平，人口膨胀将加速对不可再生资源的耗费，并给环境带来有害的影响。

关于人口与生产资料的依存关系，古典经济学派的李嘉图就曾感叹"生产赶不上人口的繁殖"，马尔萨斯也早已在其著作《人口原理》一书中向我们敲响了警钟。他断言：人口增长按几何级数增长，而粮食生产大致按算术级数增长。人口数量或迟或早将超过自然资源所能够承受的水平。他还提出了"抑制、增殖、均衡"原理，主张控制人口。在新中国成立初期，马寅初先生在《新人口论》中也指出了人口激增与社会经济各方面发展的矛盾。可惜，当时未能引起足够的重视。

第二，人口规模过度扩张将打破其与环境承载能力之间的平衡关系。世界银行在一篇报告中指出：人口继续迅速增长预示着下几代人提高生活水平和减轻贫困的努力可能产生灾难性失败的后果。如果当代人只顾自身利益而无节制地、掠夺性地开发自然资源，那么在不久的将来，留给我们子孙的将会是一个光秃秃的地球。

（二）人口素质与区域经济增长和发展

对于一个区域来讲，人口素质的提高将会导致产出的增加。从体质上讲，劳动力充沛的精力和健壮的身体使其在劳动过程中能增加实际的劳动供给，同时，健康的身体能减少劳动者的生病时间，增加有效劳动时间。从智力方面来讲，首先，劳动者创新能力的提高使得劳动者能从事发明、创造，寻求解决生产过程中所出现问题的思路和方法，从而在劳动者投入不变的情况下增加产出量；其次，知识水平的提高，使劳动者可以较快地接受新工艺、新操作方法，适应新技术、新设备，并能将发明和引进的新技术尽快和生产相结合，转化为生产力，从而增加产出。

人口素质的提高，将提高劳动生产率，于是会加强劳动对经济增长的推动。假如劳动力投入数量不变，由于劳动力素质的提高使得经济增长中实际劳动投入增加，经济就会在节约资本和更多地利用劳动力的情况下获得增长。

（三）人口构成和区域经济增长和发展

第一，人口年龄、性别结构与区域经济发展。劳动适龄人口受人口的年龄结构

---

① 《马克思恩格斯全集》第21卷，第29～30页，北京：人民出版社，1965。

和性别结构的制约，人口出生率、死亡率和自然增长率的变动，不断改变着人口年龄结构。人口结构处于年轻型，面临着少年儿童养育、文化教育、就业、婚姻家庭和社会安定等一系列社会经济问题。人口结构处于老年型，带来人口老龄化问题。其一，老年人口比重增加，老年抚养系数提高，加重了社会对退休金、养老保障、医疗保障以及相应的社会福利费用的支出。其二，老年人口的上升，其消费倾向和投资意向减弱，可能削弱区域经济活力。其三，人口老龄化不利于技术创新。此外，人口性别结构的失调，短期内会产生两性择偶、家庭组织和生育后代等一系列社会问题，长期内将影响区域产业布局以及社会经济结构和区域经济发展。①

第二，人口产业结构与区域经济发展。人口的职业结构是指按产业部门划分的在业人员所形成的比例关系。人口职业结构反映了区域经济的发展水平和阶段差别。一般来说，在业人口行业结构和职业结构的状况，影响着劳动生产率的高低、劳动者科学文化水平和劳动技能的高低。一个地区的第一产业人口比重下降，第二产业人口比重提高，第三产业人口比重尤其是新兴产业人口比重上升，是经济发达地区重要的人口产业结构特征，也是世界各国、各地区区域经济发展的必然趋势。

第三，人口城乡结构与区域经济发展。一般来说，人口城乡结构表现了一个区域市场经济的发展程度、工业化和城市化发展水平。

（四）人口流动与区域经济增长和发展

人口流动是现代经济发展的主要特征之一。区域间经济发展的不平衡是区域间人口流动的根本原因。区域间的人口流动，使劳动力资源得到合理配置。

四、资金

生产资金是区域经济增长的重要影响因素。生产资金（即生产基金）包括固定资金（原有固定资产和新增投资）和流动资金两个部分，它是生产资料在价值形态上的体现。生产资金对区域经济增长的作用主要表现在三个方面：首先，资金投入的增加可以提高区域的产出水平。一般地说，资金投入的增加同经济增长成正比，一个区域投入生产的资金越多，能容纳的劳动力就越多，生产增长就越快。其次，资金产出率的提高是加快区域经济增长的重要途径。资金产出率的提高，具体表现为生产资料利用效率的提高，如设备、燃料、动力和原材料利用率的提高，单位产品物质消耗系数的降低等。这就意味着用同样多的生产资料或等量资金，可以生产出更多数量的产品。因此，单位产品资金占用量下降越快，达到一定的生产增长率所需要的积累基金就越少，也就越有利于区域经济的增长。最后，固定资产投资是保证区域社会再生产和经济增长的物质技术条件。固定资产投资是保证社会再生产顺利进行的重要手段，也是加快区域经济增长的重要途径。一般地说，区域经

①　郝寿义、安虎森：《区域经济学》，第 129 页，北京：经济科学出版社，1999。

济要获得一定数量的增长，固定资产投资应保持同步或略快的增长。在积累和消费保持正常比例关系的情况下，固定资产投资的增加，可以使区域不断采用先进的技术装备，提高生产能力，降低原材料和燃料消耗，改善劳动条件和生产条件，促进产品升级换代，调整产品结构，增加花色品种，以及合理布局生产力等，从而加快区域经济的增长。

五、技术进步

技术变化对区域经济增长的影响主要表现在：①

第一，技术进步不断改变劳动手段和劳动对象。一般来说，技术的重大变化主要体现在机器设备等劳动手段的变化上。大机器代替人工劳动，自动化机器代替人工操作机器，这种变化都是技术进步的结果，而且能大大提高产出的水平。技术进步通过改变材料的物理或化学属性导致新材料的出现，为人类寻找新的矿产资源提供手段，从而对劳动对象产生重要影响。

第二，技术进步促进劳动力质量的提高。较先进的技术要求劳动者具有较高的素质，要求和迫使劳动者接受更多的教育和不断进行技术培训；技术的现代化往往与分工的深化相联系，因而能使劳动者在专门化的劳动中提高技能；技术进步导致劳动时间的节约，从而为提高劳动者的精神素质和体力创造了条件。

第三，技术进步促进产业结构的变化。产业结构的合理化和高度化是在技术的不断进步中实现的。技术进步在经历了研究与开发、技术创新、创新扩散后，必然将通过产业结构变动这一中介实现其"促进成长"的功能，这也是技术进步的又一次飞跃。

六、结构变化

第一，产业结构变化带来经济增长和发展。伴随着区域经济增长，产业结构必将发生变化。其变化的一般趋势是：第一产业在经济活动中的比重显著下降，第二产业尤其是第三产业的比重有明显上升。

第二，就业结构变化带来经济增长和发展。产业结构的变动，相应引起就业结构的变化。劳动力从第一产业向第二产业转移，再从第二产业向第三产业转移，是由产业间的劳动生产率差别造成的。因此，劳动力产业间的转移，从整体上能提高全社会的劳动生产率。一般来说，从事第二产业、第三产业的劳动者比从事第一产业的劳动者具有更高的素质。因此，就业结构的变化将有助于提高劳动力的素质，进而会促进经济增长。

第三，企业组织结构的变化，通过更有效地组织资源，更合理地利用资源以及

---

①　郝寿义、安虎森：《区域经济学》，第 135～136 页，北京：经济科学出版社，1999。

更能适应市场经济发展的需要，促进区域经济增长和发展。伴随着经济发展，区域内企业的组织结构将发生变化，各产业内部将形成以一个或几个大型企业集团为主体、其他中小企业联系密切的组织形式。大型企业集团的形成能获得规模效益，降低产品成本，提高产品的竞争能力。另外，大型企业集团能更有效地组织资源，根据市场的变化，及时地开发出新产品。①

七、传统和文化变迁

一个地区传统习惯在很大程度上决定着这一地区要素供给和人们行为的模式。一个人多地少的地区，如中国的江浙地区，人民对土地资源的争夺程度已经相当剧烈，无法再从其中获得收益，这时人们会转向其他方面，通过其他方式来获取生存条件和致富途径。这里的人们十分能吃苦，十分节俭，肯动脑筋，不固守田园，有开拓意识和承担风险的能力，这种传统文化适合于市场经济条件下以个人为决策单位、尊重个人利益的制度条件。因此，在市场经济条件下，这里首先得到发展并在竞争中取得优势是十分自然的。而地广人稀的地区，如中国东北地区，土地相对人们来说比较丰富，耕作时间较短，作业粗放，形成了粗犷、朴实的文化环境。这种文化在市场经济条件下已经显露出弱势，人们不愿吃苦，不精于计算，不善于利用机会。不同文化传统的地区，企业组织方式应有所不同，如果企业经营组织与这一文化相冲突，必然得不到发展，甚至还会走向衰落。企业对传统文化应采取积极吸收的态度，既有所保留，使文化有一个稳定的连续性，也应有所扬弃，调整企业与周围的文化关系，营造自己的文化氛围，并用企业的文化去改造地区经济文化。改革开放以后，东北的一部分农村与其他地区有着明显的繁荣和衰落的差别，重要的原因是能够在文化的扬弃中提高文化的效率贡献。

道德也是构成传统的重要内容，文化的变迁在相当大程度上表现为伦理道德的变迁。这种变迁由于不同地区的商品经济发达程度不同，而呈现很大的差别。有良好经商传统的江浙地区，以商德作为约束；而市场经济不十分发达的有些地区，人们一方面很难适应这种变化，经常上当，另一方面又从上当中消极地吸取教训，在道德败坏方面有过之而无不及。

八、社会关系

这里所讲的社会关系包括社会阶层、家庭关系和信用关系。社会阶层主要是由资产、收入及收入来源等因素决定的。目前，我国贫富差距拉开的速度之快是世界罕见的，由此形成了新的阶层关系，有人一掷千金，有人为生存而奔波。改革开放正伴随着我国家庭小型化，一对夫妻一个孩子将改变中国的文化结构，家长对子女

---

① 郝寿义、安虎森：《区域经济学》，第 139～140 页，北京：经济科学出版社，1999。

责任的无限夸大和子女对家庭责任的无限减少，会形成社会的巨大倒退。人与人关系的重要组成部分是信用关系，信用的无限扩大，终究会走到终点，导致信用的衰竭，会在紧缩通货的形势下加剧紧缩。社会关系网也是信用关系的另一种形式，它在为企业提供方便的同时，必然增加企业的交易费用，权钱交易成风也会极大地增加企业成本，还使社会缺少判断是非的标准。这些社会关系因素，可以是企业和地区经济发展最重要的软环境，虽然它难以说清和考证，可是一旦企业在某地进行投资，可能要为此而付出极大的成本。社会文化环境对经济发展的影响具有多面性和长期性，甚至可以在这种文化环境下改变企业经营者的文化社会观，推动或阻碍整个社会的发展。

第二节　区域经济增长理论[①]

一、古典经济增长理论

经济增长是经济理论的最基本范畴，是一切社会形态存在和发展的物质前提和经济基础。人们对经济增长问题的探索可以追溯到很久远的年代，随着古典经济学的形成和成熟，人们开始了对经济增长较为系统的研究。

（一）重商主义和重农主义关于经济增长的认识

早在古典经济学产生以前，人们就开始探讨经济增长的原因。重商主义者（Mercantilists）认为经济增长的本质是货币财富的积累，因此认为要增加财富就要加大对外贸易中的出口份额，依靠贸易的出超不断增加贵金属的存量；而重农主义者（Physiocrats）则认为只有农业才是生产，因此，一国的经济增长以农业收成的多寡而定，只有大力发展农业才能增加社会财富。

17世纪英国古典政治经济学创始人威廉·配第（William Pety）在其代表作《政治算术》中分析了劳动分工对劳动生产率增长的促进，指出：工业比农业的经济收益多得多，而商业又比工业的经济收益多得多，这种产业间的"收入差"推动着劳动力的转换，促进生产效率提高和经济发展。

（二）亚当·斯密的经济增长理论

亚当·斯密（Adam Smith）是最早在理论上系统研究经济增长问题的经济学家，其划时代的著作《国富论》全面论述了经济增长的性质、因素和如何为经济增长创造有利条件。

---

① 本节主要借鉴：陈德敏：《区域经济增长与可持续发展》，第7～16页，重庆：重庆大学出版社，2000；郝寿义、安虎森：《区域经济学》，第142～164页，北京：经济科学出版社，1999。

　　斯密认为，经济增长是人均产出的增加，或劳动产品即社会纯收入的增加。斯密将经济增长因素归结为五个方面：劳动、资本、土地、技术进步和社会经济制度环境，用总量生产函数表示为：$Y_t = f(L_t, I_t, N_t, T_t, V_t)$。其中，$Y_t$ 表示时间 t 时的总产出，$L_t \sim V_t$ 依次表示 t 时的劳动就业、资本存量、自然资源（主要是土地）利用率、技术变革率和社会经济制度。

（三）李嘉图的经济增长理论

　　大卫·李嘉图（David Richado）将考察经济增长问题的中心转向收入分配问题，着重分析地租、工资、利润等收入的变化规律，以及其分配比例如何通过影响资本积累从而影响经济增长。

　　李嘉图认为推动经济增长的主要原因是资本家将其净收入中除消费外的剩余部分追加投入生产中所形成的资本积累。经济剩余多，用于再生产上的资源多，生产能力扩大就快，生产增长率也快。同时，他还认为土地、劳动、资本的边际产品均递减。由于收益递减，生活资料价格上升，则工资的自然价格提高，地租率提高，利润率必然下降，利润在收入分配中的比例相应下降、资本积累因而趋于萎缩，经济增长放慢。因此，任何促进边际生产率提高的措施（如改良农业、机器的采用、廉价谷物的输入、削减赋税和公共支出等）都会提高利润，从而提高资本形成率，加快经济增长。

（四）马克思的经济增长理论

　　马克思在《资本论》中研究了经济增长的关键因素即资本的形成与积累以及生产力与生产关系所构成的生产方式的运动规律，着重揭示了资本主义经济运行的规律性。

　　马克思认为生产力是人类社会发展的最根本的推动力，生产力的发展是人类征服、改造自然并创造物质财富的能力、数量的扩张，同时伴随着生产力要素的分布和结构的演进。因此，经济增长的实质内容是生产力的发展。

　　马克思经济增长理论的核心是简单再生产和扩大再生产理论。他不仅论述了扩大再生产的两条基本途径——增加资本积累和提高生产要素产出率，以及与此相对应的外延和内涵两种扩大再生产方式，而且强调全社会的扩大再生产要顺利进行必须保持各部门间的动态平衡。

二、现代经济增长理论

　　现代经济增长理论是以凯恩斯创立的宏观经济学为理论基础，并克服其短期静态均衡分析方法的缺陷而产生和发展起来的。哈罗德和多马分别在 1939 年发表的《论动态理论》和 1946 年发表的《资本扩张、增长率和就业》两篇文章中分别提出了基本相同的经济增长理论与模型，合称为哈罗德—多马模型，这标志着现代经济增长理论的产生。一般认为，现代经济增长理论主要包括哈罗德—多马经济增长模型、索洛新古典经济增长模型、新剑桥经济增长模型。此外，丹尼森、库兹涅茨、诺斯等现代经济学家也先后建立了各具特色的经济增长因素分析理论。

（一）哈罗德—多马经济增长模型

哈罗德（R. Harrod）和多马（E. Domar）在继承凯恩斯就业理论和国民收入决定论的基础上，将其短期静态均衡长期化和动态化，试图解决一国经济如何才能保持稳定增长的问题。

1. 哈罗德—多马经济增长模型的主要假定

社会上只有一种产品，既可用做消费，又可用做生产要素；只有劳动与资本两种生产要素；不考虑技术进步；资本—产出比和资本—劳动比固定不变；不变的规模收益。

2. 哈罗德—多马经济增长模型的前提条件

储蓄全部自动转化为投资，即投资根据一定比例的资本—产出率转化为产出，这一增大了的国民生产总值又能按一定比例储蓄起来用于投资。

3. 哈罗德—多马经济增长模型的基本公式

哈罗德模型的基本公式为：经济增长率 $= \dfrac{平均储蓄率}{资本 - 产出比率}$

或
$$G = \frac{S}{K}$$

多马模型的基本公式为：投资增长率 = 边际储蓄倾向 × 资本产出率

或
$$F = S \times \delta$$

由于两者都假定储蓄率不变，资本—产出比率不变，储蓄全部转化为投资等，所以在哈罗德公式和多马公式中，平均储蓄率 S 等于边际储蓄倾向 S，$\dfrac{1}{K}$ 等于资本生产率 δ，所以经济增长率 G 等于投资增长率 F。因此，经济学家将两者合二为一，称为哈罗德—多马模型。

4. 哈罗德—多马经济增长模型评述

哈罗德—多马经济增长模型开创了经济增长理论向长期化、动态化、定量化方向发展的先例。由于简便、易于测算，它已成为经济学术界和一些国家计划工作者研究预测经济增长的经济技术手段。在 K 既定的条件下，经济增长率就由资本积累率即储蓄 S 来决定。由给定的增长率目标可以推知必须有多高的资本积累率来保证，同时在已知资本积累率的前提下，可以预测经济增长率的高低。

哈罗德—多马经济增长模型在一系列假定条件下推算经济增长率，且假定了一个不变的资本—产出率，即假定投资经济效益不变，没有考虑政府财政、货币政策，特别是技术进步等影响经济增长的因素，这是不符合实际的。因此，罗宾逊夫人称，能够满足哈罗德稳定性条件的经济增长的"黄金时代""只代表一种任何实际经济中都不可能达到的神话般的境况"。哈罗德—多马经济增长模型所给出的均衡增长途径"像刀刃一样狭窄"。

（二）索洛新古典经济增长模型

1956 年，美国经济学家罗伯特·索洛（R. Solow）在《经济增长的一种理论》一文中指出哈罗德—多马经济增长模型的缺陷在于"生产是在不变的要素比例的前提下发生的"的假定，并提出了具有较大伸缩性的增长模型，即在劳动与资本价格发生变化、各种生产要素互相代替条件下的经济增长模型。这被称为新古典经济增长模型。在这方面做出贡献的还有澳大利亚经济学家斯旺（T. Swan）和英国经济学家米德（J. Meade）等人。

1. 新古典经济增长模型的基本假定

索洛放松了固定资本—产出比的假定，认为资本与劳动可以相互替代，即资本—劳动比率与资本—产量比率可按需要进行调整。除此之外，索洛接受了哈罗德模型的其他假定，即一种产品、两种要素、规模收益不变，不存在技术进步以及简单比例的储蓄函数等。

2. 新古典经济增长模型的基本内容

索洛放弃了哈罗德—多马模型使用固定系数的形式，给出一个总量生产函数：

$$Y = F\ (K,\ L)$$

其中，Y 为产量，K 为资本，L 为劳动。在不考虑技术进步的情况下，有：

$$\frac{\Delta Y}{Y} = a\ (\Delta K / K)\ + b\ (\Delta L / L),$$

其中，a、b 分别为资本和劳动对经济增长的贡献份额（也称劳动的产出弹性），且 $a + b = 1$。这个公式即为索洛—斯旺的新古典增长模型。它表明经济增长率是由资本的增长率及其产出弹性、劳动的增长率及其产出弹性共同决定的。若考虑技术进步，则模型可扩展为：

$$\frac{\Delta Y}{Y} = \lambda + a\ (\Delta K / K)\ + b\ (\Delta L / L)$$

其中，λ 表示技术进步带来的增长率。它表明，经济增长率是由资本的增长率、资本产出弹性、劳动增长率、劳动的产出弹性以及技术进步所决定的，这个公式被称为索洛—米德模型。

3. 新古典经济增长模型评述

索洛带有技术进步条件的模型极大地强调了技术进步对现代经济增长所起的决定性作用，并通过动态化、模型化将"技术进步决定论"的经济增长理论向计量化、实证化方向推进了一大步。但是，索洛等人并没有对技术进步作出满意的解释，只是将技术进步作为给定的外生因素，并将除资本和劳动对经济增长的贡献份额以外的剩余部分全归于技术进步因素，不利于科学地把握技术进步对经济增长的确切作用。

(三) 新剑桥经济增长模型

以卡尔多 (N. Kaldor)、罗宾逊 (J. Robinson) 夫人为代表的新剑桥学派从国民收入分配问题入手，通过资本与劳动在国民收入中分配份额的变化对储蓄率变化的影响，从储蓄率的变化中寻找经济稳定增长的途径，提出了新剑桥经济增长模型。

1. 新剑桥经济增长模型的假设条件

第一，国民收入在资本家和工人两个阶级中进行分配，形成利润收入者和工资收入者，因此国民收入 Y 分为工资 W 和利润 R 两部分，且 $Y = W + R$。第二，假设资本家和工人的平均储蓄倾向为 S_r、S_w，且 $0 \leqslant S_w \leqslant S_r \leqslant 1$。

2. 新剑桥经济增长模型的基本公式

新剑桥经济增长模型的基本公式为：

$$G = \left[(S_r - S_w) R / Y + S_w \right]$$

其中，R / Y 表示资本家阶级的收入或利润 R 在国民收入中所占比重。由于 S_r、S_w 是既定常数，所以经济增长率 G 就只由利润占国民收入中的相对份额 R / Y 来决定，又因为假定 $S_r > S_w$，所以，G 是增函数，随 R / Y 的增加而增加。因此，卡尔多等人认为可以采用调整利润收入在国民收入中的相对份额，使储蓄保持在合意的水平，从而维持经济均衡增长。

3. 新剑桥经济增长模型的评述

新剑桥经济增长模型突出地强调了国民收入在储蓄倾向不同的资本家阶级和工人阶级之间分配的比重，以及由此形成的储蓄结构对储蓄总规模或资本积累进而对经济稳定增长的决定作用。相应地，新剑桥学派积极主张政府调节国民收入的分配，以缩小两大阶级的贫富差距，避免出现生产相对过剩，从而实现经济长期稳定增长。但实际上，储蓄率的变化受多方面因素的影响，因此，储蓄率的调节仅仅只调节国民收入分配是不容易实现的。

(四) 经济增长因素分析理论

索洛模型将除了资本和劳动对经济增长贡献之外的全部剩余部分都归于技术进步，形成了过于笼统的"索洛余值"。丹尼森 (E. F. Denison)、库兹涅茨 (Kuznets)、诺斯 (Norse) 等人将"索洛余值"进行分解，提出了经济增长因素分析的理论。

丹尼森把经济增长因素分为两大类和七个方面。两大类是：生产要素投入量和生产要素生产率。七个方面是：(1) 就业人数及其构成；(2) 投入的工时数；(3) 劳动者的教育程度；(4) 资本存量的规模；(5) 知识的进展；(6) 资源配置；(7) 规模经济。通过对美国经济实际年增长率的计算，得出了经济增长各因素贡献的比例。在这些结果中，丹尼森发现反映生产要素、生产率变化或技术进步的知识进展，是各增长因素中贡献最大的因素。可以说，现代经济增长主要是由要素生产率所体现的技术进步所推动。而在技术进步中,知识进展是最大和最基本的原因。

库兹涅茨通过对西方国家经济增长史料的比较分析,认为影响经济增长的要素是知识存量增加、劳动生产率提高和结构变化等生产率进步因素。库兹涅茨认为当技术知识和社会知识的存量被利用的时候,它就成为现代经济高比率的总量增长和迅速结构变化的源泉。劳动力受教育程度的提高、技术与知识的普及必然带来效率的提高,从而促进经济增长。

道格拉斯·诺斯从另一个新颖的角度来研究经济增长因素,试图以制度变化解释经济增长。诺斯构建了一个以产权为基本概念,以制度变迁为核心,包括产权理论、国家理论、意识形态理论在内的全新经济增长模式。他认为:(1)促进经济增长的决定因素是一种提供适当个人刺激的有效产权制度;(2)制度变迁的原则是预期收益大于预期成本,即推动制度变化的行为主体的收益最大化原则。

(五)新经济增长理论

20 世纪 80 年代中期以来,罗默(Romer)、卢卡斯(Lucas)等人在舒尔茨等创立的人力资本投资理论的基础上,将人力资本因素系统地引入经济增长模型,使经济增长理论研究发生了深层次的变化,形成了以研究内生技术进步为主要特征的新经济理论。"新经济增长理论"建立在"人力资本决定论"的基础上,正确反映了现代经济增长中人力资本因素的突出地位和作用,揭示了人力资本的持续增长和积累是经济长期增长的根本原因。其中又以罗默的"收益递增的长期增长模式"和卢卡斯的"专业化人力资本积累增长模式"为代表。

在罗默的模式中,技术变革被内生化,不仅是因为经济增长率的内生变量,而且是知识积累和人力资本增长的结果。知识积累和专业化的人力资本成为经济增长的主要因素和原动力。在罗默"收益递增型的增长模式"中,知识被当做生产过程的一种特殊投入,具有递增的边际生产率,能够提高投资的收益,从而促进资本投资。而且,由于知识使用的非排他性,它不仅可以被科研人员用来生产另一种新知识,而且它具有正的外部效用,能增加知识存量,提高未来所有科研人员的生产率。因此,知识积累和人力资本不仅自身收益是递增的,而且能通过其外部效应使物质资本及其他因素也产生递增收益,从而使整个经济的规模收益递增,实现经济的长期增长。

卢卡斯在《论经济发展的机制》一文中,提出了"专业化人力资本积累"的模型,系统地论述了他的经济增长理论。这一模型强调了劳动者脱离生产,从学校正规及非正规的教育中所积累的人力资本对产出与经济增长的作用,而且把人力资本区分为社会生产中的一般知识与劳动者个人所拥有的技能(专业化的人力资本),使人力资本的分析更加具体化,也使经济增长因素的分析更加微观化。同时,卢卡斯根据自己的增长学说,对国际贸易问题作了独到的研究,把传统的比较成本优势论、资源禀赋优势论等物质资本优势论发展为人力资本优势论。他认为,一国应集中有限的资源生产和出口具有人力资本优势的产品;国际贸易可以促使知识与人力资本加速积累,推动所有贸易伙伴的经济持续增长。

第三节　区域经济发展理论

一、区域经济平衡发展理论

区域经济平衡发展理论产生于 20 世纪 40 年代,以罗森斯坦-罗丹、拉格纳·纳克斯等人为代表。

（一）大推进理论①

著名发展经济学家保罗·罗森斯坦-罗丹(P. N. Rosenstein-Rodan)于 1957 年完成了其代表作《大推进理论的注解》,是该理论的倡导者和集大成者。该理论主张发展中国家在投资上以一定的速度和规模持续作用于众多产业,从而突破其发展瓶颈,推进经济全面高速增长。大推进理论之所以能够广为传播,是因为其立论的三个不可分性具备更可信赖的理论基础。这三个不可分性的具体内容如下:

1. 生产函数的不可分性

投入、生产过程或产出的不可分性会产生递增收益,即规模经济,而且可能要求厂商有高水平的最适度规模。资本供给特别是社会基础资本供给具有不可分性。社会基础资本包括电力、交通、通信、学校等基础产业。这些产业存在供给方面的外部经济性,它的服务具有间接的生产性,而且只有在很长的建设期之后才会变得可资利用。它的建设具有一次性投资量大和可变成本低的特征。

社会基础资本具有四个不可分性的特征。第一,在时间上是不可分(即不可逆)的。它必须先于其他生产性投资。第二,它的设备具有较高的最低限度耐久性,而较低的耐久性要么在技术上是不可能的,要么就是效率太低。第三,它有较长的建设期。第四,不可削减的社会基础资本产业组合是摆脱困境的条件。

同时,由于社会基础资本所提供的服务不能出口,所以,社会基础资本的高水平初始投资必须先行,或者让人们知道这样的投资肯定是存在的,以便为增加能更快地产生收益的直接生产性投资铺平道路。社会基础资本的这种不可分性,构成了欠发达国家的主要障碍之一。

2. 需求的不可分性

由于发展中国家的市场规模小,资本有限,如果单独对任何一个产业进行投资,都会因如下原因导致风险增加:第一,不同产品互相之间在较大程度上是不完全替代

---

① 罗森斯坦-罗丹:《略论"大推进理论"》,参见郭熙保主编:《发展经济学经典著作选》,第 225～238 页,北京:中国经济出版社,1998;武一:《投资区位论》,第 147～149 页,成都:西南财经大学出版社,1999;黄继忠:《区域内经济不平衡增长论》,第 13～14 页,北京:经济管理出版社,2001。

的,大多数产品的需求是高度无弹性的,低需求弹性使供给适应需求变得非常困难;第二,由于市场规模小,使需求与供给相适应比较困难,尤其是处于增长中的市场,困难和风险都会加大;第三,需求的互补性将降低正在增长着的和多样化的投资边际风险。

需求的不可分性,使不同的投资互相关联,互相提供需求,从而减少投资风险。如果投资仅集中于某一行业,则必须拥有充分的国内市场或有保障的有效需求。否则,将因该部门或行业的大部分产品无购买需求而使投资效益低下。如果同时在许多部门或行业进行投资,就可以利用不同投资之间提供的互补性需求,形成一个充分的、有保障的市场,使产品销路有保障,投资获得成功。

3. 储蓄供给的不可分性

储蓄供给的不可分性是指通过储蓄吸纳的资金能够满足对基础设施集团式的投资需要,否则,储蓄的不足与基础设施投资需求之间将形成储蓄缺口,并难以打破。储蓄缺口的存在,意味着需要外部投资,需要首先进行大规模的基础设施建设。由于该类投资规模大,资本回收慢,很难受到普通投资者的欢迎。打破这个储蓄缺口的惟一办法,是必须使边际储蓄率高于平均储蓄率,让所吸纳的宝贵资金投向基础设施。

(二)纳克斯恶性循环理论模式①

20 世纪 50 年代初期,著名发展经济学家拉格纳·纳克斯(Ragnar Nurkse)在其名著《不发达国家的资本形成问题》(1953 年)一书中,系统地论述了发展中国家和地区存在着一种贫困恶性循环的理论,以解释为什么低水平人均产出的发展中国家经济长期停滞不前。

纳克斯认为,低收入国家存在两种恶性循环:一种恶性循环是由资本稀缺、收入低下和储蓄缺乏三者构成的。低收入国家收入低下是生产率低下造成的结果,生产率低下主要是由于缺乏资本,资本缺乏又是由于缺乏储蓄能力,缺乏储蓄能力则是由于收入低下所致。这样,资本缺乏、收入低下、储蓄缺乏三者互为因果,形成一个封闭的循环。另一个恶性循环是由于需求不足、收入低下和投资不足三者构成的。低收入国家的投资不足和资本缺乏是投资缺乏引诱力量的结果,缺乏投资引诱又是由于市场需求不足。投资引诱受到市场规模的限制。而市场需求不足则是由于人们的收入低下,从而导致缺乏支付能力造成的。只要投资不增加,收入就不可能提高,市场需求也就不能增加。这样,投资不足、收入低下、需求不足三者互为因果,形成另一个封闭的循环。

纳克斯认为,两个恶性循环是相互制约的,并且相互加强,任何一个都无法自行

---

①　拉格纳·纳克斯:《不发达国家的资本形成问题》,北京:商务印书馆,1966;拉格纳·纳克斯:《市场规模与投资引诱》,参见郭熙保主编:《发展经济学经典论著选》,第 238~265 页,北京:中国经济出版社,1998。

突破,因而转变成上升的螺旋形变动。如果要提高购买力以加强投资引诱,那就势必缩减储蓄,这时,即使投资需求增大,也无法得到扩大投资所必需的资金,由于储蓄增加而引起的购买力缩减就会首先限制投资引诱的增强。

　　基于以上分析,纳克斯认为,摆脱贫困恶性循环的途径是,同时、全面地投资于工业、农业、消费品生产、资本品生产等各个国民经济部门,形成广阔而充分的市场,产生足够的投资引诱,为投资规模的扩大、经济的增长创造条件。纳克斯认为,在经济增长的初期,之所以选择均衡增长的发展思路,一方面,是由于各部门同时扩大生产规模,可以相互利用便利的生产、销售条件,降低生产成本,从而获得内在和外在经济效益;另一方面,是出于均衡增长使各部门之间相互形成需要,避免形成多余的生产能力,并加强投资引诱,促进供给和需求保持平衡,使经济稳定而均衡地增长。

二、区域经济非均衡发展理论

　　针对罗森斯坦-罗丹、纳克斯等人提出的部门、区域的均衡发展理论,另一些经济学家则从相反的方面提出了区域经济非均衡发展理论,主要代表人物有艾伯特·赫希曼(Albert O. Hirschman)、沃尔特·惠特曼·罗斯托(Walt Whitman Rostow)、弗朗索瓦·佩鲁(Francois Perrous)、缪尔达尔(Gunnar Myrdal)等。他们各自从不同的角度分析论证了经济增长的非均衡过程,提出了各自的理论和政策主张,但共同点都是坚持非均衡发展的观点。

　　(一)赫希曼的非均衡发展理论①

　　赫希曼在 1958 年出版的《经济发展战略》一书中,着重从现有资源的稀缺性和企业家的缺乏等方面,指出了平衡发展战略的不可行性,并提出了不平衡发展理论。他认为,发展中国家应当集中有限的资本和资源首先发展一部分产业,以此为动力逐步扩大对其他产业的投资,带动其他产业的发展。就空间而论,应当首先发展条件较好的地区,以此带动其他地区的发展。根据赫希曼的论断,审慎地使经济不平衡发展是实现不发达国家经济增长的好途径。赫希曼认为,选择具有战略意义的工业部门进行投资,创造出新的投资机会,并为经济的进一步发展铺平道路。他坚持这样的观点:经济增长是一种传递的过程,即从经济主导部门向次要部门传递,从一个产业向另一个产业传递,从一个企业向另一个企业传递。他把发展看成"非均衡链",认为这种非均衡必须坚持,并用"连锁效应"指出了不平衡发展的过程。赫希曼著名的"连锁效应",包括"前向连锁"和"后向连锁"。所谓"连锁效应"是指一个部门在投入和产出上与其他部门之间的关联作用。他认为,从某种角度上讲,一种新投入的供给,或对一种新产品的需求,在企业家扩大他们活动过程中往往是单方面的。所以,他认为应选择"连锁效应"大的部门进行投资,其所创造的产品(收益)会大于对"连

───────────

　　①　艾伯特·赫希曼:《经济发展战略》,北京:经济科学出版社,1991。

锁效应"小的部门的投资。所以,不平衡增长的过程,应该由"连锁效应"大的部门的牵动来加以实现。

(二)循环累积因果理论①

循环累积因果理论是在缪尔达尔的循环因果原理的基础上,经卡尔多(N. Kaldor)等人提出具体理论模式发展形成的。

缪尔达尔认为,社会经济制度是一个不断演进的过程,这种演进是由技术的进步以及社会、经济、政治和文化等因素的演变造成的。在一个动态的社会经济过程中,社会经济的各种因素是互相联系、互相影响、互为因果的。某一社会经济因素的变化,会引起另一社会经济因素的变化,而第二级的变化会反过来推动最初的那个变化,导致社会经济过程沿着最初的那个变化的方向发展。所以,社会经济诸因素之间的关系不是守恒或趋于均衡,而是以循环的方式运动;不是简单的循环流转,而是具有积累效果的。他举例说,增加了发展中国家的贫穷大众的收入,就会改善他们的营养状况;营养状况的改善,可以提高劳动生产率;而劳动生产率的提高,反过来又能增加他们的收入。从最初的收入增加,到收入的进一步增加,这是一个因果循环,这种循环是上升的循环运动。缪尔达尔认为,事物之间还存在着下降的循环运动。比如,低收入阶层劳动者的健康状况的恶化,就会降低其劳动生产率,从而减少他们的工资收入,并降低其生活水平,这种状况反过来又进一步使他们的健康状况恶化。缪尔达尔在这个因果循环理论中,强调了以下三个环节,即起始的变化,第二级的强化运动,最后的上升或下降过程。他认为,这个原理反映了社会经济因素变化的客观运动,它既是对现实世界的正确描述,又是制定政策的可靠依据。由于缪尔达尔的理论分析运用"整体性"方法,强调经济同社会其他因素的相互关系以及对制度经济学的价值判断标准进一步论证,他的这一理论被认为是对西方制度经济学的重大发展。

卡尔多继承并发展了缪尔达尔的思想,同时提出了相对效率工资(Relative Efficiency Wages)的概念。所谓相对效率工资是指货币工资(W)与生产力增长率(U)的比值(W/U)。W/U 可以决定一区域在全国市场中所占的份额,W/U 越低,表明该区域的产出增长率越高。卡尔多认为,在一国范围内,由于制度的同质性,每个区域的货币工资水平及其增长率都是相同的。因此,在发达区域,由于聚集经济使规模报酬递减,因而其产出增长率和生产力增长率提高,相对效率工资下降。反过来,相对效率工资的下降又导致区域产出增长率的进一步提高。这种循环累积的利益将使发达区域经济以更快的速度增长。

① 缪尔达尔:《一国地区经济不平等的趋势》,参见郭熙保主编:《发展经济学经典论著选》,第 345～363 页,北京:中国经济出版社,1998;周毅:《西部发展机制研究》,第 50～52 页,呼和浩特:内蒙古教育出版社,2001。

（三）增长极理论①

这是一种无时间变量的不平衡发展理论,最初是由法国经济学家弗朗索瓦·佩鲁于 20 世纪 50 年代为了解决落后地区的开发问题而提出,后经英美众多经济学家完善的一个极有影响的理论。该理论认为落后地区往往具有广阔的地域与较丰富的自然资源,但物质技术基础薄弱,交通不便,自然地理条件较差,开发程度低。区内生产主要是第一产业和国内规模的制造业。中心城市数量少且规模不大,分布零散,多为地方级小城镇,缺乏能带动全区发展的中心城市。城市功能主要是作为行政中心。在建设资金十分有限,而基础设施又需要巨额社会资本投资的情况下,要促进这类地区的经济开发,关键是采取不平衡发展战略,配置一两个规模较大、增长迅速且具有较大地区乘数作用的区域增长极,实行重点开发,然后随着相应区域物质、人员的频繁交换,在促进自身不断成长的同时,也以不同的方式和规模让周边分享其创造、产生的物质文明和精神财富。

增长极的作用机理主要体现在增长极的如下四种效应上:

1. 乘数效应

它主要是指增长极中的推动性产业与其他产业间垂直的、水平的联系,这种联系又可以分为前向联系、后向联系和旁侧联系等。由于这种联系的存在,推动性产业的发展能够通过列昂惕夫投入产出关联而对其他经济部门产生波及乘数效应。而这种联系的强弱可根据其力量和重要性来判断。联系的力量是指由于推动性产业的建立而促使其他相关产业建立的可能性。联系的重要性是指推动性产业的建立通过区域乘数效应所导致的就业或生产的增长。用公式表示为:

$$M_i = E_i + \sum_{j=1}^{n} E_{ij} + \sum_{k=1}^{m} pE_{ik}$$

其中,M_i 为产业 i 所产生的总就业;E_i 为产业 i 所产生的"直接的"就业;E_{ij} 为部门 i 对部门 j 的需求产生的"间接性"就业;E_{ik} 为产业 i 对最终需求影响产生的"诱导性"就业。

2. 剥夺效应

剥夺效应又称支配效应,它是指增长极在形成和发展的过程中,对周边地区不对称的资源、人才、资本的吸纳现象。这是因为,增长极依靠自身的优势,形成了相对于周围地区的创新产业;拥有较高劳动生产率的部门在不断扩张市场占有份额的同时,还大幅度提高了资本收益率和员工的分配水平。其结果是,资源伴随着创新产业商品和劳务市场的扩大而源源不断流入增长极;资本和人才也因较高的收益蜂拥而至。

① 弗朗索瓦·佩鲁:《略论"增长极"概念》,参见郭熙保主编:《发展经济学经典论著选》,第 334～335 页,北京:中国经济出版社,1998;孟庆红:《区域经济学概论》,第 95～98 页,北京:经济科学出版社,2003。

空间上表现为对周边地区的剥夺。

3. 聚集效应

聚集效应指增长极因其较明显的外部效应而使企业向其靠拢的现象。企业之间的协作配套,社会公共设施的使用,良好的社会经济环境等,都使得企业有向增长极靠拢的趋势。实质上,由于增长极的外部效应,降低了投资规模和风险,形成了具有相对优势的投资区位,吸引了更多的新企业加盟增长极。新企业的加盟在增加供给的同时,又形成或扩张了市场需求,构成一种良性循环,使增长极不断成长。

4. 扩散效应

扩散效应是指增长极向周边地区输送人才、资本、技术等生产要素的又一类空间经济现象。其形成原因是由于伴随着增长极的成长,产业结构的演替,企业间对增长极内部资源的竞争加剧,使得一些企业不得不退出竞争,以寻求更低的生产成本。其中,最引人注目的就是城市土地价格的上涨和对环境保护的严格要求,使得许多生产性企业向外围扩散。这一扩散的空间结果也就演变为周边地区经济的快速增长。

从空间过程看,扩散可分为两大类,即所谓的跳跃式扩散与邻近扩散。前者又称等级扩散,它指扩散首先发生在规模相等或相近的增长极中;后者又称传染扩散,它是指扩散首先发生在紧邻的地域空间中。一般而言,新思想、工业新技术的扩散多为前者;农业技术、社会生活方式的扩散则以后者居多。

聚集效应和扩散效应的综合影响就是溢出效应。如果聚集效应强于扩散效应,净溢出效应呈现负值,对增长极腹地不利;反之如为正值,对增长极腹地有利。

三、区域经济发展阶段理论

关于区域发展阶段理论,比较有代表性的是胡佛(E. M. Hoover)—费雪尔(J. Fisher)的区域经济发展阶段论、罗斯托的经济发展阶段论以及我国学者提出的区域发展阶段论。

(一)胡佛—费雪尔的区域经济发展阶段论①

美国区域经济学家胡佛与费雪尔1949年发表了《区域经济增长研究》一文,指出任何区域的经济发展都存在"标准阶段次序",经历大体相同的过程。具体有以下几个阶段:

第一,自给自足阶段。在这个阶段,经济活动以农业为主,区域之间缺少经济交流,区域经济呈现出较大的封闭性,各种经济活动在空间上呈分散状态。

第二,乡村工业崛起阶段。随着农业和贸易的发展,乡村工业开始兴起并在区域经济发展中起着积极作用。乡村工业是以农产品、农业剩余劳动力和农村市场为基础发展起来的,故主要集中分布在农业发展水平相对比较高的地方。

---

① 转引自邢红、党凤兰、刘俊昌:《区域经济发展与我国农业政策》,《农村经济》,2005(4)。

第三,农业生产结构转换阶段。在这个阶段,农业生产方式开始发生变化,逐步由粗放型向集约型和专业化方向转变,区域之间的贸易和经济往来也不断地扩大。

第四,工业化阶段。以矿业和制造业为先导,区域工业兴起并逐步成为推动区域经济发展的主导力量。一般情况下,最先发展起来的是以农副产品为原料的食品工业、木材加工和纺织等行业,随后是以工业原料为主的冶炼、石油加工、机械制造、化学工业。

第五,服务业输出阶段。在这个阶段,服务业快速发展,服务业的输出逐渐成了推动区域发展的重要动力。这时,推动区域经济继续发展的因素主要是资本、技术以及专业型服务的输出。

（二）罗斯托的经济发展阶段论①

美国经济学家罗斯托在其《经济成长的阶段》一书中提出自己的经济发展阶段说,并在后来发表的另一部著作《政治和成长的阶段》中对其理论加以补充和完善。他按照科学技术及工业发展水平把一个区域(如一个国家)的经济发展历史划分为六个阶段:

第一阶段:传统社会阶段,通常是指牛顿力学面世以前的农业社会。传统社会发展阶段的特征是:生产技术落后,生产力水平十分低下,人均国民收入极低;原始农业是惟一的经营产业;家族和氏族在社会生产组织中占统治地位。

第二阶段:为"起飞"创造前提条件的阶段,指由传统社会向"起飞"阶段过渡的时期,相当于西欧的 17 世纪末 18 世纪初。这个阶段的特征是:世界市场不断扩大,争夺世界市场成为推动经济增长的原动力;近代科学出现并迅速发展,科学和技术开始应用于农业,家庭手工业和商业逐渐发展起来,生产规模不断扩大;成立了中央政府和地方政府,建立了金融、法律和社会化的生产组织管理制度;经济由自给自足扩大到跨地域发展,出现了专业化和分工协作。

第三阶段:"起飞"阶段,它标志着近代社会生活的开始。这个阶段的特征是:彻底摆脱了经济成长的桎梏,打破了传统的经济停滞状态,近代工业迅速大规模地发展起来,人均国民收入开始急剧、持续地增长。"起飞"阶段持续 20～30 年。

罗斯托认为,区域经济"起飞"必须具备三个条件:一是生产性投资率的提高,其占国民收入的比例约为 70%;二是以制造业为代表的主导专业化部门的建立;三是能确保经济"起飞"的政治、社会和制度结构的缔造。

第四阶段:走向成熟阶段。其特征有:一系列现代技术广泛地应用于经济领域;产业结构的工业化和服务化趋势日渐显露;主导产业由煤炭、纺织等转为钢铁、机械、

---

①　罗斯托:《经济成长的阶段》,参见郭熙保主编:《发展经济学经典论著选》,第 75～88 页,北京:中国经济出版社,1998;张敦富:《区域经济学原理》,第 273～275 页,北京:中国轻工业出版社,1999。

化工等重化学工业;生产性投资率进一步提高,占国民收入的10%~20%;生产和人口出现双增长,前者的增长速度超过后者;教育事业发展迅速,劳动者的受教育程度和专业技能得到提高;社会结构中出现了企业家阶层。成熟期大约持续60年。

第五阶段:高额消费阶段,指高度发达的工业社会。这一阶段的特征是:人均国民收入大幅度增长,消费水平明显提高,转向对耐用消费品的需求;工业结构由重化工型转为耐用消费品生产型,企业竞争日趋激烈,垄断开始出现;生产能力超过消费能力,政府通过财政、金融、税收等政策干预经济发展。

罗斯托认为高额消费阶段不能永远存在下去,成长阶段更替的原因仍在于旧的成长阶段发展到一定程度之后其主导部门所产生的减速趋势。正是"高额群众消费"的减速趋势开辟了一个新的成长阶段——追求生活质量阶段。

第六阶段:追求生活质量阶段。其特征是:人均收入水平进一步提高,人们由满足于基本生活需要转向追求文化娱乐、环境质量等精神生活需求,服务业在产业结构中跃居首位,不仅种类繁多,而且规模巨大,成为新的主导产业。

罗斯托认为,在追求生活质量阶段,服务业部门的就业人数越来越多,在国民经济中的重要性越来越突出。在进入追求生活质量阶段之前,在经济生活中,政府的主要作用是维持比较充分的就业,而让私人资本完成满足居民需求的任务。在追求生活质量阶段,政府将把运用公共支出来增进福利作为中心任务,提高生活质量不能仅仅由私人经济来实现。政府的公共支出将日益增大,政府和私人经济在提高生活质量方面将密切配合,共同合作。

(三)我国学者提出的区域发展阶段论

在长期研究的基础上,我国学者对区域经济发展过程也提出了一些有见地的观点。其中,陈栋生在其1993年出版的《区域经济学》一书中提出的观点具有代表性。[①] 他认为,区域经济的成长是一个渐进的过程,可分为以下几个阶段:

第一,待开发(不发育)阶段。在经济发展的初始阶段,区域经济处于未开发或不发育状态,生产力水平低下,生产方式原始,生产手段落后,产业结构单一,第一产业占极高的比重;商品经济甚不发达,市场规模狭小,经济增长缓慢,长期停滞在自给自足甚至自给不能自足的自然经济中;自身资金积累能力低下,缺乏自我发展能力。这类地区要想成功地走出不发育阶段,跨入现代工业化的"门槛",就必须把外部资金、人才、技术输入和区内条件结合起来,形成自我发展能力,启动地区经济增长。

第二,成长阶段。当区域经济跨过工业化的起点,呈现出较强的增长势头,将标志着区域经济发展已由待开发阶段进入成长阶段。在这一阶段,区域经济呈现高速增长,经济总量规模迅速扩大,产业结构急剧变动,第二产业开始占主导地位;商品经济逐步发育,市场规模不断扩大,区域专业化分工迅速发展,优势产业开始形成或正

①　陈栋生:《区域经济学》,第30~36页,郑州:河南人民出版社,1993。

在形成中;人口和产业活动迅速向一些城市地区集中,形成启动区域经济发展的增长极。伴随区域经济总量的增长和结构性变化,区域社会文化观念也相应地发生较大转变。

第三,成熟(发达)阶段。经过成长阶段较长时期的高速增长后,区域经济发展将逐步进入成熟(发达)阶段。在这一阶段,区域经济增长势头减慢,并逐渐趋于稳定;工业化已有较久的历史,达到了较高水平,第三产业也较发达,基础设施齐备,交通运输与信息已基本形成网络;生产部门相当齐全,协作配套条件优越,区内资金积累能力强,人口素质高。处于这一阶段的地区在发达、繁荣的掩盖下,许多矛盾随着岁月的积累,形成潜在的衰退因素。如"空间不可转移"和"不易转移"的要素价格上涨,使生产成本和生活费用增高;设备刚性导致越来越多的产业和产品的比较优势丧失等。

第四,衰退阶段。一些地区在经过成熟阶段甚至成长阶段的发展之后,有可能转入衰退阶段。这一阶段的主要特征是,区域经济增长缓慢,失去原有的发展势头;传统的衰退产业所占的比重大,经济地位不断下降,导致经济结构性衰退;此后,经济增长滞缓,区域逐渐走向衰落。

地区经济的衰退大体可分为四种类型:区位性衰退,即由于区位优势失去而导致经济增长出现衰退;资源性衰退,因支撑经济增长的关键性资源枯竭致使经济增长发生衰退;结构性衰退,带动区域经济增长的主导产业出现衰退,同时没有新的主导产业来取而代之,从而导致经济增长衰退;消聚性衰退,即经济活动出现过度的集聚,造成交通拥挤、环境污染、土地和水资源不足、能源和劳动力供给紧张等问题,从而限制了经济的持续增长。

值得注意的是,当一个区域发现经济增长出现衰退的征兆时,如果能够及时采取有效的工业化和结构调整政策,就可以防止进一步的衰退,使经济增长维持稳定,甚至有可能促进经济进入新的增长时期。

主要参考文献:

1. 张敦富:《区域经济学原理》,北京:中国轻工业出版社,1999。

2. W. 艾萨德著,陈宗兴译:《区域科学导论》, 北京: 高等教育出版社, 1990。

3. 朱丽萌、刘镇:《区域经济理论与战略》,南昌:江西人民出版社,2001。

4. 武友德、潘玉君:《区域经济学导论》,北京:中国社会科学出版社,2004。

5. 《马克思恩格斯选集》第4、16、21、23卷,北京:人民出版社,1972。

6. 郝寿义、安虎森:《区域经济学》,北京:经济科学出版社,1999。

7. 陈德敏:《区域经济增长与可持续发展》,重庆:重庆大学出版社,2000。

8. 郭熙保主编:《发展经济学经典论著选》,北京:中国经济出版社,1998。

9. 武一:《投资区位论》,成都:西南财经大学出版社,1999。

10. 黄继忠：《区域内经济不平衡增长论》，北京：经济管理出版社，2001。

11. 拉格纳·纳克斯：《不发达国家的资本形成问题》，北京：商务印书馆，1966。

12. 艾伯特·赫希曼：《经济发展战略》，北京：经济科学出版社，1991。

13. 周毅：《西部发展机制研究》，呼和浩特：内蒙古教育出版社，2001。

14. 孟庆红：《区域经济学概论》，北京：经济科学出版社，2003。

15. 周起业等：《区域经济学》，北京：中国人民大学出版社，1989。

16. 张耀辉：《区域经济理论与地区经济发展》，北京：中国计划出版社，1999。

17. 厉以宁：《区域发展新思路——中国社会发展不平衡对现代化进程的影响与对策》，北京：经济日报出版社，2000。

18. 陈栋生：《区域经济学》，郑州：河南人民出版社，1993。

19. 邢红、党凤兰、刘俊昌：《区域经济发展与我国农业政策》，《农村经济》，2005（4）。

第三章　区域产业结构

区域产业结构既是区域经济结构的主要部分，又是国家总体产业结构的子系统。本章将对区域产业结构演进的规律、区域产业结构的优化以及中国区域产业结构的演进及其优化进行阐述。

第一节　区域产业结构演进的规律

一、区域产业结构的含义与特征

（一）区域产业结构的含义和分类

1. 含义

如果从地域空间结构角度来看产业结构演进，大体上有三个层次：地区产业结构，它主要研究行政区划范围的产业结构；区域产业结构，它属于地域上相邻、经济上相似、交通上相连的两个或两个以上地区产业结构的群体；国家产业结构，它是全国范围的产业结构大系统。本章将从两个层次上研究中国区域产业结构问题，一个是行政区域，如各省市产业结构；另一个是经济区域，如三大区域产业结构、七大经济区产业结构或三大经济圈产业结构等。

所谓区域产业结构，是指区域内各产业的组成状态和发展水平以及产业间的生产联系和数量比例关系。从静态来看，它是特定地区产业结构体的集合；从动态来看，它是由市场机制推动的一种地域经济过程，其范围具有相对性和不确定性。这种范围调整的实质是资源配置在不断扩大的地域空间范围内的流动和重组。

2. 分类

在产业结构的多种划分中，比较适合区域产业结构研究的是：三次产业划分、生产要素密集度划分和产业功能划分。

在三次产业的分类中，第一产业包括农、林、水产、畜牧、矿业等直接利用自然资源进行生产的部门；第二产业指不直接利用自然资源进行生产却使物质财富转移的生产部门；把除第一、二产业以外的经济活动归为第三产业，或称为服务性产业。

在生产要素密集度的分类中，将区域产业划分为三类：第一类是劳动密集型产业，是指投入较多人力资源的农业、轻纺工业和手工业等；通常以每百万美元产品所含劳动（人年）来表示。第二类是资本密集型产业，主要是指占用资金较多的产业部门，如钢铁工业、石油化工和电力工业等；以每百万美元产品所含资本（美元）来表示。第三类是知识和技术密集型产业，是指电子、激光、光导纤维、生物工程、航空航天、新材料等需要高新技术的产业部门，可以用该产业中工人平均受教育年数和劳动力中工程师和科学家的比重等指标判断。这种产业划分对于衡量产业的技术水平和产业结构层次，研究生产要素优势以及调整产业结构的方向具有重要的理论和实践意义。

在产业功能的分类中，从产业链的角度出发，着重考察各产业间的关联程度和方式，以社会再生产过程中产业的相对地位、作用和功能为标志，将全部产业划分为主导产业、辅助产业和基础结构产业三大类。这种产业功能分类特别注重产业间的经济联系，有利于组织合理的地域分工体系，建立合理的产业结构，因此在区域产业分析中被广泛应用。

（二）区域产业结构的特征

1. 区域产业特征的识别

基于产业功能的划分，可以用"先导"、"主导"或"支柱"等来表示产业所处的不同状态。"先导"强调的是潜在的、未来的作用。先导产业是指那些在较长时间内其发展不会出现方向性偏离的产业。"支柱"强调的是经济规模，那些规模很大，但同期增长速度小于经济增长率的产业是支柱产业。而"主导"突出的是对经济增长的作用，对 GDP 增长推动作用大的产业才可能成为主导产业。因此，在区域产业结构研究中，必须首先识别和判断不同产业的发展潜质和特征，以便从中选择主导产业。

2. 区域产业结构的特征

区域产业结构一般不能自成体系，而是各有重点，这就决定了区域产业结构具有以下特征：①区域产业结构中往往不具备国民经济的所有部门；②区域产业结构中一般都存在若干个在全国具有专业化分工优势的产业部门，各个区域产业结构系统之间存在明显差异；③各地区产业结构体的运动在区域产业结构体系内，不应该受到行政隶属关系的制约，区域内运行可能发生自组织行为；④区域产业结构系统之间相互补充、彼此开放；⑤区域产业结构的演进，既影响着国家产业结构的水平和方向，又受到国家产业结构政策调整的影响。区域产业结构与全国产业结构的关系是：区域产业结构的演进影响着国家产业结构的水平和方向，区域产业结构调整则是在国家产业结构政策调整的框架下进行的。

3. 区域产业结构差异的测度

（1）相似系数。关于两个地区同种产业结构的相似程度，联合国工业发展组织国际工业研究中心推荐"相似系数"指标作为一种常用测度工具。该相似系数

S_{ij}定义为：

$$S_{ij} = \frac{\sum (X_{in} \cdot X_{jn})}{\sqrt{\sum X_{in}^2 \cdot \sum X_{jn}^2}}$$

其中，i 和 j 分别表示两个相比较的区域，X_{in} 和 X_{jn} 分别代表部门 n 在区域 i 和区域 j 的产业结构中所占比重；$0 \leqslant S_{ij} \leqslant 1$。若 $S_{ij} = 1$，则说明两个区域的产业结构完全相同。若 $S_{ij} = 0$，则表示两个区域的产业结构完全不同。通过观察一定时期的 S_{ij} 值变化，可对区域产业结构变动状况作出判断。如果 S_{ij} 值趋于上升，则为结构趋同；相反，如果 S_{ij} 值趋于下降，则为区域产业结构有差异。

（2）区位商（LQ）

区位商分析是通过测定各个产业部门在各地区的相对专业化程度来间接反映区域间经济联系的结构和方向。区位商可以用来比较不同地区和不同产业的比较优势。其测定指标有产值、产量、就业人数、固定资产额等。其计算公式如下：

$$区位商（LQ）= \frac{\dfrac{某地区 i 部门就业人数（或产出水平、固定资产额）}{某地区全部就业人数（或产出水平、固定资产额）}}{\dfrac{全国 i 部门就业人数（或产出水平、固定资产额）}{全国总就业人数（或产出水平、固定资产额）}}$$

二、区域产业结构的成长机制

（一）影响产业结构成长的因素

在市场经济条件下，决定产业结构成长和有序演进的自发变量是需求结构、供给结构和供求结构的平衡。

1. 需求结构因素

消费（需求）结构就是按照人们需求等级的先后次序排列的有机构成。需求结构的变化取决于人均收入水平、收入的分配状况以及不同消费品的比较价格。第一，当人们处于低收入水平时，消费结构中主要部分是吃饱和穿暖的"温饱"问题。但是，随着人均收入的增加，消费支出中用于食品的部分将减少（即恩格尔系数下降），从而对农产品的需求相对减少，对轻工业品（穿、用等）的需求相对增加。这种产业之间收入弹性上的差异，造成农业所实现的产值份额趋于减少。因为从供求与价格的关系看，需求高增长的产业容易维持较高价格，从而容易获得较高收入（附加价值）。而农产品需求下降使之在价格和收入方面处于不利地位。若不减少农业劳动力相对比重，其比较劳动生产率就要下降，农业就将处于不利的竞争地位，这就是农业人口逐渐减少的原因之一。第二，随着人均国民收入的进一步提高，社会消费结构进入"追求便利和功能"的阶段，这意味着人们要求增加耐用消费品的消费。同时，人均收入水平提高还意味着为资本大量积累提供了可能。工业投资中资本密集型原材料工业的发展，必然要求资本品工业大发展，这是工业化过程中出现重化工业结构趋势的根据。第三，当人们的消费进入"追求时尚与个性"的阶段时，人们的消费模式呈现出多样性和多变性。工业生产方式也由少品种、大批量发展到多品种、小批量。这正是工业结构中"高加工度化"趋势产生的一种动因。

需求结构与产业结构二者变动的关系通常用某产业的收入弹性来表示。产业的收入弹性是判定产业发展前景及其对经济发展影响的一个重要指标。产业的收入弹性可以揭示：①产业结构在某一时点上变化的趋势和方向；②各工业部门在不同时点上的阶段性和结构性的变化。

2. 供给结构因素

供给结构是指各类资源的保有量、生产要素及其相对价格、生产技术组合及其水平等。一定的供给结构既决定了产业结构存在的基础，又决定着产业结构的选择和性质，是制约一个国家或地区产业结构的重要因素。

第一，自然资源的禀赋及其分布，是形成一个国家或地区产业结构的基本条件。因为某种自然资源的数量越多，利用该自然资源发展起来的生产部门的规模就有可能越大；产业的比例与地区分布特点、部门种类与结构、规模与效益和产业演进方向，都受到自然资源直接或间接影响，特别是那些资源型产业，如农业、工业和交通运输业等。另外，产业结构的逐渐升级也会造成对传统资源的依赖度有所下降，如利用贸易的比较优势和发达的运输方式，现代的许多工业企业逐渐远离原燃料产地，布局在主要消费地区和交通枢纽地区。耗能较少的新型工业和服务业的发展，在总体上也降低了对资源的依赖程度。第二，劳动力和资本的拥有状况及其相对价格的变化，在供给结构方面影响到产业结构的演进和产业类型的选择。比如，劳动力的数量决定了一国的产业可以调动的劳动力的最大极限，若劳动力的数量很多，大力发展劳动密集型产业也成为首要选择；若劳动力素质提高，可以提高劳动生产率。再比如，资本的数量决定了一国发展资本密集型和技术密集型产业的能力。第三，在供给结构中，技术进步是促进产业结构成长和发育的决定性因素。技术进步使得传统产业的技术改造和高新技术产业的扩张成为可能，从而促进了产业结构的升级；技术进步降低了投入系数，改变了生产函数，使得原材料和能源的利用率得到提高，从而将改变原材料产业与加工产业的比重；不同产业之间技术进步速度不同，引起产业间生产率上升速度不同，从而改变产业结构。因此，技术进步越快，该产业生产成本下降就越快，那么该产业将在产业结构中占有越来越大的份额，资本和劳动力在该产业的分布比例上升。

3. 供给与需求平衡因素

从供给看，较高的生产率是以较好的市场销售条件为基础的，即以不断扩大的需求为基础。从需求看，需求收入弹性高的部门，意味着它有广阔的市场，这是大批量生产的先决条件。而大批量生产和工业部门的技术进步存在必然联系，同时，大批量生产带来的生产成本下降又扩大了需求。供给与需求在市场条件下达到一致。所以，这可以解释为什么工业结构的变化会趋向高收入弹性和生产率上升的部门，这也是产业结构演进中出现"重工业化"和"高加工度化"阶段的主要依据。

另外，在影响产业结构成长和演进的动因中，还存在一些社会与人的自觉控制的因素，如一国或地区的经济体制类型、经济发展战略模式和产业结构政策等。①

（二）促进区域产业结构整体成长的因素

区域产业结构整体性成长的机理是：区域产业结构成长的基础是要素禀赋的差异及其互补性；区域产业结构成长的动力来源于对区域分工带来的绝对优势、比较优势和规模经济效益的追求；区域产业结构成长的途径是贸易促进下的产业区域转移。因此，产业结构独立演进的主要因素是资源禀赋和市场供求；而区域产业结构整体演进的关键因素则是区域分工和产业转移。

1. 区域分工和比较优势

区域分工是指相互关联的社会生产体系受一定利益机制支配而在地理空间上发生的差异，它是社会分工的空间形式。从单个区域看，它表现为，各个地区专门生产某种产品，有时是某一类产品甚至是产品的某一部分，② 即区域生产呈现出专业化的特点。从区域间的关系看，它表现为一种社会性专门化生产分工协作体系。区域产业结构研究更多关注的是"部门—空间"分工。

所谓地区优势，是指在地区分工过程中的有利条件，它分为绝对优势和相对比较优势。李嘉图的比较优势理论认为，任何一个区域都有其相对有利的生产条件，如果某一地区生产一种产品的机会成本（用其他产业衡量）低于在其他地区生产该种产品的机会成本，则这个地区在该种产业上就拥有比较优势；如果各地区都生产和出口相对有利的商品，进口相对不利的商品，就能够使各地区的资源得到有效配置。区域分工正是由比较优势所决定的。从整体利益出发，一个区域从比较优势的角度决定生产什么，出口什么，进口什么，选择适合自身发展条件的专业化产业进行发展。

2. 产业转移

产业转移最初是一国内部经济发展过程中产生的一种经济现象，指一国内部某些产业从一个地区转移到另一个地区的过程。由于资源供给或产品需求以及技术进步和比较优势的动态变化，都可能引起产业在地区之间的转移。随着生产国际化和经济全球化的发展，产业转移不仅发生于国家内部，而且发生在国家之间。产业转移发生的条件，第一个是地区经济发展达到一定阶段，第二个是市场机制充分发挥

---

① 参见汪斌：《国际区域产业结构分析导论》，第82页，上海：上海三联书店、上海人民出版社，2001。

② 杨开忠：《中国区域发展研究》，第40页，北京：海洋出版社，1989。

作用。

　　产业转移是实现新的区域分工的重要途径，也是形成整体性区域产业结构成长的重要因素。一方面，发达地区向不发达地区进行产业转移，意味着发达地区比较劣势产业的收缩和新兴产业的崛起，因为产业转移使其可以将原先投入重合产业（即发达地区和欠发达地区在一定时期内存在技术构成相似的同类产品生产部门）的生产要素投入到新兴的产业领域，发展更高附加值的产业部门，实现产业结构高度化和技术知识集约化。另一方面，对于落后地区来说，移入或采用先进的生产函数，有助于产业成长与结构转换，有利于新的工业部门的产生、发展，有利于传统工业部门的改造和产品更新换代，其直接影响是在移入地区出现重合产业。一旦先进技术与低工资成本相结合的产业在本地区成长和成熟后，再逐步替代移入产品和产业，并开始扩大区外贸易。因此，通过区际贸易和产业转移，将不同水平和状态的产业结构系统联系起来，促进了各自产业结构演进和升级。在这一过程中，各产业结构体之间的关联程度将日益提高，对原有资源禀赋格局和生产技术的依赖度下降，各产业结构体的市场逐渐融合，生产要素加速流动，由此出现区域产业结构的整体性成长（见图3-1）。

要素分工 ──比较优势──→ 地域分工 ──产业转移──→ 区域产业结构

图 3-1　区域产业结构形成机理

三、区域产业结构演进的规律

　　所谓产业结构的演进，就是产业部门结构的重心随经济发展阶段顺次变化或升级的过程。产业结构演进理论旨在解释产业结构变动的方向、内容和途径。运用产值或国民收入、就业人数等指标分析这些变化，可以看出产业结构演进有一些规律可循。

　　（一）区域产业结构演进的时序规律

　　1. 配第—克拉克定理

　　配第—克拉克定理是关于国民收入与劳动力流动之间关系的研究。17世纪的英国经济学家威廉·配第（William Petty）观察到，在经济发展中各产业之间存在着收入相对差异，如制造业比农业、商业比制造业能够得到更多的收入，这种收入的差距会促使劳动力由低收入部门向高收入部门转移。英国经济学家克拉克（G. Clark）在配第理论的基础上，又进一步研究了劳动力在三次产业之间的转换规律。他通过对主要发达国家劳动力转移的实证研究得出结论：随着人均国民收入水平的提高，劳动力首先由第一产业向第二产业转移，进而再向第三产业转移；从劳动力在三次产业之间的分布状况来看，第一产业劳动力比重逐渐下降，第二产业特别是第三产业劳动力的比重则呈现出增加的趋势。后来人们称此为"配第—克拉克定理"。该定理揭示：劳动和资本要素从生产率较低的部门向生产率较高的部门的转移，一定能够加速经济增长。根据这个理论，则可以进一步推导出，若一个区域的人均国民收入水平越高，那么农业劳动力在全部劳动力中所占的比重就越小，而第二产业和第三产业的劳动力比重就越大；反之亦然。

2. 库兹涅茨法则

库兹涅茨（Simon Kuznets）在配第—克拉克研究的基础上，通过对各国国民收入和劳动力在产业间分布结构的变化进行统计分析后认为，引起产业结构发生变化的原因是各产业部门在经济发展中所出现的相对国民收入的差异（即某产业部门国民收入的相对比重与劳动力的相对比重之比）。第一，随着时间的推移，农业部门的国民收入在整个国民收入中的比重和农业劳动力在全部劳动力中的比重均处于不断下降之中。第二，工业部门的国民收入在整个国民收入中的比重大体上是上升的，但是，工业部门劳动力在全部劳动力中的比重则大体不变或略有上升。第三，服务部门的劳动力在全部劳动力中的比重基本上是上升的，这说明第三产业具有很强的吸附劳动力的特性。然而，它的国民收入在整个国民收入中的比重却不一定与劳动力的比重一样同步上升，综合地看，大体不变或略有上升。他指出，对于大多数国家而言，第一产业的相对国民收入都低于1，第二产业和第三产业的相对国民收入大于1。

3. 霍夫曼定理

1931年，霍夫曼（W. G. Hoffmann）使用了近20个国家的工业结构方面的时间序列资料，重点分析制造业中消费资料工业和资本资料工业的比例关系。这个比例被称为霍夫曼系数，即消费资料工业的净产值与资本资料工业的净产值之比。霍夫曼定理所揭示的规律是：霍夫曼系数在工业化的进程中呈下降趋势。在工业化的第一阶段，消费资料工业的生产在制造业中占主导地位，资本资料工业的生产不发达，此时，霍夫曼系数为5（±1）；第二阶段，资本资料工业的发展速度比消费资料工业快，但在规模上仍比消费资料工业小得多，这时，霍夫曼系数为2.5（±1）；第三阶段，消费资料工业和资本资料工业的规模大体相当，霍夫曼系数是1（±0.5）；第四阶段，资本资料工业规模超过了消费资料工业规模，霍夫曼系数小于1。

4. 赤松要的雁行形态说

雁行形态说是日本经济学家赤松要在1960年提出的。他认为，在产业发展方面，后进国家的产业赶超先进国家时，产业结构的变化呈现出雁行形态，即，后进国家的产业发展是按"进口—国内生产—出口"的模式相继交替发展。这样一个产业结构变化过程在图形上很像三只大雁在飞翔："第一只雁"是国外产品大量进口引起的进口浪潮；"第二只雁"是进口刺激国内市场所引发的国内生产浪潮；"第三只雁"是国内生产发展所促进的出口浪潮。这个模式还有两个变形，一个是，产业发展的次序一般是从消费资料产业到生产资料产业，从农业到轻工业，进而到重工业的不断高级化过程；另一个是，消费资料产业的产品不断从粗加工品向精加工品转化，生产资料产业的产品不断从生产生活用的生产资料向生产生产用的生产资料转化，最终使产业结构趋向高级化。

（二）产业结构演进的标准模式

所谓产业结构演进的标准模式，是由库兹涅茨、钱纳里和赛尔奎因等人对样本国家产业结构变化过程中所表现的特征进行统计回归分析，并在此基础上形成的一套能刻画某一产业结构阶段和水平的指标体系，它们是大部分发达国家产业结构演进规律的一般描述。标准结构通常以产值结构、劳动力结构和比较劳动生产率等指标作为衡量某一产业结构演进水平或高度的标准（见表 3-1～表 3-6）。

表 3-1　　　　　　钱纳里、艾金通和西姆斯产值结构模式（1970）　　　　单位:%

	人均国民生产总值的基准水平（1964 年美元）							
	100	200	300	400	600	1000	2000	3000
第一产业	46.3	36.0	30.4	26.7	21.8	18.6	16.3	9.8
第二产业	13.5	19.6	23.1	25.5	29.0	31.4	34.2	41.5
第三产业	40.2	44.4	46.5	47.8	49.2	50.0	49.5	48.7

资料来源: Chenery, Elkington, Sims. 1971. A Uniform Analysis of Development Pattern. Harvard University Center for International Affairs. Economic Development Report 148 (July). Cambridge, Mass.

表 3-2　　　　　　钱纳里、艾金通和西姆斯劳动力结构模式（1970）　　　　单位:%

	人均国民生产总值的基准水平（1970 年美元）							
	100	200	300	400	600	1000	2000	3000
第一产业	68.1	58.7	49.9	43.6	34.6	28.6	23.7	8.3
第二产业	9.6	16.6	20.5	23.4	27.6	30.7	33.2	40.1
第三产业	22.3	24.7	29.6	33.0	37.8	40.7	43.1	51.6

资料来源: Chenery, Elkington, Sims. 1971. A Uniform Analysis of Development Pattern. Harvard University Center for International Affairs. Economic Development Report 148 (July). Cambridge, Mass.

表3-3 库兹涅茨产值结构模式 (1975) 单位:%

	人均国民生产总值的基准水平（1958年美元）				
	70	150	300	500	1000
农业	48.4	36.8	26.4	18.7	11.7
工业/建筑业	20.6	26.3	33.0	40.9	48.4
制造业	9.3	13.6	18.2	23.4	29.6
建筑业	4.1	4.2	5.0	6.1	6.6
商业服务业	31.0	36.9	40.6	40.4	39.9

资料来源：〔美〕库兹涅茨：《各国经济增长——总产值和生产结构》，第126页，北京：商务印书馆，1999。

表3-4 库兹涅茨劳动力结构模式 (1975) 单位:%

	人均国民生产总值的基准水平（1958年美元）				
	70	150	300	500	1000
农业	80.3	63.7	46.0	31.4	17.7
工业	9.2	17.0	26.9	36.2	45.3
商业	4.7	7.2	10.0	12.2	15.2
服务业	5.8	12.1	17.1	20.2	21.8

资料来源：〔美〕库兹涅茨：《各国经济增长——总产值和生产结构》，第126页，北京：商务印书馆，1999。

表3-5 钱纳里、艾金通和西姆斯比较劳动生产率模式 (1970) 单位:%

	人均国民生产总值的基准水平（1964年美元）							
	100	200	300	400	600	1000	2000	3000
第一产业	0.68	0.61	0.61	0.61	0.63	0.65	0.69	1.18
第二产业	1.41	1.18	1.13	1.09	1.05	1.02	1.00	0.97
第三产业	1.80	1.80	1.57	1.45	1.31	1.23	1.15	0.94

资料来源：Chenery, Elkington, Sims. 1971. A Uniform Analysis of Development Pattern. Harvard University Center for International Affairs. Economic Development Report 148 (July). Cambridge, Mass.

表 3-6   库兹涅茨比较劳动生产率模式（1975）   单位：%

	人均国民生产总值的基准水平（1958 年美元）				
	70	150	300	500	1000
农业	0.60	0.58	0.57	0.60	0.66
工业、建筑业	2.34	1.55	1.23	1.13	1.07
商业服务业	2.95	1.91	1.50	1.25	1.08

资料来源：[美] 库兹涅茨：《各国经济增长——总产值和生产结构》，第 126 页，北京：商务印书馆，1999。

由此可见，产业结构演进的一般规律是：从纵向看，第一产业、第二产业比重下降，第三产业比重上升；从横向看，第三产业比重逐步增大。从人类经济活动的内容看，产业活动的重点遵循着从农业向制造业继而再向服务业转移的一般规律；在工业内部，产业活动的重点则呈现出从轻纺工业向能源、原材料工业再向加工制造业转移的轨迹。

四、区域产业结构演进的机制

区域产业结构的演进机制有两个，一个是市场机制，另一个是政府干预。

市场机制对区域产业结构产生作用的途径是供求关系、价格机制和竞争机制。供求关系能够引导各产业之间建立起经济技术联系，使它们结成一个有机整体。价格机制则可以调整要素在各产业之间流动和配置。在它的作用下，要素依据收益率高低进行部门间配置，从而有利于主导产业的形成和发展；同时，产业之间的要素价格波动往往引起要素在产业之间进行合理的流动，客观上就调节了产业之间的数量和规模关系。竞争机制能够促进各产业努力进行技术革新，提高资源的利用效率，并使各产业按照技术的先进性出现兴起和衰落的更替。当然，市场机制对区域产业结构的调控也不是万能的。市场价格信息失真，就可能导致某些产业发展过度，而另一些产业可能发展不足。无序的竞争则可能导致重复建设，使资源总体配置效率降低。

政府干预是指政府运用宏观经济杠杆和产业政策对区域产业结构变化进行有目的的调控，弥补市场机制的不足，以推动区域产业结构合理化。政府干预主要体现在三个方面：政府制订区域的产业发展规划，合理确定产业发展的重点，产业之间的规模、发展速度、发展次序等，将其作为指导区域产业发展根据。政府运用财政、税收、信贷、价格、工资等政策工具，通过对不同的产业采取不同的经济政策（如对有的产业进行鼓励、保护、扶持，对有的产业则进行限制），以便有效地协调各产业之间的发展关系，使它们的发展符合区域经济增长的总体要求。政府还可以通过维持市场秩序，规范企业和个体的行为，消除限制要素在产业之间合理流动的种种障碍，促进市场信息畅通等，为市场机制发挥作用创造良好的环境。但是，政府干预有其局限性，如政府在产业发展方面的决策失误或者干预过度，都可能导致区域产业结构的畸形，降低结构效率。区域产业结构的演进是在市场机制与政府干预的同时作用下进行的。市场机制与政府干预相互补充、相互制约，引导和推动着区域产业结构不断地发生变化。调整区域产业结构，需要合理发挥市场机制和政府干预的作用。

第二节 区域产业结构的优化

一个地区的经济能否协调发展，取决于这个地区的产业结构是否合理，取决于产业结构能否顺利地从低级向高级递进，取决于这个地区与其他地区之间的分工是否合理。区域产业结构优化包含了区域产业结构的合理化和高度化。

一、区域产业结构合理化

（一）区域产业结构合理化的内涵

所谓区域产业结构合理化，是指区域产业结构由不合理向合理发展的过程，即要求在一定的经济发展阶段上，根据区域市场需求和资源供给条件，对初始不理想的产业结构进行有关变量的调整，理顺结构，使资源在区域产业间合理配置并得到有效利用的过程。其含义包括：①从静态上，产业结构合理化是指，在不同经济发展阶段，资源在区域各产业之间的分布保持一定数量比例关系；②从动态上，产业结构合理化是指，区域各产业能及时根据需求结构变动状况，调整区域产业空间布局和资源配置比例；③从效果上，产业结构合理化是指，社会产品能顺利地完成市场实现，社会总供给与总需求大致平衡。因此，产业结构合理化的本质，一是产业协调，即产业之间相互作用所产生的一种不同于各产业能力之和的整体能力。它既包括各产业之间在生产规模上的比例关系，如第一、二、三产业之间，主导产业与非主导产业之间，传统产业与新兴产业之间，农、轻、重之间以及采掘工业、原材料工业和制造业之间的比例等；二是产业之间的关联程度，即一个产业引起其他产业部门的建立和发展的能力等。产业关联效应表现为产业部门间的投入产出关系，表现为各产业及行业之间的协作状态，即结合的过程。

（二）区域产业结构合理化标准

区域产业结构合理化可以分别从需求、供给、技术效率和产业关联效应等方面来进行判断。

1. 充分有效地利用本区域的人力、物力、财力、自然资源以及国际分工的好处

一个地区在一定时期和一定条件下，其各种资源总是有限的，为了实现资源的

优化配置，必须建立有利于充分发挥本地区资源优势的产业结构。另外，不同区域生产力发展水平和空间分布不均衡，因此，区域之间取长补短，充分利用国内外两种市场和两种资源，就成为各地区生产力发展的客观要求，通过对外经济交往，克服各国（地区）国内需求与其资源不足的矛盾。合理的区域产业结构应该是开放型的产业结构。

2. 区域经济各部门协调发展，社会的生产、分配、交换和消费顺畅进行，社会扩大再生产顺利发展

区域经济各个部门之间客观上存在着投入产出的关系，在市场经济条件下，要求各个部门按照社会必要的劳动消耗标准生产产品，将社会劳动总量按社会必要的比例分配在各个生产部门，才能保证全部产品的价值充分实现。因此，使区域经济各部门协调发展就成为产业结构合理化首要的基准。

3. 区域产业结构与需求结构相适应

随着经济的发展和人民生活水平的提高，人们的需求结构会不断提升和变化，而供给结构很难及时完全适应需求结构的变化。为了满足不断变化的需求结构的要求，必须通过调整供给结构的办法来实现两者的均衡，两者适应程度越高，则产业结构越合理，否则，产业结构就不合理。

4. 有利于科学技术进步和区域产业结构向高度化推进

在经济发展的不同阶段，由于受生产力发展水平、科技推动、需求拉动和竞争开放等因素的作用，产业结构的变化总是向着更高一级的结构演进。产业结构的合理化是产业结构高度化的基础，是一个不断调整产业间比例关系和提高产业间关联作用程度的过程，这一过程也就是产业结构的成长过程，为了提高区域经济的竞争力，必须使其产业结构逐步利用技术创新向高一级演进。

5. 具有良好的经济效益，实现区域人口、资源和环境的可持续发展

合理的区域产业结构要建立资源节约型和综合利用型的产业结构，充分考虑区域生态系统、区域社会系统和区域经济系统的内在联系和协调发展，以使区域经济系统耗用尽量少的自然生态资源和社会经济资源，对其进行综合而又合理的利用，生产出尽量多的对人类有用的经济产品，产生尽量少的废物，以对生态系统产生最小的损害，实现区域产业结构的可持续发展。

二、区域产业结构高度化

（一）区域产业结构高度化的实质

从产业结构演进的方向和规律上看，是一个从低水平向高水平发展的动态过程，也就是产业结构高度化的过程。从发达国家和地区产业结构演进的轨迹看，产业结构高度化过程一般会经历三个阶段：第一是重化工业阶段，即重工业和化学工业在工业结构中的比重不断提高并占优势地位；第二是高加工度阶段，表现为加工

组装工业的发展大大快于原材料工业发展，工业体系以生产初级产品为主向生产高级复杂产品为主过渡；第三是知识和技术密集化阶段，即在高加工化过程中，各工业部门越来越多地采用科技含量高的技术，导致以知识技术密集型为特征的尖端工业的兴起。这个阶段是产业结构成长摆脱资本积累局限性的过程，它开始突破工业社会的框架，实现向"后工业社会"产业结构的转变。因此，区域产业结构高度化的实质是，区域产业结构不断向深加工和高附加值化发展，从而更有效地利用资源，更好地满足市场需求的一种趋势。

由于区域产业结构高度化的核心内容是工业结构的升级，所以，区域产业结构高度化特征可以用工业结构高度化指标来解释。它包括以下几个方面的内容：①区域产业结构由劳动密集型产业占优势比重向资金、技术、知识密集型产业占优势比重的方向顺次演进；②区域产业结构由低附加值产业占优势比重向高附加值产业占优势比重的方向顺次演进；③区域产业结构由低加工度产业占优势比重向高加工度产业占优势比重的方向顺次演进；④产业结构由制造初级产品的产业占优势比重向制造中间产品、最终产品的产业占优势比重的方向顺次演进。总之，区域产业结构高度化过程，就是工业技术不断进步的过程，也就是不断淘汰衰退产业，扶持和引导新兴产业，加强传统产业改造和升级的过程。

（二）区域产业结构高度化判断

由于产业结构的升级是一个受多种因素影响并具有多种表现形式的复杂过程，所以，判断一定时期某一地区产业结构高度化的指标体系也在不断完善和补充，需要进行适当评价和选择。判断产业结构高度化的常用指标有：

1. "标准结构"法

它是将一国或一个地区产业结构与世界上其他国家产业结构的水平进行比较，以确定本国产业结构的高度化程度。如库兹涅茨的标准结构、钱纳里的产业结构标准模式、钱纳里—赛尔奎因模型等。

2. 相似系数法

它以某一参照地区的产业结构为标准，通过相似系数的计算，将本地区产业结构与参照地区产业结构进行对比，以确定本地区产业结构的水平或高度。目前国内有一些学者采用了这个方法来比较不同国家或不同地区的产业结构。如刘伟（1995）以日本为参照国，认为中国产业结构中的就业结构大致与日本 1930 年的就业结构相似，而产值结构大致与日本 1925 年的结构水平相当①；洪银兴、刘志彪（2003）为了研究中国地区产业结构水平以及地区同构问题，计算了沪、苏、

---

① 参见刘伟：《工业化进程中的产业结构研究》，北京：中国人民大学出版社，1995。

浙 8 市的结构相似系数①。许达明、陈家玮（2004）则分别利用相似系数比较了深圳与香港、浙江与韩国的产业结构的演进水平。②

三、区域主导产业的选择

产业结构的理论与实践表明，在区域产业结构演进和升级的过程中，主导产业的选择尤为重要，因为主导产业是区域产业结构的核心，代表区域产业结构演进的方向或趋势，是地区比较优势在产业结构中的体现。

（一）主导产业的特征及其效应

1. 主导产业特征

主导产业是指一个地区在一定时期内，经济发展所依托的重点产业，这些产业在此发展阶段形成区域经济的"龙头"，对整个经济发展和其他产业发展具有强烈的前向拉动或后向推动作用，对区域产业结构演进的方向发展具有决定性引导作用。主导产业的基本特征至少有三点：①技术先进性。主导产业的发展能够引入新的生产函数。②产业高增长性。③较强的产业关联和扩散性。

2. 主导产业效应

主导产业对某一产业结构系统的引导是通过其带动作用实现的，而带动作用的实现则依赖于其关联效应和扩散效应。

产业关联实质是产业间的投入产出关系，即在产业的投入和产出与其他产业形成的相互依存关系。从这个角度看，产业间关联可以分为以下两种方式：一是前向关联，指某一产业的产品在其他产业中的利用而形成的产业关联。例如对钢铁业来说，与汽车制造业的关联即是一种前向连锁关系。二是后向关联，指某一产业在其生产过程中需要投入其他产业的产品所引起的产业关联。如对钢铁冶炼业来说，与采煤业的关联即是一种后向连锁。

产业扩散有三种效应，即后向效应、侧向效应和前向效应的组合。后向效应即新部门处于高速增长时期，会对原材料和机器产生新的投入需求，从而带动一批工业部门的迅速发展；侧向效应即主导产业部门会引起周围的一系列变化，这些变化趋向于更广泛地推进工业化；前向效应即主导部门通过增加有效供给促进经济发展。例如，降低其他工业部门的中间投入成本，为其他部门提供新产品、新服务等。

扩散效应与关联效应是一对相关概念。扩散效应与关联效应的相同之处是，两

---

① 参见洪银兴、刘志彪：《长江三角洲地区经济发展的模式和机制》，北京：清华大学出版社，2003。

② 参见许达明：《深圳与香港产业结构的比较研究》，《特区经济》，1996（4）；陈家玮：《浙江省与韩国产业结构比较研究》，《今日科技》，2004（1）。

者都是指一产业对其他产业发展施加的影响。两者的不同之处在于，关联效应对其他产业的影响是由于产业间的投入产出关系所引起的，它只取决于产业间的技术经济联系；而扩散效应对其他产业的影响则不仅由产业间的投入产出关系引起，它还扩散到经济、社会等其他领域。

（二）主导产业选择的基准

1. 赫希曼关联强度基准

1958 年，赫希曼在研究产业发展顺序时认为，发展中国家首先应当发展那些关联强度较大的产业。在利用关联强度基准选择主导产业时，可以通过感应度系数和影响力系数对各产业进行选择。一般地，把某个产业影响其他产业的程度称为影响力（Influence Degree）；而把某个产业受到其他产业影响的程度称为感应度（Responsibility Degree）。感应度系数和影响力系数较大的产业，可通过产业间的波及效应，对其他产业的发展产生较大的综合影响。

某产业感应系数 = 该产业横行逆矩阵系数的平均值/全部产业横行逆矩阵系数的平均值的平均。其数学公式为：

$$G_i = \frac{\sum\limits_{j=1}^{n} C_{ij}}{\frac{1}{n}\sum\limits_{i=1}^{n}\sum\limits_{j=1}^{n} C_{ij}} \quad (i,j = 1,2,3,\cdots,n)$$

某产业影响力系数 = 该产业纵列的逆矩阵系数平均值/全部产业纵列的逆矩阵系数平均值的平均。其数学公式是：

$$F_i = \frac{\sum\limits_{i=1}^{n} C_{ij}}{\frac{1}{n}\sum\limits_{i=1}^{n}\sum\limits_{j=1}^{n} C_{ij}} \quad (i,j = 1,2,3,\cdots,n)$$

在上两式中，G_i 是第 i 个产业的感应度系数；F_j 是第 j 个产业的影响力系数；n 为产业数目；C_{ij} 是里昂惕夫逆矩阵 $(I-A)^{-1}$ 中的元素（$i, j = 1, 2, \cdots, n$）。如果 G_i 或 F_i 大于 1，表明该产业的感应度和影响力在全部产业中处于平均水平之上；如果它们等于 1，则表明处于平均水平；如果它们小于 1，则表明处于平均水平之下。

需要指出的是，赫希曼关联强度基准必须满足下列条件：第一，基础产业不存在瓶颈制约；第二，没有"二元经济结构"对产业结构演进的制约；第三，市场体系完善，生产要素的流动顺畅。因此，该基准比较适合发达地区作为选择主导产业的参考。

2. 筱原基准

日本产业经济学家筱原三代平在 20 世纪 50 年代中期为日本政府规划产业结构，并于 1957 年发表了题为《产业结构与投资分配》的著名论文，提出了规划日本产业结构的基准,即收入弹性基准和生产率上升基准。

所谓产品的收入弹性系数,就是指在价格不变的前提下,产业的产品(某一商品)需求增加率和人均国民收入增加率之比。那些收入弹性大的产业其需求量增加大于其人均收入的增加,这种需求高增长的产业就较易维持较高的价格,从而获得较高的附加价值,这必将使这些产业在产业结构中能够占有更大的份额。所谓生产率上升基准是指,生产率上升较快的产业,即技术进步速度较快的产业,大致和该产业生产费用(成本)的较快下降是相一致的。同时这一产业也是投入产出效率较高的产业,其受有限资源的限制也较小,在这种情况下,这一产业就可能在相对国民收入上占有越来越大的优势,资源要向这个产业移动。可见,产品的收入弹性基准是基于社会需求结构对产业结构的影响而言,生产率上升基准则是从社会供给结构对产业结构的影响来考虑,这两者间有着内在的联系。两者所表现的特性是一致的:要么都高,要么都低。

3. 日本产业结构审议会两基准

产业结构审议会两基准是指日本产业结构审议会根据当时日本的产业发展状况于1971年提出的,在选择新的主导产业时,应该在筱原基准的基础上加上两个新的基准——过密环境基准和丰富劳动的内容基准。所谓过密环境基准,是指应选择那些可以防止因生产布局过密而导致公害污染、能补充由于经济高速增长而引发社会资本的短缺、缓解生产集中带来的人口密度过大的产业优先发展。所谓丰富劳动的内容基准,是指应选择那些能够提供更多安全舒适和稳定劳动岗位的产业优先发展。鉴于目前中国经济发展在环境问题和劳动力就业问题上的巨大压力,无论在国家或者区域层次上,这两个基准对于正确选择主导产业具有较大的现实意义。它们不单单扩大了主导产业的选择范围,更重要的意义在于:中国产业结构系统主导产业的选择,必须符合可持续发展要求和中国国情。近7亿劳动力的就业问题就是中国最大的国情。

第三节　中国区域产业结构的演进及其优化

一、中国区域产业结构演进的水平与状况

1. 区域产业结构演进符合一般规律

从20世纪90年代以来,中国区域产业结构呈现加速变动的趋势。三大区域(不包括港、澳、台地区,下同)1985年和2001年三次产业产值的比例分别是:东部地区25.1:50.5:24.4和11.43:48.20:40.37;中部地区34.4:42.8:22.8和18.68:45.95:35.37;西部地区35.7:40.6:23.7和20.12:41.55:38.33。① 其变化

---

① 参见中国经济信息网:《经济数据》,http://www.cei.gov.cn。

的共同趋势是：第一产业产值比重显著下降；第二产业中轻工业与重工业比重交替上升；第三产业比重大大提高。这种结构变动推动了中国地区经济增长，从而也带动了国民经济的加速。在 1978～1990 年和 1991～1999 年两个阶段，国民生产总值年均增长率分别为 8.8% 和 10.1%。一般地，产业结构与总量增长两者表现出正相关关系，即产业结构变动率越大，经济增长速度越快。这种结果也证实了钱纳里关于"经济增长是生产结构转变的一个方面"的规律性结论（见表 3-7）。

表 3-7　　　　　　改革开放以来中国各区域 GDP 产值结构的演变　　　　单位：%

地区	1985 年			1995 年			2001 年		
	第一产业	第二产业	第三产业	第一产业	第二产业	第三产业	第一产业	第二产业	第三产业
全国	29.7	45.2	25.1	20.5	48.8	30.7	15.8	50.1	34.1
东部	25.1	50.5	24.4	16.71	49.21	34.08	11.43	48.20	40.37
中部	34.4	42.8	22.8	26.12	44.43	29.45	18.68	45.95	35.37
西部	35.7	40.6	23.7	26.85	41.48	31.67	20.12	41.55	38.33

资料来源：中国经济信息网：《经济数据》，http://www.cei.gov.cn。

2. 区域产业结构水平"东高西低"

在 20 世纪 90 年代中期以后，中国区域产业结构的变化主要发生在工业领域。各省为了加快工业化，都作了大幅度产业结构调整，地区产业结构变动水平高于全国平均水平。2000 年，三大区域三次产业的结构比例是：东部地区为 12.0∶48.7∶39.3，中部地区为 19.5∶45.9∶34.6，西部地区为 21.3∶42.5∶36.2。可见，中国东部地区基本上接近中等收入国家的产业结构水平，第二产业比重较高，但是第三产业略低；中西部地区则仍然处于低收入国家的一般或一般偏上水平，第一产业的比重还比较高，尤其是中西部地区的工业化水平明显低于东部地区。2000 年，各地区工业增加值占全国的比重分别是：东部 61.1、中部 25.0、西部 13.9。在区域三次产业结构中，第二产业比重不断提高；在制造业的内部结构中，重工业比重再次上升。在东南沿海地区，轻工业与重工业比重变动最大；交通机械、电子及设备制造业等代表深加工工业的行业发展很快，表现出深加工化和高技术化的特征。因此，由于地区产业结构演进的条件不同，特别是工业化进程和水平的差距，造成了东、中、西部地区在产业结构和增长绩效方面的差距。2000 年，按平均汇价计算的全国人均GDP 为 855 美元；东部地区 1301 美元、中部地区 722 美元、西部地区只有 566 美元，为东部地区平均水平的 1/2。

3. 区域产业结构效益总体不高

伴随着产业部门的分化与整合，由产业结构变动会产生出产业结构效益。一般使用比较劳动生产率指数来反映产业结构效益。该指数是某产业产值百分比与该产业从业人员百分比的比值。该比值越大，表明该产业的比较劳动生产率越高。西蒙·库兹涅茨曾经对配第一克拉克定理做过大量实证研究，他认为：随着人均收入的提高，第一产业的比较劳动生产率会趋于稳定；进入高收入水平之后，第一产业比较劳动生产率会明显上升，第二、三产业比较劳动生产率则明显下降；只有当第一产业比较劳动生产率接近第二、三产业，且比值都比较大，才可以认定产业结构总体效益的提高。中国 20 世纪 90 年代三大区域三次产业的比较劳动生产率见表3-8。

表3-8　　　　　　　　中国三大区域各产业比较劳动生产率对比　　　　　单位:%

地区	1991 年			1995 年			2000 年		
	第一产业	第二产业	第三产业	第一产业	第二产业	第三产业	第一产业	第二产业	第三产业
全国	0.4104	1.9673	1.7672	0.3927	2.1217	1.2379	0.328	2.231	1.215
α	1	4.8	4.3	1	5.4	3.2	1	6.8	5.5
东部	0.6926	1.4588	0.8456	0.3589	1.8206	1.2900	0.349	1.552	1.147
α	1	2.1	1.2	1	5.0	3.6	1	4.4	3.3
中部	0.9234	1.2735	0.7899	0.4246	2.3143	1.5272	0.612	1.618	0.870
α	1	1.4	0.86	1	5.5	3.6	1	2.7	1.4
西部	1.0427	1.1844	0.7801	0.3845	2.7536	1.096	0.762	1.919	0.726
α	1	1.13	0.75	1	7.2	2.9	1	2.5	0.96

注：α 是三次产业比较劳动生产率的差异比（以第一产业为1）。

资料来源：根据中国经济信息网（《经济数据》，http://www.cei.gov.cn）和《中国统计年鉴》相关数据整理计算得出。

从产业结构总体效益水平来看，全国产业结构效益下降，表现为三次产业之间的劳动生产率差距拉大。在地区层面上，20 世纪 90 年代中期，西部地区三次产业比较劳动生产率之间的差距最大；90 年代末期，则是东部地区三次产业比较劳动生产率之间的差距最大。应该指出，较高的第二、第三产业比较劳动生产率并不表明第二、第三产业的实际效益最好，而只是反映三次产业产值构成与其从业人员构成的背离程度和劳动力等生产要素流动不顺畅，因为在正常情况下，各产业产值比重与其从业人员比重应该是趋于一致的，否则生产要素就会从效益低的产业流向效益高的产业，直到产业间的效益差消失为止。

4. 区域之间产业结构比较雷同

从区域产业结构的性质与特征得知，区域产业结构一般不能自成体系，而是各有重点。区域产业结构中一般都存在若干个在全国具有专业化分工优势的产业部门，各个区域产业结构系统之间存在明显差异。不同区域的产业结构应该具有不同的内容和组合，如工业产品的结构、主导产业的结构和规模经济状况等。假如不同区域产业结构的内容基本相似，就会出现产业布局分散和结构雷同现象，引发过度竞争和资源浪费的问题。

从 20 世纪 80 年代到 90 年代末，中国省区之间产业结构平均相似率约为 0.90。各省区产业结构同构现象最严重的时段是 20 世纪 80 年代中期到 90 年代中期。在 1985 年以前，产业结构趋同化的整体倾向较为明显，主要产品的地区趋同倾向几乎是一致的，行业集中度普遍下降。1987 年有 24 个省市、1995 年有 20 个省市的产业结构相似率在 0.90 以上；1991 年与 1981 年比较，多达 28 个省市的产业结构相似率是上升的。但是，经过多年市场经济体制改革，市场竞争机制已经在不少行业和地区逐步形成，过去导致产业结构失衡的非经济力量正在逐步从经济生活中退出，产业结构刚性也正在逐步向着有利于市场发育的方向转化。1995 年以后，经过买方市场竞争和地区产业结构调整，主要产品和行业的集中度有不同程度上升，区域产业结构的差异逐步拉大，2000 年，相似系数大于 0.9 的省市由 1987 年的 24 个减少为 18 个。

二、中国区域主导产业的选择

（一）具有带动效应的主导产业

根据国家统计局有关数据计算，在中国制造业产出比重最高的 10 个产业中有 7 个产业的影响力系数大于 1，它们分别是：电子及通信设备制造业、交通运输设备制造业、普通机械和专用设备制造业、化学原料及制品制造业、黑色金属冶炼及压延加工业、电气机械及器材制造业和纺织业；有 5 个产业的感应度系数大于 1，分别是化学原料及制品制造业、黑色金属冶炼及压延加工业、纺织业、非金属矿物制品业和石油加工及炼焦业。

（二）具有优势区位的主导产业

由于"赫希曼基准"和"筱原基准"适用性方面的问题，国内学者多以能够反映比较优势的区位商来选择区域主导产业。根据有关数据判断，东部地区大多数省市的主导产业都属于制造业，比如江苏、浙江、福建、广东等地的优势产业都属于制造业。中部地区多数省份的主导产业大多分布在原料工业、燃料动力工业和农产品加工等领域，少数省份形成了一些附加值高和技术含量高的主导产业。西部主导产业则大多数是资源型和资源开发型。

（三）未来三大区域主导产业集群

1. 东部地区：聚合五大产业集群

东部拟集聚包括生物、信息等高新技术、金融、汽车制造、石化和现代物流等五大产业集群。在长江三角洲地区和珠江三角洲地区,依托中心城市(特别是上海、南京、广州和深圳等)高等院校和独立科研院所众多,企业科技开发力量较为雄厚以及国家级、省级高技术园区和各类技术人才云集的优势,重点在微电子、光纤通信、生物制药、航空航天和现代家电等方面进行产业集聚,并且在集聚过程中加强不同城市之间高新技术产业开发区的分工与协作,初步构建东南沿海地区高新技术创业开发密集带的基本构架。在环渤海地区,以北京、天津等城市为中心,辐射北方地区,重点构建金融、物流和成套设备制造业的产业集群。

2. 中部地区:培育六大优势产业

中部8省的首位产业分别是:湖北省是交通运输设备制造业,湖南省是烟草业,河南是有色金属矿采选业,山西省是煤炭采选业,安徽省是黑色金属矿采选业,江西省是有色金属冶炼及压延加工业,黑龙江省是石油天然气开采业,吉林省则是木材和竹材采运业。因此,下一步中部地区可培育现代机械制造、优质能源、生态农业、光电子等高新技术、轻纺和食品以及经典旅游等六大产业群,推动资源主导型结构向市场导向的资源加工型结构转变,促进工业结构的升级,提高地区工业整体素质和市场竞争力。

3. 西部地区:合理布局四大优势产业

西部地区的优势产业群是能源、矿产、特色农业和特色旅游业。由于西部地域广阔,在优势产业群的构建中必须注意产业的布局。比如西部地区特色旅游业可以布局为:在西北地区重点发展历史文化遗迹和特种旅游,如黄河、丝绸之路和古长城等;在西南地区以民族风情为主线,发展生态旅游,进一步提升"三峡"、"桂林山水"、"峨眉"等著名旅游产品的品位,培育并完善长征路线游和西南边境游;在青藏高原区则以青藏铁路的通车和川藏、滇藏公路的改造为契机,大力发展藏族文化游、高原游、峡谷游和生态游。

三、中国区域产业结构优化的途径

中国三大区域之间客观存在的资源禀赋差异和优势互补特点,为各地形成合理的区际分工格局和地区产业结构提供了基础。而产业转移是区域产业结构成长和区域产业结构优化的重要途径。

(一)国际产业转移与区域产业结构优化

国际产业转移对中国不同地区产业升级的影响分别是:

1. 东部沿海地区

一方面,跨国公司在东部沿海地区的投资集中于工业领域,这极大地提升了该地区的工业结构和综合竞争力。截至2001年底,世界500强企业在上海投资建立了273家工业企业,涉及汽车、电子、石化、钢铁、家电和成套设备等六个资本—

技术密集型产业，以及信息产业制造、生物医学和新材料等三个高新技术产业。2001 年，江苏、浙江和上海三省市化学纤维制造业的增加值占全国的 50% 以上，文教卫体育用品制造业和普通机械制造业的增加值占 40% 以上，电子即通信设备制造业增加值占 30% 以上，集成电路产品的产量占全国的比重达到 61.8%。

　　另一方面，跨国公司的投资领域以制造业为主，呈现出"二产独大，制造业独强"的局面。截至 2001 年，跨国公司在华投资数以千计的项目，但国内急需发展的农业、基础产业项目较少，决定企业竞争力的研发项目较少，知识密集型产业较少；合同外资的 62.14% 分布在第二产业，1.89% 分布在第一产业，35.97% 分布在第三产业。因此，东部地区成为劳动密集型产品的加工组装基地，整个中国也成为跨国公司产品的销售市场。

　　2. 中西部地区

　　一方面，长期以来跨国公司投资的地区分布不均衡，加大了地区产业结构水平的差异。改革开放初期，外商在中国的直接投资集中在广东、福建等东南沿海地区。20 世纪 90 年代中期以后，国际产业由东南沿海逐步向北部沿海地区转移（上海、浙江和山东等）。1991～1999 年，南部沿海地区外商直接投资占全国的比重为 42.74%，2001 年下降为 38.09%；中部沿海地区比重由 24.17% 上升为 27.77%；北部沿海地区比重由 20.81% 提高到 21.97%。但是，与之相比较，外商在中西部的投资比重长期偏小，尤其是在西部的比重逐年下降。2001 年，地区制造业占全国的比重，中部占 16.46%，西部仅占 10.08%。在西部，外商投资的行业以高耗能型原材料生产、农牧产品加工、餐饮服务和房地产居多，这种结构基本上与中国在 20 世纪 80 年代初引进外资的产业结构相近。

　　另一方面，近年来外商投资的"北上"和"西进"，为中西部地区工业结构调整带来了机会。2003 年以来，外商投资"北上"和"西进"的趋势在加快，一部分外资包括跨国公司总部和研发中心陆续向环渤海地区和东北地区转移；一部分外商直接加大在中部的投资；长江三角洲和珠江三角洲地区的不少台商进行"秘密撤资行动"，有的把机器设备、厂房等转让给其他公司，有的将一些辅助部门甚至一个"空壳"留在原址，"主力部队"或"北上"或"西进"。

　　在"十一五"规划时期，中央政府决定继续实施东北振兴、西部开发、中部崛起战略，并加大对这些地区的支持力度，因此，承接国际产业转移的区域格局也将有所改变：东部仍是承接国际产业转移规模最大的地区，但东北与中西部地区将成为承接国际产业转移增长最快的地区。在区域的产业分布上也将由于不同地区的产业特点呈现出较明显的特色分工：东部将承接高技术产业及服务业转移，中西部地区将承接重要原材料与能源及制造加工工业的转移，东北老工业基地与长三角、珠三角将更多地承接配套性装备制造、电子通信设备、交通运输设备（如汽车、造船）等国际产业的转移。

(二) 国内产业转移与区域产业结构优化

进入 20 世纪 90 年代以后,伴随着中国对外投资规模的发展和输入地区出现重合产业,国内区域之间发生了以直接投资和技术转移为载体的产业转移。由于买方市场的形成,东部沿海地区传统的劳动密集型产业的产品,如纺织品、普通服装和杂货日用品等,在亚洲金融危机和国内需求结构变化的影响下,普遍遭遇到市场疲软、库存加大和企业效益滑坡的困难。与此同时,沿海地区的劳动力成本的优势逐步被环境污染和资源短缺的劣势所抵消,加上沿海地区的主要产业与珠江三角洲地区,甚至与日本、韩国等国家的产业都有同构的现象,引起某些产品的国内竞争和国际竞争日益激烈。在竞争的压力之下,东部长江三角洲和珠江三角洲地区的企业开始把一些资源型产业,包括一些劳动密集型产业向中西部地区进行大规模转移。

从全国产业布局看,这种区域性产业转移不仅符合技术梯度转移规律,有利于促进沿海产业升级,而且可以带动中西部地区制造业的发展。一方面,对于发达的东部地区来说,产业转移能够使得本地区(产业输出地区)长期保持低成本竞争优势;另一方面,对于经济欠发达的中西部地区而言,它可以通过发展劳动密集型产业增加就业,通过提升资源型产业来增加产品的附加值和产业集中度,通过产业发展带动城镇建设和城镇化发展。特别是作为在地理空间中"纵横南北"和在经济空间里"承东接西"的中部地区,其制造业的区位优势明显,将在承接东部产业转移的过程中进行工业结构升级。

四、区域产业结构调整的政策

(一) 产业结构政策的一般目标

政府制定产业政策的目的不是取代市场机制,而是要帮助加强发挥市场机制功能。产业结构政策的一般目标和手段是:① 营造产业结构优化的微观环境。包括:制定反垄断法案提高市场的竞争程度;通过统一市场建设促进生产要素流动;通过健全市场制度加强对金融市场的监管;通过社会保障制度谋求社会公正。② 改善产业结构优化的宏观环境。主要是通过政府的财政政策和货币政策手段,调节总供给和总需求,减缓或消除包括衰退和通货膨胀在内的经济波动。③ 促进产业技术进步。根据不同时期的发展战略,制定各种产业的技术进步政策,通过技术创新来推动产业结构调整。比如通过农业技术进步政策促进农业社会向工业社会转变,通过资助军事工业技术的研究开发间接带动民用技术的发展。在总体上,通过国防技术优势的形成,建立强大的政府研究开发体系,并通过技术扩散带动一批重要的新兴产业和整体产业技术的突破,如通过空间技术的突破,为国家在航天、卫星通信、计算机、电信等领域的绝对优势奠定基础。

(二) 产业结构政策的作用基础

在产业结构调整问题上,政府通过产业政策干预的理由似乎与市场的失效有关。在这方面，政府的作用表现在：通过国家的努力来促进信息的收集、加工和分享；在产业升级过程中发挥重要的协调作用；补偿那些因首先响应政府产业政策而失败的企业。

（1）信息生产。经济发展过程同时也是产业结构不断升级的过程。为了投资新的产业，企业必须对该产业具备充分的了解，这就需要收集和处理有关该产业的信息。信息是一种公共产品，因此由每个企业分别进行信息收集是无效率的。政府的介入则可以降低信息生产的社会成本。

（2）产业协调。成功的产业结构升级需要个人选择、企业选择和社会选择三者之间相互协调。协调的失败必然增加产业升级的社会成本，包括企业破产、个人失业和社会经济动荡等。政府的介入可能会减少经济不平衡发生的概率，促使产业升级过程顺利进行。

（3）经济补偿。产业政策目标未必总是正确的。如果政府产业政策发生失误，首先响应产业政策的企业就可能遭受一些损失。这一损失的信息通常对后来企业的选择是有利的。因此，政府需要对遭受损失的企业给予必要的补偿。

但是，在市场经济体制条件下，政府对产业结构的调整必须以充分发挥市场机制自发调节功能为基础。只有通过市场，通过产业竞争和平均利润的形成，才能真正显示产业结构的未来演进和升级方向；只有通过市场价格差异所引起的对投资者和生产者的鼓励，才能使社会经济资源按产业结构的发展方向及时、有效地流动。在此基础上，政府的作用主要是营造一个适合于产业结构合理化和高度化的宏观经济环境。政府应该在市场力量被证明是无能为力的时候才采取行动。也就是说，政府的产业政策不能替代企业对市场的判断。从性质上说，政府促进产业结构优化的措施主要是补救性的、被动型的，其目的在于帮助完善市场机制和市场体系。

所以，产业结构政策只是在以下情况下才具有意义：第一，对于那些市场调节趋势不明显地区的产业结构问题，政府可以提出政策导向，比如不同要素密集度产业的发展关系；不同类型企业的产业发展侧重面；资源向区域优势产业和重点产业集中的趋势；区域关键产业（技术密集型产业、新兴主导产业或装备制造业）等。第二，对于那些市场无力调节的产业结构问题，政府可以通过法律、法规和政策措施强制推行，比如淘汰和更新落后的技术设备、国有经济产业布局的战略性调整等。第三，对于妨碍市场调节产业结构优化的问题，如地方保护、行政性垄断、封锁和割据等，政府必须通过政治体制改革和行政体制改革来加以消除或限制。同时，在运用产业政策时，必须十分注意政策的力度，力度过小，对产业结构调整的促进作用可能有限，力度过大则会扭曲资源配置，增加结构调整的成本。

（三）中国区域产业结构调整的目标

区域产业政策是全国产业政策的一个重要组成部分，所以，制定和实施区域产业政策所要达到的目标必须遵循产业政策的总体目标。这一总体目标就是要引导区域合理分工，充分发挥区域比较优势，达到区域经济效益最大化。根据这个目标，区域产业政策要在国家产业政策指导下引导和促进各区域产业合理分工，发挥区域优势，选择适合本区域条件的优势产业，形成各具特色的区域产业结构。为了充分发挥区域比较优势，应根据产品需求收入弹性和生产率上升率速度，选择区域主导产业，组织区域产业分工，促进区域产业结构的高度化。

今后一个时期，中国区域产业政策应着重实现两个主要目标：一是切实推进产业发展的集约化步伐，限制各区域的中低技术维持下的粗放经营方式的平面扩张，各区域要形成自己的优势产业。二是集中力量调整好重大的产业比例关系，切实加强农业、林业和水利建设，重点发展交通运输和能源、原材料等基础工业、基础设施，在此基础上大力发展对经济增长带动性强的高新技术产业和第三产业的某些行业；要实现区域产业结构调整与国际产业结构发展的对接，力争在一个地区使一两个新兴技术部门占据优势地位，为区域经济的稳定发展打下基础。

为此，中国区域产业结构调整面临三项任务：一是调整过去不合适的产业政策，总结经验教训，尽快选定符合市场需求的区域主导产业群体，研究今后区域产业结构优化的系列政策；二是培育促使区域产业结构优化的基础，即市场体系；三是随着市场的发育，寻找加强区域产业调控的着力点，使之能对市场运作中出现的负效应进行矫正，实现对区域产业结构优化的直接指导和间接调节。可以说，中国区域产业结构的优化升级过程是这三重目标相互配合递进的过程，是经济发展与市场经济体制培育的系统工程。

主要参考文献：

1. 陆大道：《中国区域发展的理论与实践》，北京：科学出版社，2003。
2. 孙久文：《中国区域实证研究》，北京：中国轻工业出版社，1999。
3. 孙久文、叶裕民：《区域经济学教程》，北京：中国人民大学出版社，2003。
4. 李成勋：《1996~2050年中国社会经济发展战略：走向现代化的构想》，北京：北京出版社，1997。
5. 杨开忠：《中国区域发展研究》，北京：海洋出版社，1989。
6. 江世银：《区域产业结构调整与主导产业选择研究》，上海：上海三联书店、上海人民出版社，2004。
7. 汪斌：《国际区域产业结构分析导论》，上海：上海三联书店、上海人民出版社，2001。
8. 陈建军：《产业区域转移与东扩西进战略》，上海：中华书局，2002。
9. 洪银兴、刘志彪：《长江三角洲地区经济发展的模式和机制》，北京：清华大学出版社，2003。
10. 郭克莎：《工业化时期新兴主导产业的选择》，《中国工业经济》，

2003（2）。

11. 郝春和：《对我国产业结构趋同化的实证分析》，《工业经济研究》，1997（9）。

12. 许达明：《深圳与香港产业结构的比较研究》，《特区经济》，1996（4）。

13. 陈家玮：《浙江省与韩国产业结构比较研究》，《今日科技》，2004（1）。

14. 邱风等：《对长三角地区产业结构问题的再认识》，《中国工业经济》，2004（4）。

15. 孔祥智：《西部地区优势产业发展的思路和对策研究》，《产业经济研究》，2003。

16. 顾海兵、金丽馥：《结构调整要慎用产业政策》，《财经时报》，2001 - 07 - 04。

17. ［美］钱纳里等著，吴奇译：《工业化和经济增长的比较研究》，上海：上海三联书店，1989。

18. ［美］罗斯托：《经济成长的阶段》，北京：商务印书馆，1985。

19. ［美］钱纳里著，李新华译：《发展的模式：1950～1970年》，北京：经济科学出版社，1988。

20. ［美］罗斯托著，贺力平译：《从起飞进入持续增长的经济学》，成都：四川人民出版社，1988。

21. 世界银行：《世界银行发展报告（1998/1999）》，北京：中国财政经济出版社，1999。

22. 中华人民共和国国家统计局：《国际统计数据 2002》、《年度数据》，http：//www. stats. gov. cn。

23. 中国经济信息网：《经济数据》，http：//www. cei. gov. cn。

第四章 区域空间结构

区域空间结构理论始于 20 世纪 30 ~ 40 年代的德国，50 年代以后，这一理论在美国、瑞典、原联邦德国获得了进一步发展。区域空间结构理论与区位理论具有紧密的关系，在很大程度上可以说，区域空间结构理论是在区位理论的基础上产生的，并且基本沿用和借鉴了区位论者研究问题的方法。但区域空间结构理论研究问题的目标及着眼点都不同于区位理论，它不是要求得到各种单个社会经济现象的最佳区位，而是要得出各种客体在空间中的相互作用及相互关系，以及反映这种关系的客体和现象的空间集聚规模和集聚程度，以获得社会经济活动在空间上的帕累托最优。

第一节 区位与区域空间结构

人类的任何经济活动都在一定的空间位置与范围中进行，研究经济活动不仅涉及生产什么、如何生产和为谁生产，而且还应确定在哪里生产。后一个问题，实质上是解决如何选择最佳的经济活动空间。德国经济学家施乐认为：正如如果每件事情同时发生，就不会有发展一样。如果每件事情存在于同一地方，就不会有特殊性。只有空间才使特殊成为可能，然后在时间中展开。① 因此，对区域经济活动的分析，首先应该建立在对区域与空间的认知基础之上。

单就空间本身的词义来解释，就是指事物存在范围的广延性和伸张性，它既可以作为对客观存在的反映，也可以成为对虚拟世界的特征描述，区域大小、地理地貌、天上地下等都是空间内容的构成要素。法国著名经济学家布得维尔（J. R. Boudeville）根据研究的学科角度不同，把空间分为地理空间、数学空间和经济空间。他认为，地理学者对空间的考察通常是把人置于自然环境中，主要关心的是社会经济活动和人文聚落的空间分布，并以此作为其研究的核心问题。数学空间完全是抽象的，地理上不存在的，包括零维的点、一维的线、二维的面、三维的立体以及多维的向量空间。经济空间是经济变量在地理空间上（或之中）的应用，它不同于经济区域。

---

① 奥古斯特·施乐：《经济空间秩序——经济财货与地理间的关系》，第 167 页，北京：商务印书馆，1995。

法国经济学家佩鲁（F. Perroux）在《经济空间：理论与应用》一文中指出，经济学家不应用通常的、仅仅是指地表的地理区位来考察空间，而应把空间看成是一种抽象关系的结构。他把经济空间定义为"存在于经济元素之间的结构关系"，并把其分为作为计划内容的经济空间、作为受力场的经济空间和作为均质整体的经济空间三种类型。

一、区位与区位理论

就空间形态而言，区域首先体现为区位，因而区位理论是区域经济学的一个重要基石，这在 19 世纪到 20 世纪 40 年代一直是统治区域经济学的主流学说。所谓区位（Location），即为某一主体或事物占据的场所，具体可标志为一定的空间坐标，简言之就是空间位置。它包括点、线、面三种形式，其中点区位具有几何上确定的位置，以地理坐标描述之，如居民点、工矿企业分布点、交通枢纽等；线区位是几何上确定的线段，以走向和长度度量之，如交通线、行政区界线、经济区界线等；面区位具有几何上的确定范围，以形状和面积度量之，如城市圈、市场吸引范围等。

由于区位是人类行为活动的空间，因而人类的社会经济活动与区位是密不可分的，如工业、农业、商业和其他产业活动都离不开区位，并都占据着一定的实体空间，而且具有排他性。这种对空间的占据并非是自然界天生存在的，而是人类社会经济活动空间选择的结果。因此，可以将与人类相关的经济和社会活动，如企业经营活动、公共团体活动和个人活动等，称为区位主体，它是指区位中占有其场所的事物，而将研究这些活动的场所及场所选择过程的理论，称为区位理论，其主要探索人类活动的一般空间法则。

根据其产生与发展的先后及内容上的差异，区位理论可以分为传统区位理论和现代区位理论。传统区位理论主要是运用新古典经济学的抽象方法，分析影响微观区位或厂址选择的各种因素，其研究对象一般是以追求成本最小或利润最大化为目标，处于完全竞争市场机制下的抽象的、理想化的单个厂商及其聚集地——城市。它经历了古典区位理论和近代区位理论两个阶段。古典区位理论主要包括杜能（J. H. von Thunen）创立的农业区位论和韦伯（Afgred Weber）的工业区位论。杜能的农业区位论认为距离城市远近的地租差异，即区位地租或经济地租，是决定农业土地利用方式以及生产专业化方向的关键因素，提出了以城市为中心呈同心圆状分布的农业地带理论，即著名的"杜能圈"；而韦伯的工业区位论认为运费、劳动力费用以及聚集或分散因素是决定工业区位的关键因素，它是当今研究工业布局的理论基础。近代区位理论影响较大的则是克里斯泰勒（W. Christaller）的中心地理论和廖什（A. Losch）的市场区位理论。克里斯泰勒的中心地理论以古典区位理论的静态局部均衡理论为基础，进而探讨静态一般均衡理论，首创了以城市聚集中心进行市场面与网络分析的理论，为以后动态—般均衡理论奠定了基础。同时它还突破了传统区位论的羁绊，使区位论研究由农业、工业等生产领域扩展到商业、服务业等消费领域，由局部小区域的或个别企业的微观分析，扩展到大区域范围内的、多个企业或区域的宏观综合分析，成为一种宏观的、静态的、以市场为中心的商业和服务业区位理论。廖什的市场区位理论基于垄断竞争情况下，着眼于确定均衡价格和销售量，由此来确定市场地域均衡时的面积和形状，即蜂窝状的正六边形"面"状市场。

现代区位理论改变了传统的观察问题和分析问题的角度和方式，吸取凯恩斯经济理论、地理学和经济地理学及其"计量革命"所产生的新思想，对国家或区域范围的经济条件和自然条件，经济规划和经济政策，区域的自然资源、人口、教育、技术水平、消费水平、资本形成的条件，失业和货币金融的差异等进行了宏观、动态和综合的分析研究，形成了成本—市场学派、行为学派、社会学派、历史学派、计量学派等流派。

虽然说区位理论对现代区域发展理论研究具有重大贡献，但由于其研究的对象毕竟只是工业企业、农业、城市、市场等单一的社会经济客体，所概括的只是这些单项事物的空间运动和空间定位规律。这就使得区位理论在具有进步性和科学性的同时，又天生具有某些方面的局限性，因而限制了理论向纵深发展。特别是在第二次世界大战后，经济全球化和一体化的趋势日渐明显，影响国家和区域社会经济发展的各种因素之间相互作用的形式和后果更为复杂，这就客观上要求区域经济理论要有新的突破和进展，以摆脱区位理论的局限性，并结合新的现实进行探索和研究，这就产生了区域空间结构理论。

二、区域空间结构的基本内涵

"结构"一词，原指建筑物的内部设置，常用于土木工程方面，其指向对象是实体，引用到社会科学中指被研究对象所具有的系统性、持续性及可辨认的现象。空间结构中的"空间"并不等于物理学中的"绝对空间"和几何学中静止的"纯空间"，而是指经济现象和经济变量在一定地理范围中以分布的位置、形态、规模以及相互作用为特征的存在形式和客观实体，它反映的是以地理空间为载体的经济事物的区位关系和空间组织形态。① 因此，从其实质上看，区域空间结构就是一种空间的秩序，它有广义和狭义之分。

从广义上讲，区域空间结构即为地域结构，它是区域内各种组成要素的空间关系的总称，具体包括区域中各种自然要素、经济要素和社会要素在地域上的分布及其组合状态。区域中的水、土、气、生物、矿物等自然要素的地域分布与组合，构

---

① 曾菊新：《空间经济：系统与结构》，第119页，武汉：武汉出版社，1996。

成了区域自然空间结构。工、农、商以及人口和城镇等经济、社会要素的地域分布与组合，则构成了区域社会经济空间结构。区域社会经济空间结构和区域自然空间结构在地域上的复合，则组成了完整的区域空间结构。

从狭义上讲，区域空间结构主要是指区域经济空间结构，它作为区域经济结构的一个重要方面，是指各种经济活动在区域内的分布状态、组合形式、形成机制和演进规律。一方面，各种经济活动的生产需要把分散在地理空间上的相关要素组织起来，形成特定的区域经济活动过程；另一方面，各种经济活动之间需要相互联系、相互配合，然而它们的区位指向又不尽相同。于是，就需要考虑如何克服地理空间的约束而相互连接起来，形成一个大的经济系统。在区域经济发展中，始终都要考虑如何实现要素的空间优化配置和经济活动在空间上的合理组合，由此来克服空间距离对区域经济活动的约束。可见，狭义的区域空间结构表明了区域经济客体在空间中的相互作用及相互关系，以及反映这种关系的客体与现象的空间集聚状况和集聚程度，是从空间分布、空间组织角度考察区域发展状态和区域社会经济有机体的罗盘。我们主要是讨论区域经济方面的内容，因此如未特别注明，这里所说的空间结构均为狭义的，即区域经济空间结构。

三、区域空间结构的构成要素

社会经济空间结构中分布着农业、工业、城镇居民点、道路和通信设施、文化及商业供应设施等相互关联的各种自然要素和社会经济要素客体，这些客体不断发生着商品生产、新居民点的产生、新技术的扩散、资金和货物、信息等的流动等经济活动。而其中每一种事物、客体及其相互间产生的运动现象，都会形成一种空间态势，它们在整体中的结合关系便产生一种多重空间。在这一多重空间中，既要强调系统中各组成部分即子系统之间的相互关联性，也强调它们联结变化的过程，亦即各种动态序列的瞬间反应。在不同的发展瞬间，上述各个事物之间的关系，包括位置关系，都会产生不同程度的变化。因此，这一空间不仅有长、宽、高的三维含义，而且又被赋予前、后的时间概念，它是一个具有长、宽、高和时间的四维空间——一个非均质空间。在这个空间中，由于各种经济活动的技术经济特点及区位特征不同，其在空间上的表现形态各异，如工业、商业、城镇、市场等在空间上表现为节点，交通、通信、能源等要素的流动表现为线，农业区、工矿业区等则表现为面。这些具有不同特征或经济意义的点、线、面依据其内在的经济技术联系和空间位置关系，相互连接在一起，就形成了有特定功能的区域空间结构。这个结构是区域内各种经济活动的舞台，一般来说，这个舞台是由节点及节点体系、线、网络、域面4个基本要素组成。

（一）节点及节点体系①

节点是由经济活动的内聚力极化而形成的中心，当其表现在地图上时，与所在的区域相比，看起来只是一个点状形态，即视为抽象的一个节点，一般表现为城镇，甚至为城镇群。节点要素是区域空间中最基本的要素，是组成"线"和"域面"的基础，也是区域空间结构的研究重点。节点具有四个基本特征：一是节点有明确的地理位置。不同节点的经纬度绝不相同，节点与节点之间的关系可以通过方位、距离等物理指标表示。二是节点有一定的形状、大小，其地域面积、周长等可以度量。三是节点虽小，本身也是一个系统，由若干个更小的单元组成，以其自身功能形成一个节点区域。四是节点与域面有相对的意义。小尺度的区域在大尺度上是节点，在更小尺度的区域则可以视为面；在同一个区域内，多个节点又可以组成域面。

空间结构中的节点要素，一般是空间经济活动最密集、最活跃的地方，是社会经济活动的空间"聚集点"或"制高点"。节点之间的空间相互作用关系可概括为以下5种类型：①从属关系，体现为低级节点对高级节点在社会职能方面的隶属关系；②互补关系，两者间存在互通有无的经济联系；③依附关系，如卫星城对于中心城市；④松散关系，根据利益和经济职能需要，或即或离；⑤排斥关系，表现为节点为争原料或争市场而发生某种利益冲突。这些关系随着社会经济环境的不断变化而不断改变。

1. 节点的区位属性

不同的地理因素和现象在不同的地理区位上有不同的组合，同样的地理因素和现象在不同的地理区位上也有量和质的区别，因而每一节点都有其自身所特有的区位属性，它有绝对区位和相对区位之分。

（1）绝对区位，是指某一节点在三维的地球表面的空间位置，可由纬度、经度和海拔高度加以精确的测定。绝对区位的基本特性是固定性，不随社会经济条件的改变而发生变化。它揭示了地理因素和现象的某些重要的第一性自然特征，如气候和地形条件等，即所谓的地理分布的地带性差异和海拔差异。应该说，绝对区位从大尺度上控制了经济地理现象的分布特征和规律。

（2）相对区位，是指某一节点在地理空间中与其他地理事物的相对位置关系和空间联系，可用空间距离，交通运输的难易程度以及经济、政治、社会的联系来衡量。与绝对区位相反，相对区位并非一成不变，而是经常发生变化。随着技术进步、交通运输条件的改善以及政治、经济和社会联系的加强或政策的变化，一个原

---

① 参见刘再兴：《区域经济理论与方法》，第 156～163 页，北京：中国物价出版社，1996；陆玉麟：《区域发展中的空间结构研究》，第 40～43 页，南京：南京师范大学出版社，1998。

先条件较差的地理区位会得到很大的改善而成为重要的经济区位。相对区位具有比绝对区位丰富得多的经济内涵，因而在进行区域经济分析时通常被作为一个重要的影响因素来考虑。

2. 节点的规模等级体系

一定区域范围内的节点之间存在着规模上的差异，不同节点之间在数量上和规模上组成的相互关系就构成了节点的规模等级体系。

（1）描述节点规模等级体系的指标。节点规模等级体系有三个基本要素：等级名称、人口规模和节点数目。节点等级、规模、数目之间一般存在着一定的组合比例关系，等级越高，规模越大，数目越少。一般来说，描述节点规模等级体系的指标主要有如下几种：

①规模比。它是指高一级节点人口规模的下限与低一级节点人口规模的下限之比。如果规模比为一常数，表示节点等级规模呈等比序列递增，但一般而言，同一区域内不同节点规模间的规模比是不等的。比较不同区域间的规模比值，可以分析不同区域间的节点规模分布。

②首位度。它是指一定区域范围内的节点群中，人口最多的节点与居第二位的节点的人口数量之比。按首位度的大小，可把节点体系分为首位节点体系（首位度大于3）、一般节点体系（首位度在1.25～3之间）和双首位节点体系（首位度小于1.25）。

③等级的完整程度。完整的节点体系是指具有各个等级的节点的节点体系，它一般是区域范围较大、城镇较多、经济发展水平较高的地区。不完整的节点体系，是指缺少一个或几个等级的节点，多是区域范围较小、节点数量少、经济发展水平不高的地区。

（2）节点的规模分布。它是指一国或一区域内不同节点间人口规模上的关系。研究节点的规模分布，可以明确节点由大到小的序列与其人口规模的关系，揭示一个国家或区域的节点人口是集中在一两个大城市里，还是成比例地分散在不同等级的节点里。这就为制定区域城市体系发展战略，决定究竟是单独发展少数大城市以争取眼前利益，还是致力于均衡发展以争取长远的综合利益提供了依据。

3. 节点的空间分布体系

节点的空间分布体系是指一定区域范围内各节点在地域上的组合形式、相互分布位置的状况。它是职能类型结构和规模等级结构在区域空间组合的结果和表现形式。研究节点的空间分布体系主要从节点的分布频度和节点的空间组合形式两个方面进行。

（1）节点的分布频度。节点的分布频度主要用节点分布密度、城镇间距、离散程度、均匀程度等指标描述，但最常用的是节点分布频度。节点分布密度分为综合节点密度和某等级的节点密度。前者反映的是区域内所有节点分布的疏密状况，后者反映的是区域内某一等级的节点的疏密程度。

（2）节点的空间组合形式。节点的空间组合形式，以城镇为例，大致可分为两种：一种是条状城镇带，另一种是块状城镇群。条状城镇带主要是指沿交通干线（铁路、水路、公路等）、海岸等呈串珠状分布的形式。块状城镇群分布形式一般出现在经济较发达的平原地区，按其组合形态又可分为多边形和放射型。

（二）线路及网络

线路及由线路所组成的网络，是区域经济发展的重要基础设施，其发展水平和发达程度是区域经济发达程度的重要标志。

1. 线路

区域经济学上的线路是指某些经济活动在地理空间上所呈现出的线状分布形态。根据经济活动的性质，线路包括交通线路（由公路、铁路、航空、管道或水路等组成）、通信线（由各种通信设施组成）、能源供给线（由各种能源设施组成）等，其中以交通线路为主，因为交通线路是空间物质、能量、人口和资金等要素流动的通道，是建立区域空间结构的重要因素。现代交通线路包括铁路、公路及普通道路、内河航线、海运航线等。作为交通线路，必须具有一定的长度、方向和起点及终点，并由此规定了它在空间所处的位置，同时根据线路的自然、技术装备状况以及经济运量，各种交通线路往往被划分为若干质量等级，如公路可分为一级公路、二级公路、三级公路等。

2. 网络

区域空间结构中的网络是由相关节点和线路相互连接而成的，节点是网络的核心，线路是构成节点之间、节点与域面、域面与域面之间功能联系的通道。根据连接程度和功能的不同可分成单一的网络和综合的网络。前者如交通网、通信网等，后者则是不同等级和性质的点和线组成的多功能网络。区域经济发展中的各种人流、技术流、资金流、信息流、商品流等都是通过相应网络进行传递的。在这些网络中，交通运输网络的影响最大，作用最明显。

结合各地的空间结构，网络系统大致有下列诸种分布形式：①放射状网络：由于节点为一个重要的交通枢纽，多条交通线路由这里伸向各地；有的又形成放射状与环状相结合的形式，更加强了节点的作用。位于放射状中心，必将形成大城市或特大城市，城市的规模和作用与放射状线路的密度呈正相关。如我国的武汉地区等。②扇状网络：主要指位于港口地区的网络系统。港口为主要枢纽，由此向内地分布交通线路，网络密度与港口规模呈正相关。如以上海为中心的长江三角洲地区等。③轴带网络：指以铁路、公路、水路等主轴带为基干而形成的网络系统，在主轴带上形成若干城市，进而形成城市带和经济区，如长江沿岸和京广铁路沿线地区等。④过境网络：区域内的交通线路呈"十"字形、"井"字形等，交通线路过境意义明显，在节点形成城镇，如湖北等地区。⑤环状与"一"字线网络：由于受自然条件的影响，在沙漠地区有的形成环状线路，在边远地区和边境地区有的只形成"一"字形主要线路，其他的线路均为级别较低的线路，如我国的边疆地区。

（三）域面

区域空间结构中的域面是以区域内某些经济活动在地理空间所表现出的面状分布状态，它是区域空间结构其他要素的基础，没有域面就不会有节点、线路及网络。同时，域面又是节点和网络以及它们的作用和影响在地表上的扩展。域面作为区域空间结构的组成要素，同区域本身存在着区别，虽然两者的空间范围大体一致，但结构大不相同，域面不包括节点和网络，而区域则包括节点和网络。在实际中，一般把区域中城镇和交通网络之外的广大外围地区称为域面，包括广大的农村和工矿区。域面作为各项空间经济活动的"场所"，其空间范围及其内部要素的密集程度等随着它们与节点、网络的相互作用和影响的状态而变化。一般来说，域面的发展水平越高，经济规模越大，其节点就越多，网络就越密，空间结构就相对合理，空间结构功能就越完善。

域面要素可以从多个角度来进行分类，其中按经济活动可以分为五种类型：①以农牧业为主的域面：这类域面一般均较广阔，节点分布较均匀且分散，并呈等级分布形式，农牧产品加工业成为节点的主要经济内容。②以林矿业为主的域面：区内分布大量森林资源或矿产资源，以采伐、开采加工业为主要内容，城镇多分布在采伐、开采加工业中心，核心节点规模不很突出，节点分布分散，交通网络比较发达。③以旅游业为主的域面：分布在旅游资源富集的地区，中心节点与旅游网点紧密结合，生活性服务业发达，中心节点体现了为旅游服务的特点，交通网络较发达。④以加工工业为主的域面：区域内的专门化部门多为加工业，区内节点规模较大，交通网络与通信信息发达，空间结构的层次较多。⑤综合性域面：区内加工工业、工矿业和农业均较发达。此类区域的中心节点与较低层次的节点与网络系统都较为发达。

（四）区域空间要素的组合模式

对区域空间结构的上述三大要素进行有机组合，就可以得到多种不同的空间结构组合模式（见表4-1）。

表4-1　　　　　　　　区域空间结构要素的组合模式

要素及其组合方式	空间子系统	空间组合类型
点—点	节点系统	村镇系统、集镇系统、城镇体系
点—线	经济枢纽系统	交通枢纽、工业枢纽
点—面	城镇—区域系统	城镇集聚区、城镇经济区
线—线	网络设施系统	交通通信网络、电力网络、给排水网络

续表

要素及其组合方式	空间子系统	空间组合类型
线—面	产业区域系统	作物带、工矿带、工业走廊
面—面	宏观经济地域系统	基本经济区、经济地带
点—线—面	空间经济（城乡）一体化系统	等级规模体系

资料来源：陆玉麟：《区域发展中的空间结构研究》，第 46 页，南京：南京师范大学出版社，1998。

四、区域空间结构的基本特性

（一）整体性

任何经济区域的空间结构都是由节点、线、网络和域面四者组合而成的，它们相互联系，相互作用，形成一个统一的整体。综观区域空间的发展过程，可以看出这四个基本构成要素始终都是紧密结合在一起的。

（二）系统性

任何空间结构都不是孤立存在的，而是在与其他空间结构相互联系与互为制约中存在和发展的。全世界的空间结构是一个复杂的大系统，各个区域的空间结构则是这个大系统中的子系统，各个区域的空间结构之间，通过复杂的网络系统将它们联系起来。

（三）层次性

区域空间结构的层次性主要表现在两个方面。一方面是从某一区域在更高区域系统中所处的地位来看它的层次性，这种层次性主要由区域核心的层次性表现出来，即层次高的区域核心支配较大面积的区域，它通过对低层次区域核心的支配来控制其域面；另一方面，就区域自身的发展水平、所处的发展阶段而言，各个区域的空间结构又有高、中、低之分，每个区域的空间结构与其生产力水平相对应。就一个具体区域而言，其空间结构的发展水平总是一个由低级向高级演化的过程。因此，层次性的实质表明了空间结构所具有的产生、发展和演化特征。①

（四）区域性

空间是物质存在的一种客观形式，由于空间的存在，使得地理事物得以存在；由于空间的具体化，产生了地方或地区，乃至区域。区域和空间联系在一起形成了区域—空间统一体。区域以空间得以存在，空间因区域而有意义。传统的主流经济学由于忽视了空间的区域性特征而单纯地研究经济事物导致了其理论在现实经济操

---

① 陈才：《区域经济地理学》，第 160~161 页，北京：科学出版社，2001。

作上的苍白，经济规律发生作用离不开一定区域的空间特性。同样，离开一定具体的地域范围而抽象地研究空间特征也无法对现实经济发挥指导作用。地域范围有大有小，因而在研究空间结构问题时，必须将研究范围相对固定在一定具体的地域空间内，深入分析影响空间结构形成的因素及其内在联系，以及在区域范围内空间结构变化的规律和特征。正如萨缪尔森（1952）所言，空间问题不容忽视，它是一个"引人入胜"的领域；克鲁格曼（1996）则指出，区域问题是经济学的"最后前沿"，其含义之深刻不难理解。①

第二节 区域空间结构的形成和发展理论

区域空间结构是社会经济发展在空间上的反映，它决定于社会经济发展的方式和水平，同时区域空间结构又通过复杂的反馈来影响社会经济的发展。这种相互作用和相互影响的关系和机理便是区域空间结构形成和发展的基本机制，其中主要有区位势能机制、要素和经济活动的集聚与扩散机制、经济影响的空间近邻效应等。

一、区位势能机制

（一）区位势能的基本概念

区位势能是指在特定区域内由于自然条件、资源分布、交通方式、人口状况、技术经济水平、人为政策优惠等因素在不同地点的组合所形成的差别程度。这种差别程度将决定区域经济发展的活力和后劲。一般来说，影响区位势能形成的主要因素有：自然条件势能、交通运输势能、技术经济势能、行政势能、政策势能等。

自然条件势能是指由于气候、土地、地形、地貌、水文、植被、资源等自然因素的地域差异所形成的区域经济发展潜力差异。一般来说，自然条件优越，自然条件势能大的区域，其经济发展能力较高，城市化和工业化水平也越高。

交通运输势能是指由于交通运输水平、运输能力和便捷程度的差异所导致的区域经济发展潜力的差异。一般来讲，交通运输水平越高，其经济发展潜能就越大。沿交通线、沿河、沿海都是生产力布局的良好区位，交通线沿线的社会经济活动强度高于两侧，并逐渐向两侧衰减。同时，各种交通方式交会的线路越多，其所在地的社会经济实力就越强。

技术经济势能是指由于技术经济发展基础不同所造成的区域经济发展潜力的差异。这是区位势能中最常见的、影响力最大的一种，它普遍存在于发达与不发达地区之间和城乡之间。

---

① 耿明斋：《现代空间结构理论回顾及区域空间结构的演变规律》，《企业活力》，2005（11）。

行政势能和政策势能则分别是指由于行政中心或行政权利与优惠政策等特殊因素的差别所造成的区域经济发展潜力的差异。这种势能在中国最为常见，一般来说，行政中心如省会和政策优惠地区往往发展比较迅速。①

上述各种势能在不同的发展阶段和不同的区域中所起的作用是不相同的，在一般情况下，这些区位势能往往按照一定的方式组合起来形成综合区位势能，共同作用影响区域发展和区域空间结构的形成与演变。

(二) 区位势能的作用机制

区位势能的作用机制主要表现在如下四个方面：聚集、增值、辐射、自强。

(1) 聚集，是指区位势能较高的区域所具有的一种吸引力，它不仅能把本区的人才、资金和资源牢牢抓住，用于本区发展，而且能将外区的生产要素吸引过来，到本区投资兴建企业，为本区的经济社会发展服务。区位势能越高，聚集作用就越大，反之亦然。

(2) 增值，是指区位势能较高的区域，能将聚集来的生产资源投入生产，进行深层次的加工，生产出高附加值的产品投放市场，从而使资源增值。区位势能越高，增值作用就越大，反之则越小。

(3) 辐射，是指区位势能较高的区域，在其经济发展过程中，一方面有选择地聚集所需的生产资源，另一方面，也向周围区域转移过时的技术、过剩的资金和淘汰的产业，向周围扩散经济发展动力，带动这些地区发展。区位势能越高，辐射作用就越大。区位势能很低的地区，只有接受高势能区的辐射，而向周围的辐射却小得多。

(4) 自强，是指区位势能较高的区域，在经济发展过程中，通过聚集、增值和辐射作用，不仅带动其他区域的经济发展，同时本区域也不断发展壮大、提高的经济现象。区位势能越高，自强能力就越大。区位势能过低，区域缺乏自我发展能力。

这四种作用机制相互作用、相互关联，聚集作用、增值作用是自强作用的前提，自强作用又反过来加强聚集作用和增值作用；辐射作用是自强作用的结果，同时也是聚集作用和增值作用的条件。这四种作用是通过具有不同区位势能的地区间的人流、物流、资金流、信息流来实现的。交通和通信是这四种流量的载体，政策和法令是这四种流量的调节器，它可以有选择地调节这些流量的大小、方向。

一个地区的综合区位势能不是不能改变的，而是具有动态演化的特征。这是因为，区位势能可分为自然条件势能、交通运输势能、经济技术势能、行政势能和政策势能等，除了个别的变化十分缓慢外，其他都是可以改变的。因此，完全可以通过改变可变势能来提高一个地区的综合势能。

---

① 储东涛：《区域经济学通论》，第 100~102 页，北京：人民出版社，2003。

区域空间结构是区位势能不断变化的结果。区位势能在形态上通常表现为点状、线状和面状等。点状的区位势能表现为大型的矿产地、交通运输枢纽、城镇等，点状势能的变化导致节点的形成和发展。线状的区位势能，表现为交通线、河流、海岸线、大型矿脉等线形体。线状区位势能常常发展成城镇、人口和经济、技术的相对密集带，形成区域经济带。面状区位势能主要表现为大面积的矿产、农产品基地、工业密集区等，它形成了城市带、经济重心区和经济密集区。

区位势能的变化常导致一些节点城镇、产业带和经济密集区的兴起或衰落，从而引致区域空间结构的不断变化。①

二、集聚与扩散机制②

增长极理论认为，集聚效应与扩散效应是区域发展和区域空间结构演进的两种最基本的力量，它们分别以自身的特殊机制推动区域经济的发展和空间结构的演变。作为区域经济空间中的两种相对立的现象，区域经济集聚是指资源、经济要素和部分经济活动主体（企业、经济部门）等在地理空间上的集中趋向与过程。区域经济扩散则是指资源、经济要素和部分经济活动主体等在地理空间上的分散趋向与过程。③ 两者既相互依存，又相互制约，并在一定条件下相互转化。集聚机制使区域经济从孤立、分散的均质无序状态，走向局部集聚非均衡发展的低级有序状态；扩散机制则使集聚逐步向全区域推进，最终走向区域经济相对均衡的高级有序状态。两者相互作用，使区域经济空间不断扩大，非经济空间逐渐变小，生产部门、生产要素和生产环节的空间组合日趋复杂化和多样化。这是不以人的意志为转移的区域空间结构形成和发展的一般过程和规律。

（一）集聚机制

1. 集聚的动力机制和经济效应

从本质上讲，区域经济集聚的根本动力在于人类经济活动对集聚经济的追求。也就是说，各种资源要素在流动过程中有规划、有秩序地组合成特定结构，分布在空间某一点上，往往能够产生人们预期的经济效应，即所谓的集聚效应。它是多种力量和因素共同作用的结果。

（1）区域的区位势能。区位势能的作用机制之一就是聚集。一般而言，区位势能越高，聚集作用就越大，人才、资金、资源等要素将会被吸引到这些区域，从而形成区域经济的集聚。

① 刘再兴：《区域经济理论与方法》，第176~179页，北京：中国物价出版社，1996。
② 李小建：《经济地理学》，第180~182页，北京：高等教育出版社，1999。
③ 覃成林、金学良、冯天才、袁正中：《区域经济空间组织原理》，第82页，武汉：湖北教育出版社，1996。

（2）经济活动的内在联系。各种经济活动之间存在着错综复杂的技术、经济、管理等方面的联系。一组内在联系紧密、相互依赖性大的经济活动往往趋向于集中在某一适宜的区域内发展。

（3）经济活动对集聚经济的追求。理论和实践都证明，经济活动的集聚能够产生集聚经济效应，包括区位经济效应、规模经济效应、城市化经济效应、自强效应以及惯性作用等，这将诱导经济活动为追求集聚经济而在空间内趋于集中。

综上所述，区域经济的集聚是必然的，而且能产生出良好的经济效果。因而，集聚过程一旦开始，就会形成一个自我积累的正反馈过程，使具有集聚效应的发展极核拥有一种自我发展的能力，并不断为其进一步的经济发展创造条件。

2. 集聚机制的作用方式和空间表现

集聚作用的方式是多种多样的。以极核中心的多少来看，可以是多核集聚，即多个极化中心；也可以是单极集聚，即只有一个极核中心。从集聚的范围看，可以是全国性的，也可以是区域性的。从集聚在地域上展开的过程看，大致有三种：一是波状集聚，即生产要素逐步由外围向核心区域集聚，主要发生在较大区域之间，特别是全国范围内先进区域与后进区域之间；二是向心集聚，即一个节点中心的周围地区向节点的集聚，主要发生在一个区域的内部；三是等级集聚，即规模较小的节点中心向规模较大的节点中心的集聚。当然，这些集聚方式往往是同时存在，同时起作用的。

由于集聚机制能产生集聚引力，因而将引起区域经济在空间上发生各种变化。第一，导致区域经济的集聚现象，诱发和推动资源、经济要素、企业、经济部门等向优势区位移动，形成区域经济增长极或增长中心。第二，加剧经济发展的空间差异与不平衡。由于集聚的作用，区域之间将产生核心与边缘的分化过程以及经济活动在空间分布上的密集与稀疏现象，区域内部因此而出现空间差异和不平衡。第三，集聚是促进发达地区、城市、城市密集区、专业化地区、产业密集带等形成和发展的主要力量。第四，集聚还能够引发和加剧经济发达地区与落后地区、城市与农村、专业化地区与一般地区之间形成发展关系上的"马太效应"，即强者恒强，弱者恒弱。第五，由经济发展的不平衡而进一步引起的区域之间社会发展的不平衡，使区域的整体发展维持不平衡状态。

3. 集聚的合理规模

积聚的合理规模也即集聚的适宜程度。由于集聚包括区域的集聚和节点的集聚，因而集聚的合理规模也就分为区域集聚的合理规模和节点集聚的合理规模，前者实质上是区域间的差距问题，后者实质上是城市的合理规模问题。

从集聚的过程看，集聚开始时，随着集聚程度的提高，经济效益、社会效益都不断提高。但规模扩大到一定程度后，效益不再提高，保持一段稳定状态。若进一步极化，城市规模继续扩大，经济效益、社会效益都将下降，这就是所谓的集聚不经济，如相关企业、经济部门因过度集中而在资源及经济要素利用方面的竞争愈来愈烈，使区位经济逐步减小或完全丧失；由于经济活动的集聚，带来人口的过量增加，给集聚区域或城市造成巨大的入门压力，生活与生产所需的基础设施及社会服务供不应求，土地、能源和供水紧张，交通拥塞等，使城市化经济与交通经济减小或消失；企业或经济部门因规模过度增大而出现规模不经济，因经济活动和人口过度集聚而出现环境问题，等等。

（二）扩散机制

1. 扩散效应的动力机制

在区域空间结构演变的过程中，与集聚效应相对应，还存在着另一种效应即扩散效应，其主要作用是使经济发展要素逐步由极核区域向外围扩散渗透，形成离心运动。形成这一效应的机制表现在如下几方面：

第一，极核的拉动和外溢作用。极核一般是区域产业特别是主导产业的集聚地，随着集聚效应的增强，主导产业得以不断发展壮大，它就必须从越来越大的范围内取得越来越多的农副产品、矿产品等初级原材料的供应。为此，极核地区必须通过对外投资、技术转让、产品收购等多种方式，促成广大不发达地区增加这些产品的生产，以改善自己的供应状况，从而拉动极核周围地区的发展。除了拉动作用以外，极核的企业和经济部门为了寻求新的发展机会，还会出现外溢效应。

第二，避免集聚不经济。经济发展的历史表明，当集聚规模超过了一定的限度，就会出现集聚不经济，从而迫使一些企业或经济部门从原集聚地点或地区迁移出来，同时，也引起相关资源与经济要素随之而发生扩散，产业的被动外溢就是由于这种原因造成的。

第三，政府的干预作用。为了解决集聚区域或地点的经济活动过密、人口膨胀而引起的种种经济与社会问题，促进其他区域的经济发展，协调区际经济关系，缩小区域间的经济发展差异，政府就会制定出一系列政策，劝导和鼓励资源、经济要素、企业和经济部门等由集聚区域或地点向四周扩散。

2. 扩散机制的方式

扩散机制的方式同样也是多种多样的。不同的要素如物资、人口及劳动力、技术、资金、信息具有各自不同的扩散方式。从扩散机制在地域上展开的过程来看，大致有四种：一是波状扩散，它与波状极化相对应，是生产要素由核心区域逐步向外围区域扩展，这主要发生在较大范围的区域之间。二是辐射扩散。它对应于向心极化，是一个城市中心向四周的扩散，主要发生在该城市中心所影响的城市经济区范围内。三是等级扩散。它与等级极化相对应，即生产要素按照节点的规模等级由高到低逐步扩散。四是跳跃式扩散，这实际上是等级扩散的一种特殊形式，指的是生产要素可以跨越距离的限制，直接在区域之间各自首位节点间的扩散。

（三）集聚机制与扩散机制的时空特征

集聚机制与扩散机制是对立统一、相辅相成的两种区域经济空间组织过程，两者在空间上密不可分。集聚中存在扩散，扩散中蕴涵着集聚。其具体属性取决于研究的尺度和视角，从较大的区域看，经济活动向某极点集中，所引起的城市化现象属于典型的集聚现象，然而若将视点转向城市本身，所看到的便是城市的膨胀和蔓延，其中最具代表性的就是沿交通线的触角式拓展，显然这是一种区域经济的扩散过程。实际上，集聚与扩散在空间上很难予以严格区分，往往同时产生，互为前提与基础，形成区域发展的多维图景。

在区域经济成长的不同历史阶段，集聚机制和扩散机制的作用强度和方式大不相同，两者在时间上存在一定的相位差，即在区域成长的初级阶段，有限的生产要素只能首先集中在少数点上，以取得集聚效应和规模经济，这时集聚效应较扩散效应显著，区域经济呈不平衡发展态势，二元结构鲜明；在区域经济发展的高级阶段，扩散效应变得越来越重要，经济重心区的经济增长势能大规模向周围地区扩散，导致区域间差距逐步缩小。

此外，集聚机制与扩散机制的作用都存在一定的惯性，也就是说，集聚（或扩散）一旦发生，就将沿着其固有的方向持续下去。在没有人为干预的情况下，只有等到出现集聚不经济（或扩散不经济）时，集聚（或扩散）才会受到遏制，并有可能由以集聚为主转化为以扩散为主（或由以扩散为主转为以集聚为主）。这时，原来的集聚（或扩散）趋势是不会消失的，仍将与扩散（或集聚）同时存在。但是，集聚（或扩散）在内容、规模、层次、速度等方面会发生不断的变化。

三、空间近邻效应

地表上的任何一个区域都不可能孤立地存在。为了保障生产、生活的正常运行，区域之间总是不断地进行着物质、能量、人员和信息的交换，理论界把这些交换称为空间相互作用，其具体表现就是空间近邻效应。所谓空间近邻效应，就是指区域内各种经济活动之间或各区域之间的空间位置关系对其相互联系所产生的影响。

根据空间近邻效应的表现形式，可把空间相互作用的形式分为对流、传导和辐射三种类型。第一类，以物质和人的移动为特征。如产品、原材料在生产地和消费地之间的运输，邮件和包裹的输送及人口的移动等。第二类，是指各种各样的交易过程，其特点不是通过具体的物质流动来实现，而只是通过簿记程序来完成，表现为货币流。第三类，指信息的流动和创新（新思维、新技术）的扩散等。这样，区域间的联系可表现为以下三种主要方式：货物和人口的移动，财政金融上的往来联系和信息的流动。在此基础上，美国学者乌尔曼（E. L. Ullman）认为相互作用即近邻效应产生的条件有三个：互补性、中介机会和可运输性。①互补性是指两个区域间，一个区域有某种东西提供，而另一个区域对此种东西恰有需求，这时才能实现两地间的相互作用过程。②当货物在 A 和 B 两地间输送时，A 和 B 两地间介入了另一个能够提供或消费货物的 C 地，从而产生中介机会，引起货物运输原定起止点的替换，也导致原来 A 与 B 间的相互作用，其中一个由 C 替代。③可运输性与距离有着密切关系，距离越长，运输时间也相应加长，运费相对增加，从而产生相互作用的阻力越大。如果两地间的距离过长，即使两地间存在互补性，也会影响相互作用的发生。因此，地理学的空间距离衰减原理认为，地理客体之间相互影响的强度与它们之间的距离成反比，距离越大影响强度越小。根据这个原理，我们不难看出，在区域空间结构的形成与发展中，各种经济活动或地区之间的空间距离远近不一样，相互间发生联系的机会和程度也就存在差异，因而对它们的空间分布与组合也就产生了不同的影响，事实上也就对区域空间结构的形成和发展产生了影响。

　　空间近邻效应对区域空间结构的形成与发展的影响表现在三个方面。第一，促使区域经济活动就近扩张。在满足发展所需条件的前提下，各种经济活动一般都会采取由近及远逐步推进的方式来扩大自己的影响空间、建立分支机构、寻求发展合作伙伴等。第二，影响各种经济活动的竞争。由于在一定时期内可投入到经济发展中的资源和要素是有限的，同时市场的需求也是有限的，那么，位于同一地区或相互靠近的各种经济活动在利用资源、要素，开发市场时就势必会发生激烈的竞争。如同类经济活动之间会对相关资源、要素进行全面竞争，而不同类经济活动对能源、劳动力、资金、基础服务设施、土地等一般性资源和要素也会展开竞争。相反，如果经济活动彼此在空间上相距较远，那么，它们之间的竞争就可能减小。第三，影响各种经济活动之间在发展上的相互促进。各种经济活动在空间上相互靠近除了会加剧竞争，它们之间也将因此而有更多的机会建立起相互依存的发展关系，彼此开展分工与协作。这样，它们既能因分工与协作而提高经济效益，又能在分工与合作中较容易地寻找到新的发展机会。反之，如果各种经济活动相距较远，那么，它们之间开展分工与合作，进而在发展上获得相互促进作用的机会也会相应减少。空间近邻效应的这几个方面的作用都会不同程度地影响区域空间结构的形成和发展。①

第三节　区域空间结构的演化

　　空间结构是在一定时期和发展条件下，区域内部各种经济组织进行空间分布与组合的结果，因而区域内任何社会经济客体的空间活动及其相互关系都会形成一种

---

　　①　李小建：《经济地理学》，第 183～184 页，北京：高等教育出版社，1999。

空间态势。随着时间的推移、区域社会生产力的进步，区域空间结构也随之进行演化，由简单到复杂、由疏到密、由混沌到秩序、由低级到高级逐渐演变。

一、区域空间结构演化的影响因素

（一）生产力发展水平

生产力发展水平和商品经济的发展程度是制约区域空间结构形成、发展的决定性因素。空间结构层次的高低、网络系统的发达程度、区域核心与其他城镇和外围地域的发展水平等，主要受生产力发展水平直接制约。

（二）地理位置

地理位置对区域空间结构的形式和内容均有重要影响，如临海地域往往形成以港口或港口群为核心的空间结构，网络呈扇状向内地辐射；而主要交通枢纽、首都或大区中心，其区域核心的地位十分显著，网络往往呈放射状且密集，外围地域的经济也比较发达。

（三）自然条件与自然资源

自然资源作为一种最基本的生产要素，它是区域产业发展的基础。由于自然资源分布的不均匀性和不可转移性或空间固定性，使得其对区域空间结构的形式和内容影响很大。一般来说，自然条件优越的地域，开发的历史早，其空间结构的内容较为丰富，结构也较为紧凑；自然条件恶劣的地域，如沙漠地区与寒冷的冻土地带，由于人类的经济活动受到限制，往往形成一种在较大范围上以少数或单一核心为主的稀疏网络空间结构。

（四）技术

技术是科学知识和生产相结合的物化形态以及知识形态的总称，当技术进步表现为技术或技术体系发生质的飞跃性变革时就会产生技术革命，由此将会影响区域产业结构的发展变化以及区域空间结构的逐渐演变。

（五）体制和政策因素

体制和政策作为一个十分重要的因素，它在许多方面都直接或间接地影响着区域空间结构的形成与演变。首先，行政区划和行政管理体制对区域空间结构的形成与演变起着非常重要的作用。我国的城市大多数是由过去的古都或各级地方行政中心发展而来的。中华人民共和国成立以来，由于强调按行政系统和行政区域来组织经济活动，除重庆、包头两市外，各省（自治区）的省会都发展为当地最大的城市；地、县两级政权所在地也大多是当地最主要的城镇。其次，国家生产力布局政策直接影响着区域空间结构的演变。特别是在传统的中央集中计划体制下，由于布局政策在产业领域和地理空间上都是全覆盖的，因而国家生产力的总体布局往往决定了宏观空间结构的演变。

二、区域空间结构的演化

区域空间结构是在一定区域范围内各种经济之间相互联系、相互作用而形成的空间组织形式，城镇是各种经济活动在区域上的结合点，是区域空间组织的中枢；而农业、工业和服务业则是区域经济活动的主体，它们的分布特征会直接影响到区域体系的特征。因此，区域空间结构的分析是以部门结构分析为基础，从不同阶段部门结构的发展特征来分析部门空间分布及其对城镇分布的影响。英国经济学家杰里夫·怀特海德（Geoffrey Whitehead）在其著作《经济学》中就描述了这一过程，即假定在无自然条件差异对区域空间结构产生干扰的前提下，可把区域空间结构的演化分为四个阶段：①低水平的均衡阶段。经济活动分散孤立，地域间很少有人员、物质能量和信息的交换与循环。城市规模小，城市经济内容以手工业和少量商贸服务业为主，乡村为单一的农业社会。②极核式集聚发展阶段。低技术水平条件下集聚效益明显的产业迅速极化，并带动相关产业连锁集聚，促进城市规模迅速扩张，先进生产力要素大量集聚于城市，城市开始出现等级体系，依赖于少量的交通网络沟通城市与城市间、城市与乡村腹地间的物资和人员交往。③扩散均衡发展阶段。当极化发展到一定程度，集聚产生的规模不经济效应和外部不经济效应日益明显，大量生产力要素开始寻找新的区位，一般是向城市的边缘区扩展，或者向低规模等级的城镇扩散，大量新城出现，城市规模等级关系日益复杂，城乡联系紧密，网络环度和连通性高，节点间流量大。④高级均衡阶段。区域一体化发展阶段，城乡差别小，联系紧密，网络高度发达，城镇密集。以网络化、均衡化、多中心为特征的空间结构处于一个高水平的、动态的均衡发展之中，多为后工业化社会和信息化社会的典型空间结构。①

由此可见，随着社会生产力的发展，区域空间结构经历了一个由低到高的演化过程。在这一过程中，它表现出一些内在的方向性、趋势性和规律性。首先，区域空间结构的发展处在均衡——非均衡——均衡的螺旋式循环中。从区域空间结构演变的五个阶段可以看出，区域空间结构是由低水平的均质化结构逐渐过渡到非均衡化的极核化、点轴化结构，再发展到均衡化的一体化结构。其次，区域空间结构演变总是遵循由点到轴、由轴到面的演化过程。从区域空间结构的演变阶段可以看出，在极化效应的作用下，区域空间结构首先开始了点的聚集，随着聚集程度的不断加强，一些节点逐步成长为区域经济中心。经济中心进一步聚集到一定规模后，扩散效应逐步强大起来，经济中心开始通过扩散效应影响和带动周围地区的发展。这一过程首先发生在交通沿线附近，形成沿交通线的经济重心区，即轴。轴的交叉

---

① 陈修颖：《区域空间结构重组：理论与实证研究》，第30～31页，南京：东南大学出版社，2005。

与点的组合，形成了更大的扩散效应，从而产生了面上的扩展效应，形成了一个区域内的城镇化和交通运输网络的高度密集和现代化，最后达到点、轴、面融合的最高形态。区域经济的发展一般遵循这样一个发展过程，这已为世界各国的实践所证明。

三、区域空间结构演化的理论模式

（一）中心—外围式的空间结构演化模式

中心—外围理论的主要代表人物是美国区域经济学家弗里德曼（J. R. Friedman），他于 1966 年出版了《区域经济发展政策》一书，在书中他借鉴了罗斯托的经济成长阶段理论和中心地理论，按照区域经济发展不平衡的思想，提出了一个区域经济空间结构演变的具体模式，即中心—外围模式，形成了自己独具特色的区域经济空间结构理论。他认为，任何一个区域的经济空间系统都可分为两部分：中心区和外围区。在区域经济发展过程中，中心区和外围区这两个空间子系统的边界和相互关系将不断变化，它们相互作用，相互影响，彼此重叠或组合，直至全国经济融入一个有机整体。

1. 独立地方中心阶段（又称前工业化阶段）

处于此阶段的区域，是一个相对稳定、较为封闭的空间体系。农业是其产业结构的主体，工业不发达，产值比重低于 10%。区域空间结构的主体是农村，其上点缀着许多独立的小型地方性中心地，每个中心地都拥有自己不大的腹地，整个区域空间系统被分割成相互独立、彼此隔绝的子区域。各子区域的经济以自给自足为特点，经济发展处于均衡、停滞状态。

这个阶段代表了工业化之前的时期，其区域空间结构的基本特征是区域空间均质无序，其中有若干个地方中心存在，但是它们之间没有等级结构差异。由于这个时期区域的生产力水平低下，经济极不发达，总体上处于低水平的均衡状态，对应的区域空间结构是由一些独立的地方中心与广大的农村所组成的，每个地方中心都占据一块狭小的地方。区域内部各地区之间相对封闭，彼此很少联系。

2. 中心—外围阶段（即初级工业化阶段）

这一阶段区域的工商业有所发展，工业产值比重介于 10% ~ 25% 之间，由于外部力量的介入，如外来投资，区域的均衡状态被打破，呈现出不稳定特征，区域内出现单个强有力的中心，它控制着外围区域的发展，使之依附于己。中心与外围的力量对比悬殊，中心区强有力地吸引着周围的人、财、物等生产资源，它们向中心迁移明显，使中心更进一步自我强化，而外围区深受中心区的掠夺，经济处于停滞甚至衰退状态。整个区域或国家经济是由为数不多的大城市地区的经济发展维持的，中心与外围区出现了不平衡。

这个阶段是工业化的初期。在工业化的进程中，某个地方经过长期积累或外部刺激而获得发展的动力，经济快速增长，发展到一定程度就成了区域经济的中心。这个中心的产生就打破了区域空间结构的原始均衡状态。在这个阶段区域空间结构由单个相对强大的经济中心与落后的外围地区所组成。该中心以其经济发展的优势吸引外围地区的要素不断向它集聚，越来越强大，而外围地区则更趋向落后，从而致使区域空间结构日趋不平衡。

3. 副中心形成阶段（又称工业化阶段）

在这一阶段，区域工业大规模发展，产值比重升为 25% ~ 50%，形成完整的工业体系。区内出现多个强大的中心城市，大城市的外围区占据了整个区域或全国的空间，其中的生产资源得到利用，整个经济体系的增长潜力大大增加。除大中城市外，还出现了次级中心，城市等级体系开始形成，从而抑制了全国性中心的进一步膨胀。由于外围区的发展和一级中心地区的膨胀得到控制，区域贫富差距在达到顶峰后有所缩小。

在工业化阶段，随着经济活动范围的扩展，在区域的其他地方产生了新的经济中心。这些新经济中心与原来的经济中心在发展上和空间上相互联系、组合，形成了区域的经济中心体系。由于每个经济中心都有与其规模相应的大小不一的外围地区，这样，区域中就出现了若干规模不等的中心——外围结构。这些中心（外围结构）依据各自的中心在经济中心体系中的位置及关系，相互组合在一起，构成了区域的空间结构。在这个时期，区域空间结构趋向复杂化和有序化，并对区域经济的增长有着积极的影响。

4. 城镇体系成熟阶段（又称后工业化阶段）

商业、金融、信息、运输、服务等第三产业异军突起，工业退居二位，其产值比重在达到顶峰后开始下降。中心地区的扩散作用更突出，出现了更多的不同等级规模的中心城市，构成一个城市体系，城市间出现了职能分工。大城市间的外围区域被纳入城市经济体系，分担一定的职能，整个区域或国家成为一个有机整体。区域的空间结构形态更趋平衡，由大小不一、职能各异、互联成网的城市体系及其外围区域构成。

在后工业化阶段，经济发展达到了较高的水平，区域内各地区之间的经济交往日趋紧密和广泛。同时，不同层次和规模的经济中心与其外围地区的联系也越来越紧密，它们之间的经济发展水平差异在缩小。所以，区域内就逐步形成了功能上一体化的空间结构体系。随着中心与外围地区界线的逐渐消失，区域将最终走向空间一体化。

（二）点轴式的空间结构演化模式

点轴开发理论最早由波兰经济学家萨伦巴和马利士提出，20 世纪 80 年代我国经济地理学家陆大道在他们的基础上提出了点轴开发模式。该理论是增长极理论的延伸，它也是从区域经济发展不平衡规律出发，研究点—轴渐进扩散理论在区域规划和区域发展实践中的具体运用，是经济空间开发的一种重要方式。该理论认为，从区域经济发展的过程看，经济中心总是首先集中在少数条件好的区位，呈斑点状分布。这种经济中心既可称为区域增长极，也是点轴开发模式的点。随着经济的发展，经济中心逐渐增加，点与点之间由于要进行生产要素交换，需要交通线路以至动力供应线、水源供应线等相互连接起来，这就形成了轴线。这种轴线首先是为区域增长极服务的，但轴线一经形成，对人口、产业也具有吸引力，吸引人口、产业向轴线两侧集聚，并产生新的增长点。点轴贯通，就形成了以点—轴为标志的空间结构系统。因此，增长点和增长轴是区域经济增长的发动机，是带动区域经济增长的领头羊。

陆大道认为，社会经济点—轴空间结构系统的形成有四个主要阶段：①点—轴形成前的均衡阶段，地表是均质的空间，社会经济客体虽说呈"有序"状态的分布，但却是无组织状态，这种空间无组织状态具有极端的低效率。②点、轴同时开始形成，区域局部开始有组织状态，区域资源开发和经济进入动态增长时期。③主要的点—轴系统框架形成，社会经济演变迅速，空间结构变动幅度大。④"点—轴"空间系统形成，区域进入全面有组织状态，它的形成是社会经济要素长期自组织过程的结果，也是科学的区域发展政策和计划及规划的结果。从宏观角度考察，空间结构重新恢复到均衡状态。这种阶段的划分与空间结构演化的一般规律基本吻合。①

主要参考文献：

1. 刘再兴：《区域经济理论与方法》，北京：中国物价出版社，1996。

2. 孟庆红：《区域经济学概论》，北京：经济科学出版社，2003。

3. 陆玉麟：《区域发展中的空间结构研究》，南京：南京师范大学出版社，1998。

4. 陆大道：《区域发展及其空间结构》，北京：科学出版社，1995。

5. 陈修颖：《区域空间结构重组：理论与实证研究》，南京：东南大学出版社，2005。

6. 李小建：《经济地理学》，北京：高等教育出版社，1999。

7. 陈才：《区域经济地理学》，北京：科学出版社，2001。

8. 张秀生、卫鹏鹏等：《区域经济理论》，武汉：武汉大学出版社，2005。

9. 姚士谋等：《区域与城市发展论》，合肥：中国科技大学出版社，2004。

10. 陈栋生：《区域经济学》，郑州：河南人民出版社，1993。

11. 朱传耿等：《区域经济学》，北京：中国社会科学出版社，2001。

---

① 陆大道：《区域发展及其空间结构》，第137页，北京：科学出版社，1995。

12. 吴殿廷等:《区域经济学》,北京:科学出版社,2003。

13. 储东涛:《区域经济学通论》,北京:人民出版社,2003。

14. 武友德、潘玉君:《区域经济学导论》,北京:中国社会科学出版社,2004。

15. 曾菊新:《空间经济:系统与结构》,武汉:武汉出版社,1996。

16. 覃成林等:《区域经济空间组织原理》,武汉:湖北教育出版社,1996。

17. 潘学标:《经济地理与区域发展》,北京:气象出版社,2003。

18. 奥古斯特·施乐:《经济空间秩序——经济财货与地理间的关系》,北京:商务印书馆,1995。

19. 宋家泰等:《论地理学现代区位研究》,《地域开发与研究》,1987(2)。

20. 耿明斋:《现代空间结构理论回顾及区域空间结构的演变规律》,《企业活力》,2005(11)。

第五章　区域经济发展差距与统筹区域发展

中国的区域经济发展不平衡一直颇受人们关注，自中华人民共和国成立以来，随着国家区域政策重心的有所偏移，中国的沿海和内地也经历了各个起伏发展的阶段。改革开放以来，我国的区域经济发展不平衡愈加明显。区域经济在发展过程中，完全平衡是不可能的，但是地区间经济发展差距过大，势必会带来一系列的负面问题，最终难以实现共同富裕的目标。因此，必须坚持科学发展观，统筹区域发展。

第一节　区域经济发展差距存在和变动的经济学理论

一、区域经济发展差距的概念

区域差距是一个非常宽泛的概念。大凡各地区之间只要在某一方面，如资源禀赋、人口素质、教育水平、科技水平、基础设施、产业结构、经济效益、市场发育、经济发展水平、收入或消费水平、经济发展速度等，存在着某种差异，都可以认为存在着区域差距。[①] 然而，仔细分析后我们会发现，在上述各种差距中，除自然资源禀赋方面的差距完全由自然力所决定外，其他各种差距相互之间均存在着千丝万缕的联系，而经济发展差距又处在核心的位置。有鉴于此，我们将区域差距界定为"各区域之间的经济发展差距"，并相应地简称为"区域经济发展差距"。

二、区域经济发展差距存在和变动的经济学理论

区域发展不平衡是经济发展中的重要现象，很多国家的历史中都包含了区域经济发展差距变动的经验。由于自然地理条件、历史、文化传统、经济体制不同，在一些国家，经济发展的主题集中反映在地区经济发展不平衡和区域经济发展差距上，也就是说，这些国家的经济发展依赖于某些地区的快速增长，而以其他地区的经济缓慢增长为代价，导致经济发展中的地区经济发展差距扩大，地区差距问题突

---

① 周国富：《中国经济发展中的地区差距问题研究》，第2页，大连：东北财经大学出版社，2001。

出。经济学家很早就已经发现了在几乎所有的国家及其不同发展阶段区域经济发展差距的普遍性，我们称之为"地区二元性（Regional Dualism）"，并对此现象作出了多种解释。①

从经济学理论分析来看，有两种基本的理论用来解释区域经济发展差距的存在和变化。一种是经济学（新古典主义经济学）的理论，另一种是发展经济学的理论。而倒"U"形理论则是建立在这两种解释理论尤其是发展经济学理论基础上的关于区域经济发展差距长期变动趋势的一种具体理论。

（一）新古典主义经济学的解释

根据新古典经济学的解释，一个国家或者地区之间的人均收入差距是资本劳动比率（K/L）不同的结果。假定储蓄率不变，一国或者地区的 K/L 最初越低，经济增长越快。结果是，落后的地区 K/L 增长比先进的地区快。具体地说，如果地区之间的生产要素能够自由流动，劳动力将由资本短缺的地区流向资本充裕的地区，而资本的流向正好相反。因此，地区之间的要素流动将有助于 K/L 进而人均收入的均等化，缩小地区差距。如果古典的严格假设成立，国内生产要素流动将倾向于减少人均收入差距、地区二元性或空间极化（Spatial Polarization）。所以，在生产要素自由流动，且忽略运输成本的条件下，空间差距只有在动态调整出现时滞时才能维持，空间差距、落后地区的存在可能就应该归咎于要素流动（倾向于缩小地区差距）的速度和数量不充分，不能抵消引起富裕地区相对快速的资源增长和技术变化（倾向于扩大地区差距）的影响。在发展中国家经济发展早期，地区主义（Sectionalism）、分裂以及整个国家的解体是比较广泛存在的，可以用来解释这一时期区域差距的扩大。刚刚迈入现代经济发展之路国家的劳动力、资本和贸易市场一般比较缺乏，甚至到接近根本没有效率的程度，所以这种解释是比较合理的。一国之内各地区经济增长的能力是不同的，当发展起于某些地区时，非经济性的地区壁垒可能非常大，经济增长的刺激因素不能传输到其他地区。只要阻碍贸易和要素流动（以及技术变化的联系）的壁垒存在，区域经济发展差距将明显扩大。

所以，这种解释的结论是：区域差距的存在和扩大是由于市场机制的缺乏和不完善引起的，因此，必须建立市场机制，消除各种不利于劳动力、资本流动和贸易市场形成的障碍，促进生产要素的自由流动，缩小由于市场机制不完善造成的区域经济发展差距。

（二）发展经济学理论的解释

发展经济学家缪尔达尔、赫希曼对区域经济发展差距问题作出了有影响的理论解释，可以分别称为地理上的二元经济结构（Geographical Dual Economy）理论和

---

① 曹桂全在其博士学位论文《中国经济发展中的地区差距变动与政策选择》中对这些解释进行了综述。

极化理论，这是发展经济学关于地区发展不平衡和区域经济发展差距形成作出解释的两种基本理论。他们强调，国内要素流动即使在古典模式下也不总是均衡的。因为发展中国家的实际情况是：市场不完全，资本短缺，劳动力素质低，生产要素的地区间流动并不是遵循新古典假设下的流动原则，而是存在特殊的情况。

1. 增长极理论与区域经济发展差距

增长极理论是法国经济学家佩鲁于1955年提出的。这种经济理论的思想前提是"支配学说"或者"不平等的动力学"。他认为，社会是一个异质体，各个组织、团体等各种单位之间存在一种支配关系，支配单位能够对被支配单位产生影响，而被支配单位则不能影响支配单位或者产生同等程度的影响，它们之间的关系是不平等的。在经济空间上，起支配作用成为"增长极"的，是主导产业部门和创新能力强的行业集中的地区，它们能够以比较快的速度发展，并通过其吸引力和扩散力增加自身规模，带动其他部门和地区的经济发展。

尽管增长极理论的本意不是分析区域经济发展差距，而是阐述增长极对其他地区经济发展的带动作用，从而说明发展中国家必须建立增长极来发展经济。但是，它所揭示的经济发展规律，说明了区域经济发展差距的存在性和必然性。也就是说，作为增长极的地区与非增长极的地区之间是支配和被支配的关系，是先进和落后的关系，是优先发展和被带动的关系。

2. 地理上的二元经济结构理论与区域经济发展差距

地理上的二元经济结构理论是瑞典经济学家缪尔达尔于1957年提出来的。这一理论的思想前提是新古典主义经济理论所采用的静态均衡方法不适用发展中国家的实际情况，认为应该采用动态的、非均衡分析和结构主义分析的方法来研究发展中国家的地区发展问题。发展中国家存在经济发达地区和经济不发达地区的地理上的二元经济。

缪尔达尔的主要理论观点包括：

（1）地理上二元经济形成的初始原因。在经济发展初期，假定各地区之间人均收入、工资水平、利润率大致相等，生产要素可以自由流动。如果由于某种原因，出现经济发展比较快的地区，就可能形成增长极，地区之间人均收入、工资水平、利润率出现差异，一些地区成为受惠地区（Favoured Region），另外的地区则成为落后地区（Backward Region）。

（2）地理上二元经济形成的"累积性因果循环"机制。与古典假设下的地区之间生产要素流动不同，发达地区的快速发展虽然造成了对劳动力的需求，但是发达地区对其他地区的劳动力吸收是有条件的，有选择性的，它需要的是落后地区中质量相对比较高的劳动力，而不是一般的劳动力；落后地区的劳动力流动也存在成本和障碍，并不能实现剩余劳动力的自由流动。这样，发达地区经济将进一步发展，并进一步产生对资本等生产要素的需求，这又刺激发达地区对劳动力的需求，提高发达地区的工资水平，吸引落后地区劳动力外流。与此同时，落后地区人力资本外流，高素质劳动力减少，经济发展缓慢，劳动力等生产要素的需求降低，工资水平仍然很低，劳动力继续外流。这种作用的结果是，发达地区越来越发达，落后地区越来越落后，地区之间的工资差别、人均收入、经济发展水平差距不断扩大，这就是"累积性因果循环"。资金、技术、资源的流动也同劳动力的流动一样，主要遵从由要素收益率低的地区向高的地区流动的规律，这与新古典主义经济理论的预期是相反的，缪尔达尔称之为"回波效应（Backward Effects）"。

（3）扩散效应及其有限性。经济发展到一定阶段后，发达地区的发展受到诸如城市问题、环境问题和有效需求不足等的限制，将对落后地区的发展产生有利的影响，比如技术、产业的转移，称为"扩散效应（Spread Effects）"。但是，缪尔达尔认为，由于不断增加的内部经济与外部经济的作用，市场的力量通常倾向于扩大而不是缩小区域经济发展差距。

美国经济学家赫希曼同年提出了与缪尔达尔分析术语含义基本一致的两个概念，即极化效应（Polarized Effect）和涓滴效应（Tricking-Down Effect），来分析经济发展过程中的地区关系。极化效应表示发达地区对落后地区的不利影响，涓滴效应表示有利的影响。但是，赫希曼不同意缪尔达尔的悲观观点。他认为，在经济发展的早期，极化效应的作用不可避免，但是从长期来看，在发达地区生产工业品、落后地区生产初级产品的格局下，地区之间的关系则有三种可能性：①发达地区的需求刺激了落后地区的生产，落后地区产品价格上升，经济增长，地区差距缩小；②劳动和物质成本提高，导致发达地区经济增长缓慢；③发达地区改变获得初级品的方式，比如利用进口或者在本地生产初级品，代替与落后地区的贸易，这将对涓滴效应产生抑制作用，一个国家可能分裂为长期存在的进步与不景气地区，例如巴西、意大利就是这种情况。① 赫希曼认为，在经济发展的初期阶段，广泛存在的是极化效应，对地区差距起着扩大作用。这种现实的经济发展状况需要政府政策的积极干预，而且赫希曼表示，政府应该也能够发挥改善地区关系的作用，从而保证地区之间发生涓滴效应。② 也就是说，从长期来看涓滴效应将发生作用，并超过极化效应，导致"发展的净转移"，从而使区域经济发展差距开始缩小。如果这种力量不能通过市场机制"自动"实现，那么也将在政府的干预下达到。

3. 从经济发展过程看区域经济发展差距：区域差距变化的倒"U"形理论

库兹涅茨（Kuznets）是一位重视经济发展数量方面分析的经济学家，1954 年，

———————————

① 艾伯特·赫希曼：《经济发展战略》，第 171～172 页，北京：经济科学出版社，1991。

② 赫希曼引用伯格森的话说：人类道德的、最初的和最基本的结构，是为简单的封闭社会而设立的……只有当社会的团结迈向人类的博爱时，人类才能以智慧战胜自然。（见艾伯特·赫希曼：《经济发展战略》，第 182 页，北京：经济科学出版社，1991）。

他在美国经济学学会会长就职演讲中提到的一条以经验分析为根据的假说，引起了人们的兴趣，从而开创了对收入分配规模的长期演变及其与经济发展阶段关系进行经验研究的先河。接着，这篇演讲在《美国经济评论》上发表，阐明了收入差距随经济发展阶段而改变的经验关系：在经济发展的早期阶段，收入差距扩大；当进入经济发展成熟阶段后，收入差距开始转而下降。这就是经济发展与收入分配关系的倒"U"形规律。库兹涅茨还提出："伴随发展中国家早期工业化阶段的分裂事件是非常尖锐和激烈的，它使社会的政治和社会结构紧张，推动重大的政治改革，有时甚至导致内战。那么，发展中国家能否承受住可能发生的收入不平等的进一步扩大的严峻考验呢？"[①]

这种想法强烈鼓舞了经济学家对收入分配问题的实证性研究。与以往经济学家关注收入的功能性分配或者贫穷发生的周期性特征不同，库兹涅茨将注意力转向了对静态经济单位而不是功能组的规模收入分配的长期特征上。1955年、1963年和1973年，他基于有关规模收入分配的数据提出了倒"U"形曲线，表明经济发展过程与收入分配变化之间的关系，并努力揭示曲线背后的机制和原因。

1965年，威廉姆森（J. G. Williamson）在综合了发展经济学的理论解释和库兹涅茨倒"U"形假说的基础上，发表了一篇关于地区差距变化模型与经济发展过程的论文，提出了关于区域差距与经济发展过程变化关系的一般假设，即：在经济发展初期阶段，地区差距扩大，到经济发展的一定阶段，地区差距开始转而缩小。[②]威廉姆森对这个假说进行了经验检验，包括对处于不同发展水平的24个国家的国际横截面分析，美国内部地区的横截面分析，10个国家的历史时间序列分析，结果表明，实践经验与假说基本吻合。例如，已经处于发达国家水平的国家，都经历了区域差距从扩大到缩小的转折，美国发生在1932年，瑞典发生在1930年，法国发生在第一次世界大战期间。由此，从经济发展过程的阶段性特征研究区域差距的变化，成为区域差距研究的重要领域。

第二节　区域经济发展差距形成的原因

一、区域经济发展差距存在的持久性因素与自然差距

有相当多的因素对形成区域差距起作用，其中有的作用方向是经常变化的，例

---

① 转引自：J. G. Williamson, Regional Inequality and the Process of National Development：A Description of Patterns, 1965。

② J. G. Williamson, Regional Inequality and the Process of National Development：A Description of Patterns, 1965。

如资本形成、人力资源、劳动力、技术、国家稳定、政府对市场的干预程度、地理环境的优势和劣势等。但是，有些因素的存在至少在相当长的时期内是不变的，它们是一定时期区域经济发展差距存在的原因之一，我们首先分析这些对区域经济发展差距形成具有持久性的因素，并将其形成的区域差距称为自然差距。

1. 区位因素

区位是联系经济和自然地理的核心概念，对各地区的经济、政治、文化发展都有重要的影响，而对政治、文化的影响又反过来集中到经济上来。光照、气温、水利、土壤是农业生产的自然条件，在农业时代，它们既造成不同地区的农业生产品种差异，也造成同一种类农业生产之间产量、生产率的差异。便利的交通是贸易进行的条件，而交通阻隔则使某些地区失去了经济发展的机会。封闭的区域条件下，文化传播缓慢，信息不畅通，这也是经济发展缓慢的重要因素。处于战争冲击的前沿地区，在军事不安全的时期，国家的生产力布局中就会减少对这一地区的投资建设。

2. 自然资源禀赋

自然资源包括水、能源、矿产、动植物等一切可以进行经济开发的自然界存在的物质条件。自然资源是工农业发展的重要基础。地区之间自然资源的分布、富集程度不同，是形成地区差距的重要因素。在工业化初级阶段，经济发展对电力工业、能源工业、机械工业的依赖性很强，往往有利于具备这些自然资源条件的地区发展。但是，并不是说自然资源条件是地区发展的确定的、不变的决定性因素，例如各种资源在不同的经济发展阶段可以利用的程度就会不同，所以从整个经济发展过程来看，自然资源禀赋对经济发展起条件性作用，而不是决定性作用。而且，从地区之间的比较来看，对经济发展作用的方向也不是固定的。一般来说，一个国家的国土面积大，自然资源条件的差异大，地区差距也就大。

3. 历史文化传统

在经济发展过程中，一个国家、地区的文化传统具有重要的影响，任何文化中都包含经济观念以及与其有关的价值取向。存在于现代社会中的统一的经济观念，在过去的历史中和将来的发展中，有吸取和采纳的先后，尤其在经济发展的早期阶段，差别更大。即使是现代社会，各国、各地区之间的经济观念趋于统一，但是也不尽一致。文化对经济发展的影响方向似乎也不是固定的，但是传统文化的保守倾向一般不利于现代经济的发展，不能有效吸收现代文化精神的地区往往是经济落后的地区。

4. 随机冲击与发展机遇

经济发展中存在大量的不确定性、随机因素，并且它也反映在地区上，并成为影响地区发展的重要因素。资源开发、经济机会由于地区不同而随机出现，例如矿物资源的发现和开采会为该地区经济发展提供新的机会。市场的供求变化造成的冲击可能也有利于一些地区，而不利于另外一些地区。当技术创新在一个地区发生时，它就可能成为经济发展新时期的中心。对于一个处于发展中的国家，假设某一地区获得显著增长，将形成地区之间的差距，而且不断增加。经历这种"随机冲击"后，即使以后地区之间均以相同的速度增长，那么地区之间的绝对差距仍将在一定时期继续扩大。

二、影响区域经济发展差距的因素及其在不同经济发展阶段的不同作用

这里，主要是在威廉姆森的论文《地区不平等与国家经济发展过程：一个模型的描述》的基础上，分析劳动力迁移、资本流动、中央政府政策、地区之间的联系等在经济发展的不同阶段对区域经济发展差距所起的不同作用，及导致区域经济发展差距变化方向的机理。

1. 劳动力迁移

正如缪尔达尔的地理上的二元经济结构理论和赫希曼极化效应所分析的那样，在经济发展早期，地区间劳动力迁移可能是极端选择性的，这既是因为低收入水平的人口迁移的禁止性的货币成本的存在，也是因为非城市化、非工业化的贫穷地区传统惯性的影响。流动人口的特征是：有活力，有创业精神，有良好的教育和技术熟练以及处于有生产力的年龄。这不是落后地区劳动力的一般特征，而是说移民比落后地区的劳动力具有的某些优点。这种类型的选择性移民将明显加强地区收入差异的趋势：富裕地区的劳动参与率将趋于上升，而贫穷地区将趋于下降。进一步说，落后地区稀缺的人力资本将流向富裕地区，这将导致地区之间人均资源禀赋更加不平衡，地区不平衡更加严重。赫希曼指出："北方①的发展不是帮助吸收南方的隐性失业，而是剥夺南方的关键技术人员和管理人员，以及富有创新精神的年轻人。这样，北方和南方的实际工资差别可能在劳动能力和技术熟练程度方面比实际的劳动差别高估了。所以，可以肯定的是，南方最高素质的人口将迁移到北方。"②

意大利是区域差距比较大的国家，在意大利工业发展早期，地区之间劳动力迁移不平衡具有深远影响："19世纪是人口流动超常的时代，尤以南方为甚。在某些时间和地方，人口迁移甚至超过人口的自然增长。移民多于年轻、劳动能力强的人，他们离开南方，使南方的劳动力状况恶化。"③

从相反的方面看，波兰政府注意到劳动相对参与率和劳动力质量使地区不平等

---

① 这里"北方"指的是富裕地区，"南方"指的是落后地区。

② 转引自 J. G. Williamson, Regional Inequality and the Process of National Development: A Description of Patterns, 1965.

③ Richard S. Eckaus, The North-South Differential in Italian Economic Development, Journal of Economic History, 1961 (9).

和二元性扩大的影响，因此审慎地使地区劳动力流动缩小，以避免地区差距扩大。这是与这样的观点一致的：在经济增长的早期阶段，地区间劳动力的流动可能使空间不平等加剧，而不是缩小。这也可以说明：波兰还没有发展到经济发展的成熟阶段。

随着经济的发展，劳动力流动可能变得不是选择性的。这有很多理由，比如，经济增长机会发生在落后地区，障碍性的劳动力流动成本将消失，对落后地区不熟练和低收入群体的偏见逐渐消除等。经济发展到一定程度后，传统农村对人口流动的抑制将明显减弱，熟练与不熟练劳动者之间的机会工资差异将在富裕地区和落后地区之间消失，并进一步引起国内劳动力流动的成分变化。在地区市场逐渐统一的过程中，国内劳动力流动的速度将增加，落后地区不再失去熟练劳动力，而且能够吸引这样的劳动力从富裕地区流向落后地区，成为缩小区域经济发展差距的重要力量。

2. 资本流动

地区间的私人资本流动也往往首先对区域经济发展差距的扩大起到促进作用。根据极化理论和地理上的二元经济结构理论，在经济发展的早期，来源于资本项目聚集的、相对富裕地区的外在经济和一般利益，引起资本从贫穷地区向富裕地区转移，导致地区之间不平等加剧，使地区问题扩大化。高风险回报、创新能力缺乏、资本市场不成熟可能进一步导致贫穷地区的投资活动和资本积累降低。落后地区金融机构发展的不成熟不仅是重要的，而且是解释资本反向流动的最简单的可测量因素。西班牙可以为我们提供一个例证："资本流动主要通过银行系统。西班牙银行具有高度的混合特征，商业银行和产业银行并存，而且高度求过于供。七家银行控制信贷的70%以上。结果是落后地区的存款通过资本市场流动，因为发达的工业部门具有更加确定的和更高的收益。大部分南部地区企业家的直接投资也用于发达地区。优良的基础设施、先进的运输和通信设施以及更大的市场都发挥了作用。"①

在巴基斯坦，其巨大的资本从东部流向西部；在印度尼西亚，是从岛的外部流向中部。虽然资本需求影响资本流动，但是贫穷地区的资本稀缺并不总是意味着高边际生产率和高价格，而现实的投资收益率则是资本流动的直接动因，所以资本流动是从要素收益低的不发达地区流向要素收益高的发达地区。

长期的持续增长，不仅使全国劳动力市场发育成熟了，而且更加有效的资本市场也将快速展开。如果说反向的区域资本流动是早期经济增长阶段特点的话，落后地区自身资本市场的发展将有助于防止资本的净流出。随着落后地区工业化的推进，富裕地区从外部经济和产生于资本项目凝聚的利益终将丧失。如果由于某些原

---

① J. G. Williamson, Regional Inequality and the Process of National Development: A Description of Patterns, 1965.

因，比如政府开发政策的支持，落后地区将有更高的资本收益，比富裕地区有更快的经济增长，资本流动将经历一个自然的转向。在经济一体化以及商品和要素市场更加有效率时，落后地区开始进入工业增长的时期，资本将向落后地区流动，这将有助于缩小区域经济发展差距。

3. 中央政府政策

一个地区的落后不仅表示其经济自我发展能力弱，而且政治参与的能力也相对弱。如果贫穷地区的政治意见不能积极表达（例如在美国战后重建时期），甚至尽管这样做了，国家或联邦政府公开或潜在的使国家最快发展的意图也可能进一步加大区域经济发展差距。在公开的场合，中央政府可能投资于富裕地区，因为那里急需资本密集型公共投资，这将有益于快速增长的工业化地区，并有助于那里的更快增长，创造未来大规模的社会资本需求。在不公开但是同等重要的场合，中央政府可以操纵贸易的价格条件，支持工业化的发达地区。为了实现促进和保护工业发展目的的国家关税政策，无论过去还是现在的发展中国家都是普遍的，明显涉及向富裕地区地理上的转移。意大利的落后地区和美国的南方工业发展落后的地区都将政治上不能表达自己的经济利益作为地区落后的原因。

但是，中央政府政策可以转向。在经济发展到一定阶段，国家财政能力增加，中央政府宁可为地区收入分配平等问题花费很多，采取积极的收入转移支付政策。经历一段时间的发展之后，中央政府的地区投资模式也将从促进发达地区快速发展的目标转向支持落后地区的开发。在某一时期，公共投资的大部分将会从先前对发达地区的投资盈利中收回，这就提供了优先考虑欠发达地区，改变公共投资的地区构成的一个良好机会。在经济发展到一定时候，国家积累达到相当程度，国家投资的主要目标不再是形成国家经济基础，不是促进经济发展的"起飞"，国家投资政策的重点将是扶持落后地区，促进落后地区的开发建设，缩小区域经济发展差距。当然，这会在更高的层次上促进国家经济的更快发展。

4. 地区之间的联系

一般地说，经济增长的早期阶段缺乏地区之间的联系，使技术变迁、社会变迁和收入乘数的扩张影响很小，一个地区的发展不能使全社会分享。具体地表现在：①在生产力不发达的条件下，交通通信基础设施不足客观上制约了地区之间的联系。②如果地方政府对生产要素和商品价格有控制权，就有可能为了地方的经济利益，人为造成地区之间恶性竞争的格局。③一个发展中的大国要发挥各地区的优势和潜力，因地制宜，发展生产，而片面强调各地区自给自足，建立小而全经济体系的经济体制，违背经济发展规律，只会减缓经济增长速度，而且它压抑落后地区的发展可能比先进地区更甚，使地区经济发展差距扩大。如果富裕地区拥有大部分高产的农业产区，落后地区将进一步割断与富裕地区发展的利益关系。④不合理的贸易条件。就经济本身来说，发达地区比落后地区的生产更有优势；而且，发展中国家往往通过落后地区初级产品的低价格，实现经济剩余转移到发达地区，支持制造工业的发展，人为形成工农业生产价格的"剪刀差"。⑤历史和文化因素。赫希曼认为，起初可能往往因为偶然机会获得发展的地区，会形成一种优越感，"那些被进步抓住的集团经常会说，是它们自己抓住了进步"，对落后地区产生一种排斥心理；而落后地区往往反驳这些优越感，认为他们的发达不过是实利主义、投机取巧、无视国家传统文化的结果，这样就形成地区之间的心理裂痕。虽然经济越发展，地区之间联系的要求越大，但是由于心理裂痕的存在，却使地区之间的排斥倾向扩大。① 例如，意大利的北方和南方地区存在比较大的发展差距，北方人将南方人看成是全国经济发展的包袱，歧视南方人；而南方人则认为北方人将自己当成了殖民地，对北方人深感厌恶。落后的南方企业要想显露头角，极为困难，在羽翼未丰就可能被北方的企业挤垮。南北方竟然形成这样的关系：北方经济发展越快，南方经济越遭殃。由于这些因素的存在，经济发展过程中地区之间联系的发展变慢，导致在早期经济增长阶段经济发展可能出现地区化和分裂。

经济发展过程也是实现地区市场经济统一的过程。随着经济发展，地区之间的关系将随之发生变化。国家统一市场的建立，也将改善地区分割的状况。按照赫希曼的乐观估计，经济发展到一定阶段，发达地区与落后地区之间的极化效应关系，将转向涓滴效应关系，实现从发达地区向落后地区的发展转移。即使是这种情况不会发生，中央政府也将顺应经济发展的需要，实行有利于增加地区之间涓滴效应联系的政策。影响到地区差距的变化上，将有利于缩小区域经济的发展差距。

第三节　测度区域经济发展差距的统计指标

总的来讲，地区间的经济发展水平差距表现为两个方面：一是绝对差距，另一个是相对差距。

一、绝对差距指标

常见的指标有：

1. 极差和极均差

极差是样本中的极大值和极小值之间的差额，极均差则是极大值或极小值偏离平均值的差额。这两个指标的特点是较适合于分析两个地区之间或某个地区与全国平均水平之间的绝对差距。然而，当比较的地区较多时（如测度我国各省、区、市之间的经济发展水平差距），由于它们易受两个极端值（即人均 GDP 最高和最低地区的经济发展水平）的影响，同时又不能全面地反映各地区之间的绝对差距，

---

① 艾伯特·赫希曼：《经济发展战略》，第 167～169 页，北京：经济科学出版社，1991。

这两个指标就不是很适用了。

2. 平均差和标准差

平均差是样本中的各变量值与其均值的绝对离差的平均值。标准差则是样本中的各变量与其均值的离差平方的平均值的算术平方根。这两个指标在计算上稍微复杂些，但它们相对于前一组指标有一个明显的优点，这就是当考察的地区较多时，这两个指标都能够全面地反映各地区之间的绝对差距。

各种绝对差距指标有一个共同的缺点，即它们都有量纲，从而不但易受价格水平波动的影响，而且还受变量一般水平变化的影响，使得不同地域单元之间或不同年份之间的绝对差距往往缺乏直接的可比性。这就给各种绝对差距指标的适用性大大地打了一个折扣。

二、相对差距指标

常见的指标有：

1. 极值比率和极均值比率

极值比率就是极大值与极小值之比，极均值比率则是极大值或极小值与平均值之比。和极差及极均值相似，这两个指标的特点是较适合于比较两个地区之间或某个地区与全国平均水平之间的相对差距，却不太适合于评价多个地区之间的相对差距。

2. 平均差系数和变异系数（即标准差系数）

平均差系数是由样本的平均差除以样本的均值得到的。变异系数是用样本的标准差除以样本的均值得到的。在实际计算时，考虑到样本空间中数据的重要性不同，通常采用加权平均的形式。

平均差系数和变异系数相对于极值比率和极均值比率有一个突出的优点，那就是它们能够全面地反映各地区经济发展水平的相对差异程度，从而有效地克服了极值比率和极均值比率的不足。

3. 基尼（Gini）系数

众所周知，基尼系数最初提出来是为了反映各阶层人口（或家庭）的收入分配不均等程度，从几何图形上看，它表现为洛伦兹曲线与绝对平均线（45°线）所包围的面积（如图5-1中的面积 A）同绝对平均线与绝对不平均线（90°线）所包围的面积（面积 A 和面积 B）的比值（$G = A / A + B$）。然而，我们只需对其稍微进行一些改造，亦即只需将图5-1中的"人口（家庭）百分比"换成"各地区人口百分比"，相应地将图5-1中的"收入百分比"用"各地区 GDP（或国民收入）占全国的百分比"替代，基尼系数也可以借用来研究各地区间经济发展水平差距。并且，同样存在如下关系，即各地区间的基尼系数越大，表示各地区间的经济发展水平差距越大；反之，则越小。

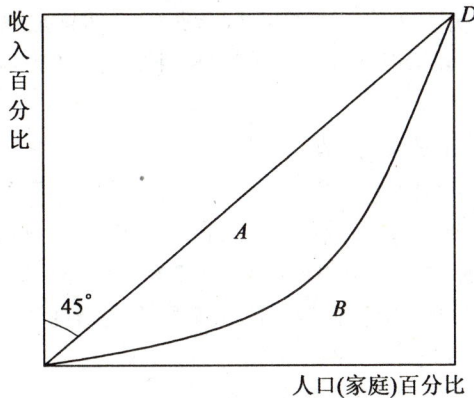

图 5-1　基尼系数与洛伦兹曲线的关系

第四节　统筹中国区域经济发展

党的十六届三中全会提出了：坚持统筹兼顾，协调好改革进程中的各种利益关系。坚持以人为本，树立全面、协调、可持续的发展观，促进经济社会和人的全面发展。所谓统筹兼顾，有五个方面的要求，即统筹城乡发展，统筹区域发展，统筹经济社会发展，统筹人与自然和谐发展，统筹国内发展和对外开放。这是对我国发展经验的科学总结，也是对世界各国发展经验的科学概括，对我国今后的发展与改革具有极其重要的指导意义。在五个统筹要求中，统筹区域发展占有十分重要的地位。

所谓统筹区域发展，就是从全国区域经济发展格局的角度，有重点、分阶段地全面解决各种类型的区域问题，通过政府有目的的调控逐步协调区域关系并促进各种类型区域的社会经济发展。

一、中国区域经济发展差距的总体特征

（一）经济总量：差距明显

（1）从国内生产总值来看，1980～2004 年，东部地区在全国 GDP 中的比重从50.2% 增加到 58.38%，上升了近 8.2 个百分点，中西部地区所占比重相应下降。这种趋势从 20 世纪 90 年代以来明显加剧。

（2）从人均 GDP 来看，1980 年东部地区比全国平均数高 34%，2004 年高54%，同期，中部地区从相当于全国平均水平的 88% 下降到 77%，西部地区从70% 下降到 60%。相应地，东中西部人均 GDP 的差距也在不断扩大。1980～2004

年，西部和东部人均 GDP 的差距由 1∶1.92 扩大为 1∶2.60，中部和东部人均 GDP 的差距由 1∶1.53 扩大为 1∶2.10。反映地区差距的空间基尼系数也说明了这种差距在不断扩大，空间基尼系数从 1990 年的 0.266 扩大到 2000 年的 0.336，之后基本保持在 0.337 的高位。

（3）从 GDP 增长速度来看，东部地区的增速明显快于中西部地区。1980 ~ 1998 年，按当年价格计算的国内总产值，全国平均增长 17.1 倍，其中东部地区增长 19.2 倍，中部地区增长 15.2 倍，西部地区增长 14.3 倍；年均增长率全国为 17.5%，东部地区为 18.2%，中部地区为 16.7%，西部地区为 16.4%。1999 年以后，东部地区依然保持较快增长速度，高于全国平均增速，而中西部地区发展相对滞后。

（二）产业结构的比例关系：东部领先

在产业结构上，东部地区第一产业比重低于全国平均水平，第二、三产业比重则高于全国平均水平，而中西部地区第一产业的比重高于全国平均水平和东部地区，第二、三产业比重则低于全国平均水平和东部地区。2004 年，东、中、西部地区第一产业的比例为 8.17∶16.35∶19.05，第二产业的比例为 52.98∶49.07∶43.27，第三产业的比例为 38.85∶34.58∶37.68。

（三）地区间居民收入：差距悬殊

从 1981 年到 2004 年的 24 年中，我国东、中、西部地区的城镇居民收入都有了大幅提高，即从 1981 年的年人均收入 458 元增加到 2004 年的 9 421.61 元，增加了 20.57 倍；而农村居民的年人均收入从 1978 年的 133.6 元增加到 2004 年的 2 936.40 元，增加了 21.98 倍。但是，随着地区经济发展差距的扩大，地区间居民收入的差距也在逐步扩大，而且差距呈现越来越大的趋势。以 2004 年为例，城镇居民的人均年实际收入东部地区平均为 11 522.87 元，中部和西部地区分别为 7 828.80 元和 7 996.08 元，差距比为 1.44∶0.98∶1，而 1980 年时这一比例为 1.11∶0.93∶1，而 2004 年农村居民人均年收入东、中、西部地区分别为 7 996.08 元、2 770.18 元、2 135.78 元，三者之比为 3.74∶1.30∶1，而 1980 年时的这一比例为 1.28∶1.05∶1，全国基尼系数也由 1980 年的 0.22 上升到 2004 年的 0.462。由此可见，我国地区间居民的收入差距正在呈现扩大趋势。

（四）地区财政收入：比重不平衡

从地方财政收入来看，东部地区在财政收入方面占据了主导地位。1998 年开始，东部地区的财政收入就占了全国的 60% 以上，2001 年东、中、西部地区财政收入差距达到最大，比例为 5.07∶1.57∶1，东部地区的财政收入是西部地区的 5 倍多。

二、中国区域经济发展差距的原因

(一) 制度因素

由于各地区的正式与非正式制度安排不完全相同，区域经济发展的制度以及制度变迁的起点也就存在着差异；同时，又由于制度变迁具有较强的路径依赖性特征，即现行和将来制度的选择很大程度上依赖历史，这样，区域间的制度因素也就影响各个区域制度变迁的路径选择。而制度因素的差异必然影响到各个地区的经济发展。

我国中西部地区经济与东部存在很大差距，关键在于中西部缺乏一种能够把这种潜在的生产要素和资源优势转变为现实的生产力和经济优势的制度环境；缺乏一整套能提高生产率和实现经济增长的制度框架；现存制度结构的运行效率不高。这表现为各种不合理的制度安排使人们的努力与报酬联系的程度还很低；制度在保障人们经济自由方面较差；缺乏一种公平竞争、真正体现个体才能的制度环境；整个中西部地区缺乏激励性制度安排和有效的制度保障，当地经济发展缺乏活力和动力。"改革滞后"、"体制制约"成了中西部地区经济发展的重要制约因素。而我国的东部地区正是由于市场体制比较完善，改革步伐较快，使当地经济发展速度也相应较快。不难看出，制度变迁与创新是导致区域经济发展差距进一步拉大的深层根源。

(二) 历史和区位因素

历史和区位因素包括历史变迁、地理条件等，这些都可能造成区域间经济发展的差距。

1. 历史因素

中华人民共和国成立时，全国 70% 以上的工业和交通运输设备集中在占全国面积不到 12% 的东部沿海地带，为改变区域经济的极端不平衡，国家制定的前四个五年计划中投资向中西部倾斜，推动了中西部经济的发展，但对东部投资仍然保持在投资总规模 1/3 的水平。东部沿海工业基础一直相对中西部具有优势，20 世纪 70 年代以来世界经济重心出现了向亚太地区特别是东亚地区转移的趋势，而具有优越的地理位置又有传统的社会经济文化优势的东南沿海地带抓住了这一机遇并取得了较快的发展。虽然自改革开放以来，国家在建立全国范围的统一大市场，促进各地区经济交流与协作方面已取得明显进步，但自东向西经济发展水平呈梯度性递减的基本格局依然存在，而且还会在相当长的时期内存在下去。

2. 资源禀赋因素

我国地域广大，区域生态环境差异显著。气候上可分为东部季风区、西北干旱区、青藏高寒区；地形上则由东部沿海省区、中部及西北省区和青藏高原构成三大阶梯。水土资源、能源、矿产资源的地理分布十分不均。东部的环渤海地区，四季分明，地势平缓开阔，石油、煤炭、铁矿等重要矿产资源储量丰富；东南沿海地区则位于南亚热带、热带，具有良好的水热条件，有利于农作物和经济作物的生长，水资源和矿产资源也比较丰富。相比之下，西部内陆地区虽然矿产资源蕴藏丰富，但气候与水土资源等方面情况较差。在自然资源转化为经济成果的能力方面，中、西部地区大大低于东部地区，如果以东部为100，则其比值为100:62:60，中西部地区将自然资源转化为经济成果的能力只有东部的3/5。因此，总的来说，我国东部地区资源禀赋的综合优势，要优于中西部地区。

3. 地理位置因素

我国东部沿海地区交通发达，基础设施先进，市场意识较为浓厚，是改革开放、吸引外资的最佳区位。而中国的中西部地区却相对处于内陆封闭或半封闭地带，尤其是我国的西部地区，尽管资源丰富，但是由于地形上崇山峻岭，基础设施落后，交通不便。我国西部地区虽然也开通了一些对外贸易口岸，但由于与我国西部接壤的国家，其经济发展水平并不具有明显的优势，无力带动我国边疆地区的发展，因此在区位上并不具有优势。

4. 人文资源因素

东部沿海地带教育水平较高，经济、技术基础较好，信息丰富且传递迅速，专业技术人员在相对数量和绝对数量上都占有较大优势，在经济管理水平上也占有明显优势。中西部地区在科技、文化、教育等方面严重滞后于东部地区，人口密度小，城市分散，基础设施落后，信息渠道少，文化传播受限制，加之中西部地区人才市场不完善，人才大量外流，使得本来就匮乏的人才资源和软资源更显得严重不足。

（三）政策因素

我国改革开放初期，中央采取了向东部沿海地区倾斜的不平衡发展政策，给予东部地区增加投资、财政放权、减免税收、设立特区等特殊优惠政策，使该地区经济增长率远高于全国其他地区。这种政策的实施一方面提升了全国平均经济增长率的水平，但另一方面却加剧了东、中、西部地区经济不平衡的格局。对于我国的区域布局，我国实行的是"梯度推进战略"，即我国各项改革开放措施的出台基本上采取了由沿海向内地逐步展开的梯度推进方式。这种推进方式给东部沿海地区带来了明显的发展优势，在东部地区原有优势的基础上，加上沿海开放政策的贯彻，在短短10多年的时间里，就建立了5个经济特区、14个沿海开放城市、15个保税区、一大批沿江、沿边开放城市。东部地区的经济获得了高速发展。同时，中西部地区大量的资源、资金、技术、人才等均流向经济效益和投资回报率高的东部发达地区。据有关资料显示，1985~1995年，我国各地区实际利用外资1499.50亿美元，其中东部沿海地区实际利用外资达1309.56亿美元，占全国利用外资总额的87.3%；而中、西部地区实际利用总额分别为127.06亿美元和62.88亿美元，仅占全国利用外资总额的8.5%和4.2%。除此之外，受市场力量的驱动，中西部地区还有相当一部分国内资金通过银行存贷差、横向投资和股票交易等形式也流入了沿海地区。

（四）基础设施因素

基础设施是为直接生产部门和人民生活提供共同条件、公共服务的。一个地区基础设施的发展水平，直接或间接地影响生产部门的成本和效益，基础设施所创造的要素和产品空间转移以及市场交易的便利，不仅有助于企业规模经济的取得和生产成本的降低，还有助于吸引更多的资金进入本地区。当前，我国地区之间的基础设施建设极为不平衡，正如同东西部之间存在巨大的经济落差一样，中西部地区的基础设施建设也远远地落后于东部地区。可以说，交通、通信、邮电、水利、教育、科研、公共卫生等基础设施供给的严重不足，已经成为制约中西部地区经济发展和增长的"瓶颈"，也成为进一步缩小东中西部地区发展差距的严重障碍，不仅制约了中西部地区经济的发展，也限制了外来资本进入中西部。

（五）市场意识因素

市场经济不仅是一种资源配置的方式，同时也是思想、文化的体现。改革的推进与市场经济体制的发育，客观上需要相适应的观念和文化与之配合。东部地区凭借着沿海的便利位置、良好的基础设施与较高的劳动力素质等优越条件在获得中央赋予的大量优惠政策的同时，在市场化过程中先行一步，并且率先取得了市场化带来的各种效益。此外，东部地区以较多的就业机会、较高的工资收入、较好的生活条件等，吸引其他地区大量的人才向本地区流动，在人力资源方面优势更加明显。更为关键的是，东部地区改革开放的思想观念相对超前，市场意识较为浓厚。地处内陆的中西部地区原有的经济发展水平较低。在市场化过程中，具有起点低、起步晚、进展慢的特点。而人的思想、意识往往是外部环境的反映或者映射，而且正是基于以上原因，中西部地区的传统的保守的思想影响很大。市场意识淡薄，是制约中西部地区经济发展的又一原因。我们称它为观念约束力或意识约束力。

三、区域经济发展差距对宏观经济的影响

（一）区域经济发展差距对宏观经济发展的积极影响

适度的区域经济发展差距对一国社会经济发展有比较明显的积极意义，这主要表现在：①适度的区域经济发展差距是社会经济发展的动力源泉。如果一国内区域之间的经济发展表现为一种均质状态，那么就可能产生满足情绪，并沉浸在满足情绪中，缺乏创新热情和发展动力。而当一国经济表现出一定程度的区域差距时，发展状态较好的地区通过激励机制和传导机制，对发展状态较差地区就必然产生示范效应和传播效应，形成一种互动。②适度的区域经济发展差距是区际竞争与合作的基础。③适度的区域经济发展差距对于欠发达区域是一种压力。④从宏观社会经济发展过程来看，存在一定程度的区际差距，有利于形成一种经济势差，经济发达地

区自然产生扩散、传播和渗透效应，最终推动整个国民经济快速、高效地发展。⑤适度的区域经济发展差距促使沉淀的生产要素流动起来，实现最优配置，这也是符合市场经济体制下的资源配置理论的。

（二）区域经济发展差距对宏观经济发展的消极影响

区域经济发展差距过大，对一国社会经济发展会产生诸多消极影响。正如著名经济学家缪尔达尔所指出的那样："不平等及其加剧的趋势成为对发展限制与障碍的复合体。"① 在现实社会中由于区域利益主体的存在，各地区就可能受区际利益的驱使，将区际差距演变为区际冲突。这样，区域差距及区际冲突对国民经济、社会生活就会产生广泛而深远的影响。这种影响首先表现在它对其他经济主体的经济行为可能产生干扰和危害作用；其次表现在它实际地阻碍了一国的经济增长；最后，当区域差异和区际冲突达到一定程度时，还可能引发一系列政治、社会、民族危机，破坏国家的统一与社会的安定。

四、统筹区域发展的基本原则

（一）市场调节和政府宏观调控相结合原则

在市场经济体制下，市场起着基础性的资源配置作用。因此，在统筹区域发展中，应该充分发挥市场机制的调节作用。当然，市场不是万能的，也存在市场失灵的情况。因此，必须充分发挥政府宏观调控的作用，否则会降低资源配置效率。政府要通过经济手段、法律手段和必要的行政手段，使东、中、西部三大区域形成结构完善、功能健全的基础设施和公共服务体系，建立良好的市场秩序和完善的市场网络，规范市场主体的行为，促进区域贸易，推动协调发展。

（二）可持续发展原则

我国人口众多，资源相对不足，能源、水、土地、矿产等资源不足的矛盾越来越尖锐；生态环境承载能力弱，生态环境的形势十分严峻，尤其是中西部地区。因此，在统筹区域发展时应该坚持科学发展观，确立可持续发展的原则，坚持经济社会发展与环境保护、生态建设的统一，科学地规划资源开发，实行资源开发与节约并举，把节约放在首位，在保护中开发，在开发中保护。特别要加大科技投入，依靠科技进步有计划、有步骤地进行环境治理和建设。同时，要进行可持续发展教育，提高人们保护环境的意识，使人与自然和谐发展，处理好经济建设、人口增长与资源利用、生态环境保护的关系，推动经济社会的全面、协调和可持续发展。

（三）效率优先，同时注重社会公平原则

所谓效率，是指资源的有效配置和利用。所谓公平，不只是指收入分配公平，更重要的是指经济主体在参加市场竞争和获取收入方面有均等的机会。在统筹区域

---

① G. Myrdal, Economic Theory and Underdeveloped Regions, London: Duckworth, p. 53, 1957.

发展中，之所以必须遵循效率优先，同时注重社会公平这个基本原则，是因为：①只有坚持"效率优先"，才能激发经济主体的主动性和创造力，使东、中、西部地区都加快发展。②在承认效率优先的同时，也要看到在目前东、中、西部地区经济发展差距在不断扩大。要达到共同富裕目标，就必须要注重社会公平，通过统筹区域发展来缩小区域发展差距。③区域差距扩大常常伴有负面效应，影响到经济的繁荣、政治的稳定、民族的团结和国家的统一。因此，中央政府应当遵循注重社会公平的原则，而且根据中国目前的实际，要更加注重社会公平①，对区域经济发展和居民收入适时适度地加以调节。比如，通过财政转移支付，增加国家对中、西部的投资，加快中、西部教育、能源、交通、邮电等公共服务部门和基础产业的发展；鼓励和引导东部传统产业有选择地西移，使三大区域在调整结构、加快发展中，逐步缩小差距。党和政府提出的关于继续推进西部大开发，振兴东北等老工业基地，促进中部地区崛起，鼓励东部地区加快发展、率先实现现代化，形成东、中、西互动、优势互补、相互促进、共同发展的区域经济发展新格局，就体现了效率优先，同时注重社会公平的原则。

（四）遵守客观经济规律与科学合理原则

加快发展必须以遵守客观经济规律为前提，否则欲速则不达。所以，制定和实施统筹区域发展战略，务必要讲究科学性和合理性。首先，对导致区域差距扩大的种种因素，要逐一加以分析，弄清哪些是短期可改进因素，哪些是长期可改进因素，哪些是不可改进因素，各种可改进因素中的可改进部分是什么，可改进程度有多大，以及改进某因素需要多大成本，政府和民众是否能承受，会对东部和中、西部产生哪些积极影响等。然后进行综合分析，按轻重缓急作出取舍。这样，制定出来的区域发展战略方案，才能更加紧贴各地实际，实施后才能更加有效地遏制区域差距扩大的势头。

五、统筹区域发展，缩小区域差距的对策

（一）建立政府区域管理体制

根据发达国家的经验，统筹区域发展，需要具备两个方面完善的制度基础：一是中央政府必须设立分工合理、职能明确的区域管理机构；二是要有明确的标准经济区域与特殊类型区域划分框架，而且这种区域划分框架要有立法基础，是区域管理的主要基础框架。因此，可以借鉴发达国家的经验，首先在整合国务院西部开发办公室和振兴东北老工业基地办公室等区域发展管理机构职能的基础上，中央政府设立一个统一的区域管理机构，其基本职能是：提出区域经济发展与区域关系协调

①《中共中央关于制定国民经济和社会发展第十一个五年规划的建议》，《中国共产党第十六届中央委员会第五次全体会议文件汇编》，第6页，北京：人民出版社，2005。

的政策建议，与地方政府合作协调不同地区利益主体间关系并约束地方政府行为，统一管理专门的区域基金或约束有关部门的区域资源的使用方向，具体负责区域划分工作，组织实施全国性跨区域重大项目，组织研究重大区域问题，等等，以此来增强中央政府对区域发展的协调能力。

其次，要尽快组织力量，明确标准经济区与特殊类型区域的划分。我国国土辽阔、人口众多、自然环境的区际封闭性较强、地区发展条件差异显著的国情，客观上要求经济布局要从实际出发，因地制宜，既要保证全国范围地域分工的不断深化发展，又要使各地区资源得到充分合理的发挥。

（二）加大对中西部地区的投资力量，加强转移支付的力度

我国东、中、西部存在经济差距，不能不说和我国各地区的全社会固定资产投资、基本建设投资、更新改造投资有所侧重有关。因此今后，应加大对中西部的投资力度，中央政府应对中西部地区颁布一系列优惠政策，对产业布局作出宏观调控，引导资金人才向中西部地区流动；地方政府应积极兴建基础设施，创办科技园区，为招商引资创造良好的环境。

除此之外，转移支付作为宏观经济调控的重要手段之一，不仅可以平衡各地财政，而且可以起到缩小地区差距，促进经济协调发展的作用。而其中财政转移支付作为转移支付中的一项重要内容，对于调节地区间和个人间的收入起着重要作用。为了缩小地区间的经济差距，协调经济发展，必须加大转移支付的力度。

（1）确立中央对中西部地区转移支付的政策目标。对中西部财政转移支付制度应达到双重的政策目标，一是实现中西部各地区最低基本公共服务水平的均等化。实现公共服务水平的均等化，实质上体现了在中西部发展过程中如何处理公平和效率的关系问题。二是确保实现资源的重新配置，促进各地区的经济协调发展。必须强调和高度重视向中西部地区的转移支付，引导中西部地方政府实现中央宏观调控的目标。

（2）确定对中西部转移支付的基本模式，完善转移支付的拨款结构。根据我国国情，中央财政增加对中西部纵向转移支付是有较大潜力的，但是地方政府既得利益存在刚性，调整具有一定难度，因此现阶段在对中西部财政转移支付的模式选择上可以采取纵向为主的转移支付制度，发展到一定阶段，应采取纵向为主、纵横交错的转移支付制度。就我国近中期的实际情况看，当转移支付的模式确定后，应建立一种以无条件拨款为重点，与有条件拨款相配合的复合型形态为宜。

（3）在加大对中西部转移支付的同时适时建立转移支付的监督考评制度。

（三）建立全国统一的市场体系

统一市场是社会主义市场经济发展的基础条件。只有各种生产要素和商品在统一市场内不断地自由流动才能优化资源配置，充分利用各种经济资源，使经济效益最大化，这也是加快区域发展的前提条件。统一市场有利于形成各地分工协作的发展格局：一方面，随着劳动分工原则在各地方市场产生作用，各地区发展起具有比较优势的工业，逐渐与全国市场融为一体；另一方面，随着劳动分工范围的扩大与形式的复杂化，金融深化会被生产者所重视，价格机制被充分利用，使生产者能够有比较多的可供选择的投资机会，在更大的市场范围内调动生产要素，从而使区域的发展冲破本地区资源的约束。因此，有必要加快建立全国统一开放、竞争有序的市场体系，发挥各类资源的基础性效应，更好地优化资源配置，提高区域经济的总体素质和水平。在这方面，主要应解决好以下几个问题：

首先，继续推进价格改革。理顺资源性产品价格体系，建立主要由市场形成价格的机制，即放开竞争性商品和服务的价格，提高生产要素价格市场化程度，进一步扩大市场调节价格的范围，使基础工业产品与加工工业产品的比价趋于合理，进而使社会各项资源遵循价值规律和市场供求规律，实现有效的配置。

其次，逐步消除地方和部门对市场的封锁和分割。必须克服体制性障碍，消除地区、部门的封锁与分割，维护市场竞争的公平和平等。消除区际间的行政壁垒和资源、商品、贸易封锁，并以互惠互利的经济利益为纽带，加快东、中、西部之间的横向联合和区域协作。

再次，加强市场法规建设，建立规范化、制度化、法制化的市场秩序，以使各市场主体能够在平等的基础上进行公开、规范的交易和充分的竞争。加快全国统一大市场的建设，促进生产要素在区域间自由流动，使各区域间的经济竞争有序化。

（四）统筹区域产业规划，优化区域产业结构和布局

进行区域宏观调控、优化区域资源配置、促进区域经济协调发展的前提，是必须进行科学合理的区域规划。要充分发挥区域优势，重点发展与区域优势和区域发展阶段相适应的区域主导产业部门，并使区域专门化产业与辅助配套产业之间相互协调，建立功能完善的区域产业结构体系，在实现区域经济稳定、协调、健康发展的基础上实现区际间优势互补，扩大区域间经济技术合作，进而推动整个国民经济长期高速增长。

从宏观上讲，国家应加强对区域产业结构调整和优化的引导和调控：一是尽快制定各行业合理的经济规模。根据适应性与先进性相结合的原则，在规模经济效益显著的行业设立必要的企业进入门槛；二是研究制定主要产业布局要点，并对某些产业在不同区域的发展与布局实行区别对待；三是督促各地区在确定支柱产业时做好充分的论证工作，避免盲目性和短期行为；四是审查各地经济结构调整规划及政策，对不符合全国产业布局的予以纠正。

具体到各个地区，应该从我国东、中、西部经济的实际情况出发，努力做到合理分工，各展所长，各有侧重，协调发展。

（五）建立和完善区域协调发展机制

促进区域协调发展，必须建立一个符合社会主义市场经济发展需要的新型协调

发展机制。这种新型机制既要充分发挥市场机制在资源配置中的基础性作用，又要有效发挥政府规划和政策的积极引导和调控作用。当前，要制定并实施区域规划和区域政策，完善区域协调发展机制，并将区域规划和区域政策纳入国家宏观调控体系，以加强对区域发展的协调和指导。

（1）区域规划方面，应淡化行政区划色彩，强化经济区域功能。打破部门、地域界限，本着"互惠互利、优势互补、结构优化、效率优先"的原则联合起来，推动城市间、地区间的规划联动、产业联动、市场联动、交通联动和政策法规联动。通过整合区域资源，调整区域产业结构，壮大跨区域的龙头产业，以较低的成本促进产业优势的形成。

（2）在区域政策方面，要按照"更加注重社会公平，使全体人民共享改革发展成果"的原则，进一步加大对欠发达地区和困难地区的扶持力度。要进一步发挥市场机制在区域发展中的重要作用，打破条块分割，消除区域性壁垒，根除地方保护主义，鼓励各种生产要素和商品合理有序流动，促进产业合理转移和有效集聚，推动区域经济合作和区域一体化进程。

（3）在区域合作方面，要建立区域之间良性互动的有效机制。鼓励东部地区的各类资金和市场主体进入中、西部，参与国有企业重组和从事开发经营，促进地区经济的良性互动。这样，既满足了东部优势企业低成本扩张的需求，扩大了市场空间与原材料来源，又解决了中、西部工业崛起中受到的资金、技术、经营管理、市场拓展等多方面约束的问题，加快了中西部工业化的进程，取得双赢的效果。

（六）改善中西部地区的投资环境

投资环境包括软环境和硬环境两部分。前者主要是与人的要素有关，而后者则与物的要素有关。只有把两者有机融合起来，才能为中、西部经济发展营造必要的投资环境。

1. 解放思想，更新观念

在社会主义市场经济条件下，资源优势对经济发展并不是决定因素，起决定作用的因素是人，是人的观念和意识。因此，要实现中、西部经济腾飞，不仅要发挥资源优势，更重要的是要解放思想。要从根本上破除残存的自然经济观念和小生产意识，克服固步自封和地方保护主义，增强市场经济的开放、竞争、创新观念；要克服"等、靠、要"的依赖思想和满足现状、无所作为的惰性。要树立社会化大生产的分工协作思想，敢于并善于与东部地区开展广泛的经济技术交流与合作，在联合协作中谋求结构调整与发展。这些观念的转变与形成，将会在中西部产业结构调整中释放出巨大的精神能量，为结构调整形成强大的推力。

2. 加快基础设施和生态环境建设

基础设施和生态环境建设是经济能否快速腾飞的重要条件。因此，应加快中西部基础设施和生态环境建设的步伐，使中西部地区基础设施和生态环境建设有突破性进展，为其他产业的发展创造必要的条件。随着中西部地区的交通设施、通信设施和文化设施的提高，必然有利于各种人流、物流和信息流的传播，促进中、西部的经济发展。所以，中央有必要适当增加对中、西部基础设施和生态环境建设的投资，以进一步刺激一些全局性和关键性的基础设施建设和基础工业的发展，筑"巢"引"凤"；同时，还可以通过面向全社会公开发行债券、进行股份经营、引进 BOT 投资方式等多种渠道和多种形式来吸引民间资本和外资投资中、西部的基础产业。

3. 加大人力资本投资力度

中西部地区的经济发展差距，实质是知识差距、信息差距、教育差距、技术差距与体制差距。因此，中西部地区应该实施人力资本开发战略，主要是采取文化教育、技术培训等手段提高人的科技素质，强化本地获取外部知识的能力和创造本地区知识的能力，提高全体人民掌握、吸收和交流知识的能力，以充分利用知识、信息、教育、技术要素促进经济和社会的发展，并优先缩小与东部地区之间知识、信息、教育、技术等方面的差距。为此，政府对中、西部的扶持，在提供更多的社会服务，包括使农民及其子女获得各种教育和培训，享有基本的医疗卫生服务、计划生育服务和社会福利及以可靠的、可行的方式推广实用科学技术的同时，通过各种途径大力发展多种形式的教育，强化发展主体的培育尤其是知识文化水平和自身素质的提高、技能的增强、经营方式的转变、观念的更新。中央有必要适当调整对中、西部的投资流向：重点投向那些有利于增强中、西部发展能力的领域，尤其是教育和科技。

主要参考文献：

1. 艾伯特·赫希曼：《经济发展战略》，北京：经济科学出版社，1991。

2. 周国富：《中国经济发展中的地区差距问题研究》，大连：东北财经大学出版社，2001。

3. 翁君奕、徐华：《非均衡增长与协调发展》，北京：中国发展出版社，1996。

4. 陈宗胜：《经济发展中的收入分配》，上海：上海三联书店、上海人民出版社，1995。

5. 韩兆洲：《区域经济协调发展统计测度理论与方法》，广州：暨南大学出版社，2003。

6. 张敦富、覃成林：《中国区域经济差异与协调发展》，北京：中国轻工业出版社，2001。

7. 毛泽东：《毛泽东著作选读》（下册），北京：人民出版社，1986。

8. 邓小平：《邓小平文选》第 3 卷，北京：人民出版社，1993。

9. 《中共中央关于制定国民经济和社会发展第十一个五年规划的建议》，《中国共产党第十六届中央委员会第五次全体会议文件汇编》，北京：人民出版社，2005。

10. 徐逢贤等：《跨世纪难题——中国区域经济发展差距》，北京：社会科学出版社，1999。

11. 胡鞍钢、邹平等：《社会与发展——中国社会发展地区差距研究》，杭州：浙江人民出版社，1999。

12. 张启春：《区域差距的政府调控：趋势预测与阶段性目标选择》，《江海学刊》，2006（2）。

13. 杨敏：《区域差距与区域协调发展》，《中国人民大学学报》，2005（2）。

14. 周立群：《区域差距、发展战略与政策选择》，《改革》，2005（1）。

15. 陈秀山、徐瑛：《我国区域差距的结构性特征与发展趋势》，《教学与研究》，2004（6）。

16. 陈秀山、徐瑛：《中国区域差距影响因素的实证研究》，《中国社会科学》，2004（5）。

17. 滕晓光：《以科学发展观统筹区域协调发展》，《领导科学》，2006（2）。

18. 张建军、刘健：《统筹区域发展的新理念思辨》，《当代经济科学》，2006（2）。

19. 刘学之、张曼：《统筹区域经济协调发展的财政政策研究》，《社会科学家》，2005（5）。

20. 周定庆：《我国区域经济发展中"适度差异"界限探析》，《湖南商学院学报》，1999（2）。

21. 宋德勇：《改革开放以来中国经济发展的地区差距状况》，《数量经济技术经济研究》，1998（3）。

22. G. Myrdal, Economic Theory and Underdeveloped Regions, London: Duckworth, 1957.

23. J. G. Williamson, Regional Inequality and the Process of National Development: A Description of Patterns, 1965.

24. Richard S. Eckaus, The North-South Differential in Italian Economic Development, Journal of Economic History, 1961（9）.

第六章　城市经济

作为一种经济活动的空间组织形式，城市已经有五千多年的历史。它是人类创造文明和聚集财富最主要的地域，是社会进步和文明发展的象征。它带来了不尽的繁荣和梦想，也导致了诸多的问题和困惑。随着经济全球化和城市化的不断推进，世界各国政府日益重视对城市的研究，探求城市发展的规律，寻找驾驭城市经济发展的良策。

第一节　城市的经济功能与地位

一、作为区域的城市的经济特征

城市是在"城"和"市"的基础上产生、发展的。"城"早于"市"出现，它是一个具有防御功能的概念，即因生产发展和防御需要而产生的以土、木、石墙或沟池相围而成的大规模居民点。而"市"是一个具有贸易、交换功能的概念，指商品交换的场所。"城"和"市"的结合就形成了早期的城市。随着社会经济的发展，城市的内容、功能、结构、形态在"城"和"市"的基础上不断演变，专家和学者从不同角度、不同侧面对其进行概括和理解，丰富了城市的内涵，推动了城市认知的进一步发展。

从人口统计角度，城市是有一定人口规模并以非农业人口为主的居民集居地，是聚落（Settlement）的一种特殊形态。从功能上看，城市是人类活动的一种空间结构系统，必然具备多种功能和作用，并以多种形式表现出来。从本质特征而言，城市具有"集中性"。马克思曾说："城市本身表明了人口、生产工具、资本、享乐和需求的集中；而在乡村里所看到的却是完全相反的情况，孤立和分散。"[①] 美国经济学家沃纳·赫希也注重城市的经济本质。他认为城市是具有相当面积，经济活动和住户集中，以致在私人企业和公共部门产生规模经济的连片地理区域。城市为企业提供工作空间、交通运输和通信，为公众提供居住空间、娱乐场所、公用事

---

① 马克思、恩格斯：《德意志意识形态》，《马克思恩格斯选集》，第1卷，第104页，北京：人民出版社，1972。

业、后勤支持、安全保护和其他服务。特别重要的是，由于紧密联系（经济聚集）所带来的优势将人们和经济活动吸引到城市中去。①

区域经济学更关心的是如何从经济角度界定城市的特征，也就是说，城市经济与区域经济的其他部分相比较，具有哪些不同一般的特点，以及这样一些特点如何决定了它在区域空间布局中的运行方式。郝寿义、安虎森（2004）认为，聚集性、产业结构高级化和开放性，使得城市经济在区域经济中起到了核心和推动力的作用。

（一）聚集性

在城市中一个显著的现象是经济活动的高度聚集。人口和就业集中，住宅、商业和工业的分布也呈现高密度、高容积率的特点。特别是在中心商务区，摩天大厦耸立，各种活动和经济交往频繁，构成了和乡村完全不同的一幅画面。人们为什么要聚集在一起？城市又何以产生和发展？对这些问题，聚集经济提供了很好的解释。

所谓聚集经济，又称聚集经济利益、聚集效益，是指因生产、消费的空间集中而带来的经济利益或成本节约。各种经济活动的空间聚集现象，在早期区位论学者的研究中早已涉及。这一概念最早是由韦伯在其《工业区位论》中明确提出的，他首次将聚集因素作为重要的区位因子之一。生产中的聚集经济是指空间距离的接近使企业能以更低的单位成本来生产，它包括两种类型：地方化经济和城市化经济。如果某行业的生产成本随着行业总产量的提高而降低，就出现了地方化经济。城市化经济则是描述生产成本随着城市地区总产量的上升而下降的境界。显然，聚集经济绝不仅局限于生产领域。实际上，消费领域同样会产生规模效益。这是因为商场、超市等商业业态和销售行为的地域集中会产生消费者购买行为的正的外部性。生活中有很多商品是非完全替代品，例如服装、鞋类、珠宝和电子设备，对这些商品而言，销售企业的聚集可以帮助消费者降低选购成本，从而吸引潜在的顾客，扩大销量；销售互补商品（如服装店和鞋店）的企业同样也会发生群聚行为。消费人口的集中一方面为企业的生产扩张创造了市场条件，另一方面，也为产品的多样化提供了可能，并直接带给居民多方面选择的便利。聚居所带来的文化交流与促进还会提高居民的生活质量和人力资本，最终为区域经济提高了效益。

很多学者对聚集经济进行了理论归纳。英国学者 K. 巴顿列举了（城市）聚集经济利益的十种具体表现：①增加本地市场的潜在规模；②大规模的本地市场能减少实际生产费用；③在提供公共服务事业时，可降低"输入"本地区原料及部件的费用。特别是良好的交通运输能够降低企业的运输成本，但是公路、机场等交通设施需要达到一定的规模，这只有在城市中才能实现；④当工业在地理上集中时有

---

① 沃纳·赫希：《城市经济学》，第 10、24 页，北京：中国社会科学出版社，1990。

助于促进辅助性工业的建立，以满足进口需要；⑤同行业企业的集聚能促进熟练劳动力的集中，并产生适应当地经济发展的就业制度；⑥有才能的经营家与企业家在城市中得以聚集；⑦在大城市中，金融与商业机构条件更为优越，能在筹措资金和管理投资方面提供很大的帮助；⑧城市的集中能经常提供范围更广泛的设施，如娱乐、社交、教育等；⑨工商业者更乐于集中在城市，可以更为有效地进行经营管理。面对面的交往，有利于增进彼此间的信任；⑩处于地理上的集中时，加剧的竞争能给予企业很大的刺激去进行改革，促进了革新。① 蔡孝箴（1998）研究了聚集经济产生的原因。首先，空间集中能够产生规模经济利益。空间上的集中不仅能够降低运输成本，还能够降低交易成本。人口的聚集使市场扩大，企业可投入更多的资本以获得规模效益。此外，大型基础设施也与规模有关。其次，空间集中所产生的大数法则利益。经济活动涉及众多的参与者，如果经济活动分散在较大的空间的话，交易的偶然性就较强，交易的风险也就增大。而在城市中，每一项经济活动都会有足够多的个体与之相适应，从而降低了风险。再次，空间集中的互补性利益。任何一项经济活动都不是孤立存在的，而是需要相关的经济活动的支持或配合。例如，企业的生产必须要有需求，而且它还需要下游企业提供的资本品，以及电信、电力等部门提供的公共服务，等等。这样，空间上的聚集就能够产生很强的互补性利益。最后，空间集中能产生信息传递利益。空间的集中使交往的次数大大增加，大大便利了信息交换和技术扩散。

可见，聚集经济的产生源于规模经济及要素互动带来的成本递减效应和效率激发效应。当聚集能产生效益时，就必然会出现各种要素的空间集中，造成聚集。城市正是人们为了获取聚集经济的创造物。城市因聚集经济而生，也因聚集经济而扩张和演化。

有必要指出，在城市聚集发展过程中，始终伴随着一种自我否定的力——聚集不经济。具体而言，空间聚集在为企业、居民和城市本身带来聚集经济利益的同时，由于土地空间的限制，人口密度、建筑密度均会增大，也会产生各种各样的额外费用，即聚集成本或拥挤成本，导致了聚集不经济。表现为：地价虚高，建筑成本指数级提升，交通堵塞，环境污染等。可以说，聚集经济形成了向城市空间聚集的吸引力，而聚集不经济则产生向城市外空间扩散的推动力，两者是聚集效应的不可分割的两个方面。两种效应是相伴而生的，只不过在不同的发展阶段，聚集与扩散的主次位置有所不同。在聚集经济时，以聚集为主，激励城市发展壮大；而当能量聚集到一定程度，聚集不经济开始凸显，土地价格上涨，生活费用攀升，扩散将占主要地位，城市增长的惯性会受到抑制，原有发展路径会发生改变，以规避过分集中带来的种种问题。但要强调，这并不意味着城市的萎缩，而是指会在新的方向

---

① K. J. 巴顿：《城市经济学：理论和政策》，第 20～23 页，北京：商务印书馆，1984。

和地域逐渐形成新的集中，从而城市的空间规模依然不断扩张。可见，正是由于聚集经济这种持续的利益驱动，使城市作为一种聚落形态具有不断聚集、膨胀的内在本质。聚集性成为城市最本质的特征。

（二）产业结构高级化

除了人口和经济活动在空间上的高度聚集外，城市另一个显著的特征是其产业结构的高级化。与整个国民经济的产业结构相比，城市产业结构往往处于较高的阶段，领先于整个国民经济的产业结构水平。由于产业发展的不平衡性以及城市在国民经济中的特殊地位，城市产业通常都是优先发展的，然后向广大农村扩散，这是产业转移的一般规律。

首先，这与城市经济的发展水平较高有关。一般来说，产业结构的升级与技术水平的进步有关。而随着技术水平的升级，所需要投入的固定资本的数量也在增加，这要求有很大的市场需求才能补偿巨额的投资。只有在经济活动聚集的城市中，才能提供这样的大规模市场潜力。

其次，城市产业结构水平较高与城市经济的聚集性有关。在城市中，经济活动聚集在特定的空间中，这一方面便利了人们之间的交往，另一方面也加强了企业之间竞争的激烈程度。西方经济学理论告诉我们，完全竞争的市场将会消除企业的经济利润，即使企业的数目不是很多，伯特兰竞争的结果也可能稀释企业的利润。企业之间竞争的结果将使得资本的利润率下降，通过价格竞争无法满足资本对利润率的要求，因而资本将寻求其他获利途径，如采用新技术。正是城市经济中激烈的竞争使得城市成为各种创新活动的源泉，这其中也包括技术创新。

再次，城市产业结构水平较高还与分工和专业化的不断深化有关。分工和专业化使得生产的链条越来越迂回，并出现了许多中间产品和部门。以生产性企业为例，其经营活动一般至少包括产品的生产、产品的销售和企业的管理活动等。随着技术进步，产品的生产逐渐标准化，实现大规模批量生产，而竞争将使得这种生产活动的利润越来越低。这就有可能使生产活动与企业的其他活动脱离，形成专门从事生产的企业，专门从事销售的企业，以及专门从事各种管理活动的企业，包括咨询公司、猎头公司和投资公司，等等。标准化的生产活动一方面对城市的依赖性较小，另一方面可能无法承受城市的高成本，从而离开城市去寻找新的工业区位。而作为高端的咨询，猎头、投资和销售等活动则对城市具有很强的依赖性，如对高级人才的需求、教育的需求、信息的沟通等。这样，城市中的第三产业的比重将越来越高，而第二产业的比重将会下降。服务业成为产业结构的主导。这是城市产业结构发展的必然趋势。改革开放以后，中国城市产业结构也出现了这一趋势，第三产业迅速发展，在一些经济发达城市已经成为城市经济的最重要的产业部门。如在2003年，北京市第一、二、三产业 GDP 之比为 2.25 : 35.56 : 62.19，就业人数之比为 0.59 : 34.65 : 64.76，上海市第一、二、三产业 GDP 之比为 1.27 : 50.19 : 48.54，就业人数之比为 0.41:42.81:56.78。

　　（三）开放性

　　城市经济还具有开放性的特征，即城市经济是一个开放的系统，而不是一个封闭的系统。城市从来就不是一个自我循环的体系，城市必须依赖于农业的剩余支撑自身的生存，农产品是城市生产的重要的原材料，此外，乡村地区还是城市产品的重要的市场。城市经济的开放性还体现在城市经济与外部经济的联系上，城市经济不但对乡村而言是一个开放的系统，对于其他城市和区域来说也是一个开放的系统。它不仅与乡村经济存在空间分工，而且还与其他城市经济之间存在空间分工。此外，城市经济是区域经济的中心，经济活动和经济资源聚集在城市，使得城市在区域经济中要承担起重要的责任。区域经济正是通过城市经济，从而与外部经济紧密地连为一体。城市的开放性集中体现在扩散效应上。城市在聚集中成长的同时，不断地把从区域内集聚的经济要素组合加工，生产出大量的创新元素和成果（商品、技术、社会体制、生活方式、思想观念等），并将其源源不断向外辐射，引导周边地区域的经济结构、社会文化形态、权力组织和聚落类型的转换，进而促进区域发展，这就是扩散效应。如果没有扩散，集聚是无法持续的。而且，从城市发展的过程分析，集聚是手段，扩散是目的，集聚是为了扩散，而扩散则进一步增强了集聚能力。城市的扩散功能主要在于以下几个方面：第一，扩张城市的市场性占有、配置和利用资源要素权利的作用范围；第二，构筑更大空间的经济协作体系；第三，扩散城市的优势能力，如技术、资金、管理、观念、加工体系等，提高和带动周边地区的经济发展水平和能力，从而更确立城市对周边地区的主导性作用以及城市对周边地区的吸引和扩散作用，把城市经济与区域经济和外部经济紧密地联系在一起。

二、城市的经济地位

　　城市是现代产业和人口聚集的地区，是人类文明和社会进步的标志。它无论规模大小，总在区域经济社会发展中起主导作用。合理的城市规模，完善的城市设施，良好的城市环境对满足居民日益增长的物质文化生活需要，对促进城乡经济协调发展和社会文明程度的提高具有十分重要的意义。可以说，没有城市的发展，没有城市的现代化，就不会有国家的发展和现代化。城市区域的蓬勃发展必然会创造出强有力和高效率的发展动力，推动国家的现代化进程。一个国家掌握了城市这些中心地区，就等于掌握了国家政权的神经中枢、心脏、枢纽。城市是正在形成的新世界的中心，而且也是带动新世界发展的引擎。

　　首先，城市是区域经济的核心组成部分。城市是人口、生产和经济活动的聚集地，城市人口占区域人口的很大比例，具体的比例体现了区域的城市化水平。此外，城市集中了区域中的大部分经济资源，而且具有更高的生产率，因而城市经济的总量在区域经济中占有很高的比重。在产品和服务的结构上，城市比起区域的其他部分亦占有优势，这是由于城市产业结构的高级化。可以说，城市经济的发展水平代表了区域经济的发展水平，区域经济之间的竞争更多地表现为城市经济之间的竞争。

其次，城市经济是区域经济增长的主要推动力量。区域通常由一个以上的中心城市、一定数量的中小城镇以及广大的乡村地区组成。在区域经济中，城市尤其是这些中心城市起着重要的推动作用。这些中心城市通过以下三个途径推动区域经济的增长：产业结构的相互关联，从而使区域经济形成一个有机的整体；技术的扩散，中心城市通过技术扩散推动了整个区域经济结构的升级；资本流动，在中小城市或乡村地区，资本往往是最为稀缺的资源，中心城市的投资能够使中小城市和乡村地区的剩余劳动力以及资源得到有效的利用。

再次，城市经济还可以通过城市化的途径对区域经济产生影响。所谓城市化，就是乡村人口转变为城市人口的过程。更多的乡村人口转变为城市人口，对于区域经济的增长具有重要影响。一方面，城市的就业量是城市经济的一个重要衡量指标，城市人口的增加意味着城市经济的增长。另一方面，城市的生产率要高于乡村地区，城市人口比重的提高意味着区域经济整体生产率的提高，从而区域经济也随之增长。城市化还意味着区域内生活水平的提高，因为更多的人口在城市工作和生活，可以享受城市所提供的众多便利和舒适，城市有众多的基础设施和文化设施，这些设施往往具有规模效益，在乡村生活中它们是不存在的。

第二节　城市经济增长

一、城市经济增长理论

城市经济增长包括多方面的内容，比如城市价值的增长，即城市经济部门所创造城市生产总值和人均生产总值不断增加；城市物质财富的增长，即城市所生产的最终产品和劳务以及城市所积累的有形资产与无形资产的不断增多；还有城市人口的增长，即城市人口数量的增加和人口质量的提高。城市经济增长的本质，就是发展城市生产力。城市经济增长作为一个动态过程，从结果的物质形态看，诚然是一个有效运用各种资源和技术，使城市的社会财富不断积累和扩大，城市资产质量不断改善，各种服务日益增多和完善，从而促进城市居民生活水平不断提高的持续的动态过程。就本质而言，这个过程也是城市生产力不断发展的过程。

（一）经济基础模型

基本—非基本理论将城市经济活动分为基本和非基本两大类。基本活动是为城市以外地区服务的活动，而非基本活动则是为城市内部居民服务的活动。城市增长的内部动力主要来自基本活动的建立和发展，即城市对外服务的不断扩展。城市增长的过程就是基本活动和非基本活动循环往复、不断聚集的过程。城市基本活动每一次的投资、收入和职工的增加，都会产生数倍于这笔投资额的总量增长，即城市经济活动之间存在着一定的连锁性、放大性反应，遵循乘数原理。后来的研究学者进一步丰富了城市基本—非基本活动的研究，认为一个城市的活力和增长潜力主要体现于其对外服务的基本活动的强度，只有开放性的具有外向型特点的城市才真正具有持续发展能力。

经济基础模型（The Economic Base Model）是最早被用于分析城市经济增长的经济学工具。在很多学者眼里，这个模型更像是一个宏观意义上的研究方法。它把一个城市或者地区的经济划分为两类大部门：基础（本）部门和非基础（本）部门。城市内的基础部门往往承担该区域或所属国家某种产品的大部分生产，所以这些部门的产出品是外部市场导向的。从这个意义上说，可以把基础部门理解为以出口为基础的产业集合（Export-base Industries）。另一方面，还有很多产业的产品主要是为当地居民提供服务，比如零售业、餐饮业等，这些服务部门构成了非基础部门。

设想存在一个简单的城市经济，其中能够非常容易区分基础部门和非基础部门。大多数对经济基础模型的研究是用产业中的就业数量作为产出的替代变量，这里继续沿用这个做法。因此，我们可以把整个经济中的就业结构表示为：

$$T = B + O \qquad (6.1)$$

其中，T 是城市总的就业人数，B 是基础部门的就业人数，而 O 表示了非基础部门的就业人数。在此基础上，我们假设基础产业主要受到本地区以外的外生因素的影响，而非基础产业的业绩将完全由本地经济所决定。这样有理由得到：$O = nT$，这里 n 是一个介于 0 和 1 之间的正数，它的经济学含义是非基础产业就业人数对整个城市经济就业人数的关联性。把此式代入式（6.1），然后整理得出：

$$\frac{T}{B} = \frac{1}{1-n} \qquad (6.2)$$

定义 T/B 值为经济基础乘数，它代表基础部门就业人口的变动对整个城市经济就业人口变动的影响。而且这个影响，可以进一步表示为：

$$\Delta T = \frac{1}{1-n}\Delta B \qquad (6.3)$$

只要基础部门的就业人口出现 ΔB 的变化，整个城市经济的就业人口就会发生 ΔT 的变化。而且，乘数越大，这个连带的变动关系就越明显。实际上，影响总就业人口变动的因素主要来自两个方面：①基础部门就业人口的变动 ΔB 本身意味着当地总就业人数的变动；②由于城市基础部门的生产需要借助非基础部门的投入，所以基础部门就业人数的变动会间接影响非基础部门对劳动力的需求，从而造成城市总就业劳动力发生变化。从这个意义上来说，系数 n 可以被理解为一种"出口联系"参数。在一些产业关联度很高的城市，其主导产业的产出变化将会带来本地区其他部门（特别是要素投入部门）的快速增长，这些地方的 n 值一般会比较大。相反，对于那些以农业生产为主要部门的城镇，类似的基础产业和非基础产业的联系就没有那么紧密，因为农业产出机械化的过程本身意味着本部门（和其他部门）对劳动需求量的降低，可以预期这些地区农业产出的扩张所带来的其他产业的增长程度会比较小。

(二) 凯恩斯乘数增长模型

乘数概念最早由英国经济学家卡恩（R. E. Kahn）在 1931 年提出。凯恩斯（J. M. Keynes）在《货币、利息与就业通论》中进一步发挥而成乘数原理。把凯恩斯乘数运用于城市经济增长的分析，首先要根据城市经济的特点对各种经济增长的变量作一些有针对性的规定：用 Y_u 表示城市的总收入，C_u 表示城市的消费量，I_u 表示该城市的总投资水平，G_u 表示城市政府的支出，X_u 表示城市向其他地区出口的商品，M_u 表示城市从其他地区进口的商品总量。城市的总需求方程及其总需求各组成部分的决定形式如下：

总需求方程：
$$Y_u = C_u + I_u + G_u + X_u - M_u \tag{6.4}$$

消费：
$$C_u = a + bY_u \ (1 - t) \tag{6.5}$$

输入：
$$M_u = c + dY_u \ (1 - t) \tag{6.6}$$

投资：
$$I_u = I_0 + eY_u \ (1 - t) \tag{6.7}$$

税收：
$$T_u = tY_u \tag{6.8}$$

政府支出：
$$G_u = G_0 - fY_u \ (1 - t) \tag{6.9}$$

上述方程中的参数都是根据城市经济的特点定义的，其中：

(1) a 是城市的基本消费水平，外生决定，而 b 表示边际消费倾向；

(2) c 代表城市必须从外地输入的商品量，而 d 则是边际进口倾向。这里的城市输入除了供应本地区作消费品外，主要是用于中间产品消耗满足本地输出产品的生产需要。因而，城市与外部关系的着眼点是输出水平的提高，为此，假定 X_u 是外生给定的，这是城市经济不同于全国经济的区别之一；

(3) e 是城市总投资相对于当地经济总收入规模的边际倾向，即城市总收入的边际投资倾向。城市层面的凯恩斯经济增长模型与国家范围内的经济增长模型的另一个重要区别是有关总投资的设定。在国家范围内的凯恩斯增长模型中，总投资一般被看成是一个外生给定的量，其影响因素主要是利率和通货膨胀。但是，城市或区域经济增长的凯恩斯模型经常把投资的边际倾向看成是本地区总收入的函数，因为城市内的投资者和银行往往要根据本地的经济水平来发放贷款。而且，企业和居民在城市内的集聚会提高当地劳动力市场的效率，从而借助集聚的外部性来增加当地的收入水平。从这个意义上来说，在把城市的投资水平看成是外生给定（受到全国经济的影响）的同时，应该认为它在一定程度上依赖于本地的收入情况；

（4）政府支出方程中的 G_0 是城市政府根据实际需要计划支出的水平，f 是城市政府依存于本市收入规模而需要变动或调整的边际倾向。国家范围的模型往往把政府支出 G 看做与总收入无关的外生变量，但是在城市中，政府在做出有关财政支出的决定时却必须要考虑到当地居民的收入水平。政府的财政支出计划具有逆向于当地收入水平的特点，为了弥补市民的需求缺口，当市民收入水平比较高时，政府的支出（公共投资与补贴）就少（从 G_0 中减掉较大的一部分调整量使 G_u 变得更少），而收入水平比较低时，政府的支出就高一些（从 G_0 中减掉较小的一部分调整量使 G_u 不太低），于是在一定程度上与当地居民的收入呈反方向变动关系，故 f 的符号为负。这是城市范围的增长模型与国家范围的增长模型之间的第三个差别。

如果假设政府的支出水平为 G_u，而且按照固定的税率 t 在当地征税，这样居民的税后可支配收入将会变成 $Y_u(1-t)$，于是：

$$Y_n = a + bY_u(1-t) + I_0 + eY_u(1-t) + G_0 - fY_u(1-t) + X_u - [c + dY_u(1-t)] \qquad (6.10)$$

整理后的凯恩斯城市乘数增长模型将变成：

$$Y_u = \frac{a - c + I_0 + G_0 + X_u}{1 - [(b-d) + (e-f)](1-t)} \qquad (6.11)$$

城市经济增长乘数就是 $1/\{1 - [(b-d) + (e-f)](1-t)\}$。它表明，当地方投资、政府支出或输出增加一个单位的时候，城市地区的总需求就会按照这个乘数的数量来增长。在城市地方税率 t 不发生变化的情况下，这个乘数的取值就完全依赖于 $(b-d)$ 和 $(e-f)$ 的大小。$(b-d)$ 的内涵是城市居民消费本地商品的边际倾向与消费外地商品的边际倾向的差异，这种差异越明显，乘数值就会越大，因为相对较高的本地商品边际消费倾向意味着，更多的城市居民收入将进入本地区厂商生产的本地消费品的经济循环，这样乘数效应就会更加明显；而 $(e-f)$ 的内涵是本地投资的边际倾向，反映了和本地收入水平相联系的本地投资规模。e 描述了市民的私人投资行为，f 描述了城市政府根据市民收入进行公共投资和补贴的调整行为，如果假定 $e > f$，表明由于收入的增长，市民私人投资超过了城市政府依据收入的调整量，这时本地的收入增长速度和私人与公共部门的投资差距，已经由

Black 证明呈现正相关关系。① 也就是说，私人能够替代城市政府投资的调整量差距越大，城市地区总收入的增长速度就越快。这种包含了城市居民、厂商之间的商品流动（$b-d$）传导机制和地方投资（$e-f$）传导机制的乘数，就是"城市经济增长的复合乘数"。根据这一乘数，可以进行城市经济增长的需求因素分析。

（三）新古典城市经济增长模型

作为主流的城市经济增长研究方法，经济基础模型和凯恩斯乘数模型都侧重于把需求变动看成是城市经济发展的主要动因。另一类研究城市经济增长的模型是从供给角度来分析这个问题的，即根据城市资源和要素生产能力，分析城市经济增长变化的现象和过程的内在机理。城市经济学家盖里、秋山和藤原②（Ghali, Akiyama and Fujiwara, 1978）利用索罗③（Solow, 1957）的新古典经济增长模型建立了一个简单的柯布—道格拉斯式的城市部门生产函数：

$$Y_{ut} = A e^{rt} K_{ut}^{\alpha} L_{ut}^{1-\alpha} \tag{6.12}$$

其中，Y 表示产出，u 和 t 分别代表某个城市和某个时期，A 是技术水平，e 是自然对数，r 是一个反映技术进步速度的数值（如 0.03），K 和 L 是投入的资本和劳动，最后，α 和 $1-\alpha$ 分别代表了产出对资本及劳动力的弹性。对上式全微分，可以得到：

$$\frac{\Delta Y_{ut}}{Y_{ut}} = \frac{\Delta A_t}{A_t} + \alpha \frac{\Delta K_{ut}}{K_{ut}} + (1-\alpha) \frac{\Delta L_{ut}}{L_{ut}} \tag{6.13}$$

式中的 α 和 $1-\alpha$ 之和等于 1，表示假定城市生产的规模收益不变。运用这一公式，可以对城市经济增长作出政策分析：

（1）测算各生产要素对城市经济增长的贡献。各生产要素对城市经济增长的贡献分为绝对贡献和相对贡献两种。绝对贡献由 $\Delta A/A$、$\Delta K/K$、$\Delta L/L$ 的数值给出，相对贡献由（$\Delta A/A$）/（$\Delta Y/Y$）、（$\Delta K/K$）/（$\Delta Y/Y$）和（$\Delta L/L$）/（$\Delta Y/Y$）的数值给出。

（2）测算技术进步的成效。在新古典经济增长模型中，$\Delta K/K$、$\Delta L/L$、$\Delta Y/Y$ 的数值可以通过统计数字的收集计算得出，但 $\Delta A/A$ 无法由统计数字得出，因而采用剩余法计算。即：

$$\frac{\Delta A_t}{A_t} = \frac{\Delta Y_{ut}}{Y_{ut}} - \alpha \frac{\Delta K_{ut}}{K_{ut}} - (1-\alpha) \frac{\Delta L_{ut}}{L_{ut}} \tag{6.14}$$

---

① P. A. Black. Injection Leakages, Trade Repercussions and the Regional Income Multiplier, Scottish Journal of Political Economy, 28. 3: 227-235, 1981

② Ghali, Mohab M. Akiyama and J. Fujiwara. Factor Mobility and Regional Growth, Review of Economics Statistics, Vol. 60: 78-84, 1978.

③ Solow, Robert. Technical Change and Aggregate Production, Review of Economics Statistics, Vol. 39: 312-320, 1957.

　　要素投入比率不同，是城市经济增长水平差异的一个重要原因。为了分析城市之间要素流动对城市经济增长的影响，盖里等人①假定每个城市的产出弹性和技术进步的速度是完全相同的，但是城市间的资本和劳动力的边际产出存在着差异，并且这些边际产出是由城市的资本和劳动力的比率所决定的。并且采用美国城市的数据，估计了上述模型。他们从城市要素市场的完全竞争性假定出发，说明了在均衡状态，城市工资水平将会等于劳动的边际产出，而资本的租金即利率水平将等于资本的边际产出的模型，即：

$$W_{ut} = P_t \left(\frac{\partial Y}{\partial L} \right)_{ut} \tag{6.15}$$

$$R_{ut} = P_t \left(\frac{\partial Y}{\partial K} \right)_{ut} \tag{6.16}$$

　　这里，P_t 是产出品的价格，而且它也被假定为在每个城市都是取相同的值。很明显，资本和劳动的比率将会决定城市间的要素价格差异。因此，有理由假设资本和劳动力会根据要素价格的差异在不同的城市之间进行流动。这就意味着每个城市劳动力的增长应该包括本地劳动力的自然增长量和由于要素价格差异（比如本地的劳动力报酬高于全国的平均水平）而从外部地区吸引过来的劳动力数量。对于资本积累也存在着类似的情况。

　　城市间的要素流动，是以劳动力和资本对于要素价格差异的调整不是"瞬间"完成的假定为前提的，即要素市场的调整机制具有一定的时间滞后性。从长期看，生产要素的流动肯定能够消除城市间要素价格的差异。那些劳动资本比例比较高的城市一般来说工资水平比较低而资本的租金比较高。所以，这些地区会出现劳动力外流与资本流入并存的现象。按照同样的逻辑，一些城市会有相反的情况：因为它们的劳动资本比例比较低，所以相应的工资水平就比较高但是租用资本的费用却比较低廉。如果进一步假定资本对要素市场价格变动的敏感性更高，那么低工资的城市将会因为具有较慢的劳动力流出速度和较快的资本流入速度而获得更多的生产投入品，它们的经济增长速度也会高于那些高工资水平的城市。最终，所有地区的工资水平会趋向一个稳定的均值。有关城市间工资和人均收入趋同的假说一直是城市经济学实证研究中的经典命题之一。这方面的大量研究支持了存在城市和区域间的人均收入长期收敛的情况，不过也有一些证据表明实际经济中的情况更为复杂，例如有些地区工资率一直高于其他地区，而且它们的增长速度也更快。这种现象不能由假定要素是替代关系的新古典经济增长模型解释，而必须开辟新的途径。

　　（四）城市经济内生增长理论

　　城市经济内生增长是指由城市人力资本及其相关要素，特别是知识的内生作用

---

　　① Ghali, Mohab, M. Akiyama, and J. Fujiwara. Factor Mobility and Regional Growth, Review of Economics Statistics, Vol. 60: 78-84, 1978.

引起的经济增长现象。它的理论基础就是经济学家罗默等人提出的"新增长理论"。该理论的主要论点是：第一，保证经济持续增长并解决资本积累过程中收益递减问题的关键是设计思想创新、产品创新；第二，知识的内生作用在于开发新技术，并且促进知识积累，知识更新；第三，人力资本水平（尤其是人的知识水平）将决定经济增长率。由此可以推论，城市尤其是大城市和特大城市聚集着大量的优秀人才，他们作为城市主体在宽松有序的环境中会将知识转化为技术、商品或工具，从而通过创新的溢出效应推动经济增长，这就是以知识、技术的内生化来实现经济增长的过程。当然，这个内生化过程中离不开市场需求的导向作用，城市基础设施的保障作用，城市政府管理的调控作用和城市的对外开放程度及要素聚集能力等。

根据城市经济内生增长理论，人力资本、技术进步和基础设施是最主要的内生要素。因此，只有长期不间断地加大对教育的投入和全面开放人才流动的通道，才会引致人力资本对经济增长的推动作用；只有大幅度增加对 R&D 的投入和提高微观经济基础的技术进步水平，才能给城市经济增长提供有效的内生动力；只有进一步完善城市基础设施，尽快使其现代化，才可以降低城市生产成本，提高城市生产率，增强要素聚集能力和要素流通能力，进而保障经济增长。在知识经济时代，城市经济的内生增长显得越来越重要。

二、城市经济增长政策

城市经济增长政策是使城市经济围绕城市经济增长目标①而实现城市经济增长的管理手段，它对城市经济的增长效果有重要的影响。推动城市经济增长的政策方法很多，这里从产业政策、要素投入和收益政策、公共环境政策三个方面讨论推动城市经济增长的策略。

（一）城市输出部门和地方化部门的产业政策

从前面介绍的经济基础模型和凯恩斯乘数增长模型中，我们知道城市输出部门是城市经济增长的重要源泉。因此，城市发展政策的决策者应该努力寻找到那些具有发展潜力的城市输出产品的生产部门，并为这些部门的发展制定产业政策。

1. 确定城市基础部门

城市基础部门的经济特征一般表现在：①输出产品的产值占本市总产出的很大比重；②较多地采用本地投入品，增长乘数高；③较高的边际输入倾向转化为输出产品；④在全国具有较高的收入弹性。城市增长政策制定者要搜集足够的资料研究

---

① 主流城市经济学家在讨论制定城市增长政策时一般追求两个目标：资源配置的帕累托最优与社会福利的公平化。还有一些学者认为，城市居民在经济生活中享有充分的自由同样是非常重要的。

哪些产业具有这样的特征。技术上可以通过普查法、残差法、区位商法、正常城市法、最小需要量法加以确定。①

2. 制定扶持城市基础部门的产业政策

确定了城市基础部门，然后要研究采用哪些政策措施扶持其迅速发展，以带动城市经济的高速增长。从城市政府的角度看，要在国家总体产业政策的指导下，确定本市的产业政策重点，通过地方财政税收政策、信贷政策、资源政策及收益政策等扶持城市基础部门的发展。

3. 发展城市地方化部门的政策

地方化部门是城市经济增长的重要依托性力量，它的作用主要在于：①为城市基础部门提供中间产品；②为城市的各种生产活动提供配套产品和生产性服务；③为城市居民提供各种生活性、发展性和享受性的服务，使本地的一般需求尽可能实现地方化，是现代经济发展的特点之一，因此，城市政府要努力扶持本地化生产，在税收、信贷、资源和收益等政策上采取有针对性的政策措施，发展本地产业。

4. 培育产业集群

产业集群现象在城市地区往往是由城市基础部门的发展吸引它的上游和下游的生产环节，以及由集聚经济原因形成的本行业规模的扩大而导致的经济现象。它是现代区域性发展的主要原因。城市经济要发展，没有一个产业集中的过程是不可能的。因此，城市政府应当根据本地条件，积极培育产业集群。其主要做法是：①积极促成本地主导产业的中间产品的本地化，实现其与上游产品的产业链接。主导产业不是支柱产业，它是指有较高的收入弹性、生产率上升率和产业关联度的发展性产业。发展主导产业和其中间产品投入，是形成产业集聚的基本途径。②以优惠措施吸引城市域外与本城市基础部门类同的产业进入本市，以壮大本地基础产业规模，形成产业集群。③支持本地的各种技术进步和新产品的开发，以核心性产品的开发牵出系列产品群，实现创新性产业集群。

（二）城市经济增长的要素投入和收益政策

城市经济增长依存于要素的投入和投入的积极性。要素在城市经济中的主要内容包括劳动、资本、技术进步、企业家精神等；而投入的积极性与要素的报酬政策密切相关。

1. 城市劳动力投入及其报酬政策

在劳动生产率一定的情况下，劳动力持续稳定的增长是城市经济增长的重要动力，而城市劳动力供给的基本来源之一是外部劳动力的流入。现在很多研究表明，更大的劳动力转移将会促使城市对劳动力需求的进一步提高，从而促使更多的劳动力流入该地区。所以，城市政府应制定促使劳动力合理流动和充分利用的政策。例

---

①　周一星：《城市地理学》，第 173～186 页，北京：商务印书馆，1995。

如，防止劳动力歧视政策、同工同酬保证政策、最低工资政策等，使城市经常性地保持着吸收就业的经济增长的活力。同时，政府提供劳动力的公共培训，以便最大限度地提高劳动者的人力资本，使城市经济增长能够得到素质不断提高的劳动者。

2. 城市资本投入及其报酬政策

持续的资本投入是支撑城市经济长期增长的重要条件。根据中国的情况，城市政府一般应考虑如下一些资本利用和开发的政策：

（1）积极采取提高私人投资规模水平的政策措施。目前很多发展中国家都存在着私人资本总体投入不足的情况，并且在地方范围内的私人资本投资往往没有实现充分利用。为此，城市政府应当通过制定各项政策来引导私人资本流向那些资本利用率更高的部门。例如，政府的税收减免、投资补助及对中小企业的扶助计划都会对地方经济增长产生显著影响。这里，地方官员需要全面理解私人投资的重要性，特别是要注意研究私人投资对当地经济长期发展的影响。

（2）充分实现中央政府和地方政府对公共产品投资的政策。对公共产品进行投资，是政府部门责无旁贷的决策权力和社会义务。例如政府往往大量投资于城市大型机场、高速公路和运输管道等，为了实现对现有投资存量的维护，城市政府也必须投入相当规模的资金。所以，城市政府的一个重要工作是在众多的大规模投资项目中，寻找到那些社会公益性强烈和回报率高的项目。

（3）完善城市资金市场，广泛利用社会闲散资金从事城市建设。这里最主要的是疏通城市融资渠道，保证社会资金的市场流通，能够使投资人安全地获得市场收益，以便能够吸引更多的资金，并提高资金的使用效率。

3. 城市经济增长的技术进步政策

技术进步具有多样化的形式：新的改进型产品的出现，更好的生产工艺及新技术扩散到更多的生产部门等。它是促进城市经济增长的根本性机制。为此，城市政府应积极实施促进城市技术进步的经济政策。

（1）知识创新政策。很多发达国家在快速城市化过程中，城市政府往往制定大量政策来鼓励技术进步。它们对高校和研究机构的很多基础性和应用性研究提供各类资金支持，这是获得城市经济增长的重要源泉。

（2）中小企业技术进步政策。城市中小企业技术开发能力薄弱，需要城市政府的扶持。但是，由于这些企业往往在城市经济增长中具有重要的作用，为此，城市政府应尽可能鼓励和帮助它们采用先进的新技术开展生产，给予他们一些政策扶持，如优惠技术贷款、提供公共实验室、一般技术的公共供给等。

（3）技术开发和生产关联政策。技术的开发过程往往和本地区的重要产业发展有紧密的联系，一些美国的实证研究结果表明，高校研发中心的发展和美国6个部门的地方化增长呈现显著的正相关关系。因此，城市地方政府应订立一些重要的技术开发和生产关联政策支持本地区的技术开发和经济增长。

4. 城市发展创新和企业家精神政策

城市内部有活力的新兴产业发展需要富有创新精神的企业家和他们开展风险投资的行为。因此，可以把企业家精神看做是一种发现市场中的机会并借助开办企业的方式来抓住这个机会的能力。为此，城市政府应制定鼓励创业的政策，采用一些降低和分散投资风险的政策措施，利用各种措施来营造一种催生有能力企业家的商业孵化气氛。

（三）城市经济增长的公共环境政策

城市经济增长的公共环境是指城市的自然环境、文化和公共品（或者统称为"社会适宜度"）供给的状态，它是决定一个城市经济增长的重要因素。随着技术的进步，生产摆脱了以往的资源、地理、气候、运输等约束条件，很多工业企业的选址都逐步摆脱了传统意义上的资源、中间投入品或市场导向的特点，转而关注企业发展的社会环境。拥有一个比较理想的"社会适宜度"的城市可以让该地区的企业更容易雇用到有能力的劳动力。

1. 城市投资环境的建设

城市投资环境包括多种内容，主要指投资的硬环境和软环境。硬环境是城市的资源、自然环境及基础设施和服务的功能状态。每一个城市都有其区位特点，城市政府应充分发挥本地硬环境的潜力，结合本地环境状况进行基础设施建设和提供优质的基础设施服务。软环境主要指城市的市场发育水平和政府公共服务的水平。城市市场发育水平将直接影响从事商务活动的效率，特别是要素市场的水平，直接影响投资者的决策，为此，城市政府应不断地完善市场建设，保证要素市场的功能；城市政府公共服务的水平也是影响投资者决策的重要因素，为此，提高政府自身建设将对城市经济增长有重要的促进作用。

2. 商业孵化环境的建设

商业孵化环境指适宜于创新发展的社会环境。目前世界各地很多城市政府都在利用各种措施来营造一种催生有能力企业家的商业孵化气氛。商业孵化氛围有多种形式。在多数情况下，一些高校通过直接兴办技术和商业开发区来促使新技术或商务活动的发展。这种方法的目的是想借助学校的研究人员的力量更快地把技术和科学发现转化为市场化的产品。现在，有关技术和商业开发区的案例研究非常之多，但对于一个成功的商业孵化基地背后究竟是由哪些因素决定的问题，还是当前城市经济研究中需要深入探讨的问题。城市政府可以在这方面的建设中不断地总结经验。

3. 城市经济增长的公共服务政策

城市经济增长需要大量的公共服务，如供水、供电、通信等公共企业服务和办理各种手续的政府服务。这些服务过去在中国一直是由政府直接提供。随着市场机制的完善，这些功能可以逐步地过渡到民间的公共企业，形成各种中介咨询经营的方式，政府则主要以法律为依据对这些活动实行监督管理。为此，要实施一些旨在提高效率的、促进城市经济增长的民间的公共供给政策。

第三节　城　市　群

当前，区域经济发展的一个新特点是城市的集群化组团式发展方兴未艾，它们极大地改变了城市面貌和城市空间结构形态。

一、城市群的相关理论

（一）城市群概念

城市的集群化组团式发展趋势很早就为学者们所关注，但就此而提出的概念却是异常的纷繁芜杂。比如有：城市群（Urban Agglomerations；Urban Cluster）、大都市带（Megalopolis）、大都市区（Metropolitan Area）、有卫星城的大都市（Conurbation）、城镇功能组合区（Desakota Area）、城镇群（Town Cluster）、大都市管区（Metropolitan District）、城市功能区（Urban Function Area）、城市场（Urban Field）、城镇体系（Urban System）、城市地区（City Region）、都市连绵区（Metropolis Interlocking Region）等。相对而言，国内城市群的提法较为普遍，其他的概念大体上可归结为对城市群发展状态的描述，当然其间也有一定的区别。其实不同的概念产生的背景不同，不仅体现了城市群发展的不同阶段，而且还代表不同的城市群发展模式。

对城市群概念的合理界定同时意味着对城市的集群化组团式发展现象特征的准确描述。姚士谋等认为，城市群是在特定的地域范围内具有相当数量的、不同性质、不同类型和等级规模的城市，依托一定的自然环境条件，以一个或两个特大或大城市作为地区经济的核心，借助于综合运输网的通达性，发生与发展着纯属个体之间的内在联系，共同构成一个相对完整的城市集合体。① 顾朝林认为，城市群是由若干个中心城市在各自的基础设施和具有个性的经济结构方面，发挥特有的经济社会功能，而形成一个社会、经济、技术一体化的具有亲和力的有机网络。② 吴传清、李季认为城市群是指在城市化进程中，在特定地域范围内，若干不同性质、类型和等级规模的城市基于区域经济发展和市场纽带联系而形成的城市网络群体。③ 倪鹏飞等则把城市群看做由在一定距离内可以频繁往返、进行商务活动的若干不同等级、不同规模的城市所组成的、高密度的、关联紧密的城市群体，并强调这种城

---

① 姚士谋：《中国城市群》，第 7～10 页，合肥：中国科学技术大学出版社，1992。
② 顾朝林：《中国城镇体系研究》，第 201～226 页，北京：商务印书馆，1995。
③ 吴传清、李季：《关于中国城市群发展问题的探讨》，《经济前沿》，2003 年增刊。

市群体所占的国土面积虽小，但其人力资源的聚集度和产业聚集度却相当高。群内城市间的经济、社会、文化联系密切。规模等级最高的中心城市对群内其他城市有较强的经济、文化辐射和聚集作用。①

尽管学者的阐述不尽相同。但在三个方面是一致的：第一，城市群是社会经济以及城市化发展到一定历史阶段的产物，而且随着生产力的发展，它还将继续发展。第二，城市群应该是在一定的连续区域内聚集了一定数目的城市，该区域城市化水平较高，经济相对发达。第三，城市与区域间的联系密切，物质性网络（由发达的交通运输、通信、电力等线路组成）和非物质性网络（通过各种市场要素的流动而形成的网络组织）畅通发达。不仅包括城市之间的联系，而且城乡之间也发生着紧密的联系。第四，城市群是一个经济圈和社会圈，包含有成熟的城镇体系和合理的劳动地域分工体系的城镇区域系统。它不是一个行政区，在发展上更依赖于区域协调。

（二）城市群的形态

通常按空间形态划分，城市群可以分为分散城市群、带状城市群和圈状城市群三种类型。分散城市群的特征是中心城市的首位度很低，大城市不多，中小城市高度发达，分布均衡，城市密集度极高。带状城市群就是戈特曼（Jean Gottmann）的大都市带（Megalopolis），即以一个或多个经济较发达并具有较强城市功能的中心城市为核心，包括与其有经济内在联系的若干周边城镇，经济吸引和经济辐射能力能够达到并能促进相应地区经济发展的最大地域范围。它由连成一体的许多都市区（Metropolitan Area）组成，是在经济、社会、文化各方面活动上存在着密切的交互作用的巨大的城市地域复合体。② 可以说，这是现代意义的城市群概念。戈特曼给出了判断城市群的两个指标：人口规模≥2500万人，人口密度≥250人/km²。圈状城市群则是日本的都市圈概念，代表了日本城市群发展的特征。所谓都市圈，主要指以特定的通勤时间为周期，由一个或多个中心城市和与其有紧密社会、经济联系的临接城镇组成，具有一体化倾向的协调发展区域。被广泛使用的生活圈、商业圈等亦是由此而来。1960年日本行政管理厅开始采用大都市圈概念。日本的都市圈有两层含义：一层是以单一中心城市为核心的"日常都市圈"，即能够进行通勤、购物和日常业务交流的"通勤圈"，"1小时距离法则"对其地域范围具有明

---

① 倪鹏飞：《中国城市竞争力报告 No.4——楼市：城市中国晴雨表》，第363页，北京：社会科学文献出版社，2006。

② J. Gottmann Megalopolis: Or the Urbanization of the Northeastern Seaboard, Economic Geography, Vol. 33: 189-200, 1957. 戈特曼指出当时世界上其他两个有可能发展成大都市带的地区是欧洲西北部从巴黎经布鲁塞尔、阿姆斯特丹直到鲁尔、科隆这一地区和英格兰中部从曼彻斯特、利物浦到伦敦这一地区。后来又提出美国与加拿大的五大湖区、日本东海道太平洋沿岸和中国华东以上海为核心的长江三角洲地区也正在形成大都市带。

显的制约作用，其半径在 100km 左右；第二层是以若干中心城市为核心，周边城市、地区共同组成的大都市圈，其半径可达 300km 左右。

如果以城市群中心城市的特点进行划分，城市群可以分为低中心城市群、单中心城市群、双核城市群和多中心城市群（嵌套城市群）。低（多）中心城市群是指中心城市首位度极低，群中城市发展水平大体相当，差别较小的城市群。单中心城市群是指中心城市首位度极高，其他城市的发展水平与中心城市相差较大。双核城市群则是指城市群呈现出双中心，两个中心城市各有所长，承担中心城市职能。多中心城市群是指中心城市首位度极高、群中城镇体系发育完善的城市群，并且次中心城市在两个或两个以上，以次中心城市为核心有子城市群存在。

对于城市群的分类，还可以从其影响范围进行分类，通常分为世界城市群、国家城市群和区域城市群。

（三）城市群的基本特性

城市群作为经济社会的有机体，不仅是城市地域空间形态和规模的变化，更是一种新型的生产力布局形式，体现着经济开发沿阻力最小方向延伸的基本规律。一般来说，城市群具有三个基本的社会经济特性，即内在有机性、空间层次性和能级均衡性。

1. 城市群的内在有机性

内在有机性是城市群的基本特性之一，它表明城市群并不是自然地理意义上的城市密集分布，而是各类资源在区域内的特定分布形式，是一种反映区域范围内统一劳动分工形成和演变的经济综合体，具有新的不同于各城市简单加和的整体特征与功能。

（1）产业协作网络。合理配套的产业分工与协作网络是城市群不断发展的基础和动力所在。城市群体发展可使区域经济在生产要素的组织与创新方面具有较强的可更新性和自生性，促进地区产业结构不断优化并形成良好的产业布局，从而使得各城市优势互补，产生最大效益并实现资源的集约利用。而且，城市群体发展有利于基础设施共享、区域资源合理开发、环境污染的地区性治理、地区性防灾等。

（2）整体功能强。城市群的功能远远超出相同规模的多个孤立城市的功能之和。例如，日本东海道带状城市群只占全国 20% 的土地面积，却集中了全国 52% 的人口、70% 的工业生产总值、65% 的商业人员和 72% 的年销售量。从宏观上看，城市群的功能有可能取代传统城市中心的功能，而在国家经济的发展中起枢纽作用，成为连接国内、国际要素流动和资源配置的节点以及科学技术创新的孵化器和传输带。这在发达国家的城市群已越来越明显地表现出来。

（3）生态经济的客观取向。城市群内部不仅建立了有机的产业系统，并且按照地区自然与经济社会基础进行产业分布，客观上有利于生态环境的保护，从而易于实现区域生态系统与经济系统的匹配和平衡。

（4）城乡趋于融合。各城市的密切联系与强烈的相互作用增强了城市的经济与文化的辐射力，扩大了辐射范围，从而加速了乡村城市化进程和城市文明的普及。在较成熟的城市群内，乡村地区虽然仍存在，但它在保留传统乡村某些特征的同时，在生产方式、居住方式、生活方式以及交往方式、思维方式等方面均渗入了城市文明的成分，发达地区的乡村则已享受到了普遍的城市文明。

2. 城市群在空间上具有层次性

区域是一个在空间范围内具有差别性和层次性的范围概念，譬如因为所涵盖空间范围的差异可形成地区、国家、省（自治区或直辖市）、市、县（乡）等不同的区域空间。城市群作为一个区域组织，其空间载体是城市等级体系，由几个超大和特大的中心城市及大量的大、中、小城市相互串联而形成。其中，中心城市是人口与产业集聚的引力中心，在城市群形成和发展中起着核心作用。很自然，就中心城市所具有的地理范围差异以及中心城市经济地位和经济规模影响而言，中心城市的经济辐射空间范围必然也具有差别性和层次性。一般根据经济的辐射和影响空间，城市群可以分为世界性的、全国性的、地区性的和地方性的等几个等级层次。在城市群内部，这种空间上的层次性就显而易见了。例如长三角城市群，上海是第一级中心、杭州、南京、宁波为第二级中心，苏州、无锡、常州等12个地级市为第三级中心，张家港等37个县级市构成了第四级中心。

3. 城市群经济发展的能级均衡性

从发达地区的城市群来看，一个成熟的城市群内具有高效的联系系统。包括：各城市之间经济管理技术指导与交流系统；生产装备、技术装备和技术援助系统；文化科技教育服务系统；流动式的居民生活服务系统；流动的商业系统以及由高速公路、高速铁路、航道、邮政、通信干线、运输管道、电力输送网和给排水管网体系所构成的区域性基础设施网络，其中发达的铁路、公路设施构成了城市群空间结构的骨架。这些高效的联系系统，使城市群内部的地理摩擦几近于零，且每个城市都表现出极大的开放性。城市群内合理的城市分工构成的产业支持网络使个体城市可专注于自己的核心竞争力塑造，有效地避免了各自为政和破坏性竞争行为，城市与城市之间形成分工互补的一体化发展。而且，迅速的技术扩散不可避免地带来大量溢出效应，这种低成本的技术扩散可加速城市群内技术知识的积累，提高整体创新发生的可能性。统一的城市群大市场可创造良好的资本流动条件，各城市可有效利用金融的外部性吸纳城市群的资金和人才，减少各城市的能级差。整个城市群因此表现出能级均衡的发展态势。

二、中国的城市群

从中华人民共和国成立到改革开放前的近30年间，中国城市虽有较大发展，并在20世纪70年代中后期出现了少数在空间布局上较为集中的城市密集板块，如京津唐、沪宁杭等，但这些城市各自分属不同的行政区，相互之间并没有多少有机联系，仅仅是一种行政区划上的邻近和地理空间布局上的密集，并不是真正意义上的城市群，只能称为城市群的雏形。

改革开放以后，国家开始调整城市政策，提出要以大城市为中心组织跨行政区域的经济活动，并把沈阳、大连、哈尔滨、青岛、广州、重庆、西安、南京、深圳、成都、武汉等14个城市列为计划单列市，赋予其省一级的经济管理权限。20世纪80年代中后期，国家进一步鼓励以大城市为核心发展横向经济联合，因此出现了一批不同层次的区域联合与横向协作区，如以广州为中心的珠三角经济区、以上海为中心的长三角经济区，以武汉为中心的武汉经济协作区，以沈阳、大连为中心的沈大经济区，以北京、天津为中心的环渤海经济区等，中心城市的辐射带动作用开始显现，城市间相互封锁的状况开始有所松动，呈有限开放态势。

进入20世纪90年代，随着社会主义市场经济体制的确立和逐步完善，中国的城市化进程逐渐加快，城市的辐射带动功能不断增强，城市间开放度不断提高，市场纽带作用加强，初步出现了区域一体化趋势，崛起了一批粗具规模的城市群。倪鹏飞等（2006）根据城市群的含义、经验数据，以及中外城市群差异系数，制定了中国城市群的最低标准：城市群人口 >1000 万人、城市密度 >0.5 个/万 km^2、城市数量 >5、人口密度 >300 人/km^2 和城市化水平 >20%，结果有 14 个城市群满足这一标准，分别是：长三角城市群、珠三角城市群、京津冀城市群、台北城市群、辽中南城市群、（山东）半岛城市群、中原城市群、成渝城市群、关中城市群、武汉城市群、长春城市群、徐州城市群、海峡西岸城市群、合肥城市群。其中，以上海为中心，南京、杭州和宁波为次中心的长江三角洲城市群；以广州、香港、澳门为中心，深圳和珠海为次中心的珠江三角洲城市群；以北京和天津为中心，保定、唐山、秦皇岛等为次中心的京津冀城市群最具影响力。这三大城市群不论从人口和产业的集聚程度，还是从中心城市规模和总体城市数量而言，都已具备大都市连绵区的基本特征，是正在形成中的中国大都市连绵区。

长三角城市群是指上海市全部、江苏南部与中部地区和浙江东北部地区，该区域总面积为 10 万平方公里，约占全国的 1%；人口 7 656 万人，约占全国的 5.9%；GDP 总量是 27 602 亿元，占全国的 16.9%；人口密度 764 人/平方公里，城市密度 1.5 个/万 km^2。长江三角洲地区现有 15 个地级以上城市、67 个县及县级市、1 479 个建制镇，其中 15 个地级以上城市中，有一个直辖市、三个副省级城市，形成了大、中、小城市并举，城市等级较为完善的"金字塔"结构。该城市群正处于工业化的中后期，其产业结构仍是二三一型，第三产业特别是生产型服务业还有待于进一步发展。进入 21 世纪，伴随着上海世界城市的建设，在上海的辐射带动下，长江三角洲城市群已成为中国经济最发达、发展最迅速的区域。在世界城市群中，长江三角洲城市群已跻身前六位。

　　珠三角城市群包括香港、广州、佛山、江门、深圳、惠州、肇庆、珠海、东莞、中山、澳门。2005 年，该城市群面积为 5.5 万平方公里，占国土面积的 0.6%；人口 3 449 万人，占全国人口的 3.0%，城市化率 69.5%；GDP 为 27 843 亿元，占全国 GDP 的 17%。以广州为枢纽，公路、铁路、水运、港口、航空等多种运输方式相结合，沟通广东省内外及港澳，使不同层次、不同结构和不同功能的大、中、小城市通过交通网络、商品网络、技术网络、资金网络、人才网络和信息网络等紧密联系在一起，形成城市密集，相互分工、互补、交流和竞争的城市群体系。受香港、澳门与内地更紧密经贸关系安排（CEPA）等有利因素的影响，该城市群在香港的带动下，其活力将会持续下去。

　　京津冀城市群以北京、天津为核心，包括保定、唐山、沧州、张家口、秦皇岛、廊坊、承德等 9 个地级以上城市，城市群面积 16.7 万平方公里，占全国的 1.74%；城市群人口 6 049 万人，占全国的 4.65%，城市化率为 41.1%；城市群 GDP 为 12 585 亿元，占全国的 7.6%。受北京首都的影响，该城市群的第三产业比较发达，并已经形成了三二一型的产业结构，但其第一产业比重比长三角、珠三角分别高出 2.94、3.20 个百分点（2002 年，长三角、珠三角和京津冀城市群的三次产业结构分别为：5.86：52.18：41.96；5.60：49.31：45.09；8.80：43.40：47.80），说明其第二、三产业还有待于进一步提升。同时，受行政体制的约束，该城市群一体化发展水平相对较低，急需围绕大北京地区作为世界城市的发展目标进行规划与整合。①

　　总的来看，目前中国城市群发展还存在许多问题，比如核心城市经济规模和辐射带动功能普遍不强，尽管上海、北京已经具有较大规模，但与国外大城市群的核心城市相比，其经济规模、人口密集度等都存在较大差距。大城市在城市群的辐射带动作用还不明显；中小城市及城镇盲目扩张的局势尚未扭转，中小城市特色不突出，产业承接能力不强，城市发展就是圈地建设的传统思维尚未得到根本性转变；核心城市与周边地区基于市场的经济联系还不够紧密，产业链和产业集群尚未形成；城市产业结构趋同，竞争不规范；地方保护主义严重，缺乏协作机制；"金字塔"式传统模式的城市体系和新产业空间模式的城市网络远未形成。这些都是当前中国城市群发展中存在的主要制约因素。

　　在一些核心统计指标的对照上，中外城市群的发展差距是非常明显的：②

　　1. 中国城市群对国家财富积累的贡献度低于国际发达国家城市群

　　有报告显示，美国三大城市群（大纽约区、五大湖区、大洛杉矶区）的 GDP

---

　　①　吴良镛：《京津冀地区城乡空间发展规划研究》，第 3~11 页，北京：清华大学出版社，2002。

　　②　郁鸿胜：《高度重视中外城市群差距》，《国际金融报》，2004-08-09。

占全美国的份额为 67%，日本三大城市群（大东京区、阪神区、名古屋区）的 GDP 占全日本的份额为 70%。而中国三大城市群（珠三角区、长三角区、京津环渤海区）的 GDP 占全国的份额只有 38%（2002 年数据，下同。2005 年为 41.5%）。

2. 中国城市群中首位城市的作用与贡献度偏低

据统计，中国三大城市群的首位城市广州、上海、北京的 GDP 占全国的份额分别是 1.8%、4.6%、2.5%。而纽约、东京、伦敦、汉城的 GDP 分别占其全国的 24%、26%、22% 和 26%。中国城市群首位城市规模偏小，集聚财富能力偏低。

3. 中国城市群仍处在经济粗放式增长阶段

有统计资料表明，中国的城市群经济每创造 1 美元所消耗的能源是西方工业七国水平的 5.9 倍，是美国的 4.3 倍，是德国和法国的 7.7 倍，是日本的 11.5 倍。

4. 中国城市群的劳动生产率偏低

依据世界劳工组织报告，2002 年美国劳动生产率为 60 728 美元，欧洲国家平均为 43 034 美元。《中国城市发展报告》指出，2002 年中国珠江三角洲地区的劳动生产率为 10 600 美元，长江三角洲为 9 500 美元，京津环渤海地区为 6 800 美元。三大城市群劳动生产率平均为 8 900 美元。中国城市群劳动生产率仍然较低。

5. 中国城市群人口密度过大

北京和广州城区的人口密度分别为 1.4 万人/km² 和 1.3 万人/km²，纽约、伦敦、巴黎和香港的人口密度最多也只有 8 500 人/km²。城市的人口密度过大必然给城市的可持续发展带来挑战。

实践证明，城市扩张不仅是加快区域经济社会协调发展的战略性途径，更重要的是建立起一个新的获取"发展红利"的最佳平台。所谓"发展红利"（Development Dividend）是指"区域整合之后所带来的发展潜力与整合之前的现状能力之差"。事实证明，当城市从一个低级平台（分散独自发展）向一个高级平台（簇群式组团发展）整合时，生产力要素的组合趋好，资源配置趋优，专业化分工趋强，发展成本趋低，"发展红利"的"自发"获取将呈非线性增长。因此，有必要把城市群建设规划提升到国家战略层面。在 21 世纪，中国应该加快城市群发展，尽量缩小与发达国家的差距。由于城市群发展的动力呈现出多元化趋势，它既要依托于自然条件、优惠政策、灵活机制等软硬环境动力，又需要枢纽经济带来的外在动力，由内部的竞争和合作而形成的内生动力则是其动力之本，多种动力相互关联、相互制约、相互推动，最终形成一个多层次、等级结构明显的综合动力系统。只有一个区域同时具备这几项有利条件，而且组合得当、配合默契、运转有序，才能形成大规模的城市群。所以说，中国城市群的政策取向也要有新的发展，需将其纳入国民经济和社会发展规划，强化城市发展的战略性、整体性和协调性，统筹协调其与土地利用规划、生态建设规划、环保规划、全国公路网及综合交通运输体系规划等的空间关系，形成城市群发展的多元动力机制和开拓城市建设的多元投融资渠道。

主要参考文献：

1. 郝寿义、安虎森：《区域经济学（第2版）》，北京：经济科学出版社，2004。

2. 周伟林、严冀等：《城市经济学》，上海：复旦大学出版社，2004。

3. 张敦富：《城市经济学原理》，北京：中国轻工业出版社，2005。

4. 冯云廷：《城市经济学》，大连：东北财经大学出版社，2005。

5. 倪鹏飞：《中国城市竞争力报告No.4——楼市：城市中国晴雨表》，北京：社会科学文献出版社，2006。

6. 刘荣增：《城镇密集区发展演化机制与整合》，北京：经济科学出版社，2003。

7. K. J. 巴顿：《城市经济学：理论和政策》，北京：商务印书馆，1984。

8. 奥古斯特·勒斯：《经济空间秩序》，北京：商务印书馆，1995。

9. 饶会林：《城市经济学》，大连：东北财经大学出版社，1999。

10. 阿瑟·奥利沙文：《城市经济学》，北京：中信出版社，2003。

11. 丁健：《现代城市经济》，上海：同济大学出版社，2001。

12. 蔡孝箴：《城市经济学》，天津：南开大学出版社，1998。

13. 姚士谋：《中国城市群》，合肥：中国科学技术大学出版社，1992。

14. 顾朝林：《中国城镇体系研究》，北京：商务印书馆，1995。

15. 吴良镛：《京津冀地区城乡空间发展规划研究》，北京：清华大学出版社，2002。

16. 周一星：《城市地理学》，北京：商务印书馆，1995。

17. 唐茂华：《城市群发展的新趋势及其启示》，《晋阳学刊》，2006（1）。

18. 刘静玉、王发曾：《城市群形成发展的动力机制研究》，《开发研究》，2004（6）。

19. 苗长虹、王海江：《中国城市群发育现状分析》，《地域研究与开发》，2006（2）。

20. 邢怀滨、陈凡、刘玉劲：《城市群的演进及其特征分析》，《哈尔滨工业大学学报（社会科学版）》，2001（4）。

21. 王何、白庆华：《我国三大都市圈发展研究》，《软科学》，2003（5）。

22. 代合治：《中国城市群的界定及其分布研究》，《地域研究与开发》，1998（2）。

23. 吴传清、李季：《关于中国城市群发展问题的探讨》，《经济前沿》，2003

年增刊。

24. 郁鸿胜：《高度重视中外城市群差距》，《国际金融报》，2004-08-09。

25. 官卫华、姚士谋：《城市群空间发展演化态势研究》，《现代城市研究》，2003（2）。

第七章　农村经济与统筹城乡发展

从宏观的角度看，一个国家的经济是由农村经济和城市经济构成的，因此在一定意义上也可以说，农村和城市是一个国家的两大区域。处理好农村经济和城市经济发展的关系是非常重要的。一个国家要想建设和谐社会，必须统筹城乡发展。

中国是一个拥有 13.08 亿人口的大国，其中农村人口占 70%，50% 的劳动力在从事农业生产。2005 年，农村占全国城镇村居民点面积的 86.1%，而农业产值只占 GDP 的 12.5%，"三农问题"（农业、农村和农民）已成为关系中国改革开放和现代化建设全局的重大问题。中国要实现全面建设小康社会的目标乃至第三步战略部署，农业与农村既是基础和优先领域，也是最具挑战和难度之所在。

第一节　农业和农村经济在国民经济和社会发展中的地位

一、农业基础地位的一般理论

从理论上讲，农业的基础地位主要体现在以下几个方面：①农业是人类社会衣食之源、生存之本。农业向人们提供粮食等基本生活资料，正因为如此，农业是人类生存和发展的基本条件。②农业的发展是社会分工和国民经济其他部门成为独立的生产部门的前提和进一步发展的基础；农业是一切非生产部门存在和发展的基础。③农业为工业提供市场，包括农用生产资料和工业品；农业为工业提供大量原料，促进工业经济的发展。④农业为社会其他产业的发展提供劳动力。⑤农业直接和间接为社会经济发展提供资金积累和出口创汇。⑥农业的发展不仅关系经济的持续、稳定和健康发展，关系人民生活的稳定和提高，而且关系社会的稳定和发展。就我国而言，人口多，吃饭问题始终是第一件大事，我国人口大部分在农村，因此，农业对农村的稳定乃至整个社会的稳定至关重要。

"农业兴，百业兴；农村稳，全局稳。"这一句话相当准确地描述了农业和农村在国民经济和社会发展中的地位和作用，即农业和农村发展的好与坏直接关系到国民经济的繁荣、社会的稳定和国家的安全，这是马克思主义揭示的经济和社会发展的一个重要规律。马克思指出："农业劳动是其他一切劳动得以独立存在的自然基础和前提。"① 他还特别强调，"超过劳动者个人需要的农业劳动生产率，是一切社会的基础"，"食物的生产是直接生产者的生存和一切生产的首要的条件"。② 也就是说，农产品特别是食物是人类生存和发展的基本必需品，而且只有农业劳动生产者生产出除了满足自己需要以外的农产品，人类才有可能从事农业以外的其他活动。无论社会怎样进步，生产怎样发展，农业是基础。这一人类生活的永恒主题是不会改变的。

二、农业和农村经济在中国国民经济和社会发展中的特殊地位

中国是一个农业大国，乡村人口占全国人口大多数，这就决定了农业在中国国民经济中的基础地位。中国共产党在领导中国社会主义经济建设的实践中，立足于国情，创造性地运用马克思主义的理论，并在总结中国经济建设经验的基础上不断地丰富和发展农业的基础地位理论，使之成为我国经济工作的一条基本指导原则。

农业在中国国民经济中的地位和作用，从国内生产总值（GDP）增长贡献率、安置的劳动力数量、市场贡献和原料贡献等方面都可以得到证明。但是，随着经济的发展，农业在中国国民经济中的比重在不断下降。中国自改革开放以来，农业增加值占 GDP 的比重已从 1980 年的 30.1% 逐步下降到 2005 年的 12.5%，农村经济对 GDP 增长的贡献率由 1991 年的 60.5% 下降到 2005 年的 44.2%，农村市场份额也由 1985 年的 53.0% 下降到 2005 年的 32.8%，农业劳动力数量则由 1978 年的 70.5% 下降到 2005 年的 44.7%，但这些指标的下降并不意味着农业基础地位的丧失，两者不能画等号，因为下降并不表明农业和农村经济的萎缩和衰败，或者说农业经济已不具备基础地位了，相反，它们倒是更准确地体现了农业的基础地位和农村经济的重要性。

（一）农业的基础地位是初级阶段中国国情的必然要求

我国的基本国情是以占世界 7% 的耕地养活占世界 21% 的人口。要完成这一艰巨任务，我们必须始终坚持以农业为基础的国民经济发展方针。

1. 以农业为基础是由我国社会与生产力结构状况决定的

（1）我国农村人口问题的解决和人力资源的有效开发，要求实施以农业为基础的战略方针。农村人口比重大是制约农业生产发展的一个重要因素。据估计，目前我国农村剩余劳动力就达 2 亿人左右。如何减少农民、转移农民是目前解决"三农"问题的关键。其解决途径主要有两个方面：一是大力发展第二产业和第三产业，走工业化、城市化的道路。二是在农业和农村内部进行消化吸收，主要是在农业产业链条上、农业基础设施建设上转移，在农业组织上拓展。从内部来解决当

① 《马克思恩格斯全集》第 26 卷（第一册），第 28~29 页，北京：人民出版社，1972。
② 《马克思恩格斯全集》第 25 卷，第 885、715 页，北京：人民出版社，1974。

然要强调农业的基础地位，从外部即发展第二、三产业也离不开农业的支持，也必须实施以农业为基础的战略方针，才能更好地发展第二、三产业，加快农业剩余劳动力的转移。

（2）我国生产力结构的现实状况要求实施以农业为基础的战略方针。目前，我国农业和农村的生产力水平比较低，具体表现在我国农业和农村的机械化、水利化、电气化、生物化、商品化和现代化的程度很低。这种状况不仅遏制了农业经济自身的发展，而且还严重制约着国民经济其他各部门的发展。要彻底改变农业这种落后的生产力状况，就必须贯彻以农业为基础的战略方针，始终把农业放在国民经济的首位，优先发展。

2. 以农业为基础是我国社会主义建设历史经验的科学结论和新世纪目标的要求

事实说明：当我们什么时候真正确立和实施了"以农业为基础"的战略方针，什么时候国民经济就会健康协调和稳步地发展，否则，就会受挫折。根据"三步走"的战略部署，到21世纪中叶，我国的人均GDP将要达到中等发达国家的水平，并把我国建设成富强、民主、文明的社会主义国家。要实现这一宏伟目标就必须确立以农业为基础的战略思想。这是因为，富强、民主、文明的社会主义的大厦要靠坚强有力的现代化的农业作为支柱；农业、农村和农民是繁荣富强社会主义中国的一个有机组成部分，农业达不到中等发达国家的水平，全国就无法达到中等发达国家的水平；广大农民是建设有中国特色社会主义的主力军之一，没有农民的积极参与，任何目标都是难以实现的。

（二）从农业对人类生存的保证作用来看，一个国家的生存安全离不了粮食（农业）的安全

粮食安全历来是一国经济安全体系的重要组成部分，无论是发达国家还是发展中国家，对粮食问题都给予了充分的关注，尤其是在我国这样一个拥有13亿人口的发展中国家，粮食安全更为引人注目。"民以食为天"，实现粮食的供需平衡，保证粮食安全是我国在经济建设中的重中之重，也是我国社会经济发展的基础。农业是国民经济的基础，其本来的含义和正确的解释正在于此，也就是马克思所认为的人们为了能够创造历史，必须能够生活，但为了能够生活，首先要求衣、食、住、行及其他东西。在任何时候、任何发展阶段，"最文明的民族也同最不发达的未开化民族一样，必须先保证自己有食物，然后才能去照顾其他事情"。① 从这一点上说，不仅是过去和现在，即使在将来，只要现代科学技术的发展还无法用人工合成粮食和其他食品，农业将始终是人类生存的基础，进而也是国民经济的基础。即使将来科学技术高度发展了，社会可用工业的方法来生产碳水化合物、蛋白质、

---

① 《马克思恩格斯全集》第9卷，第347页，北京：人民出版社，1961。

脂肪等，人类也不可能放弃农业这种通过生物能量转换来取得食物的最方便、最经济的基本途径。所以，我们说农业是国民经济的基础，从本质上讲，这是由农业具有其他产业所不具备并且不可替代的特殊地位和作用所决定的，对于中国这样一个拥有13亿人口且人口将继续增长的大国来说更是如此。

还需要看到的是，农业是国民经济基础这一命题，不同时期有不同的内涵要求。如果说以往人们对农业提供的粮食，仅仅是在数量上满足于吃饱的话；那么在经济社会发展的今天，人们对农产品的要求已不再满足于一般吃饱，而是要吃好的问题。对食品讲究营养、口味和卫生安全，要求食品多样化、优质化、专用化的趋势日益明显，这既是城乡居民消费结构变化的客观要求，也是现代化条件下提高劳动者素质的客观要求。劳动力素质的提高当然涉及诸多方面，其中也与农业提供的食品的品质密切相关。劳动者的食物品种结构、品质结构，对劳动者的身体健康和人体各种素质（包括体力素质和智力素质）的提高有重大影响，而这又有赖于农业或者现代化农业的发展。需要我们正确处理好农业增长速度与质量的关系、农业与农产品加工业的关系、农业生产与农业生态环境保护的关系，否则农业就很难提供高质量的品种。由此可见，新时期农业的基础作用，已不是仅仅提供人们生存需要的一般食品，而是要适应现代社会对劳动者的要求，满足劳动者提高自身素质的需要，提供优质的、精细的、无公害的植物蛋白产品和动物蛋白产品及其工业加工制作的保健食品、营养食品、方便食品，为劳动者智力、体力和心理素质的提高提供一个合理的营养基础。应该说，这是农业基础作用在新时期的重大发展。

（三）建立社会主义市场经济体制离不开农业和农村的支撑

1. 农业对实现总量平衡、抑制通货膨胀具有重要的支撑作用

传统意义上，我们对农业的基础地位，更直接地体现在农业是人类社会生存和发展的先决条件。在社会主义市场经济下，这一基础地位不仅没有削弱，而且在宏观经济运行的高度表现得更为突出，尤其是在实现总量平衡、抑制通货膨胀上。在目前我国的生活水平和居民食物消费结构下，由农产品短缺而导致的价格上涨，进而通货膨胀，几乎是带有规律性的。如1988～1989年，零售物价指数分别达到118.5和117.8，导火线就是农产品供给短缺，价格大幅度上涨。多年经验表明，粮价带百价。农产品价格每提高一个百分点，居民生活消费价格将提高0.6个百分点以上。① 这从2003年出现的粮价上涨中也得到了印证。

2. 农业和农村对市场扩张具有重要的支撑作用

随着一国经济的发展，特别是工业化进程的加快推进，一方面农业产值占国民生产总值的比重和食物需求占消费支出的比重会下降，社会各产业部门对农业部门的资金与产品依赖会逐渐减弱；另一方面，随着一国工业化的推进，社会消费水平

① 国风：《中国农村经济制度创新分析》，第219页，北京：商务印书馆，2000。

的提高，产业结构的调整，社会服务产业的不断扩展，国民经济增长对农村市场的依赖越来越强。换言之，农村的市场贡献对国民经济发展的影响越来越大，这在我们这样的农业大国表现得尤为突出，尤需加以关注。改革开放以来工业总产值与农村商品零售总额、农产品销售额两项有极强的相关关系。精心培植、大力开拓农村市场，积极扩大广大农民的消费需求，这对加快工业化进程，促进整个国民经济的增长具有不可估量的作用。

3. 农业和农村对优化生产要素配置具有重要的支撑作用

促进生产要素的合理流动和配置，是工业和国民经济发展的基本条件，也是社会主义市场经济下农业基础地位的又一个重要表现形式。农业和农村在生产要素流动和配置中的作用，犹如一个"蓄水池"。当工业化进程尚未达到一定阶段时，农业和农村可成为容纳劳动力等要素的场所。特别是作为劳动力就业的主渠道，可以防止大批人口涌入城市，减轻城市就业压力，保证工业劳动生产率的提高和维护社会安定。而随着工业化的推进，农业和农村又可以适时向非农产业输出必要的劳动力和其他的建设资源，以满足整个经济发展的需求。近些年来，随着乡镇企业的发展，农业和农村在生产要素流动和配置上的这种支撑作用越来越明显。

第二节　农村经济改革与发展的成就和存在的主要问题

一、农村经济改革与发展的成就

改革开放以来，我国农村发生了历史性的变化，农村经济改革与发展取得了巨大的成就。这些变化和成就表现在很多方面，包括家庭联产承包责任制的确立、多种所有制的共同发展、农村产业结构的调整、乡镇企业的发展以及农产品流通的市场化等。

（一）实行以家庭承包经营和集体统一经营相结合的双层经营体制

中国的改革是从农村开始的，农村的改革是从家庭承包开始的。由于在农村普遍实行了以家庭承包经营为主、统分结合的双层经营体制以及其他一系列基本政策，使得农村经济飞跃发展，农业总产值从 1978 年的 1 397 亿元增加到 2005 年的 39 450.9 亿元，农民人均总收入从 1978 年的 151.79 元上升到 2005 年的 4631.2 元，农村居民生活水平有了较大的改善，产业结构不断优化。家庭联产承包责任制的推行，可以说是一次革命。实行土地集体所有、家庭承包经营，使用权与所有权相分离，建立统分结合的双层经营体制，理顺了农村最基本的生产关系。这是能够极大促进生产力发展的农村集体所有制的有效实现形式。

（二）形成了以公有制为主体多种所有制经济共同发展的格局

随着对个体农业的社会主义改造的完成和人民公社的兴起，"一大二公"被绝对化、片面化，公有制几乎成为中国农村惟一的所有制形式，不断排斥多种经济成分，而且也排斥合作制等多种经营形式。这种"一大二公"的所有制结构，极大地限制了生产的积极性，不利于农村经济的发展。党的十一届三中全会以来，中共中央和国务院先后制定了一系列发展多种所有制经济的方针和政策，以充分发挥集体和个人两种积极性。在这种政策的指引下，农村的多种所有制经济迅速发展起来，使农村合作制、股份合作制、个体私营经济、"三资"企业从无到有，形成了以公有制为主体，多种所有制共同发展的格局。以乡镇企业为例，2004 年个体私营等非公有制企业数为 2 121.2 万个，占总数的 97.1%，从业人员达 1.07 亿人，占总数的 78.8%，增加值为 26 819.1 亿元，占总数的 73.1%。这说明个体私营等非公有制企业主要经济指标占到 2/3 以上的比重，已经成为乡镇企业的主力军。

（三）经济结构不断调整和优化

改革开放以前，中国农村经济结构的基本特征是单一的，即农村结构以农业为主，农业结构以种植业为主，种植业结构以粮食为主。改革开放以来，中国农村经济结构进行了根本性的调整，贯彻决不放松粮食生产、积极发展多种经营的方针，实行农、林、牧、副、渔全面发展。经济结构的调整，使农村经济发生了很大的变化，种植业、乡镇企业都有了很大发展。第一产业所占比重由 1978 年的 68.6% 下降到 2005 年的 32.6%，第二产业所占比重由 26% 上升到 52.6%，第三产业所占比重由 5.4% 上升到 14.8%，初步形成了一、二、三产业协调发展的局面。在农业内部，从农、林、牧、渔业占农业总产值的比重看，种植业比重不断减小，畜牧业、渔业所占比重不断上升，改变了长期以来"种植业独撑天下"的局面，农、林、牧、渔业全面发展。其特点是：①种植业产值比重明显下降，养殖业比重上升。1978 ~ 2005 年，种植业产值占农业总产值的比重从 80.0% 下降到 49.7%，畜牧业产值所占的比重从 15.0% 上升到 33.7%，渔业从 1.6% 上升到 11.7%，林业从 3.4% 上升到 3.6%。②种植业中粮食作物播种面积比重下降，经济作物和其他作物比重明显上升。粮食作物比重从 1978 年的 80.3% 下降到 2005 年的 67.1%，经济作物和其他作物所占比重从 1978 年的 19.7% 上升到 32.9%。① ③农产品品种和品质结构有所改善，农产品质量有了一定提高，卫生状况不断改善。④农业生产正逐步向专业化分工、区域化生产方向发展。

（四）农产品的流通基本实现了市场化

改革开放以来，农产品流通体制改革不断深化，农业的市场化程度不断提高，市场机制已在国家宏观调控下发挥对农业资源配置的基础性作用。第一，初步形成

---

①　数据来源于《中国农村统计年鉴 2006》，中国资讯行数据库（www.bjinfobank.com），其中 2005 年数据由于统计口径变化，农业服务业比重未计算在内，故农、林、牧、渔业比重加总不等于 100%。

了多种经济成分共同发展的市场主体。农产品流通体制的改革打破了原来国有粮棉等农产品购销企业"一统天下"的垄断局面，农民逐渐成为市场经济的主体，其他形式的市场主体如龙头企业、农民专业合作经济组织、农村经纪人等也应运而生并初步成长，形成了多种经济成分、多种形式的竞争格局。第二，农产品市场体系初步建立。随着农产品价格、经营和市场的逐步放开，逐步形成了以城乡农贸市场为基础、以批发市场为中心、以直销配送和超市经营为补充的农产品市场体系。第三，适应现代生产发展需要的市场交易方式和流通手段应运而生。除了传统的交易方式外，目前农产品交易过程中相继出现了诸如期货、拍卖、订单等新型交易方式。与此同时，农产品流通手段进一步更新，电子商务、物流配送等新兴流通手段相继出现。第四，农产品的对外贸易有了长足进展，进出口贸易额、贸易品种、贸易范围等都有巨大发展。

（五）农村非农产业快速发展，工业化和城镇化步伐加快

农村改革以来，以乡镇企业为主体的农村非农产业异军突起，1987 年乡镇企业总产值首次超过农业总产值，成为农村经济的重要支柱。1989～1991 年国民经济调整时期，乡镇企业发展速度出现徘徊。1992 年邓小平同志南方讲话后，国家出台了一系列支持和鼓励乡镇企业发展的政策措施，乡镇企业再度出现高速增长。1997 年亚洲金融危机发生后，乡镇企业发展所面临的宏观环境日益严峻，通过加快体制创新，依靠科技进步，乡镇企业逐步实现由粗放型增长方式向集约化增长方式的转变，仍有很大发展。据统计，2005 年乡镇企业增加值比改革之初的 1978 年增长 223.7 倍，利润总额增加了 117.3 倍，上缴税金也增加了 190.9 倍①。农村非农产业的发展，一方面优化了农村就业结构，增加了农民收入；另一方面，推进了国家工业化、城市化进程。2005 年，农村劳动力就业结构中，农业（农、林、牧、渔业）所占的比重为 59.4%，非农产业所占比重为 40.6%，非农产业所占比重比 1990 年上升了 20.2 个百分点。农民从事非农产业所得到的纯收入由 1985 年的 72.2 元提高到 2005 年的 1 174.5 元，增长 16.3 倍。农民人均非农产业纯收入占农民人均纯收入的比重由 1985 年的 18.1% 提高到 2005 年的 36.1%。②

农村非农产业尤其是乡镇工业的发展改变了我国工业的布局。据统计，2005 年乡镇企业工业增加值达 33 200 亿元，占全国工业增加值的比重达 43.6%。长江三角洲、珠江三角洲等发达地区出现城市工业和农村工业优势互补、产业协调发展的格局，走出了一条具有中国特色的工业化道路。农村工业化带动了农村城镇化发展。各类乡镇工业小区的建设与完善，促进了农村第三产业的发展，改善了农村基

---

① 数据来源于《中国农业发展报告 2006》，北京：中国农业出版社，2006；增长率由作者计算。

② 数据来源于《中国农村统计年鉴 2006》，中国资讯行数据库（www.bjinfobank.com）。

础设施条件，乡镇企业与小城镇互为依托，互相促进，共同发展，开创了中国特色的城镇化道路，我国建制镇由 1989 年的不到 3 000 个发展到 2004 年的 19 171 个，城镇化水平也由 1989 年的 26.2% 提高到 2005 年的 43%。

（六）农村税费改革取得阶段性成效

从 2000 年开始，按照"积极稳妥、量力而行、分步实施"的原则，我国在试点的基础上逐步推行农村税费改革。这一次的农村税费改革，根据社会主义市场经济发展和农村民主法制建设的要求，规范农村税费制度，治理对农民的各种乱收费，切实减轻农民负担，保护农民根本利益，巩固农村基层政权，促进农村经济发展和农村社会稳定。它是党中央、国务院为加强农业基础、保护农民利益、维护农村稳定而作出的重大决策，是近年来中央"多予、少取、放活"农村工作重要指导思想的体现。

我国农村税费改革取得了阶段性的成效，首先是全面取消了农业税，改革部分费用征收办法，规范涉农部门收费行为等措施，农民负担明显减轻。其次是初步规范了农村分配关系，促进了乡镇财政体制改革及农村上层建筑的调整和完善。再次是推进了乡镇机构的改革，即通过大力推进撤并乡镇和大力合并在乡镇的各类机构以及大力转变乡镇政府的职能，使得乡镇机构改革稳步前行。最后是改变了基层干部工作作风，密切了农村的党群和干群关系，有利于党的执政地位的巩固。在农村税费改革取得阶段性成效的基础上，农村税费改革进入了以稳妥推进以乡镇机构、农村义务教育和县乡财政体制为主要内容的综合改革试点。

（七）政府对农业的调控手段发生了极大的变化

由以前以行政性指令计划为主转变为以经济、法律手段为主，行政计划手段为辅，即使是采用计划手段来调节，也多是采取指导性计划。

二、农村经济发展存在的主要问题

在看到取得巨大成就的同时，我们也要清醒地看到农业和农村发展还面临相当多的困难与问题。

（一）城乡二元经济结构特征明显

我国经济发展过程中有一个严重的结构畸形问题，即城乡二元经济结构现象。我们既有与世界发达国家一样先进的现代城市文明，又有相当落后的还是传统社会和自然经济的农村，彼此长期共存。从表 7-1 可以看出，改革开放以来，城乡二元经济强度在 1990 年以前呈下降趋势，但在 1990～2003 年，城乡二元经济强度逐年上升，特别是在 2000 年以后，2004 年、2005 年城乡二元强度虽有所下降，但依然维持在 5.6 以上。据美国著名经济学家库兹涅茨统计，除中国以外，其他发展中国家的二元结构强度最大为 4.09 倍。这反映了我国是一个相当典型的二元经济结构，它带来了一系列的问题，比如城乡发展的差距问题、工农业关系问题等，影响到城乡的协调发展。

表 7-1　　　　　　　　　1978～2005 年城乡二元结构强度

年份	农业 GDP 比重(%)(1)	农业从业人员比重(%)(2)	农业 GDP 相对生产率(3)=(1)/(2)	非农业 GDP 比重(%)(4)	非农业从业人员比重(%)(5)	非农业 GDP 相对生产率(%)(6)=(4)/(5)	二元结构强度(7)=(6)/(3)
1978	27.9	70.5	0.40	72.1	29.5	2.44	6.10
1980	29.9	68.7	0.44	70.1	31.3	2.24	5.09
1985	26.9	62.4	0.43	73.1	37.6	1.94	4.51
1990	26.9	60.1	0.45	73.1	39.9	1.83	4.07
1995	19.8	52.2	0.38	80.2	47.8	1.68	4.42
2000	14.8	50.0	0.30	85.2	50.0	1.70	5.67
2001	14.1	50.0	0.28	85.9	50.0	1.72	6.14
2002	13.5	50.0	0.27	86.5	50.0	1.73	6.41
2003	12.6	49.1	0.26	87.4	50.9	1.72	6.62
2004	13.1	46.9	0.28	86.9	53.1	1.64	5.86
2005	12.5	44.7	0.28	87.5	55.3	1.58	5.64

资料来源:《中国统计摘要》,北京:中国统计出版社,2006。

(二)农村经济结构性矛盾仍然突出

总体来看,经过改革开放 20 多年的调整,我国农村产业结构已经有了很大的改善。但是,我们应该看到,这种调整主要还是在短缺经济条件下所做出的适应性调整,它对于实现农产品由长期短缺到总量基本平衡、丰年有余的历史性转变起到了重要作用。随着农村发展由资源约束转为资源与市场双重约束,我国农村的结构性矛盾日益突出,它不仅造成了我国农业增长疲软,农民增收乏力,而且影响到我国农产品的竞争力,不利于农村全面建设小康社会目标的实现。

1. 低质农产品的供给与优质农产品的广泛需求产生矛盾,大量低质农产品积压

随着短缺经济的结束,全国居民的恩格尔系数已经降低到 40% 以下,人们对农产品品种和质量有了新的更高要求,农产品需求结构发生很大变化,新、特、奇、名、优、安便是农产品需求的新特征。但是,从当前农产品的品种和质量结构来看,我国农产品供给体现出"四多四少"的特征,即大路产品多优质产品少,低档产品多高档产品少,普通产品多专用产品少,原始产品多加工产品少,这就与

消费者的需求产生了矛盾，直接导致大量低质农产品积压、滞销。

2. 农业生产的因地制宜与生产的区域性结构雷同产生矛盾，地区比较优势未能得到充分发挥

我国地域辽阔，各地区的要素禀赋差异显著，由此决定了农业区域布局应各具特色。但在计划经济体制下，由于强调农产品区域平衡，无论粮食主产区和粮食主销区都必须保证粮食自给，区域优势无从形成和发挥。随着改革的发展，计划经济体制下的农业区域布局已有所改观，并出现北粮南调，棉区向新疆自治区集中等可喜变化。但从整体上看，各区域农业资源禀赋优势并没有充分发挥出来。根据有关数据分析可以看出，除渔业产值因地区不同而显示出差异外，其他产业结构差异并不显著。我国农业生产还未走出自给自足的封闭发展模式，由此造成的经济损失非常巨大。

3. 部门结构不尽合理

首先，就农村三大产业来说，第三产业发展缓慢。一般来说，发达国家农村第三产业增加值占农村 GDP 比重都在 30% 以上，而我国到 2005 年才达到 14.8%，第三产业就业人员仅占农村劳动力的 17.3%，发展明显滞后，这对农村社会经济的发展和农民生活水平的提高都起了一定的制约作用。其次，在农业部门结构中，种植业与林业、畜牧业和渔业的比例失调，种植业的比重依然偏高，而其他行业的比重偏低，特别是畜牧业发展相对滞后。除日本外，我国种植业比重大大高于其他国家，而畜牧业产值又明显低于这些国家。1985 年，美国、法国、英国畜牧业产值在农业产值中的比重就已分别高达 49.98%、53.7%、60.8%，形成了种植、畜牧并举的格局，而我国畜牧业产值到 2005 年也只有 33.7%，差距相当大。最后，具体到粮食生产上，我国粮饲不分，粮食既作口粮，又作饲料，这样做不仅不经济，也不科学，还增加了土地和粮食供给的压力。而在饲养业中，畜牧业结构长期偏重于耗粮型的养猪业生产，节粮型的草食畜牧业和饲料报酬率、蛋白质转化率高的禽类生产发展不足。

（三）农民收入增长缓慢，城乡之间、地区之间居民收入差距拉大

改革开放以来，我国农民收入不断增长，生活水平不断提高，2005 年农民人均纯收入达到 3 254.9 元，是 1978 年的 624.6%，年均增长 7%。但分阶段来看，在 1979~1985 年的 7 年内，农民收入增长最快，年均增长 15.2%，而 1985 年以后的 20 年，平均增幅还不到 5%，特别是 1998~2005 年，农村居民家庭人均纯收入每年实际增长仅 4.6%，而同期城镇居民家庭人均可支配收入每年实际增长达到 8.7%，前者仅相当于后者的 52.9%。由此可见，农民不仅人均收入远远低于城镇居民，而且其年平均增长率也远远低于城镇居民，这就导致城乡居民间的收入差距逐渐拉大（见表 7-2）。

表 7-2　　　　　　　　　　城乡居民家庭人均收入及比率　　　　　　　单位：元

年　　份	1985	1990	1995	2000	2001	2002	2003	2004	2005
城市居民人均可支配收入（1）	739.1	1 510.2	4 283.0	6 280.0	6 860.0	7 779.2	8 472.2	9 421.6	10 493.0
农村居民人均纯收入（2）	397.6	686.3	1 577.0	2 253.4	2 366.4	2 476.9	2 622.24	2 936.4	3 254.9
比率（1）／（2）	1.86	2.20	2.72	2.79	2.90	3.14	3.23	3.21	3.22

资料来源：《中国统计摘要》，北京：中国统计出版社，2006。

此外，我国是一个幅员辽阔的国家，东西部的自然禀赋不同，经济发展基础不同，不同地域的农民在收入上存在差距既有自然条件的原因，也有历史原因。但改革开放后，我国东、中、西部农民收入差距没有因为国家整体经济形势的好转而相应缩小，相反地却进一步扩大。东部地区由于在资金、技术、人才等方面存在一定的优势，农村地区得到了较快的发展，农民收入较高，2005 年达到 4 417 元，高于同期全国农民人均收入，而中、西部地区农民收入由于主要来源于农业收入，农民收入较低，均低于同期全国农民人均收入，尤其是西部地区，与全国平均水平之间的差距在不断扩大，由 2000 年的 696.9 元扩大到 2005 年的 954.9 元。

（四）耕地面积急剧减少

资料表明，从 1978 年到 2003 年，全国年均减少耕地约 30 万公顷，导致人均耕地面积不断下降，目前还不足 1.2 亩，只及世界平均水平的 1/4，美国的 1/9，加拿大的 1/20，澳大利亚的 1/34。这主要是因为在法制、法规由不健全到逐步完善的新旧体制转换过程中，相当多的地方政府和部门，从发展本地区、本部门经济的利益和愿望出发，把土地作为招商、聚财及生财的主要手段，大上开发区，兴起房地产热，乱占、滥用耕地成了全国性的风潮。据测算，到 2010 年全国耕地面积至少还要减少 2 200 万亩，届时人均耕地仅 1 亩，到 2030 年人均耕地面积将降到 0.8 亩。[①] 这种随意征用耕地的状况导致大量农民失去土地，即失去了基本的生存保障。据估计，1996～2000 年每年全国失土农民在 240 万人左右，2001～2010 年将有 1 800 万失土农民需要安置。

（五）市场机制不健全

在市场经济条件下，生产主要是以市场为导向，市场应该是资源配置的基础。

———————————

① 卫平等：《未来中国农业之路》，第 3 页，武汉：湖北人民出版社，2003。

然而目前在我国，市场优化农村经济结构的机制还不完善，手段还不健全，导致农业生产盲目性较大，农产品积压滞销情况时有发生。

1. 市场主体发育程度较低

第一，作为农村市场经济主体的农民组织化程度低，其分散、细小的生产经营方式限制了农民的交易方式，农民呈无组织分散状态进入市场，面对社会上各利益集团的权益侵蚀和不正当竞争，缺乏市场竞争力和自我保护能力。第二，国有农产品经营企业转制困难，不能建立适应市场经济要求的产权清晰、责权明确、政企分开、管理科学的现代企业制度。第三，运销能力低下，市场风险大，抗御风险能力差。由于中介流通组织刚刚处于起步阶段，运作管理不规范，营销能力还没能得到充分体现。第四，农产品加工企业数量少、规模小，农产品吞吐能力需要大幅度提高。

2. 农产品市场体系发育不足

现有的农产品市场体系具有典型的初级市场特征，不适应农业市场化需求，表现为：一是市场体系建设与改造的步伐与农业市场化进程不同步，大多数农产品市场交易设施陈旧，结算手段落后，信息体系、质量检测体系建设薄弱，销地终端市场仍以小地摊、大集贸为主，不具备发展现代流通方式的基础和条件。二是市场自身非市场化运作。多数市场属于村、镇、街道主办的集体企业，许多市场还属于市场管委会管理，没有进行企业化改制，以收费代管理的现象普遍存在。三是大多数农产品市场的经营是以场地、设施出租等物业管理收入为主，市场衍生产品收入为辅。市场本身不是农产品流通的主体，市场实际上是"大市场、小业户"的格局，大市场掩盖下的千家万户的分散营销难以形成合力，使得农产品流通无序、效率低下。而在零售市场方面，城乡集贸市场仍是主体，订单农业、连锁经营等现代物流模式、期货交易、代理交易、拍卖等现代化流通方式刚刚处于起步探索阶段。

3. 市场信息体系不完善

信息是农产品市场流通的命脉，直接决定流通的效益。由于缺乏系统化的农业信息收集、整理、发布体系，生产与消费之间、区域之间的信息衔接主要由批发市场来完成，而市场自身的松散性决定了信息的收集加工能力低下，生产、流通存在很大的信息局限性和盲目性。同时，由于运销业主与产地农民获得农产品供求与价格的信息不对称，导致产销地价格差距大，对生产者和消费者都存在着价格欺诈现象。此外，对农民的信息服务不到位，导致农民因价格信息误导，一哄而上，盲种盲收、产品烂市的现象经常发生。

4. 政府与市场的关系还没理顺

政府的错位、越位、缺位行为时常发生。

（六）乡镇企业发展出现困境，农村劳动力转移压力较大

改革开放之初，乡镇企业获得了巨大的发展，在一定程度上促进了农村的工业

化和城镇化水平，转移了相当部分的农村富余劳动力。但是，1997 年以来，我国乡镇企业发展陷入困境，进入了一个增长的低潮期。在国内，国家实行适度从紧的货币、财政政策，乡镇企业资金短缺现象日益明显；国有企业改革深化，竞争力加强，与乡镇企业的市场竞争也加剧；国内市场疲软，有效需求不足；乡镇企业一开始就存在的、在它的高速发展期没有暴露而在买方市场下得以充分暴露的自身问题，诸如产品结构问题、产业结构问题、产品质量问题、技术水平问题、劳动力素质问题等一直没有得到根本解决。1996～2001 年，乡镇企业的总产值年均增长率仅为 10.70%，比上一阶段年均 65.88% 的增长率回落了 55.18 个百分点；利润总额年均增长率为 9.04%，比上一阶段年均 60.65% 的增长率回落了 51.61 个百分点；税金总额年均增长率为 12.77%，比上一阶段年均 23.19% 的增长率回落了 10.42 个百分点；从业人数则从 1996 年的 13 508 万人下降到 2001 年的 13 086 万人。[1] 2002 年以后这种状况虽有所改善，但并未见实质性的好转。乡镇企业发展出现困境，使得其转移农村富余劳动力的能力开始下降。而另一方面，由于农村城镇化水平偏低，发展相对滞后，产业空心化，使得其对农村富余劳动力缺乏吸引力，农民不愿转移到小城镇就业，导致农村劳动力的就地转移受阻。

（七）农业科技与生产相脱节，技术进步慢

目前，中国农产品的科技含量低，"九五"期间，我国农业增长中的科技进步贡献率是 40% 左右，而发达国家则在 70% 以上，农业的科技支持状况与农业和农村经济的要求极不适应，它具体表现在：一是将农业科研、教育、推广机构独立设置，且分属于不同的系统，各自为政，致使农业科研与农业推广、农业教育与农业推广、农业教育与农业科研、农业科研与农业生产严重脱节，这从根本上割裂了它们之间内在的必然联系，割裂了科研与农业生产之间的联系，科技成果的转化率和产业化开发水平很低。二是用管理行政机构的办法管理科研机构，科研机构的内部管理也完全套用行政系统的办法，形成了"官本位"的导向和模式，扭曲了科研单位和科研人员的价值取向，造成科研机构的官僚化或半官僚化。三是农业科技投入长期不足。在现阶段，我国农业对国民经济的贡献与国家对农业研究的资助极不相称，财政资金的分配严重偏向非农产业。四是科研部门机构庞大，社会负担沉重。

（八）农村公共品供给严重不足

由于历史的原因，我国农村为我国工业化发展提供了大规模的原始积累资金，促进了城市基础设施的改善，推进了我国工业化的进程，但我国农村公共品供给同城市比起来严重滞后，交通、通信、电力、供水、供暖、广播电视、文化娱乐、教育、医疗、卫生等公共服务设施远远不能满足广大农村居民物质和文化生活的需求，对我国的农村经济发展和农民生活水平的提高产生了相当大的负面影响。以农

---

① 数据来源于《中国乡镇企业年鉴 2002》，中国资讯行数据库（www.bjinfobank.com）。

田水利设施为例，目前全国约有 1/3 的水库带病运行，60% 的排灌工程设施需要维修，许多河道淤积，防洪排涝能力减弱。据调查，20 世纪 90 年代因水利设施老化，全国农田灌溉面积每年减少 33 万多公顷。统计表明，进入 20 世纪 90 年代以来，我国农业的受灾面积、成灾面积和成灾率都呈明显增大态势。

（九）农业资金大量外流，农业投入仍显不足，投入结构不合理

实行市场经济，就要按价值规律办事，市场机制必然会通过竞争和价值规律发挥作用。农业生产由于其周期性、季节性、区域性的特点，对自然条件的依赖性强，具有经济效益明显低于社会效益和风险大等特点。由于生产者的经营目标是追求利润最大化，再加上国家对农业资金投入少且宏观调控不力，造成农村地区不管是在财政上还是在信贷上都处于资金的净流出状态，仅 2003 年，从农村地区净流出的资金就达 9 250.3 亿元（见表 7-3）。此外，不合理的工农产品比价，使得大量农业积累外流。据统计，1951～1989 年，国家通过工农产品价格"剪刀差"和农业税从农业中抽走 1 万亿元，而工业支农资金仅 3 000 亿元，净流失 7 000 亿元；近几年，农业通过"剪刀差"的形式对工业的贡献每年都在 1 000 亿元以上。① 据计算，到 2000 年我国工农产品"剪刀差"相对量依然达到 60%～70%。

表 7-3　　　　　　**1997～2003 年农村地区财税、信贷资金情况**　　　　单位：亿元

年份	资金差额	国家支农资金		农村地区上缴税金		农村地区储蓄	
		财政支农	信贷支农	农业税	乡镇企业上缴税金	农业储蓄	农户储蓄
1997	3 472.4	766.4	8 351	397.5	1 526.3	1 533	9 132
1998	2 992.0	1 154.8	10 024	398.8	1 583.0	1 748	10 441
1999	3 517.2	1 085.8	10 593	423.5	1 789.5	2 126	11 217
2000	5 278.3	1 231.6	10 950	465.3	1 996.5	2 643	12 355
2001	6 113.1	1 456.7	12 124	481.7	2 308.1	3 083	13 821
2002	7 397.3	1 580.8	13 696	717.9	2 786.2	3 764	15 406
2003	9 250.3	1 754.5	16 073	871.8	3 130.0	4 898	18 178

注：信贷支农包括农业贷款和乡镇企业贷款。

资料来源：《中国农村统计年鉴》和《中国金融年鉴》，北京：中国统计出版社，2004。

但是，从国家投入来看，不仅农业投入总量不足，而且投入结构不合理。如果按 WTO 协议计算口径，1996～2000 年，我国农业支持总量分别为 1 083 亿元、1 267 亿元、1 826 亿元、1 709 亿元和 2 200 亿元，分别占当年农业总产值的 4.9%、5.3%、7.4%、7% 和 8.8%。按照相同口径，发达国家的支持水平为 30%～50%，

---

① 邓大才：《试论农业政策的非农偏好及矫正思路》，《社会主义经济与实践》，2001 (7)。

印度、泰国等发展中国家为 10% ~ 20%。这说明我国对农业的投入还显不足。在国家财政支农的资金中，用于供养及行政开支的部分维持在 60% 左右，而用于建设性的支出比重并不高。即使在有限的基本建设投资中，用于大中型带社会性的水利建设的比重较大，农民可直接受益的中小型水利设施建设的比重较小。在农业补贴中，直接用于流通环节的补贴过高，直接补贴于生产环节的补贴很少。1998 年以来，国家每年用于粮、棉、油、糖的流通补贴在 500 亿 ~ 700 亿元之间，约占当年国家支持农业总额的 30% 以上，① 但补贴效果并不明显。此外，国家对农业的投入实行分块管理，部门分割严重，本来就有限的资金不能形成合力，资金利用效率并不高。这导致农业生产所需资金严重不足，在很大程度上阻碍了我国农业生产的进一步发展和农业综合生产能力的提高。

（十）农业和农村的生态环境不断恶化

目前，我国水土流失面积已超过 360 万平方公里，占国土总面积的 38.2%，每年流入江河的泥沙多达 40 亿 ~ 50 亿吨，每年流失的氮、磷、钾成分相当于 4 000 万吨标准化肥，河道、水库泥沙淤积严重，许多河岸的重要地段继续抬高。荒漠化土地以每年 26.2 万公顷的速度扩展，全国总面积已达 260 多万平方公里，有近 390 万公顷农田受到沙漠化和盐碱化的侵蚀。大面积的森林被砍伐，草地退化、沙化和碱化草地面积已达 1 亿多公顷。水资源短缺状况尤为突出，淡水资源人均占有量不及世界平均水平的 1/4，日缺水量 1 600 万吨以上，被联合国列为世界上严重缺水国家之一。土壤质地下降，水质污染面积日趋扩大。农业和农村的生态环境趋劣在客观上动摇了农业和农村经济发展的物质基础，制约着农业和农村经济的健康、快速、可持续的发展。

第三节　统筹城乡，促进农村社会经济全面发展

实现农村经济和社会的发展，应该立足于中国的具体国情，进一步深化农村改革和整个经济体制改革；在统筹城乡发展中促进农村社会经济的全面发展，实现建设社会主义新农村建设的战略目标。

一、把解决好"三农"问题作为全部工作的重中之重

实践证明，什么时候重视农业、农村和农民，农业和农村经济就发展，整个国民经济就发展，农民问题就得到一定程度的解决。强化农业和农村的基础地位，加大对农业的支持和保护力度，努力增加农民收入是中国政府在经济建设和社会发展

---

① 李剑阁、韩俊：《解决我国新阶段"三农"问题的政策思路》，《中国农业综合开发》，2004（1）。

进程中正确的战略选择。因此，各地区、各部门都要从大局出发，从远处着眼，真正把农业当做攸关经济发展、社会稳定及其战略目标顺利实现的头等大事来抓。少说空话、多办实事，少索取、多奉献，切实把农业放到国民经济的基础地位上去考虑。全党、全民动员，支援农业，支持农村经济发展，及时转变发展思路，把农民满不满意、群众拥不拥护作为考核乡村基层干部功过政绩的基本依据。这样，农业的基础地位才能真正落到实处，农村经济才能真正发展，农民问题才能真正解决。

二、不断深化农村体制改革

继续深化农村改革，扫除各种体制障碍，充分调动一切积极因素，加快农业和农村经济的全面发展，既是深化体制改革的重要任务，也是加快社会主义新农村建设的重大举措。

（一）推动农村经营体制创新

在稳定农村土地家庭承包经营制度的基础上，对于有条件的地区，应根据依法、自愿、有偿的原则进行土地承包经营权流转，形成土地向种田能手集中的流转机制，逐步发展规模经营。健全和完善农村统分结合的双层经营，提高农民的组织化程度，不断改善和优化我国农业和农村经济发展的微观基础。继续推进农村所有制结构改革，提倡股份制和股份合作制，支持和鼓励发展个体、私营企业，采用参股、租赁等方式搞活集体资产，实现集体资产保值增值，壮大集体经济实力，发展农村公益事业。

（二）建立健全农业社会化服务体系

继续加强农业产前、产中和产后的各种社会化服务，切实帮助农民解决各个环节遇到的难题。逐步扩大区域化布局所要求的农业专业户比重，形成生产社会化与农户专业化相结合的新格局，并加强生产技能、市场知识和法律知识等培训，逐步提高农民科技文化素质和思想道德素质，使农业发展进一步转入提高劳动者素质和依靠科技进步的轨道。建立全国统一、权威的农产品的质量标准体系、检验检测体系和认证体系，促进无公害农产品、绿色食品和有机食品的发展。

（三）深化农产品流通体制改革

农业市场化是农业现代化的客观要求，农产品流通是我国社会主义市场经济的重要组成部分，因此，深化我国农产品流通体制改革是完善我国社会主义市场经济体制和保证农业和农村持续、稳定发展的重要条件。要积极创造条件全面推进主产区粮食购销市场化，健全和完善粮食储备制度，增强国家对粮食市场的宏观调控能力，并通过各种有效的直接补贴方式切实保护农民利益。加强农产品流通的基础环境建设，加快农产品市场信息体系的建设。建立健全农产品市场质量安全准入制度，保障农产品的安全生产和消费。大力发展农产品的流通组织，提高农民参与农产品流通的组织化程度。

（四）深化农村金融体制改革，推进农业和农村经济的快速发展

改革农村金融体制，首先要构建符合社会主义市场经济要求的、能支持"三农"的农村金融机构体系。建立这一体系，需要在兼顾农村各地需要和可能的前提下，建立包括信用社、商业银行、政策性银行、商业保险和证券机构等多层次的机构体系，以提供存贷款、证券融资、证券交易、保险和支付结算等服务业务。其次是加快对农村信用社的改革，把农村信用社办成与市场经济发展相适应的真正的合作金融组织，明晰产权关系，完善法人治理结构，形成自我约束、自我发展的经营机制。再次，信用社要在自愿基础上组建自律性行业协会，协调相互间的竞争、业务培训、收费标准等问题。最后，完善农村金融政策，适当放宽对农村金融业和农村金融市场的限制，放松农村金融市场准入标准，在一定的范围内允许其他形式的金融组织的发展。

三、大力推进农业和农村经济结构战略性调整

推进农业和农村经济结构调整，这是新阶段保持农民收入持续稳定增长的基本途径，也是入世以后提高农业竞争力的根本措施。

（一）调整农产品结构，全面提高农产品质量，满足市场优质化、多样化要求

目前，我国人民生活水平总体上已进入到小康阶段，对农产品的品质提出了更高的要求，特别是入世后面对国外农产品的竞争更激烈，提高农产品的品质十分重要。要适应市场的需求，不断优化农产品品种和品质结构，大力发展适销对路的优质专用农产品的生产，要加快农作物和畜禽良种引进、培育和推广，促进品种更新换代；提高优质专用农产品的分级、包装、储藏、保鲜和加工水平，延长产业链条。同时要全面提高农产品质量安全水平，按照国际市场的标准要求，加快建立健全我国农业质量标准体系，制定和发布一系列的标准和规程，使产前、产中、产后的每个环节都有标准可循并与国际标准接轨，提高我国农产品在国际市场上的竞争力。

（二）发挥区域比较优势，优化农业生产布局

在综合考虑各地自然地理环境、区位优势及经济发展水平的基础上，按照合理分工、突出优势的原则，调整区域布局。西部地区要抓住国家实施西部大开发战略的机遇，继续有计划、有步骤地实施退耕还林、还草计划，大力发展特色农业、生态农业和节水农业。东部地区和大中城市郊区要抓住扩大对外开放和加快城镇化进程的机遇，大力发展高附加值农业、高科技农业和出口创汇农业。中部地区特别是粮食生产区，要抓住放开销售后粮食市场扩大和实行保护产区政策的机遇，发挥粮食生产优势，优化粮食品种结构，发展加工转化和产业化经营，实现农业增效和农民增收的目标。同时，针对加入世贸后的情况，农业布局的调整还要面向国际市场，多发展蔬菜、花卉、畜禽等劳动密集型农产品的生产，努力扩大我国农产品在

国际市场中的份额。

（三）积极推行农业产业化经营

在发展优势农产品产业带的同时，广泛采用"公司＋基地＋农户"等途径，主要依托龙头企业建立原料生产加工基地，在原料生产加工基地建立和发展专业合作经济组织，通过合作经济组织和龙头企业的组织、带动作用，把过于分散的农户与经常变化的市场紧密地联结起来。农产品生产加工基地应主要分布在优势农产品产业带，以利于全面提高农产品尤其是食品的质量安全水平，逐步形成一批享誉世界的名牌农产品及其加工品。

（四）调整农村就业结构

大力发展农产品加工业，推动劳动力向二、三产业转移，扩大农民就业和增收的空间。与发达国家相比，我国农产品加工水平较低，潜力很大。要坚持以市场为导向，立足现有加工能力的改组、改造，积极引进开发农产品加工、保鲜、储运技术和设备，促进我国农产品加工业有一个大的发展。要把发展农产品加工业同推进农业产业化经营紧密结合起来，培育一批规模大、起点高、带动能力强的农产品加工贸易企业，形成一批在国际市场上具有竞争力的龙头企业和名牌产品。

四、加快农业科技进步

为适应现代化农业发展的要求，一方面，要加大农业科技创新力度，实施若干重大农业科技项目。要以突出创新、实现技术跨越为途径，面向国家战略要求，加强关键技术的创新和集成。要突出重点，完善政策，合理配置农业资源，力争在短时间内取得新技术突破，为农业的可持续发展作出基础性、战略性、前瞻性的重大科技贡献。另一方面，要密切追踪世界高科技的发展，将其优秀成果转化，为我所用。同时，还要不断地将我国的科技成果推向国际市场，提升我国农业科技在国际上的竞争力和影响力，并逐步从技术、人员、产品等全方位实现农业的国际交流与合作，推动我国农业现代化发展。

要继续把先进、实用的农业科技成果推广作为科技转化为生产力的关键环节，长期不懈地抓紧抓好。今后一个时期，农业科技推广要面向农业，面向农村，面向农民。推广的重点是节本增效技术、动植物品种改良技术、农业环境保护技术等方面。要重视各种科技成果的集成，促进农业向高产、优质、高效发展。要进一步完善农业科技推广服务体系，稳定农业科技推广队伍。要建立农业科研机构、高等院校、各类技术服务机构和涉农企业在内的农业科技推广服务网络。要打破行政地域界限，积极发展龙头企业 ＋中介服务机构＋农户的农业技术推广模式，充分发挥农业科技企业，尤其是高科技企业对科技成果转化、农业生产发展和传统农业改造的特殊作用，推进农业现代化发展。

五、加强对农民的人力资本投资

科技的进步要以高素质的人为载体,只有知识形态的科学技术被劳动者所掌握,才能将潜在的生产力变为现实的生产力。因此,必须重视农村人力资本发展。要加大对农民的技能培训与文化教育,提高农业劳动者素质。政府应增加专项资金,通过多种途径开展农村科普活动,培训立志于农业的青年农民,提高他们的农业知识与技能。同时积极引导农村居民家庭增加对子女的人力资本投资和文化教育消费,从小抓起,从娃娃抓起,从整体和长远上提高农业劳动者素质。只有从整体上提高了农民的素质,他们才能在竞争中处于有利地位,农民的整个收入水平才能得到提高。

六、加大农村公共品供给

(一) 全面建立公共财政制度

根据统筹城乡经济社会发展的要求,明确财政体制和投融资体制的改革方向,改变国家财政过多偏向城市特别是大城市的情况,真正建立公共财政制度,采用加大财政转移支付力度等有效方式,大幅度增强对农业和农村的支持力度,并带动社会资金进入农业和农村。要大幅度增加各级财政支出用于农业和农村发展的比重,在保持财政支出存量结构大体不变的情况下,对财政新增部分的支出结构进行调整,将财政新增部分的支出主要用于农业和农村发展,从国家财政支出上为实现农村全面小康建设目标提供可靠的保障条件。

(二) 加快农业和农村基础设施建设

重点是农村公路、农村通信、农村能源、农田水利、节水灌溉、农村教育、医疗卫生、文化设施、生态环境等项目。要注重加快既能改善生产生活条件又能增加农民收入的中小型项目建设。

(三) 加快农村社会事业发展

农村经济发展明显落后于城市,农村社会发展更加落后于城市。在加快农村经济发展的同时,更要加快农村社会发展,坚持做到城乡之间协调发展和经济、社会之间协调发展。农村社会发展的重点,是农村义务教育和农民职业培训、农村卫生医疗和文化事业发展,以及农村社会保障制度建设和社区建设等。各级政府首先是中央政府要将此作为一项重要工作来抓,并长期坚持不懈地抓下去。

七、加快农村工业化和城镇化建设进程

农村劳动力资源是我国经济开发潜力最大的资源,只有为不断增加的农村剩余劳动力找到出路,才能使农民的收入有较快的增长,而加快农村工业化、城镇化进程不论在近期还是远期,都是行之有效的途径。

（一）提高乡镇企业竞争力

应通过完善产权制度，实现资产重组、技术改造和强化管理等措施，使乡镇企业尽快走出困境，增强乡镇企业吸纳就业的能力。在新的发展阶段，乡镇企业的发展方向应是：一是向农产品加工方向发展；二是把农业产业化经营作为重点；三是积极发展农村第三产业。

（二）加快城镇化进程，是吸纳更多农村剩余劳动力的根本出路

要积极发展小城镇，引导乡镇企业向交通便利、基础条件好、有发展潜力的小城镇合理聚集，农民就近转入小城镇就业，既降低农村劳动力转移的成本与风险，又可避免农民过多涌入城市而产生种种问题。只有众多的农民彻底脱离土地，才能缓解人地矛盾，为农业实现土地规模经营，提高农业比较效益创造条件，也才能真正促进城乡二元经济结构调整，扩大内需，拓展农村消费市场，增加农民收入。

（三）引导农村劳动力合理有序流动

消除不利于城镇化发展的体制和政策障碍，建立健全有利于城镇化发展的政策环境和法律制度。加强对劳动力市场的引导和规范，切实帮助解决农民工遇到的各种突出问题，依法保护农民工的合法权益。加强对农民工的职业技能培训和思想道德教育，不断提高农民工的整体素质，以适应在城镇工作和生活的要求。对于长期进城打工回乡、有一定经济实力的农民工，要创造条件鼓励他们进入小城镇居住，并在非农产业领域创业或就业。要继续改革户籍管理制度，允许符合条件的农村居民在各类城市和小城镇安家落户。城镇居民通过直系亲属关系带动农村人口进入城镇居住，在推进城镇化进程中是更为经济、稳妥的途径之一，应当进一步放宽这方面的政策。

八、加大政府对农业和农村的支持和保护力度

农业问题不可能只在农业本身的范围内得到解决，必须从根本上改变传统体制下形成的不利于农业发展的资源分配格局。要在国民经济增长速度的构成中，调整工业与农业的发展速度比例，通过增加对农业的资源投入，提高农业增长速度。加强工业反哺农业的措施，增强农业的自我积累和自我发展能力，提高农业经济效益。

（一）加大政府财政给农民的直接农业补贴，以提高农业竞争力和增加农民收入

面对日趋激烈的国际竞争，我国政府必须加大对农民的直接农业补贴。第一，要明确补贴重点，减少农产品流通环节的补贴，增加生产环节补贴。第二，以直接补贴的方式给农业主产区农民增加收入。第三，取消农产品出口补贴节省下来的财政资金和农产品流通环节减少下来的补贴中的一部分，转入到政府一般农业服务领域。第四，国家应实施积极的财政政策，加大对农村基础设施投入，在财政和国债投入结构方面，要进行调整，增加对农业和农村的基建投资数量和投资比重，使农

村能获得较多的财政资金用于改善农业生产和农村生活环境。

（二）完善农业支持保障机制，减少农业损失

农业生产的特点是周期长，市场反应能力差，自然风险大。为了增强我国农业的风险承受能力，保护农业生产稳定发展和维护农民的利益，必须建立农业保险制度和保险体系。目前，我国应着手进行农产品保险和保险体系的实验，并逐渐推行和完善。一是在我国的主要粮油基地、创汇农业基地和列入计划的中低产开发基地，实行政策性保险。二是建立农村互助保险组织。基本做法是，以股份合作的形式筹集风险基金，其来源主要是农户和村集体，以乡镇为单位实行小区域的农业统一保险。三是重构科学、合理的农村合作金融组织运营机制，建立一个充满活力、具有自我发展和约束能力，并且适应我国农村发展要求的新型金融体系。

（三）加大对农业的投入和保护，增强农业发展的潜力

第一，要对农业资源和环境进行有效保护。从长远看，对农业资源和生态环境进行保护是整个农业发展的基础，要加大对农业基础设施建设和生态环境建设的投入，加强对土地、水源、森林、牧场等自然环境的保护和治理，不断增强农业发展潜力。第二，要调整我国农业保护的国内政策，由偏重价格保护政策，尽快转向更注重改善农村生产和生活的基础设施、市场条件，以及更多地支持农业科技进步，提高农民素质及有助于强化农业内在竞争力的方面。第三，要学习利用技术壁垒保护农业。WTO 成员中的发达国家，利用技术壁垒保护农业主要有六种方式：一是利用技术法规设置技术壁垒；二是利用技术标准设置技术壁垒；三是利用合格评定程序设置技术壁垒；四是利用包装与标签设置技术壁垒；五是利用商品检疫和检验设置技术壁垒；六是利用绿色环境设置技术壁垒。

九、推进农村合作事业发展

为了加快农村经济的发展，必须进行组织制度的创新，推进农村合作事业的发展，提高农民的组织化程度、市场主体意识和综合素质，引导农民进入市场，把千家万户的农民与千变万化的大市场联系起来，从整体上推动整个农村经济的全面发展。

（一）农民致富迫切需要合作组织的帮助

我国实行家庭联产承包责任制以后，农民的生产积极性大大提高，但是农民单靠小块土地和一家一户的小规模经营，劳动生产率十分低下。并且，农民要致富，还必须将生产的产品变成商品，提高农产品的商品化率和经济的货币化程度。农民作为单个的小生产者，既依赖市场，又远离市场。他们对市场信息、市场行情的变化掌握不准，反应不快，因而生产的盲目性和分散性非常突出，在市场中处于明显的弱势地位，难以参与激烈的市场竞争，更无力对抗变幻莫测的市场风险。农民迫切希望有自己的组织，把分散的个体农户组织起来，以整体的较强经济实力与市场

接轨，争取理想的市场效益。这种联合与合作，不需要行政命令，也不是从外部的强行捏合，而完全是从自身需要激发出来的自觉合作，因而最直接、最明显、也最容易巩固持久。

（二）农村经济增长迫切需要合作组织的产生

随着社会主义市场经济体制的逐步确立，农业发展中以体制接轨为特征的市场变化趋势将日益加剧。要顺应历史潮流，实现共同富裕，就必须进行农业组织与制度的创新，探索出一条既兼顾小生产者利益，又适应生产社会化发展要求的道路。因此，加强农业联合，建立合作组织，发展合作事业，壮大农民经济实力，就成为当前比较理想的一种选择。通过发展合作事业，分散独立的个人劳动转化为紧密协作的联合劳动，资金、技术、信息等生产要素由原先的个人占有使用转化为合作组织成员合作占有使用，顺应了社会化大生产和大市场的要求。

（三）社会发展呼唤新的组织出现

由于漫长的小农经济的影响和计划经济的束缚，中国农民的市场主体地位长期处于缺位状况。合作制把农民作为市场主体来看待，农民以市场主体的身份加入合作经济组织，这是农民主体意识的自觉体现，可以大大强化市场主体地位。农民可以根据自身的意愿加入或退出，也可以同时加入多个合作社。自由度增长，必然促进自主意识的增强。在合作组织内部，农民既是出资者，又是劳动者；既是民主管理者，又是民主监督者。农民多种身份集于一身，多种角色不断转换，可以自由表达意愿。这些都将促使农民的民主意识不断提高，参政议政的积极性、主动性空前高涨，从而使农民真正认识到自己在合作社经济组织中的价值和地位，进而认识到自己在整个社会中的价值和地位。

主要参考文献：

1. 《马克思恩格斯全集》第 9、25、26 卷，北京：人民出版社，1961、1974、1972。

2. 《邓小平文选》，第 3 卷，北京：人民出版社，1993。

3. 张秀生、陈先勇、王军民：《中国农村经济改革与发展》，武汉：武汉大学出版社，2005。

4. 林善浪、张国：《中国农业发展问题报告》，北京：中国发展出版社，2003。

5. 中国社会科学院农村发展研究所、国家统计局农村社会经济调查总队：《2005～2006 年中国农村经济形势分析与预测》，北京：社会科学文献出版社，2006。

6. 国风：《中国农村经济制度创新分析》，北京：商务印书馆，2000。

7. 卫平等：《未来中国农业之路》，武汉：湖北人民出版社，2003。

8. 国家统计局：《中国统计年鉴 2005》，北京：中国统计出版社，2005。

9. 国家统计局：《中国统计摘要 2006》，北京：中国统计出版社，2006。

10. 国家统计局：《中国农村统计年鉴 2005》，北京：中国统计出版社，2005。

11. 农业部发展计划司：《新世纪初中国农业展望——农业部农业和农村经济发展第十个五年计划汇编》，北京：中国农业出版社，2002。

12. 李剑阁、韩俊：《解决我国新阶段"三农"问题的政策思路》，《中国农业综合开发》，2004（1）。

13. 张希仁：《加强农业的基础地位是我国经济社会发展的根本战略》，《开发研究》，2000（1）。

14. 程鹏：《资源丰度和资源有效空间》，《自然资源学报》，1998（1）。

15. 邓大才：《试论农业政策的非农偏好及矫正思路》，《社会主义经济与实践》，2001（7）。

16. 彭可珊：《我国粮食安全状况和未来形势分析》，《探索》，2004（1）。

第八章　资源型地区经济转型与发展

　　资源型地区的经济转型问题是一个世界性课题。实践证明，资源型地区的经济转型是无法避免的，而且经济转型是一次重大的经济、社会、技术、环境的变革。在一定程度上可以认为，资源性地区的经济转型与发展是其自我扬弃、自我否定和自我创新的过程。其最终目标是实现地区、产业、企业的可持续发展。

第一节　资源型地区及其经济转型

一、资源型地区的含义

　　一般而言，资源型地区是依托当地不可再生资源的开发而兴建或者发展起来的地区，其主导产业是围绕不可再生资源开发而建立的采掘业和初级加工业。从这个定性定义中，有两点应该明确：一是当地资源的开采，即该地区必须有采掘业，否则，资源加工规模再大、比重再高，也不能称为资源型地区；二是资源型产业的发展对当地经济发展具有决定性影响，如果只是一般性影响，则不能称为资源型地区。①

　　对于资源型地区的定义，一直以来都没有明确和统一的定论，诸多学者从不同的角度分别阐释了各自的观点。总体上，我们可以分别从质和量的方面进行定义。

　　（一）从质的方面进行定义

　　此类定义的描述多是从资源型地区的功能属性上进行，而不涉及具体的数量含义。主要有以下几种观点：

　　1. 从产品功能上进行定义

　　如张秀生、陈先勇认为，资源型地区指其主要功能或重要功能是向社会提供矿产品及其初加工品等资源型产品的一类地区，从产业结构来说，矿业是该地区的主导产业或支柱产业，这类地区往往因矿业开发而兴起。② 这个定义实际上暗含着其

---

　　①　齐建珍等著：《资源型城市转型学》，第23页，北京：人民出版社，2004。
　　②　张秀生、陈先勇：《论中国资源型城市产业发展的现状、困境与对策》，《经济评论》，2001（6）。

主导产业包括两类：一类为矿产品；另一类为矿产品的初加工品。王元认为，单一产业性地区分为两种基本类型：一是资源型地区，如大庆（石油）、大同（煤炭）、铜陵（铜矿）；二是产品型地区，如十堰（汽车）、攀枝花（钢铁）、仪征（化纤）等。① 周德群、龙如银认为，矿业城市是以矿产资源为对象的采掘工业及其相关的社会生产发展到一定规模后形成的特定地域。而且，他还明确提出，矿业城市概念的界定更应侧重于质的方面，主要看该城市的经济与社会结构是否与矿业存在高度的相关性，绝对的数量标准是没有意义的。②

2. 从产业演化角度进行定义

如郑伯红认为，资源型地区就是专门化职能地区的一种，是指伴随着资源开发而兴起的地区，或者在其发展过程中，由于资源开发促使其再度繁荣的地区。他认为，狭义的资源型地区是指，天赋资源群聚集并以自然资源型产品为产业支柱的地区……狭义资源型地区的产生和发展强烈地依赖于某种天赋的资源和人类对资源的某种特殊的需要，它属于以输出能源和原材料为特征的资源型经济区，其职能较单一，对外联系范围虽广，但联系内容单一；其发展历史一般较短，发展速度较快，并可能有较大的起伏性。③ 这一定义强调资源型地区的产生和发展显著地依赖于某种天赋的自然资源，属于以输出能源和原材料为特征的资源型经济区，而且它还包含了资源型地区资源日渐枯竭而转型的含义。由此可以看出，这个定义中包含着产业结构动态发展的含义。张米尔、武春友则认为，资源型地区是依托资源开发而兴建或者发展起来的地区，资源型城市的产生和发展与工业化进程密不可分……这些城市为国民经济乃至国家安全作出了重大贡献……其主导产业是围绕资源开发而建立的采掘业和初级加工业。④ 这个定义也暗含其主导产业包括两类：一类为矿产品；另一类为矿产品的初加工品。鲍寿柏、胡兆量、焦华富等则认为，专业性工矿地区分为两类，一类其主体是矿业地区，另一类是矿产品加工工业地区，如钢铁工业地区和有色金属工业地区等。⑤

3. 从功能学和发生学角度进行定义

从发生学角度看，资源型地区一定是因自然资源的开采而兴起或发展壮大的地

① 王元：《重视单一性城市的可持续发展》，《人民日报》，2000-01-11。

② 周德群、龙如银：《我国矿业城市可持续发展的问题与出路》，《中国矿业大学学报（社会科学版）》，2001（9）。

③ 郑伯红：《资源型城市的可持续发展优化及案例研究》，《云南地理环境研究》，1999（3）。

④ 张米尔、武春友：《资源型城市产业转型障碍与对策研究》，《经济理论与经济管理》，2001（2）。

⑤ 鲍寿柏、胡兆量、焦华富等著：《专业性工矿城市发展模式》，北京：科学出版社，2000。

区；从功能学角度看，资源型地区一定要承担为国家输出资源性产品的功能，即资源性产业要在地区经济占有较大份额。由此，对资源型地区作如下定义：即资源型地区是因自然资源的开采而兴起或发展壮大，且资源性产业在工业中占有较大份额的地区。这里所指的自然资源大部分为矿产资源，也包括森林资源；资源性产业既包括矿产资源的开发，也包括矿产资源的初加工，如钢铁工业和有色冶金工业。因此，从上述定义看，资源型地区概念的外延要比矿业地区宽，例如，森工地区不属矿业地区但属资源型地区，冶金地区不属矿业地区但属资源型地区。[1]

（二）从量的方面进行定义

仅仅进行定性分析还不足以对资源型地区进行科学的分析，还必须进行必要的定量分析。对资源型地区进行定量分析是近 20 年来理论界一直不断研究的一个重要课题。但是，到目前为止，理论界尚未形成一致的意见。总体来说，主要以地区经济对资源型产业的依存度为依据进行界定，其界定指标主要包括：

1. 产值依存度

产值依存度反映了地区经济对某一产业的依赖程度，主要用资源型产业的增加值占 GDP 的比重、工业增加值占 GDP 的比重与资源型产业的产值占工业总产值的比重来衡量。如樊杰在定义煤炭资源型城市时，以煤炭采选业在本市工业总产值中的比重大于或等于 10% 作为煤城的划分标准，若依此类推，矿产资源采选业（煤炭采选业、石油天然气采选业、黑色金属采选业、有色金属业等）在城市工业总产值的比例大于或等于 10% 为资源型城市，这可以认为是资源型城市划分的又一量化标准。[2]

2. 就业依存度

就业依存度反映了地区就业对某一产业的依赖程度，主要用资源型产业从业人员数占地区全部就业人员数的比重、资源型产业的职工及家属人数占地区人口的比重衡量。

3. 财政收入依存度

财政收入依存度反映了地区财政收入对某一产业的依赖程度（包括各项税收、专项收入和其他收入），主要用资源型产业提供的财政收入占地区财政收入的比重衡量。

4. 地区产业集中化系数

地区产业集中化系数指地区某一产业在该地区集中的程度，用该产业的规模比重对全国平均比重的比率来表示。公式为：

$$R_i = (m_i / m_T) / (M_i / M_T)$$

---

① 王青云：《资源型地区经济转型研究》，第 1、2、5 页，北京：中国经济出版社，2003。

② 樊杰：《我国煤矿城市产业结构转换问题研究》，《地理学报》，1993（5）。

其中，R_i 为某地区 i 产业集中化系数，m_i 为某地区 i 产业总量，m_T 为某地区所有产业总量；M_i 为全国 i 产业总量；M_T 为全国所有产业总量。

以上"产业总量"是以某项指标为标志的总量，如职工总数、总产值、固定资产总值等。如果产业系数超过1，就表明这个地区 i 产业的集中化程度和专业化程度已经超过全国平均水平，一般可以被称为该市的主导产业①。如果一个地区的主导产业是资源型产业，这个地区就是资源型地区。

2002 年国家计委宏观经济研究院在《我国资源型城市经济结构转型研究》报告中，也提出了资源型地区的界定原则和标准。

（1）资源型地区的确定原则。一是发生学原则，即地区的产生和发展与资源开发有密切关系。它主要有两种模式：一种是"先矿后城式"，即城市完全是因为资源开采而出现的，如大庆、金昌、攀枝花、克拉玛依等；另一种为"先城后矿式"，即在资源开发之前已有城市存在，资源的开发加快了城市的发展，如大同、邯郸等。二是动态原则，也就是考察资源型地区必须注重它的全过程。有些地区曾经是资源型地区，但是通过若干年的转型，资源型产业在地区经济中所占比重已经很小，地区对资源型产业的依赖程度已经很小，这些地区就不再是资源型地区。三是定性分析与定量分析相结合，以定量分析为主原则。

（2）进行定量分析，依据下面四个指标初步界定资源型地区：一是采掘业产值占工业总产值的比重在10%以上。首先，全国采掘业产值占工业总产值比重一般为6%～7%，而我国所有城市这一比值平均为4%～5%；其次，在研究地区支柱产业时，其最低要求是其比重大于5%。二是采掘业产值规模，对县级市而言应超过1亿元，对地级市而言应超过2亿元。三是采掘业从业人员占全部从业人员的比重在5%以上。确定这一标准是因为，我国城市中采掘业从业人员占全部从业人员的比重平均为2%～3%，如果数值大于5%，则该产业对城市的就业稳定性将产生较为重要的影响。四是采掘业从业人员规模，县级市应超过1万人，地级市应超过2万人。原则上，上述四个指标应同时满足。

根据上述原则、标准和步骤，我国的资源型地区有118个。其中，黑龙江最多，有13个；山西其次，有11个；吉林、内蒙古、山东、河南、辽宁等省分别为7～10个。东北三省合计30个，约占全国的1/4。在这118个资源型地区中，煤炭地区63个，占53%；森工地区21个，占18%；有色冶金地区12个，占10%；石油地区9个，占8%；黑色冶金地区8个，占7%；其他类型的地区5个，占4%。从行政级别看，地级市47个，县级市71个。②

实际上，因为各个经济部门的发展通常是非均衡的，所以产值依存度、就业依

① 饶会林：《城市经济学》，第 143～145 页，大连：东北财经大学出版社，1999。
② 齐建珍等著：《资源型城市转型学》，第 28～29 页，北京：人民出版社，2004。

存度、财政依存度和地区产业集中化系数这些指标经常会发生变化。如果这种不均衡在不同时期、不同地区经常逆转，此时就可以把多年（如 3 年或 5 年）的统计指标进行平均，用平均数指标来对资源型地区进行分析和界定，以推出更为合理的结论。

二、资源型地区的历史地位和作用

资源型地区的主要任务长期以来是发展矿产开采以及加工业，因此，在工业化和城市化过程中具有重要地位。

（一）为工业化提供了物质、资金和人才资源

西方国家在 18 世纪的工业革命中，冶金工业、煤炭工业和采矿业获得了迅速发展，同时也促进了资源型地区和城市的发展，并在 19 世纪末 20 世纪初使资源型地区发展进入鼎盛时期。我国资源型地区和城市的发展鼎盛时期在 1949 年中华人民共和国成立之后，当时出现了很多因为矿产开采而兴盛的地区和城市，如著名的大庆、攀枝花、包头、马鞍山等。

资源型地区作为工业经济时代的代表，为工业化的最终完成提供了大量的物质、资金和人才资源。首先，资源型地区作为能源、原材料或机器设备的重要生产基地，为制造业的发展提供了物质基础。其次，资源型地区的资源企业向国家交纳了大量利税，为工业化提供了资金积累。再次，资源型地区的发展为全国同类产业部门输送了大批技术力量，促进了行业的发展。

（二）增强了国家的经济实力，促进了区域经济的协调发展

资源型地区的兴起，不仅为国家提供了大量能源和原材料，而且它已成为现代工业体系和城市群体中的重要部分，构成一个新的经济增长极，对增强国家的经济实力，对经济、社会的稳定和发展具有举足轻重的作用。

资源型地区的兴起和发展，在很大程度上改善了区域经济格局，在促进区域经济协调发展方面发挥了重要作用。资源型地区不只是众多的人口和自然资源在空间地域上简单叠加，而且以人为主体、以自然资源为依托、以经济活动为基础、以社会发展为纽带，相互联系成为极为紧密的有机整体。同时，由于资源型地区多是在偏僻落后地区兴起的，其中很多又是老少边穷地区，资源型地区的发展和辐射带动作用对于这些地区脱贫致富、促进区域经济协调发展起了重要的促进作用。

（三）提供了大量的就业机会，促进了社会稳定

资源型地区的兴起和发展，为社会提供了大量的就业机会。资源开发本身需要众多的劳动力，同时，资源型产业的发展，带动与促进了资源产品加工业和服务业的发展，为扩大整个社会就业作出了重要贡献。这对于改善人民的物质文化生活、促进社会稳定发挥了重要作用。

（四）加速了城市化的进程

国家城市化水平的高低是国家工业化和现代化程度高低的重要标志之一。资源型产业对简单劳动有巨大需求，由于"因资源而生的城市"多是在非城市地区兴起的，使得资源开发地的农业人口迅速转化为非农业人口、城市人口，该地域内的城市数目和城市人口不断增长；而"依资源而兴的城市"由于资源开发，城市人口也迅速增长和升级。大城市、特大城市和城市区域不断形成和扩大，城市人口在全国人口中的比重不断增加，大大加快了城市化的进程。①

三、资源型地区经济转型

（一）资源型地区经济转型的内涵

资源型地区经济转型是指将地区主导产业由现存的不可再生性自然资源的开采和加工产业转向其他产业，使地区发展摆脱对原资源型产业的依赖，从而规避衰败以实现地区的可持续发展。这种"转向"经常引发经济、政治、法律、社会、文化等多方面的系统变革。

资源型地区经济转型主要包括资源结构调整及资源取向的转化，先导产业、支柱产业、优势产业的再选择、再配置，市场取向的调整，生态环境的修复，劳动力的转移培训与安置，人文价值观的转变，等等。资源型地区经济转型的本质是摆脱资源依存化，也就是使地区发展摆脱对不可再生资源的依赖，谋求地区的可持续发展。

资源型地区经济转型的主体是多元的，包括政府、企业、个人。在市场经济体制下，由于各主体的目标不尽相同，转型方法也有很大差异。从理论上讲，个人和企业有较大的选择余地。个人和企业可以选择在本地区转型，也可以易地转型，个人和企业可以到其他地区继续从事原来产品的生产。而政府没有选择余地，只能在本地转型。在实践上，由于退出和进入障碍很大，个人和企业在本地和易地转型成本都很高。资源型地区经济转型就是需要在这三者之间寻求利益的均衡点。②

（二）资源型地区经济转型的基本模式

在对一些国家和地区的资源型地区经济转型的资料进行归纳比较后，可以发现，由于环境和现实条件的差异，各国资源型地区的经济转型也存在许多差别，比较有代表性的大致有三类：

1. 市场运作的模式

这种模式以美国、加拿大、澳大利亚等国家为代表，它们的资源型城镇的经济

---

① 齐建珍等著：《资源型城市转型学》，第 46~47 页，北京：人民出版社，2004。
② 齐建珍等著：《资源型城市转型学》，第 64~65 页，北京：人民出版社，2004。

转型主要依赖于市场机制的调节。转型产业主要包括煤铁矿区和石油产区。由于注重先进技术的应用，这些国家资源型产业的从业人员较少，加之这些国家的居民都具有很强的迁徙性，因此转型比较容易进行。这些国家的企业掌握着产业进出的主动权，而政府大多只通过宏观政策手段对经济转型进行控制，并负责协助企业人员转型后的安置。值得注意的是，加拿大政府建立的资源型产业预警系统，为资源型城镇的经济转型赢取了转型所需的时间，减少了转型所需的成本。

2. 政府主导的模式

这种模式以日本为代表，日本资源型产业转型的主要是煤炭产业。日本的国内资源非常稀缺，其政府部门对资源型产业极端关注。1956 年以来，日本政府开始注重采用进口替代的政策取代原来的政策，并注重培育资源枯竭型城镇的转型产业。日本政府对转型产业实行了有力的援助政策，并主要以地方财政为主。日本政府规定，对于再就业的煤炭从业人员，在再就业前都要进行职业培训，培训由煤炭企业或接收单位负责，政府给予它们相应的补贴。政府为下岗职工提供生活补贴和求职资助，并为接收下岗职工的企业提供奖励。日本政府很注意改善转型城市的投资环境，大力强化基础设施和公用事业的建设，并从融资和税制等方面为向转型城市注入的投资提供便利与优惠。

3. 专职委员会负责模式

这种模式以欧盟国家（尤其是德国的鲁尔和法国的洛林地区）为代表。这种模式主要也是政府在起主导作用，只不过表现形式与日本略有不同。欧盟区转型的产业主要是煤铁基地和重工业。这些需转型产业的设备老化，运作成本高，转型难度大。在转型中，政府主要是通过财政援助的手段来顺利实现转型。在该模式中，为了应对危机，政府专门成立了负责转型的委员会，如德国鲁尔地区 1920 年成立了鲁尔煤管区开发协会，全权负责区内的规划发展。此后，又通过立法（1936 年、1950 年、1962 年、1972 年）一再扩大其权力，现在它已成为区域规划的联合机构——州联邦的权力部门。该协会的成员具有广泛的代表性，60% 是政府成员的代表，40% 是企业代表，这为协会的政令推行提供了很好的前提条件。①

从国外这些经济转型成功地区的经验看，它们都重视政府的积极、合理的干预作用，但是市场的主体配置资源的地位没有受到影响。而且，政府的干预是通过经济、法律干预政策来实施的，这是我国在资源型地区经济转型过程中必须十分重视的经验。

①　于全、王金瑛：《资源枯竭型城市的经济转型：理论与经验》，《山东社会科学》，2004 (5)。

第二节　国外资源型地区经济转型的经验与借鉴

一、鲁尔工业区的经验与借鉴

（一）鲁尔工业区的成功经验与教训

鲁尔工业区在德国近代工业的发展中占据重要地位，素有"德国工业引擎"的美称。从 20 世纪 50 年代起，由于世界性能源消费结构的改变和科技革命的冲击，鲁尔工业区逐步陷入结构性危机之中，解决资源枯竭型地区经济转型已成为鲁尔工业区经济发展的迫切要求。联邦政府对鲁尔工业区的衰退和转型十分重视，制定了进行改造的一系列规划和政策措施，使全区经济再次获得了振兴。①

1. 鲁尔工业区成功转型的经验

总结鲁尔工业区成功转型的经验，可以发现鲁尔工业区的主要经验有如下几个方面：

（1）政府在工业转型中起主导作用。虽然德国是信奉市场自动调节原则的国家，但是对于鲁尔工业区的困境迅速启动政府的干预机制。针对鲁尔工业区的实际情况，德国联邦政府、州政府、区政府采取了相应的措施。

一是建立健全转型机构。1920 年 5 月 5 日，德国政府颁布法律，成立了"鲁尔煤管区开发协会"，它是鲁尔工业区最高规划机构。之后又一再扩大其权力，现它已成为区域规划的联合机构、州联邦的权力部门。协会中 60% 是市县代表，40% 是企业代表。财政由州政府当局拨款和协会自身筹款，协会还有贷款的权力。

二是加强矿区关闭和转型的指导。根据现有煤矿资源情况，德国政府提前确定了部分煤矿的关闭时限、减产和减人指标。德国政府通过提前制定规划，有步骤、分阶段实施，避免了等资源枯竭后再集中安置职工给社会带来的压力。②

三是加强基础设施建设和生态环境建设，为资源枯竭地区的工业转型创造良好的投资环境。为此，鲁尔工业区在转型之初就大力加强基础设施建设，使得投资商们在此投资可以获得比其他地方高得多的平均利润率，这样，就极大地刺激了投资商们的投资热情。

另外，当地政府重视环境保护工作，积极采取一切有力措施，最大限度地改善被严重污染的环境，使如今的鲁尔工业区真正实现了生态地区的建设。

---

① 焦华富、韩世君、路建涛：《德国鲁尔区工矿城市经济结构的转变》，《经济地理》，1997（6）。

② 彭华岗、侯洁：《德国资源型城市和企业转型的经验及启示》，《中国经贸导刊》，2002（19）。

　　四是政府制定和出台相应的投资政策，简化审批手续，以吸引外商投资。

　　（2）大力发展接续和替代产业。德国坚持在发展中推进工业转型，在工业转型中促进产业结构升级和经济社会发展。转型不是传统产业的相互替代，而是以提高国际竞争力目标的产业结构升级。鲁尔地区选择的接续产业，一是石油化学工业，二是汽车工业，三是电子信息产业，四是消费品工业，五是服务业。①

　　（3）重视教育和职业技术培训。所有资源枯竭地区在转型改造的同时都面临下岗工人二次就业的问题，因此职业技术培训是必需的。鲁尔工业区从 1961 年起就十分重视开展技术教育和职业培训，为产业结构的转型输送大量技术成果。②

　　（4）因地制宜，发挥本地区的优势，在经济转型和改造的同时，注意保持本地区传统历史文化。鲁尔工业区将资源枯竭的工厂和矿山改造成为风格独特的工业博物馆，变成旅游资源，创造了大量的就业机会。

　　2. 鲁尔工业区经济转型中的教训

　　鲁尔工业区的经济转型告诉我们，政府过分的补贴尽管坚持了公平原则，但是，却不利于地区经济结构转型和长远发展。如德国联邦政府一直对煤炭、钢铁、造船等部门进行补助，但补助并没有带来积极的效果，在高投入、高资助以后，并没有阻止鲁尔工业区的进一步衰落。最后得出的结论是：对传统大工业的资助是得不偿失的，夕阳产业本身就不能给企业带来更多的利润。

　　因此，联邦政府调整了对老工业基地的资助办法，把资金主要用于帮助该地区投资生产新产品，扶持当地的新兴产业、服务业和中小企业的发展，以创造新的就业岗位。同时，资助再就业培训，使从传统大工业裁减下来的人员，能够在新的岗位上就业。鲁尔工业区的这一教训值得我们很好地反思和借鉴。③

　　（二）鲁尔工业区经济转型的启示

　　德国鲁尔工业区经过多年的改造已经取得了世人瞩目的成果，其成功的经济转型有很多值得借鉴的经验。

　　1. 老企业的改造首先从调整产业结构入手，逐步完善基础设施的建设

　　德国鲁尔工业区首先从调整产业结构入手，对传统的老矿区进行清理整顿，关、停、并、转传统的经营不善的企业，并尽量实行渐进的方式，以免引起社会震荡。

　　2. 加大开放力度，努力吸引外来资金和技术，在加快老企业改造的同时，大

---

　　① 彭华岗、侯洁：《德国资源型城市和企业转型的经验及启示》，《中国经贸导刊》，2002（19）。

　　② 葛竞天：《从德国鲁尔区的经验看东北改革》，《财经问题》，2005（1）。

　　③ 彭华岗、侯洁：《德国资源型城市和企业转型的经验及启示》，《中国经贸导刊》，2002（19）。

力扶持新兴产业

一方面大力发展新兴产业（主要是指以电子计算机为首的信息技术产业和以遗传工程为首的生物技术产业），为老工业改造提供必要的技术支持和资金援助；另一方面带动其他相关产业发展，创造更多的就业机会。

3. 完善社会保障制度，使地区的经济转型波动降到最低

鲁尔工业区对该区的大批失业工人提供了大量的、必要的社会保障。其中，完善的保险制度起到了关键的作用。

4. 实施矿区生态恢复建设与环境保护，为失业职工创造再就业机会

鲁尔工业区在处理资源枯竭型地区经济转型时十分重视矿区的环境修复，并为此专门成立整治部门，负责处理老矿区遗留下来的土地破坏和环境污染问题。[1]

5. 培育发展中小型企业

德国政府培育中小企业的有效模式是建立企业技术创新中心，中心的主要职责就是帮助创业初期的中小企业渡过难关，主要工作是帮助新企业制定规划，帮助新企业正式成立，并在初期和成长期为之提供各种服务。[2]

二、美国老工业区的经济转型

美国东北部地区的伊利诺伊州、印第安纳州、密歇根州、俄亥俄州和宾夕法尼亚州，曾是美国的重工业中心，从 1980 年开始，其制造业就业人数既落后于中北部地区，也落后于南部地区，衰落导致该地区经济萧条，遗弃的工厂设备锈迹斑斑，被人们形象地称为"锈带地区"。[3] 从 80 年代中后期开始，"锈带地区"经历了艰苦的产业转型过程，受到美国乃至世界经济界赞扬的"锈带复兴"从此开始，并于 90 年代中期基本完成。

（一）美国"锈带复兴"的经验

1. 通过政府的经济干预措施扶持企业发展

美国虽然崇尚自由市场机制，尽量避免政府对市场的干预，但是美国在面对"锈带"困境时也选择了政府的经济干预。其具体表现在：

（1）政府出面实行保护制造业的国内市场，限制进口的措施。如卡特政府为了扶植国内钢铁生产，提高了美国进口钢铁的最低限价；里根政府为控制进口与29 个国家达成自愿限制钢出口的协议。

（2）采取财政扶植政策。如为稳定钢铁生产发展，通过降低贷款利率，加速

① 葛竞天：《从德国鲁尔区的经验看东北改革》，《财经问题》，2005（1）。

② 彭华岗、侯洁：《德国资源型城市和企业转型的经验及启示》，《中国经贸导刊》，2002（19）。

③ 徐燕兰：《美国老工业区改造的经验及其启示》，《广西社会科学》，2005（6）。

折旧、吸引投资等。虽然其中的一些扶植政策不只是面向"锈带地区",而是面向全国的,但纵然是面对全国的财政援助,也对"锈带地区"的经济复兴产生了较大的影响。

(3)实行减税和扩张的财政政策,放宽政府的管制。从 1982 年开始,在减少个人所得税的同时,也通过实现"快速成本回收制度"等税收优惠政策来减少公司所得税;适当放宽或取消了一些妨碍经济发展的规章制度,如放宽了 180 多项有关环境污染、工矿安全的规章条例等。①

2. 不断调整产业结构,促使产业结构升级

制造业在"锈带地区"经济中占有重要比例,调整结构、寻找新的增长点是"锈带复兴"的重要途径。其主要措施包括:

(1)扶植西部、南部地区经济发展,转移、疏散东北部地区的制造业和劳动力,减轻该地区的就业压力。美国联邦政府一方面大力支持"阳光地带"的发展(美国西部和南部地区由于气候温暖而被人们称为"阳光地带"),另一方面促使该地区企业和劳动力向阳光地带转移,结果是,东北部地区的劳动密集型和环境污染型产业能在"阳光地带"获得新的生存和发展机会,同时,"阳光地带"工业和经济的发展,又吸引了越来越多的劳动力南移,从而大大地缓解了东北部地区的就业压力。

(2)向国外开拓市场或转移产业。在东北部地区把传统的制造业向"阳光地带"拓展和转移的同时,美国还通过向国外开拓市场或转移产业的方式,缓冲国内传统制造业的衰落局面,突出表现是"锈带地区"的大型垄断企业纷纷在国外建立自己的分公司,把一些劳动密集型产业和耗能污染型产业向国外转移,这既减轻了国内制造业的竞争压力,又可在国外获得高额的垄断利润。

3. 实施军转民政策,加快民间资本投资的步伐,进而为工业发展乃至国民经济振兴铺平道路

这一过程中,一条途径是通过发售股票的办法把东北部地区的国营军工业转化为私营企业或在政府监督下组织新的公司;另一条途径是实行国家所有,私人经营。如美国的原子能工业和宇航工业,就是由国家出资、私人经营的行业。

4. 通过企业内部的改革,提高生产率

面对东北部地区传统制造业的衰退状态,"锈带地区"的制造业开始采取行动,对企业进行了大规模的改造和重组。其主要措施有:(1)通过改善劳资关系发挥工人的积极性。(2)改革组织机构,使各个层次的人员目标明确,效率提高。(3)规范管理制度。(4)不断调整制造业结构,把发展整个老工业区产品结构的多样化和个别企业内部收缩战线经营主业结合起来。

---

① 徐燕兰:《美国老工业区改造的经验及其启示》,《广西社会科学》,2005(6)。

5. 把对传统工业的改造与大规模的技术改造结合起来

为了增强产品的竞争力，激发企业对降低成本和提高生产率的追求，老工业区的许多制造企业纷纷进行了技术改造。

6. 建立完善的培训制度

美国东北部地区的老工业企业把对工人的教育和培训放在十分重要的位置，往往通过在职培训、离开工作岗位在企业内部进行培训（着重解决工人实际工作中遇到的各种难题）及进入专门机构培训，极大地提高了工人的工作技能或重新择业的能力。

（二）美国"锈带复兴"对老工业区改造的启示

1. 政府对"锈带复兴"具有重要作用

美国是世界上公认的信奉市场教条的国家，对于市场的干预很少，但是对于"锈带复兴"却是果断干预，实践证明这种干预是相当成功和必要的。老工业区由于历史的积淀，人们的价值观、经营理念相对落后于经济发展的形势，加上沉没成本较大，经济效率较低，资本积累有限，因而经济变革的能力、诱因与速率均不足，单靠自身力量难以在较短时间内完成改造并取得理想效果，这就需要中央政府在财政上给予大力支持。

不过需要明确的是，政府的适当干预是必要的，但是要考虑干预的具体手段、力度、时间等要适当，否则是过犹不及。

2. "锈带复兴"与世界经济一体化和国内区域协调发展战略得到了很好的协调和适应

美国"锈带"出口最重要的特点是提前打入发展中国家市场尤其是亚洲市场。根据美联储所属芝加哥联邦储备银行 2003 年发表的有关"锈带复兴"的报告，2000 年美国出口额位居前茅的 10 个州中，"锈带"地区就占了 3 个。①

3. 专业化产品经营和集中化市场经营政策效果显著

现代市场的需求千变万化，美国锈带地区因此实行了专业化的产品经营和集中化的市场经营策略，使得该地区的产品生产实现了专业化经营，同时依靠集中化的市场经营策略实现了传统老企业的复兴，进而带动了整个地区经济的复兴。

4. 美国"锈带"复兴很好地实现了与技术创新、人才培训的结合

美国"锈带"在对老工业区进行改造的同时，将其与技术改造和技术创新结合起来。与此同时，重视对工人的培训，通过种种方式，提高工人的劳动技能，解决其实际生产操作中所遇到的问题，提高生产效率。②

---

① 转引自王振华：《从"锈带复兴"看美国老工业区的经济结构调整》，《科技信息》，2003（9）。

② 徐燕兰：《美国老工业区改造的经验及其启示》，《广西社会科学》，2005（6）。

美国的"锈带复兴"多年来一直是美国和其他西方发达国家经济界深入研究的重要经济现象，因为它对不少国家老工业区的改造有着明显的借鉴作用。同样地，其对我国很多老工业基地尤其是对东北老工业基地的复兴具有很重要的启示意义。

第三节 我国资源型地区面临的主要问题与经济转型的对策

一、我国资源型地区面临的主要问题

我国资源型地区在国家的经济建设中，提供了大量的资源，包括工业原料、人才和资金等。但是，由于我国对资源型地区的开发建设，没有提前规划资源开发枯竭后如何转型，所以目前很多资源型地区的经济、社会发展面临着巨大的挑战。具体来说，我国的很多资源型地区主要面临以下问题：

（一）产业结构单一，地区经济社会发展对资源型产业依赖度过大

在资源型地区中，资源型产业在整个地区的产业结构中占据主导地位。从产业结构来看，第二产业是主体，采选业以及关联原材料工业成为产业体系的主导产业，从而形成较为单一的产业结构，地区经济发展对资源具有高度的依赖性。资源性地区的经济支柱，作为主导产业与配套产业形成了联系紧密的汗液链条，彼此之间"牵一发而动全身"。这种特征可以三次产业结构来证明，一般矿业性地区的结构中，第二产业占 GDP 的 2/3 以上，其中工业增加值至少占 GDP 的一半以上，矿业采选业及其相关原材料加工业又占工业总产值的 2/3 以上①。

（二）国有经济比重过大以及企业社会化负担过重

国家在资源型地区或城市初建时进行了大量的投资，建立了大型或特大型企业，这些地区的绝大部分企业形式是国有企业，国有企业不仅自己办了好多社会福利，而且自身福利的封闭运行体系影响了城市功能的发挥，使得非国有经济难以进入第二、三产业。由此，资源型地区一方面国有企业实力强大，人员素质很高；另一方面，当地的中小企业非常落后，在它们之间便形成一个"断层"②，抑制了中小企业的发展，也导致在国有企业发展遭遇困境后，无法依靠中小企业来适时地分流国有企业沉重的社会负担。

和企业办社会问题紧密相连的衍生问题就是投资主体分散，容易造成重复投资和浪费。资源开采企业和当地政府作为不同的决策主体从本部门、本集团的利益出

---

① 徐建中、赵红：《资源型城市可持续发展产业结构面临的问题及对策》，《技术经济与管理研究》，2001（9）。

② 张杰辉：《资源城市经济可持续发展的问题与对策》，《自然辩证法研究》，2000（6）。

发，又往往互不通气，这就容易出现重复投资、资源浪费现象。①

（三）人才综合素质偏低，人才结构不尽合理，人才流失严重

我国资源型地区人口的文化素质低于一般地区，主要原因是资源开采需要大量对技术要求不高的劳动力。除了技术人员和管理人员从外部迁入以外，大量的劳动力来自周边农村，文化程度较低，工作技能和谋生手段单一。

人才的匮乏，特别是高新技术人才、高级管理人才、高级技能型人才的匮乏使资源型地区很难吸引资金用于发展高新技术产业。同时，由于大部分资源型地区处于偏远地区或欠发达地区，闭塞的交通和信息、艰苦的生活环境、恶劣的工作条件以及较低的福利待遇使人才大量外流，对原本就人才匮乏的地区来说是"雪上加霜"。

（四）区位禀赋低下

资源型地区是在资源开发利用的基础上形成和发展起来的，资源的禀赋及分布状况决定了资源型地区以及这些地区中心城市的地理位置。这些资源型地区或城市，远离经济发达地区和国际国内市场。这些资源型城市大多是在穷乡僻壤或戈壁荒滩上建立起来的，城市基础设施建设成本较一般城市高；城市沿矿而建，难以进行科学的规划；同时，在以往"先生产，后生活"思想的指导下，城市基础设施建设落后于生产发展。②

（五）生态环境破坏严重，环境治理压力大

资源的大规模开发极易导致环境破坏。在我国大多数资源型城市由于生产技术落后，设备陈旧，环境破坏表现得十分突出，主要的环境问题包括"三废"排放，占用和破坏土地以及诱发地质灾害。

资源型城市远较其他城市严重的环境问题极大地限制了一批代表未来产业发展方向的新兴产业的发展，这已经成为影响资源型地区转型的一大障碍。③

二、我国资源型地区经济转型的对策

根据我国资源型地区经济社会发展的现实，借鉴国外资源型地区经济转型的经验，实现我国资源型地区的经济转型，以下几个方面是必需的：

（一）充分发挥政府的作用，保证市场在资源配置中的主体作用

1. 充分发挥政府的作用

---

① 赵海：《我国资源型城市产业转型研究》，《经济纵横》，2004（5）。

② 张米尔、武春友：《资源型城市产业转型障碍与对策研究》，《经济理论与经济管理》，2001（2）。

③ 张米尔、武春友：《资源型城市产业转型障碍与对策研究》，《经济理论与经济管理》，2001（2）。

从发达的市场经济国家资源型地区经济转型的情况分析，政府的作用是不可或缺的。在市场经济体制下，政府的职能和任务就是要为企业发展创造良好的市场环境。市场环境包括硬环境和软环境，其中更为重要的是要为企业创造良好的软环境。

政府必须加强软环境建设，要营造统一、规范、透明和稳定的政策环境；建立高效、廉洁、精干的政府公务员队伍，创建优质的服务环境；培育和发展统一、开放、竞争、有序的市场环境；完善法制，形成严明规范的法制环境；转变观念，创造良好的人才和人文社会环境等。软环境好了，对境内外的投资者都将产生很大的吸引力，必将促进资源型地区转型的快速、成功完成。①

2. 保证市场在资源配置中的主体作用

资源型地区大多是在计划经济时期通过强制性的行政命令大量、快速配置各种资源而形成、发展起来的，并在长期的计划经济体制下通过计划来组织生产和分配。但是在今天市场经济体制下，必须要充分发挥市场在资源配置中的主体作用。

资源型地区衰退产业的退出、新兴产业的选择、主导产业的确定、劳动力的分流、资金的投向、市场的确定等都应该由市场来选择，不能由政府人为地圈定。

（二）进行资源型地区产业的改造和升级

资源型地区的产业升级转型是一项系统工程。借鉴国内外的具体实践，我国资源型地区的产业升级转型主要是做好衰退产业的退出和新兴产业的选择两个方面的工作。

1. 对衰退产业的退出进行援助

衰退产业主要是指由于技术进步或需求变化等因素致使市场需求减小、生产能力过剩且无增长潜力的产业。这类产业中的企业大部分经济效益低、亏损严重，对区域和城市的发展形成严重的阻碍作用。产业退出最本质的特性是该产业使用要素的减少……资源型城市产业结构的刚性，大量沉没资产的存在，使资源性产业的退出存在很大障碍②。

对这些企业，应由政府出面，为其扫清退出障碍，尽快使其退出市场，为其他企业的发展腾出空间。因此，国家应严格对衰退产业再投资的限制，切忌向产品市场已趋萎缩的企业或没有生长能力的企业（比如老煤炭企业）不断进行新的投融资，控制其资产规模的扩大。在此基础上，国家应对产业退出所带来的社会问题进行重点援助，如对城市社会保障体系建设的支持，对失业人员再就业和再培训的援

---

① 赵海：《我国资源型城市产业转型研究》，《经济纵横》，2004（5）。
② 刘玉劲、陈凡、邢怀滨：《我国资源型城市产业转型的分析框架》，《东北大学学报（社会科学版）》，2004（5）。

助，对城市贫困居民的特殊救济等，以此促进衰退产业的尽快退出。①

2. 资源型地区接续产业的形成与选择

根据国内外资源型地区产业改造和升级的实践，我国产业升级主要可以采取以下三种模式来进行运作。

（1）产业链延伸。产业链延伸就是在资源开采的基础上，利用资源优势，发展资源深加工产业，通过产业链的扩展增加产品的加工深度，提高资源的产出价值，从而带动区域产业的转型。产业链延伸是一种地区内外部力量共同参与的转型方式，在具体的转型过程中，既可以通过地区内部积累资金达到产业链延伸的目的，也可以通过吸引外部投资参与地区优势自然资源的深加工，实现产业链延伸和地区转型的目的。选择这种方式转轨时要注意，在继续发展原有资源开采产业的同时，要运用资源开发的自我积累功能，适时向产业链的深化方向发展，从而带动其他产业的发展，最终实现地区经济转型。

（2）新型产业植入。新型产业植入就是选择好一个适合某地发展，并且有发展前景的产业，通过制定相关鼓励政策，促进新产业的建立和发展，从而达到产业再造和地区经济转型的目的。新型产业植入是一种外生型的转型方式，主要适用于那些资源枯竭或者开采成本很高的资源型地区。

新型产业植入是一种以外部力量参与为主的转型方法，当然也不排除当地政府运用产业政策、税收政策吸引地区以外的资本，形成新的主导产业和支柱产业，完成地区转型。采取这种方式必须有步骤地关停原有的不适合发展的资源开发产业，通过"裂变式"的产业替代达到地区经济转型目的。新型产业植入要遵循两个原则：一是产业高级化，二是产业辐射力强。②

（3）新主导产业扶持。新主导产业扶持就是从地区现有产业中选出那些发展前景良好、产业带动作用强的产业，给予区域优惠政策，进行扶持，使其早日成为主导产业和替代产业。新主导产业扶持是一种内生型转型方式，主要适用于在除资源开采以外的其他产业具备一定优势的资源型地区。③

新主导产业扶持是一种以地区内部力量参与为主的经济转型方法，通过内部产业结构的调整，达到地区经济转型的目的。经济转型过程中要十分重视主导产业的选择，慎重选择，大力培养，充分利用原有的工业基础，以便于地区的平稳过渡。

（三）加强技术创新，用高新技术改造传统产业

产业的存在和发展总是建立在一定的技术基础之上的。任何一种产业，通过技

---

① 谢景武：《资源型城市实现可持续发展的对策》，《经济纵横》，2004（1）。

② 张米尔、孔令伟：《资源型城市产业转型的模式选择》，《西安交通大学学报（社会科学版）》，2003（3）。

③ 张米尔、孔令伟：《资源型城市产业转型的模式选择》，《西安交通大学学报（社会科学版）》，2003（3）。

术开发，运用新技术，创造出新的生产工具和生产工艺，就能够提高生产效率，提高劳动对象利用的深度和广度。面对经济全球化和以信息产业为代表的高新技术产业的飞速发展，没有技术创新能力的产业肯定是死路一条。

资源型地区技术创新主要应注意以下几点：

1. 自主创新和模仿创新结合

自主创新是指以企业自身的研究力量为基础，与国内的科研院所、高校合作推动技术创新。模仿创新是指以引进国外先进技术为起点，通过消化吸收，为己所用，或者直接购买国外先进技术。资源型地区的企业对这两者要综合运用，自主创新和模仿创新结合，当然，要以自主创新为主，现在我们已经具备以自主创新为主的条件，只有这样，才能最终实现完全的自主创新。

2. 资源型企业应该成为技术创新的主体

为了做到这一点，必须抓好资源型企业技术中心的建设工作，以技术中心建设为重点，带动更多的资源型企业建立健全技术开发机构，并做到技术开发机构的人员、任务、资金落实到位，充分发挥技术中心在技术开发推广、人才培养及技术创新的组织、协调和咨询方面的作用。

3. 加大科技成果的转化力度，加快技术创新进程

技术创新作为科技进步中由潜在生产力转化为现实生产力的关键环节，是一个周期性的技术经济过程，一般包括新产品和新工艺的获得、生产化、商业利益实现三个阶段。而新技术的市场实现程度是检验新技术成功与否的关键，由此，应该鼓励、引导科技人员在获取新产品、新技术和新工艺后，注重其推广应用，尽快实现商业价值，努力加快技术创新进程。[1]

此外，对科技进步应建立科技评价体系，加强对技术创新的监督和指导，加大对科技进步显著的单位和个人的宣传和表彰，在全社会形成重视技术创新的氛围。

（四）加强环境保护，建设生态地区

资源型城市由于其本身的自然条件及资源开发高消耗、高污染的特点，在发展中对生态环境的破坏性一般都比较严重。另一方面，由于城市财力不足，对生态恢复与污染治理的力度和水平又相对较差。这种状况造成了资源型城市的生态环境问题总是比其他城市突出，降低了资源型城市对外界的吸引力，也增加了资源型城市发展的非持续性。

1. 鼓励生态脆弱区人口外迁

对一些资源和环境条件非常差，甚至水资源、土地资源等基本条件都无法得到根本保障的地区，或是一些重要的生态控制区域（比如林区），城市发展对地区生

---

[1] 郭凤典、吴菊华：《技术创新：资源型产业走出困境的必由之路》，《理论月刊》，2000(7)。

态环境往往造成非常大的负面影响。对这类地区，可以从长远考虑，采取逐步外迁人口的政策。如，一方面可通过限制当地建筑用地的总量规模，特别是降低住宅用地的比例及加强人口的计划生育，来达到控制人口规模的目的；另一方面，可采取经济、法律等手段，如对人口外迁实行奖励。

2．控制城市环境污染

从客观实际出发，需要国家采取一些必要的调控措施。如可对中央企业的环境污染治理进行财政补贴，帮助其建立完备的排污体系；对污染严重同时经济效益欠佳的企业，尽早设法使其关停并转；帮助当地政府辟建新的工业区，调整污染型企业的不合理布局，采取集中治理措施；协助地方建设重要的污染处理设施，比如污水处理厂、垃圾处理厂等；制定与地区实际相适应的污染排放标准，并通过经济的、行政的、法律的措施来保证其执行。

3．加快城市生态系统建设

资源型城市生态系统建设主要应着眼于两个方面：一是加强对城市基础设施和区域环境的综合整治，特别是加强城市集中供水、供电、供热及污水、垃圾集中处理等设施的建设；二是要有意识地加强城市绿地系统的建设，通过增加城市外围防护绿地、城市内部公共绿地的比重来改善城市的生态功能。①

（五）合理开发资源与适度保护资源并重

在我国融入经济全球化的过程中，要注意在接受国际产业结构调整对我国经济发展有利影响的同时，避免消极影响危及我国经济的长期、根本利益。应该在这个大前提下，对我国自然资源进行有计划的开发。

一是按照《自然资源保护法》的精神，在摸清情况的基础上，制定适度开采的具体规划，并严格执行。规划的主要内容，应根据我国不可再生资源的稀缺程度、储量多少、独有性情况分别限定各类资源（尤其是矿产资源）的最高年产量，及对资源进行深加工的导向性规划。

二是在扩大对外开放、融入经济全球化的过程中要保持对保护资源战略意义的清醒认识。对稀有的矿产资源尤其要注意保护。靠出口初级产品来维持经济增长是不能长久的，这已被国际经验所证实。②

主要参考文献：

1．辽宁省人民政府发展研究中心课题组：《资源型城市转型学概论》，《资源·产业》，2003（6）。

---

① 谢景武：《资源型城市实现可持续发展的对策》，《经济纵横》，2004（1）。

② 胡春力：《我国资源开发型经济的形成与对策》，《战略与管理》，2003（2）；赵海：《我国资源型城市产业转型研究》，《经济纵横》，2004（5）。

2. 齐建珍等著：《资源型城市转型学》，北京：人民出版社，2004。

3. 张秀生、陈先勇：《论中国资源型城市产业发展的现状、困境与对策》，《经济评论》，2001（6）。

4. 王元：《重视单一性城市的可持续发展》，《人民日报》，2000-01-11。

5. 周德群、龙如银：《我国矿业城市可持续发展的问题与出路》，《中国矿业大学学报（社会科学版）》，2001（9）。

6. 郑伯红：《资源型城市的可持续发展优化及案例研究》，《云南地理环境研究》，1999（3）。

7. 张米尔、武春友：《资源型城市产业转型障碍与对策研究》，《经济理论与经济管理》，2001（2）。

8. 鲍寿柏、胡兆量、焦华富等著：《专业性工矿城市发展模式》，北京：科学出版社，2000。

9. 王青云：《资源型地区经济转型研究》，北京：中国经济出版社，2003。

10. 樊杰：《我国煤矿城市产业结构转换问题研究》，《地理学报》，1993（5）。

11. 饶会林：《城市经济学》，大连：东北财经大学出版社，1999。

12. 赵海：《我国资源型城市产业转型研究》，《经济纵横》，2004（5）。

13. 徐建中、赵红：《资源型城市可持续发展产业结构面临的问题及对策》，《技术经济与管理研究》，2001（9）。

14. 张杰辉：《资源城市经济可持续发展的问题与对策》，《自然辩证法研究》，2000（6）。

15. 焦华富、韩世君、路建涛：《德国鲁尔区工矿城市经济结构的转变》，《经济地理》，1997（6）。

16. 彭华岗、侯洁：《德国资源型城市和企业转型的经验及启示》，《中国经贸导刊》，2002（19）。

17. 葛竟天：《从德国鲁尔区的经验看东北改革》，《财经问题》，2005（1）。

18. 徐燕兰：《美国老工业区改造的经验及其启示》，《广西社会科学》，2005（6）。

19. 王振华：《从"锈带复兴"看美国老工业区的经济结构调整》，《科技信息》，2003（9）。

20. 于全、王金瑛：《资源枯竭型城市的经济转型：理论与经验》，《山东社会科学》，2004（5）。

21. 刘玉劲、陈凡、邢怀滨：《我国资源型城市产业转型的分析框架》，《东北大学学报（社会科学版）》，2004（5）。

22. 谢景武：《资源型城市实现可持续发展的对策》，《经济纵横》，2004（1）。

23. 郭凤典、吴菊华：《技术创新：资源型产业走出困境的必由之路》，《理论月刊》，2000（7）。

24. 胡春力：《我国资源开发型经济的形成与对策》，《战略与管理》，2003（2）。

第九章　县域经济

从古至今，县域始终是中国政治、经济和社会系统中最基础的层次和最基本的单元。"县积而郡，郡积而天下。郡县治，天下无不治。""民为邦之本，县乃国之基。安邦之难，难在固本；治国之难，难在强基。"中国历朝历代有作为的政治家都始终把县郡的发展与治理作为治国安邦最根本的工作。在当今中国，县域更成为城乡联动的关节点。县域经济不仅是国民经济的重要构成部分，而且也是国民经济最基本的运行单元，是国家政策最直接的操作平台。只有县域经济充分发展，才能从根本上推动和加快现代化建设和全面建设小康社会的进程。因此，结合中国社会主义市场经济体制建立与发展完善的背景，对县域经济进行系统研究，为县域经济发展战略的制定、发展模式的选择以及改革方案的设计提供理论指导，已成为一项具有重大现实意义与理论意义的区域经济学新课题。

第一节　县域经济：内涵、特征与经济地位

县域经济作为中国区域经济最基础的环节，它的产生并不仅仅是由于县是一个行政区域单位，而主要是基于行政编制、财政体制、客观实际以及改革实践的需要。①

一、县域经济的概念

截至目前，理论界对县域经济概念的界定尚未形成共识。通过对相关资料进行检索可以发现，同样是以研究县域经济为主要内容的书籍、文章，其名称很不一致，有县域经济、县经济、县市经济、县区经济等多种不同的提法。即使是同以"县域经济"来冠名，其阐述的定义也不尽相同。从综合的观点看，比较有影响的定义有以下两种：

陈清（2004）认为县域经济属于区域经济，是一个县范围内全部经济活动的总和，是国民经济各部门相互交织的综合体。其主要含义包括：①县域经济是各部门的综合体，包括工业、农业、商业、运输业、建筑业、旅游业、信息业、金融业

---

① 孙学文等：《中国县经济学》，第 24~25 页，北京：中国经济出版社，1990。

等。②县域经济活动是在一定空间范围内进行的，包括社会再生产的全过程，牵涉生产、分配、交换、消费等各环节，纳入上级地（市）经济的总盘子，直接联系乡村经济，又与各级部门、各周边地区的经济活动交织在一起，形成多层次立体交叉的三维结构。③县域经济不是各部分经济活动的简单汇总，而是组成要素有机结合的整体。这个有机体是由共同目标所联系起来的许多相互依存的子系统、分系统组成的复杂的社会经济系统。④县域经济应属于中观经济，因为它既不属于宏观经济系统，也不属于微观经济系统。从宏观经济看，全国或全省的经济条件和经济调控手段比较齐备，而县域经济总量分析包含的范围较小，只是一种更小范围的区域经济；从微观经济看，县域经济不是一个独立的经济法人，而是县行政区划内微观经济活动量的总和。⑤从条块关系看，县域经济是宏观经济与微观经济的结合部，是发展市场经济的一个重要的中间环节。县不是一个"细胞"，而是一个具有超细胞功能的"细胞集合体"。⑥从县域经济的地域范围看，县域经济是一种典型的区域经济，与行业经济相比，县域经济是较为完整和相对独立的经济体系。①

　　刘福刚、孟宪江（2005）认为县域经济是以县级行政区划为地理空间，以市场为导向，以县级政权为重要推动力，优化配置资源，具有地域特色和功能完备的区域经济。①县域经济属于区域经济范畴。县域经济是一种行政区划型区域经济，是以县城为中心、乡镇为纽带、农村为腹地的区域经济。但是，区域经济学的不少理论、方法在运用时尚需结合中国县域经济的具体情况，有关县域经济的发展规律还需要我们努力探索。②县域经济具有一个特定的地理空间，它是以县级行政区划为地理空间，区域界线明确。③县域经济有一个县级政权作为市场的重要推动，有一个县级财政。④县域经济具有地域特色，这种地域特色与其地理区位、历史人文、特定资源相关联。⑤县域经济是以市场为导向。县域经济不是封闭的"诸侯经济"，具有开放性。县域经济虽然是在县级行政区划上形成的，但它又不同于县级行政区划，随着市场经济的发展，县域经济要突破县级行政区划的约束，在更大的区域内进行资源配置，获取竞争优势。县域经济还要接受国家宏观经济政策的指导。⑥县域经济是国民经济的基本单元。县域经济是功能完备的综合性经济体系，县域经济活动涉及生产、流通、消费、分配各环节，一、二、三产业各部门。但是，县域经济又不同于国民经济，县域经济不能"小而全"，要"宜农则农"、"宜工则工"、"宜商则商"、"宜游（旅）则游"，注重发挥比较优势，突出重点产业。⑦县域经济是以农业和农村经济为主体，工业化、城镇化、现代化是县域经济的发展主题和方向。发展县域经济是解决"三农"问题的新的切入点，是全面推进小

---

① 陈清：《关于县域经济问题的若干思考》，《学术论坛》，2004（1）。

康建设的重要任务。①

上述的两种概括应该说是比较全面而又有代表性的。

二、县域经济的特征

从区域经济学的角度，我们特别关注县域与其他类型的区域相比较，具有哪些不同的特点。这种区别可能主要体现在以下三个方面：

第一，它是一种行政区划型区域经济，是以县城为中心、乡镇为纽带、农村为腹地的区域经济。这就是说，县域经济具有一个特定的地理空间，即以县级行政区划为地理空间，区域界线明确。既然这种区域经济以行政区划为地理空间，所以，县域经济有一个县级政权作为市场调控主体，在接受国家宏观经济政策的指导下对区域市场发挥调控作用，另外还有一个相对独立的县级财政。因此，县域经济有一定的相对独立性，并有一定的能动性。正如温家宝同志所指出的："农村的发展，县委、政府是关键。"② 在研究县域经济时，区域经济学很多理论、方法在运用时，需要结合中国县域经济的具体情况，只有这样，才有可能发现县域经济的发展规律。

第二，它又是一种开放型区域经济。尽管县域经济是在县行政区域长期稳定的基础上逐步建立起来的，但它又不完全与行政区划相同，县域经济不是封闭的"诸侯经济"，具有开放性。随着经济社会的发展，特别是借助于市场经济的力量，县域经济以市场为导向，可以突破人为划分的地域或边界，打破自然条件、地理交通、民族关系和政治因素等影响，在更大的区域内进行资源配置，形成跨县域的经济协作网络、贸易集散地或某一专业化生产中心。

第三，它是一种既具有完整性、系统性，又具有地域特点的特色型区域经济。一方面，县域经济具有完整性、系统性。一般而言，县域经济是功能完备的综合性经济体系，县域经济活动涉及生产、流通、消费、分配各环节，一、二、三产业各部门。这就是说，县域经济具有类似国民经济大系统、大网络的综合性特点，是中国社会经济功能比较完整的基本单元，具有相对独立的完整体系。在这个系统中，县域经济以农业和农村经济为主体，工业化、城镇化、现代化是发展主题和方向。特别需要指出的是，农业和农村经济不仅是县域经济的主体，也是国民经济的基

---

① 刘福刚、孟宪江：《正确认识县域经济的内涵》，《经济日报·县域经济周刊》，2005-12-01。

② 出自温家宝同志对《经济日报》成立县域经济研究中心的批示。批示全文为："农村的发展，县委、政府是关键。县委、政府要把农村工作作为重点。县级经济要以农业和农村经济为中心。当前，要把调整农业结构、增加农民收入摆在突出位置。'一要吃饭、二要建设'是县级经济建设的一条重要方针。一切从实际出发，尊重农民意愿是必须坚持的思想和工作路线。《经济日报》要重视县级经济、社会发展的研究和宣传报道。"

础。发展县域经济是解决"三农"问题的新的切入点，是全面推进小康建设的重要任务。另一方面，县域经济又不同于国民经济。受地理区位、自然条件或资源禀赋、交通条件、历史人文等因素的影响，县域经济可能形成以某一产业为主体的特色经济，县域经济不能"小而全"，应该注重发挥比较优势，突出重点产业和特色产业。这就决定了县域经济发展模式具有多样性，同时也要求我们在研究县域经济发展模式时，必须正视县域之间的发展差异，因地制宜，扬长避短，把握特点，尊重规律。

三、县域经济在国民经济中的地位

郡县治，天下安。中国共产党的"十六大"提出要壮大县域经济，十六届三中全会则进一步明确要大力发展县域经济。2006年，国务院政府工作报告中又提到：继续调整农业结构，积极发展畜牧业，推进农业产业化，大力发展农村二、三产业特别是农产品加工业，壮大县域经济，推进农村劳动力向非农产业和城镇有序转移，多渠道增加农民收入。全国同时有24个省市区在政府工作报告中表述到"县域经济"，超越历年。① 可见，发展壮大县域经济，已经被广泛认为是新时期统筹城乡发展、从根本上解决"三农"问题的战略举措，成为全面建设小康社会、建设社会主义新农村的重要内容。

县域经济在整个国民经济中的地位可以从四个方面来阐述：

1. 县域经济是整个国民经济的基础环节，是真正的地方经济

县域经济是中国经济的微观基础，它贴近物质资料生产的实际，处于行政管理和政策落实的前沿，是城乡社会各种矛盾交汇之处。"县"是联结城乡的纽带，是中国基本的行政和经济单元。县级政府是真正的地方政府，县域经济是真正的地方经济。据国家统计局的统计资料，目前全国县域单位国土面积占全国的95%，经济总量占一半以上，财政收入占23.6%，年末金融机构存款占28%，投资总量占全国的1/3。特别地，13亿人中，有9.3亿人口是农村户籍，同时还有1.6亿人生活在2 000多个县级单位的小城镇中，这就意味着全国11亿人生活在广大县域单位之内，而全国生活在地级以上城市的人口不到2亿人。② 可见，县域经济在国民经济中具有基础性的作用。

2. 县域经济是整个国民经济的薄弱环节，是一种弱势经济，因而成为全面建设小康社会的难点和重点

---

① 中郡县域经济研究所、县域经济基本竞争力评价中心：《2006年政府工作报告中有关县域经济的情况》，中国县域经济网（www. china-county. org），2006-04-20。

② 张红宇：《县域经济：内涵、作用及政策调整的思路》，收录于《农村政策法规调查与研究 2003》，北京：中国农业出版社，2004。

县域经济以农业为基础，以中小企业、乡镇企业和个体民营经济为经济发展主体，劳动密集型的产业结构面临极大的竞争压力。从总体上来说，县域经济是国民经济体系中的弱势经济。但同时，县域经济的问题囊括了占全国总人口 70% 以上的农民以及绝大部分中小县城居民的发展问题，没有县域经济的大发展，全面建设小康社会就是一句空话。县域经济是城乡经济的结合部、汇合点，发展县域经济是解决"三农"问题的关键。加快县域经济发展步伐，对于繁荣农村经济，推动城乡经济的协调发展，全面建设小康社会具有特殊的重要意义。从这个意义上讲，全面建设小康社会的难点在农村，重点在县及县以下。

3. 县域经济是整个国民经济的关键环节，是统筹城乡经济社会发展的操作平台

中国共产党的十六大提出要统筹城乡经济社会发展，十六届三中全会进一步提出，要统筹城乡发展、统筹区域发展、统筹经济社会发展、统筹人与自然和谐发展、统筹国内发展和对外开放。而县域经济是国民经济的基础，始终发挥着承上启下、连接城乡的作用，因此县域经济是实施五个统筹战略的关键环节，是各种政策、要素、产业聚集的平台。同时，县一级作为农村政治、经济、文化的中心，又承担着贯彻党的路线、方针、政策，组织发展生产，维护社会稳定的重要职能。因此，县域经济发展的好坏，关系到党的执政为民宗旨的体现，关系到"三个代表"重要思想和科学发展观的贯彻落实。

4. 县域经济是促进农民增收的重要载体

中国共产党和中国政府提出，促进农民增收要采取多元化、多渠道、综合性的措施，靠调整农业结构增收，靠拓宽就业门路增收，靠深化改革增收，靠增加投入增收，要充分挖掘农业内部的增收潜力，大力拓宽农业外部的增收渠道，加大对农民的政策性扶持力度，切实减少农民收入的损失，不断增强农民增收的基础保障能力。如何整合这些增收的措施？县域经济可能是最好的载体，因为在县（市）这个层次，行政、经济、社会管理手段比较完备，具有统揽市场经济的功能；因为其资源禀赋较好，整合资源的余地较大，易于形成产业优势和经济优势；也因为人口较多，劳动力资源丰富，市场空间较大，易于形成工业和农业、城镇和农村的良性发展和循环。

第二节　县域经济发展的现状与问题

一、县域经济发展现状

（一）全国县域经济总量

（1）县级行政区划。截至 2005 年底，中国共有县级行政区划单位 2 862 个，

其中：市辖区 852 个，县级市 374 个，县 1 464 个，自治县 117 个，旗 49 个，自治旗 3 个，县级特区 2 个，林区 1 个。①

（2）全国县域国土面积。全国县域内陆地国土面积 874 万多平方公里（根据中华人民共和国行政区划简册 2004 年统计）。

（3）全国县域内人口。2003 年，全国县域内人口达 9.16 亿，占全国总人口的 70.9%。县域内人口比重最高的省市区是西藏自治区和贵州省，分别达 90.6% 和 89.4%；县域内人口比重最低的省市区是上海市，仅为 3.7%。

（4）全国县域内地区生产总值（GDP）。2003 年，全国县域经济 GDP 为 6.45 万亿，占全国 GDP 的 55.15%。县域经济 GDP 比例最大的省市区是贵州省，达 74.4%；最小的是上海市，仅为 1.1%。

（二）全国县域经济平均规模

全国县域经济平均规模：2003 年，县域人口平均 45.53 万人，县域经济 GDP 平均 32.04 亿元，地方财政收入平均 1.21 亿元。

（三）县域经济的差异性

受自然地理、历史基础和社会人文诸多条件的影响，中国县域经济的发展很不平衡，既有大尺度的地带性差异（如东部沿海地带的江苏、浙江、山东、广东、福建 5 省多数县域经济的规模与水平远高于中、西部地区，百强县绝大部分在东部地区），亦有中、小尺度的中心—边缘差异，中心指大、中城市、交通枢纽、交通干线等，② 与中心距离近或有便捷联系的县域经济一般较发达，反之则欠发达。按人均 GDP 等人均指标比较，发达的和不发达的县域之间，差距在十几倍甚至几十倍。这表明县域之间不仅经济指标上有量的差异，亦表明它们的经济社会发展处于不同的发展阶段甚至呈现出两极分化的趋势。2003 年，全国县域人均 GDP 是 6 770 元，全国人均 GDP 则是 9 057 元，百强县人均 GDP 却高达 21 000 元。2003 年全国县域人均 GDP 是全国的 74.8%；人均 GDP 最高的 100 个县域是最低县域的人均 GDP 的 15.1 倍。若小康水平（人均 GDP）按 800 美元计，约合人民币 6 500 元，则表明：2003 年，全国县域人均 GDP 与小康水平相当。但平均数不等于大多数，人均 GDP 小康水平以下的县市占全国县市总数的比例接近 64%。从 2003 年全国县域经济人均 GDP 分布曲线来看，曲线的众数在 3 500 元左右，也就是说全国大部分县市的人均 GDP 在 3 500 元左右。各县域今后发展的目标是共同的，即全面建设小

---

① 本部分数据图表，如无特别说明，均引自中国县域经济网（www. china-county. org）的县域经济数据库，以下同。

② 与县域相对应的概念是中心城区。它与中心城市是有区别的，中心城区仅是由市辖区组成的集合，不含所辖县和县级市。中心城区与县域的差距非常大，2005 年全国县域内人均地区生产总值是全国人均国内生产总值的 70% 左右，仅是全国中心城区的 50% 左右。

康社会，但由于足下的始点不一，对"千里之行"的谋划，自然有别。县域经济的差异性以及相关联的县域社会差异性成为全面建设小康社会进程中的重点和难点。

二、县域经济发展面临的困难和问题

改革开放以来，由于经济发展的初始状态不同和路径依赖惯性，县域经济在资源配置、产业集聚等方面的地位明增实降，大多数县域经济处于资源要素出大于入、产业和资本撤大于立的空壳化状态。县域经济相对于纵向的省、市区域经济体和横向的非县域经济体在国民经济中的实际地位不但没有提高，反而有所下降。县域经济发展面临许多困难，一些深层次矛盾逐渐显现。

（一）县域经济作为中国经济中聚集诸种资源要素、最具发展潜力的基本细胞或基本单元，与缺少充满活力、具有竞争力的市场主体的矛盾

20 世纪 90 年代中后期，中国由长期的短缺经济转向相对过剩经济状态后，支撑县域经济的两类市场主体（通过家庭经营改造的广大的新型双层经营农业单位，适应短缺市场并填补国有大中型企业改革滞后所留下的空间的乡镇企业）受到前所未有的冲击。最为直观的表现就是：家庭承包制农业组织在政府放松支持后并非"一包就灵"。随着国有大中型企业深化改革和国家"抓大放小"的政策支持，乡镇工业企业失去了大部分原有的市场空间，已由过去的"无工不富"变为 90 年代的几乎"无工不亏"，连"异军突起"代表的"苏南模式"也受到挑战，更不待说一部分以双层经营农业为主体的县域经济陷入了"农业大县、工业小县、经济弱县、财政穷县"的困境。这说明，中国县域经济深深陷入了理应作为最有活力、最有潜力的基本细胞或基本单元，与基本的市场主体缺乏活力和竞争力的矛盾之中。从深层次看，这种矛盾与两个问题相联系：一是县域经济中诸种资源要素未能合理组合成新的市场主体。以与农业密切相关的组织资源为例，一方面，原有的为农民产前产后服务的供销社、信用社，由于沉重的制度遗产和历史包袱而难以充分发挥市场中介的作用，对其进行合作制导向的改革成本又太高，效果也未必好；废除公社体制后的乡村社区合作组织，特别是村一级的双层经营合作组织，大多数名存实亡，行政职能多于经济职能。另一方面，新兴的农民生产组织和为农民服务的组织，如专业合作社、专业协会、农民运销联合体以及"公司＋农户"、农民经纪人等，均发育缓慢，未能形成气候，成为有实力、有活力的市场主体。二是县域经济诸种资源要素中缺少高等资源要素。与城市经济比较，县域经济所拥有的诸种资源要素，基本生产资源要素居多，包括自然资源、地理位置、气候条件、初级劳动力等，但缺少高新技术人才及其创造力、科教机构、领先学科、现代化的电信网络等高等生产要素。在现代市场经济条件下，高等生产要素，尤其是信息、技术、专利、品牌等是市场竞争成败的决定因素，县域经济的这一"短腿"也制约了县域

经济有竞争力市场主体的发育、成长。

（二）县级调控作为维系国家宏观调控与微观调控的结合部，承担中观调控职能，与缺乏财政实力以及经济、法律等调控手段的矛盾

县域经济的健康运行与县级中观调控承上启下的能力息息相关，而中观调控的能力首先又与县级财政能力息息相关。不可否认，县域经济在国家行政性区域经济体中层级序位已经由改革开放前的第三层级下降到第四层级，而且在县域经济内部还受到乡镇经济细分。县域经济在国家行政性区域经济体中的这一层级序位变化不仅大大削弱了县域经济在国民经济中的实际地位，而且大大降低了县域经济内部统筹发展的可能性。政府层级的增加，财政分权制的实行以及全党抓经济的具体实践，使县域经济不仅远离了中央计划，而且还面临不同层级辖区政府的竞争和博弈。这使得在资源和产业蛋糕的划分中，县域经济面临份额下降的可能性，而且在县域经济内难以做到统筹安排，优化组合，形成具有规模优势的资源、产业甚至市场。

县级财政乏力以及县级调控中各种矛盾的凸现，大致是在 1994 年分税制改革前后。一是买方市场下，在短缺经济和新旧体制夹缝中成长起来的乡镇工业企业和地方国营工业，作为县域财政大户，受国内外市场夹击，产销困难，财源锐减；二是县市机构膨胀，严重超编，"吃饭财政"不堪重负。尤为严重的是，每进行一次县级机构改革，不是机构精简，而是导致新一轮机构膨胀，以增加非常设机构和事业单位的形式反弹，吃财政饭的人剧增，大多数县域经济财政收入的增长远远赶不上财政支出的增长。三是分税制改革加剧了县级财政拮据的矛盾。就多数县（市）来讲，普遍财力弱、负债多、包袱重、压力大，突出反映在入不敷出，许多应当投入的投不了，许多该办的事没钱办。财政支出需求刚性增强，需要财政支出保障的支出不断增加，县一级财政压力很大。据统计，2003 年县域财政总收入占全国财政总收入的 20% 多一点，但财政供养人口比例，县域占到全国供养总人口的 70%。即便是广东，问题也同样严峻，全省 68 个县（市），面积占全省总量的 83.8%，人口占 62.8%，但财政收入仅占 6.5%。68 个县中 63 个财政入不敷出。① 以克服财政包干等放权让利体制弊端为主要内容的分税制改革，进一步理顺了中央与地方之间的财政分配关系，使有限的财力相对集中于中央，从而增强了中央宏观调控经济和协调地区发展的能力，也在一定程度上加强了省、地两级财政的能力。但是，分税制只对中央与地方政府应承担的事务及财政收支范围作了划分，却没有界定各级地方政府之间的事权和财权，而国家财政要解决"一要吃饭、二要建设"的问题，最终又要落实到县级财政上。在地方政府之间事权和财权没有明确划分的情况下，县级以上地方政府为维护并扩大其财政权力份额，往往凭借政治权力，或者平

---

① 韩建清、李凤荷：《责权统一　运转协调》，《人民日报》，2005-06-24。

调下级政府的财政收入，或者摊派一些行政事务，以致县级财政不得不在"保吃饭"和"保建设"两大刚性支出上走钢丝，财政调控能力十分有限，从而诱使县乡政府不得不以强化行政收费方式来保证县域经济的正常运行。在推进分税制改革的同时，中国行政管理垂直化的改革，导致部门权力强化，职能上收，县乡两级"块块"职能弱化。县级管理手段和权限不断削弱，县级政府的中观调控缺少经济、法律的手段，也大大加重了县域经济财政和广大农民的负担。如原来接受县级管理的地税、工商、烟草、盐务、医药、技术监督、养老保险等部门收归垂直管理后，乡镇公务员工资及办公费、乡村教师工资及办公费、村干部工资及办公费、乡村学校的修缮费等，均需从农民的农业税、农业特产税、"三提五统"中承担。

（三）县域经济主体仍呈传统的"二元结构"，尚处于工业化初期阶段，与整个国民经济呈新兴"三元结构"、处于工业化中期阶段的矛盾

中国经济总体上处于工业化中期阶段，但由于中国生产力发展的多层次和城乡差别的存在，县域经济的工业化水平又滞后于全国经济总体水平一个档次，即处于工业化初期阶段。县域经济处于工业化初期阶段的主要标志，除指大多数县域经济人均 GDP 在 300～700 美元之外，突出表现为县域经济主体仍然是传统的"二元结构"（农业经济、工业经济），而不是新兴的"三元结构"（农业经济、工业经济和信息经济）。这种传统"二元结构"与新兴"三元结构"的矛盾，是相当长时期内县域经济发展的阻碍因素。改革开放以来，中国县域经济的农业受体制改革和市场需求的双重推动，有了较为长足的进展，但由于对外开放不够，以及长时间的城乡隔离体制，现代信息、现代技术和现代工业对农业的改造还十分有限，加之户均耕地规模过小的制约，县域经济的农业还是小商品生产型农业或微型农业，与发达国家专业化、社会化的大规模商品农业不可同日而语。而且，多数地区的县域工业不仅没有完成对传统农业的改造，反而还需要"弱质"农业的反哺。县域的产业层次低，大多属于粗放型的加工业，知识、信息、技术、人力资本和企业家等先进生产要素在县域产业发展中的贡献份额较低；县域企业集聚度差，遍地开花，这种小而散的布局使企业的规模效应和集聚效应无法发挥。县域经济结构仍处于低级化水平，长期的计划经济体制造成县域经济结构单一，产业、产品雷同，自给自足的小农经济色彩难以在短期内抹掉。由于政策、机制、市场等因素的制约，县域经济结构调整短期内难以有大的突破和质的飞跃。一些原来工业基础相对较好的县（市）的工业企业，由于产品结构不合理，科技含量低，附加值低，近些年在市场竞争中大都转制或淘汰。一些过去的农业大县，近几年出现了"高产不难高效难、增产不难增收难、生产不难销售难"的怪圈。此外，现行的中国城乡隔离或分割体制虽有所松动，但远不能说实现了城乡融合或城乡一体，与以往比较，至多也就是一种"城乡区别"体制。在这种体制下，县域经济内部难以产生与"三元结构"相适应的劳动力、资本等诸种要素的流动机制。

（四）县域经济作为中国经济持续增长，尤其是扩大内需的重点，与国家支农不足，迟迟不能开拓农村市场的矛盾

尽管各方面都认识到，面对经济全球化下相对经济过剩的格局，中国经济发展要注重扩大内需，而扩大内需又要以开拓农村市场为重点。但实际上近几年中国农村市场占国内市场的份额呈逐年下降趋势。据统计，1990 年以前县及县以下（县域）消费品零售额占全社会消费品零售总额的比例都在 50% 以上，1990 年是53.1%，往后就逐年下降，到 2004 年仅为 34%，比历史上最高水平的 1980 年低31 个百分点。县域居民消费长期相对处于低水平，导致了农村消费市场份额不断萎缩，直接阻碍了工农之间、城乡之间通过商品交换和货币流通形成一个完整的经济整体，庞大的农村消费市场也因此而难以启动。开拓农村市场是一个国家支农的系统工程，必须"先予之，后取之"，"多予、少取、放活"，需要国家给予包括财力、要素、结构和制度等方面供给的强有力的外部支持，从支持农业和农村经济发展做起，才能变潜在的农村市场为现实的农村市场。由于历史和现实的种种原因，县域经济未能从外部获得足够的支持，以致开拓农村市场既是重点又是难点。

第三节　县域经济发展的理论与实践

结合中国县域经济发展的现状与问题，我们接下来重点探讨县域经济发展模式、县级政府的作用、县域经济结构优化等相关理论，并且从实践层面简单总结推进县域经济发展的思路和对策。

一、县域经济发展模式

（一）县域经济发展模式的内容

与一般的发展思路相比，发展模式具有一定的成熟性和规范性，是从经验到理论的飞跃。县域经济发展模式是关于县域经济发展道路的理论总结，是对不同类型县域经济成功发展的条件、优势、途径、措施、效果等方面的高度概括。制定县域经济发展战略，确定县域经济发展的方向并贯彻实施，就会形成县域经济特定的发展模式。因此也可以说，县域经济发展模式就是某一县所选择的县域经济发展战略和县域经济发展过程中所形成的具有本县特色的县域经济结构和经济运行方式。下列因素构成县域经济发展模式的主要内容：

一是产业结构。产业结构是指社会再生产过程中形成的产业构成，产业间的相互联系和比例关系。县域产业结构，就是指县域经济由哪些产业构成，各产业所占比重大小及其相互联系。县域产业结构转换及高度化过程构成县域发展的核心内容。这对于每个县都是一样的。但由于各县情况差异，资源不同，产业结构的转换及其特征也有区别，它成为区别不同县域经济发展模式的一个重要标志。

二是所有制结构。所有制结构也构成区别县域经济发展模式的一项重要内容。不同的县域经济发展往往在所有制结构上表现出很大的差异，有的模式表现为以集体所有制为主体的国有、集体、个体以及外资经济成分的混合所有制；而有的县域经济发展模式则表现为个体所有制占较大比重的国有、集体、个体和私营经济并存。

三是技术结构。技术结构是指生产经营中的技术水平和技术状况，即先进技术和装备、中间技术和装备以及传统技术在生产中的构成状况和所起作用。由于区域经济发展的不平衡，各县的技术水平和状况不可能一模一样，它也成为区分不同县域经济发展模式的标志。

四是市场结构。市场是商品交换关系的总和。有商品交换就有市场，要发展商品经济就必须培育和发展市场。在实际经济生活中，有的县域经济发展以国际市场为主，有的模式以面向区域市场或国内市场为主。在表现形式上，某些县兴起的各种专业市场就成为其县域经济发展的特定模式。

（二）县域经济发展模式的分类

研究县域经济的发展必然面临县域经济竞争优势的选择，因此，以县域经济所拥有的优势为依据划分县域经济的类型或模式，可能更有现实针对性，至少对于产业竞争优势的培育是非常有指导意义的。我们把县域经济分为四类，即工业带动型县域经济、农业带动型县域经济、服务业带动型县域经济和活力经济型县域经济。这种分类法尽管把着眼点放在县域经济的优势描述上，但也内在地包含了劣势的分析。

1. 工业带动型县域经济

工业带动型县域经济是指第二产业已占主导地位的县域经济。主导地位不仅是指第二产业增加值在该类县域生产总值中占较大比例，也指第二产业的就业者在县域就业岗位中占绝对大比例。其主要特点是农村工业成为县域经济的支柱产业，乡镇工业的蓬勃发展是推动全县工业经济发展的一支重要力量，工业产值占社会总产值的比重较高。它们中有的甚至已成长为国内、省内某类制造业或某类工业制品的生产基地。

工业带动型县域经济可以具体分为三种情况：

（1）大城市依托型工业化。其主要特征：一是发挥距大城市较近的区位优势，利用城市科技、人才、工业和产业基础，围绕城市工业加工配套需求、鲜活农副产品需求发展工业和高效益的农业。利用集体经济的资源统一配置功能（尤其是土地）和组织功能，发展集体工业和高效益的鲜活农副产品生产，迅速积累了大量资本实力和工业化的产业基础。实现经济起飞和初步工业化；二是依靠上述基础，在 20 世纪 90 年代大力引进外资，兴建工业园区、开发区，创造好的投资环境实现工业聚集，同时深化集体企业产权制度改革，鼓励发展个体私营经济等改革，县域经济保持快速增长；三是工业经济成为郊区经济的主体，郊区县成为城市经济的组成部分，在全国农村率先进入工业化中期阶段，并在产业布局、产业政策、资源配置等方面逐步实现城郊经济一体化，继续保持快速发展。

（2）内生性工业化。以温州和苏南模式为代表。两种模式发展初期，并不是依赖于城市的区位优势或珠三角等区域的开放优势发展工业化，而是根植于传统文化基础和产业基础，发展乡镇企业，形成内生性工业化带动县域经济发展。苏南模式是依靠集体力量发展县域经济的典型，通过大力发展乡村集体工业而使县域经济社会全面发展。这一路径形成的原因在于：以地方政府或集体出面办企业能得到社会各方的认可和支持，发挥政权的资源组织力量及信誉，迅速形成生产力；乡村两级有一定的农业和工业积累，而民间基本上没有资本积累；这些地区传统农村经济比较发达，具有丰富多样的家庭手工业和传统小工业，具有兴办实业的文化传统。当然，在经济地理位置上，苏南地区地处东南沿海金三角地区，靠近上海等大城市，接受大城市技术、人才、产业的带动辐射，也是成功的重要条件。苏南模式在发展中需要解决政企不分、产权不清、投资主体单一、集体负债率高等问题。温州模式是自下而上，依靠区域内个体、私营经济带动县域经济发展的典型。它实现了两个结合：一是区域内的个体私营家庭工业、专业市场和流通服务业，与劳动力走出区域在全国和世界各地进行加工、服务的有机结合，即区域内发展与走出去发展相结合；二是工业、流通服务业与小城镇聚集相结合。该模式的主要成因：人均耕地少，国家投入少，可用资源少，交通条件差的特殊不利条件；传统的经商意识，能吃苦创业的精神；敢于突破政治和市场风险的改革胆识；完全的市场化运作与政府的积极规划、合理引导相结合等。这些因素与当时短缺经济的背景、农村最先改革的机会和政策环境相结合，实现了区域经济迅速发展，完成了资本的原始积累。在20世纪80年代中后期，针对温州模式存在的企业规模小、家族式经营、科技含量低等问题，政府大力推进股份制，股份合作制等现代企业制度，进一步加速该模式的发展。

（3）开放型工业化。广东珠三角、闽南地区县（市）是200多个沿海开放县的代表，主要特点是依托（三资）企业发展带动县域经济社会全面进步。沿海开放地区县依靠开放的优惠政策、便利的海运交通条件，拥有大量侨胞的特殊人缘关系，解决了经济发展的原始积累问题，使"三资"企业快速发展，并成为引进国外新产品、新技术和资金人才的前沿，能够提供给国内市场最新的产品，县域经济也迅速发展起来。

2. 农业带动型县域经济

农业尽管是弱质产业，但如果发展措施得力，在国家不断强化支持保护下，也能成为县域发展的重要资源和县域经济的重要增长点。20世纪城郊"菜篮子工程"、特色农产品开发、农业产业化经营、外向型农业带动了许多农民依靠农业致富，也促进了县域经济的发展。

农业带动型县域经济不是按传统眼光以粮食总产量多、单产高来衡量，而是指市场农业的发育程度。其主要特点是农业及其延伸产业的发展是推动县域经济发展的主体力量。主要表现为：一是面向市场，农业结构有重大调整，畜牧、水产、养殖、瓜果、蔬菜在农业结构中已占大头，有的培育出具有地方特色的名、优、特、新农产品；二是农副产品进入市场前已在县域内初步加工或深加工，提高了农产品的附加值；三是县域农产品已突破地方市场进入大中城市市场和国际市场。农业产业化和农产品产、加、销产业链的发展，推进了传统农业向现代农业的转化和农业生产科技含量的提高，采用标准化生产、市场化营销，实施品牌战略，使农业由弱势低效产业转变为强势高效产业。

从农业带动型县域经济的横向比较看，其发展模式也不是单一的或一致的，内部也有很大的差异。由于自然条件和开发利用情况的差异，这些农业带动型县域经济的发展也各显特色。有的是以种植业特别是以粮食、棉花和蔬菜、水果等为主要特色的农业带动型；有的是以畜牧业为特色的农业带动型，如内蒙古、新疆、甘肃、西藏等地区有大片的草原，适合发展草食牲畜养殖；还有一些是以渔业为特色的农业带动型，它们主要分布在沿海地区，主要利用和开发海洋资源，发展海洋捕捞和渔业加工。

农业带动型县域经济发展比较具有代表性的是山东的寿光市。山东寿光通过狠抓农业产业化经营从而带动县域经济社会全面进步。这种模式形成的条件包括：一是农业资源较为丰富，农业发展条件较为优越；二是除了农业资源以外没有别的资源；三是一般远离大中城市，接受城市辐射较难。这种模式面临的主要问题有：一是主要产品的技术含量不高，因而产品附加值偏低，影响了资金积累；二是农业科技开发投入偏少，农业科技推广体系不够健全，农产品更新换代步伐过慢。创新的方向是：加快培育、引进新品种，继续向专、高、特方向发展，进一步提高农产品的加工深度和附加值。

3. 服务业带动型县域经济

第三产业一般是为生产、生活服务的产业，其包括的具体行业广泛，就业容量和潜力很大。随着消费水平的普遍提高，将成为未来县域经济发展的重要领域。服务业带动型县域经济不是指服务业在整个县域经济比重中占绝对大比重，而是指通过服务业的发展来带动县（市）域经济三大产业全面进步的模式。以往，通常认为只有当第一、第二产业发展到一定程度时才会对第三产业（服务业）的发展提出新的要求。其实，服务业与各行各业是有机地紧密联系在一起的，只要条件允许，以发展服务业为龙头可以牵动其他产业的发展，尤其是具有独特资源的地方有可能出现经济奇迹，如专业（批发）市场型、旅游兴县、商贸强县等模式。诸如浙江义乌等一些地方，围绕当地的支柱产业建立批发市场，带动产品的外销和更大规模生产，并逐渐成为全国或者区域同类产品的集散地、批发流通中心。围绕批发市场的服务又带动相关产业的发展和更多的劳动力就业，促进县域经济发展。

此类专业（批发）市场带动型县域经济模式形成的条件主要有：一是自身特色产品的专业化生产有一定的规模和影响力，需要批发市场。例如，浙江义乌拥有130多个加工生产各种小商品的专业村、专业乡镇；二是兴办的同类专业市场在全国比较早，一般在20世纪80年代初期起步，如义乌小商品市场建于1982年。三是传统的务工经商意识较浓，民营经济活跃。四是政府的积极引导和协调。当然，随着各地批发市场的日益增多和交易方式的不断多样化，产地批发市场的竞争加剧，单一市场的带动能力不会像早期市场这样强。这种模式面临的主要问题包括：一是随着专业市场的增多，竞争压力越来越大；二是随着知识经济的不断发展和信息化进程的加快，商品交易的形式和内容正在发生深刻的变化，对传统的专业市场提出了新的挑战。针对上述发展趋势，该模式必须进一步充分发挥专业市场的作用，促进市场对其他产业的辐射带动，加快经济结构的转型。同时，应着眼商品贸易的新趋势，不断更新商品交易方式，提高市场交易的信息化、现代化程度，以保持专业市场的优势。

4. 活力经济型县域经济

活力经济是指符合某一区域内的自然、社会、经济、技术、资源优势和特点，具有较强经济活力、可持续发展、有别于其他地区的经济模式。它是产业结构、产品结构、生产布局、经营模式、组织形式、战略规划等要素的统一体。活力经济型县域经济以县域资源优势为基础。这里的资源优势是指在某县域内客观存在的相对有利的条件，包括自然资源优势，社会、经济、技术优势，区位优势等。

资源优势表现在静态比较优势和动态比较优势两个方面。静态比较优势是指自然形成的比较优势，人类活动可以在数量上影响其赋存状况，却无法从根本上改变其禀赋格局。如矿产资源的分布状况，虽然可以通过大规模的运输而改变，但由于调运成本过高，在经济上是缺乏合理性的；至于土地、气候等资源，则根本无法使之发生位移。动态比较优势是指可以由人类的经济活动造就出来的比较优势。在经济发展到一定阶段或科学技术发展到一定程度之后，动态比较优势对经济生活的影响力大大增强，其重要性往往超过了静态比较优势，成为决定产业布局、地区经济发展的关键因素。动态比较优势表现在区位优势和各地区劳动力、资金和科学技术等生产要素禀赋的差异程度上，例如浙江的民营经济、广东的外资经济以及江阴的上市公司经济等。

基于静态比较优势的案例是矿产资源开发模式。其形成的主要条件包括：当地有市场需求的丰富矿产资源；国家鼓励各种经济主体开发；矿产资源的勘探开发技术要求不高。山西等地利用这些条件实现了县域经济发展。但是，由于小企业开采对环境的污染和破坏、资源的浪费、安全问题严重以及开采成本的加大，受到国家的限制，对县域经济发展的带动作用将日益减弱。

基于动态比较优势的案例是珠江三角洲的外向型工业化模式，依托"三资企业"的发展而带动县（市）经济社会全面进步。其成功的主要条件为：一是毗邻中国香港、澳门、台湾等地区，与这些地区开展经贸关系有着得天独厚的区位优势；二是拥有大量的侨胞，吸引他们到家乡投资有特殊的"人缘"关系；三是享受国家特殊的对外开放优惠政策。该模式面临的主要问题有：一是企业规模普遍偏小；二是产品多为劳动密集型，技术含量较低。在中国加入世界贸易组织、市场竞争日趋激烈的形势下，珠三角地区需要大力推进企业的资产重组，根据具体情况逐步扩大企业规模，提高企业抗风险能力。同时，要加大科技投入，迅速提高产品的技术含量，增强产品的市场竞争力。

最后需要指出，"模式"一般认为是指一个"模型"或"格式"，是某种相对来说已经定型的事物的标准形式，或是使人们可以照搬照套的标准式样。但这种提法绝不意味着其他地区可以不顾本地区特点、条件去照搬套用某一模式，而束缚当地探索前进的手脚。在任何时候、任何场合都应该辩证地、因地制宜地学习和实践。

二、政府在县域经济发展中的作用

（一）县级政府的经济职能

政府有中央政府与地方各级政府之分，这里所说的政府主要是指县级政府。它既是中央政府、省市级政府政策、计划的贯彻者和执行者，又是全县经济的具体领导者、设计者和组织者。因此，县级政府职能发挥得好与坏，不仅关系到该县县域经济的发展，同时对整个国民经济的发展也起着不容忽视的影响。

理论界从不同的角度，对县级政府的经济职能进行了论述，归纳起来，大致上有以下几种：

第一，把县级政府看做中央和省为管理县域事务而设置的下属权力机关，认为其经济职能主要有以下几个方面：①承接中央和省政府调节。这一职能的实现必须要对三者的职能进行合理的分工。具体来说，县级政府的调控职能主要是保证中央政府、省级政府政策和计划在本行政区划内的实施，积极促进宏观调控和中观调控的衔接，以维持县域经济的良性循环。②提供地方性公共品服务。③通过地方性产业政策和地方性经济法规来调控县域经济，包括制定县域经济发展战略、制定县域经济规划和计划、制定保证县域经济正常运行的各种政策措施，培育市场和建立市场体系，进行资源保护和管理，等等。④发挥协调、服务职能，保证县域经济发展。①

---

① 王盛章等：《中国县域经济及其发展战略》，第 254～256 页，北京：中国物价出版社，2002。

　　第二，把县级政府作为一个相对独立的政府主体，认为其经济职能主要有以下几个方面：①县域国有资产所有者职能，即通过科学有效的国有资产管理制度和专司国有资产管理部门的具体职能，经营管理好地方国有资产。②县域社会管理者职能，包括培育和发展县域市场体系，建立比较完善的市场规划和法律制度，监督市场运行、维护平等竞争和正常的社会经济秩序，建立和完善县域社会保障制度，保护生态环境和自然资源，等等。③县域经济调控者职能，主要包括调节县域市场经济运行，维护市场秩序的职能；消除收入分配中非公正性，调节收入分配职能；直接参与一些经济活动，提供公共服务职能等。①

　　第三，从公平与效率的角度出发，认为县级政府作为一级行政区域政府，其主要经济职责是在中央政府的统一领导下保证辖区经济的健康、有序运行，即辖区经济总供给与总需求的基本平衡、辖区经济利益的公平分配、辖区产业结构的优化升级、辖区非流动性经济资源的可持续开发、国有集体经营性资产的保值增值、辖区经济发展环境的创新与优化和促进辖区充分就业等。②

　　从以上的表述中可以看出，虽说出发点各异，但基本立足点都是一致的，就是要促进县域经济持续、快速、健康发展。而且，经济调控的目标与手段也是基本相同的。其目标主要包括县域资源的有效配置，县域劳动力充分就业，县域物价总水平基本稳定，公平的收入和县域经济的持续、快速增长等。调节时应主要遵循两大原则：间接调控和计划指导。③调控手段通常都是以经济政策和经济法规为主，配合必要的行政管理及计划手段、道德手段等。

　　目前，在计划经济体制向市场经济体制转轨的过程中，由于政府职能转变滞后于经济体制改革和经济运行方式的转变，特别是县级政府经济职能的转变并不彻底，还存在诸多缺陷：虚位——政府制定发展规划针对性、特色性不足，有口号化倾向；错位——政府与企业、市场的分工不清；越位——政府以行政手段干预企业和市场；抢位——政府机构条块分割，职责不清。④ 也有学者从行政管理体制的角度入手，认为当前县级政府管理存在诸多问题：权利与责任不对等，县（市）对经济发展的调控有限，特别是现行的行政审批制度对县（市）域经济发展存在较强的制约；省直部门利益造成许多好的政策难以落到实处；县乡部门职责不清，收

　　①　熊耀平：《县域经济发展理论、模式与战略》，第 251～253 页，长沙：国防科技大学出版社，2001。

　　②　鲁勇：《行政区域经济》，第 223 页，北京：人民出版社，2002。

　　③　朱舜：《县域经济学通论——中国行政区域经济研究》，第 506、510 页，北京：人民出版社，2001。

　　④　郭铁民、黎元生：《县域经济发展政府职能的定位》，《开放潮》，2003（5）。

费养人现象依然存在，机构改革不彻底。① 为此，必须改革县级政府行政管理体制，转变政府职能，合理定位县级政府的经济职能，这对于县域经济的发展至关重要。具体地说，就是要求县级政府转变职能，转变政府参与经济运行的方式，变直接参与为间接参与，由过去的以管理为主转变为以服务为主，建立服务型政府，包括：实行政企分开，培育市场和健全市场体系，搞好宏观调控，改革行政审批制度，精简政府公文，转变会议模式，努力改善政府的行政决策方式，优化指导职能，打破地方保护主义，扩大开放服务范围，履行裁判职能，积极推进区域经济合作，赋予县级政府更大的经济管理权限等。总之，就是要通过转变政府职能，把政府角色真正界定到规划、协调、服务、监督和为经济发展创造良好环境上来。

（二）"强县扩权"与制度创新

就赋予县级政府更大的经济管理权限而言，我们需要专门审视从 2002 年起，浙江、湖北、河南、广东、江西、河北、辽宁、吉林、湖北、重庆、海南等省先后开始的"强县扩权"改革。

所谓"强县扩权"，就是将一部分归属于地级市的经济管理权和社会管理权直接下放给一些经济强县，在财政体制等方面实施"省直辖县（市）"。动作比较大的海南省出于土地面积和人口较少的原因，已经完全实行了"县市分治"，市只管理城市本身，县则由省直接管理。重庆直辖后，也完全过渡到直管区、县。这种现象迅速引起各界广泛关注。普遍性的看法是，"强县扩权"是在行政区划不变的情况下，省内市县经济关系的重大调整，是中国省域纵向经济关系发展的一种大趋势，有助于减少管理层次，降低行政成本，提高管理效率，带动县域经济驶入高速发展的快车道。"强县扩权"的实践意义是明显的，概括起来主要有以下几点：

其一，增强了县域经济发展的自主性，是实施"城乡统筹"的重大举措。各省下放给县（市）的权限，涵盖了计划、经贸、外经贸、国土资源、交通、建设等经济管理领域，县（市）在地方经济发展、计划项目、招商引资和财政税收等方面，有了更大的自主选择权力，有利于行政决策和管理更加贴近于县域经济发展的实际。比如广东省继《关于加快县域经济发展的决定》发布后，迅即又出台《广东省第一批扩大县级政府管理权限事项目录》，按照责权统一、运转协调和"能放都放"的原则，赋予县（市）更大的自主权和决策权，凡省已下放给地级市的审批权，除法律、法规、规章另有规定外，一律下放到县（市）。第一批扩大的县级政府管理权限主要涉及市场准入、企业投资、外商投资、资金分配和管理、税收优惠、认定个人的技术资格及部分社会管理等方面的内容，共 214 项。其中，由县（市）直报省审批（审核、核准）、报市备案事项 176 项，由县（市）审批或核

---

① 湖北省人民政府发展研究中心：《加快县域经济发展的若干政策建议》，《咨询与决策》，2003（4）。

准，报市备案事项 38 项，涉及发展和改革、经贸、教育、科技、公安、民政、司法、财政、人事、劳动保障、国土资源、建设、交通、水利、农业、外经贸、环保等多个部门。① 中国 13 亿的庞大人口，特别是相对分散于县（市）域的 9 亿农村人口，不可能都进入大中城市，2 千多个县市是他们的根基和落脚点，中国现代化的实现、全国人民奔小康目标的实现，要靠这 2 千多个县（市）的发展。从中国的国情出发，发展县域经济、实施"城乡统筹"是任何时候都不可动摇的方针。自主、公平、效率，是市场经济发展的基本要求，"强县扩权"在一定程度上体现和适应了这一要求，政府对经济社会发展的作用方式更加贴近于市场主体的行为过程。因此，在实践中取得某种积极效应是自然的。

其二，"强县扩权"是新形势下市县利益关系的大调整。中国是中央高度集权、行政主导的国家，地方经济仍处于"行政区经济"运行时期，"行政权力"资源的等级和空间配置对城市、区域经济发展的影响极大。随着市场经济的深入发展，特别是一些经济相对发达的省份和地区，县域经济的异军突起，市县利益冲突加剧，"市管县"体制已失去当初的功效，反而成为束缚县域经济发展的体制性因素。在新形势下，一些省区针对这种体制性障碍，采取改革财政体制等"强县扩权"的行政性措施，调整市县利益关系是十分必要的。它是省域纵向经济体制改革的必然结果。

其三，"强县扩权"将重新分配公共行政权力，形成新的市县关系。在"市管县"体制下，由于一部分的经济决策权归地级市所有，县级政府的公共行政权力在某些方面受到制约，直接影响县级行政的效能，进而影响县域经济发展。特别是一些经济实力弱小的中心城市无法起到辐射、带动周边的作用，反而在与辖县的博弈中耗费了本就不多的公共行政资源，而不得不对"县"实行"刮、卡、要"，使县级财政雪上加霜。实行"强县扩权"，将使地级市和县（市）重新分配在经济社会发展方面的公共权力资源，加强了县（市）的经济管理权限，弱化了地级市对县（市）经济的控制与干预权限，从而形成新的市县关系格局，使"地级市"与"县"（市）之间平起平坐。这对县（市）来说是一种公共行政效能的释放，必将有力地推进县域经济的发展。

市场经济的基本属性之一就是市场决策权力的分散化，只有靠理性的决策才能最终形成有利于社会经济福利的行动结果。因此，为了与已经高度分散化的市场决策权力格局相一致，必须在公共行政层面上进行权力的重新分配，使公共行政权力"零距离"地接近自己的服务对象。只有这样，才能形成扁平化的行政结构，节省行政成本；才能将行政决策权力还给地方，更好地针对当地情况，发展具有特色的县域经济，为中国的市场经济发展增添新的活力和夯实小康社会的微观基础。应该

①　韩建清、李凤荷：《责权统一　运转协调》，《人民日报》，2005-06-24。

说，"强县扩权"正是适应新时期市场经济和公共行政发展需求的应时之举。这一项改革的作用，最重要的是适应了政府职能转变的需要，实现了两个"减少"、两个"提高"：减少管理层次，提高管理幅度；减少信息损失，提高行政效率。因此，"强县扩权"可以被看成是转型过程的不断推进和转型经验的有益积累。这是新时期市县关系发生重大变化、解决地级市与县（市）之间在经济社会发展中的利益矛盾、加强县域经济、统筹城乡发展的一种新的制度安排。这种新制度是在实践中产生的，它已经被较早推行这一制度的浙江省证明是行之有效的。但同时应看到，在目前整个宏观管理体制格局没有太大变化的情况下，"强县扩权"在实际操作上还有很多困难，有关部门怎样尽快适应这种转变，将使用权管理职能和办法进行调整、迅速对接，还有很多文章要做。因此，应该理性认识和推进"强县扩权"。在推行"强县扩权"时要兼顾市县关系，协调好中心城市的扩张与县域经济发展的关系，在县与中心城市之间建立一种新型的竞争—合作—分工关系，使城市和区域共生、共荣，相互依托，合作发展。

三、经济结构优化与县域经济发展

（一）所有制结构

所有制结构是经济运行的基础。目前，县域经济包括国有经济、集体经济、个体经济、私营经济、外资经济等多种经济成分。带有普遍性的观点是，从县域经济在国民经济中的地位和特点来看，县域所有制结构调整的未来趋势是构筑非国有经济、非公有制经济在县域经济中的主体地位，壮大县域经济特别是壮大欠发达县域经济的关键在于发展民营经济。对于绝大多数县域特别是那些基础相对薄弱的县域而言，民营经济应该成为县域经济最主要的发展定位，因为我们可以看到，现阶段县域经济与民营经济存在着许多内在必然的联系。

一是在城乡二元经济结构上，多数县域处于以城市为中心的区域经济边缘，县域经济要建成外商投资密集区、发展高技术经济、构筑人才高地是缺乏基础的，现实的途径是从挖掘县域内的民力、充分利用县域内的民间资本、发展民营经济入手，并以此为突破口，这样才有可能着力打造县域经济的基本竞争力。

二是在县域产业特征上，因为县域经济大多是依托当地的气候、自然资源、人文资源而形成的带有浓厚地方特色的地域经济，所以其产业特征必然带有浓厚的民间色彩。可以说没有民营经济就没有地方特色经济，县域经济的发展就有可能失去依托。

三是在县域经济结构上，县域主要是以农业、加工业以及低层次的配套性产业和劳动密集型产业为主，一方面因为门槛较低，有利于民营资本进入；另一方面，在中国入世和国内经济结构战略性调整、国有企业退出竞争性的领域，以及保持国民经济持续快速健康发展的大背景下，低层次、配套性、劳动密集型的产业面临新的机遇和广阔的发展空间，这也使民营经济同样面临着新的机遇和发展空间。所以，在新世纪、新阶段，县域经济要发展必然要以民营经济为主要方向，把民营经济放在更加突出的位置，依靠机制创新激发经济活力，从根本上解决县域经济发展的突出矛盾和问题，打开县域经济发展的崭新局面。

四是在县域经济的发展目标上，加快农村劳动力转移和增加农民收入，是县域具体实践"三个代表"重要思想、落实科学发展观的重大政治责任和经济责任，而有效地实现农村劳动力转移和农民增收的一个重要而关键的途径就是加快发展民营经济。发展民营经济符合农民致富奔小康的强烈愿望，具有内在的动力性、广泛的制度灵活性和市场导向性，能够有效地动员农民和组织农民通过自主创业、自我发展来转移农村劳动力实现持续增收和共同富裕，并通过民间资本的自觉努力推动县域经济的发展。①

（二）产业结构

就县域经济的产业结构而言，多数地区都提出了应该提高第二、第三产业的比重，要把着力点放在农业和农村之外，大力推进工业化和城镇化，使农业的剩余劳动力能够较大规模地转入工业部门和城镇去就业，这是发展农业和农村经济的重要前提和根本出路。② 他们认为工业化是实现现代化、增强县域经济综合实力、提高县级财政收入和积累水平的重要前提；工业化是加快城镇化步伐的有效途径；工业化是农民非农化和第三产业顺势快速发展的必要依托；工业化是农业产业化成型成熟的关键环节；工业化是县域内调整产业结构、就业结构，提高经济素质的战略措施。③ 在相当长的一段时期内，工业化都将是县域经济的主题。不过，也有学者提出不同的意见，认为从县域经济的内涵可以看到，县域经济的根本应在第一产业及与之相关的第二、第三产业，县域经济主要是以其地域空间优势和自然资源优势进行相应的农业生产及农产品加工，以保证整个国民经济具有一个坚实稳固的基础。④ 强调中国县域经济的基础是农业经济，农业始终是县域经济的根。在今后一个相当长的历史时期，中国9亿多农业人口，至少还将有一半生活在农村，他们主要还得依靠农业和农产品加工业。因此，加快改造中国的传统农业，使传统农业向商品性的现代农业转变是县域经济发展的首要问题。⑤ 也有人把两者综合起来，提出工农业协调发展，城乡共同繁荣是发展壮大县域经济的根本任务，认为在县域工

① 陈国明：《发展民营经济是壮大县域经济的关键》，《中共福建省委党校学报》，2003（6）。

② 王一鸣：《对发展县域经济的几点认识》，《宏观经济研究》，2002（12）。

③ 周金堂：《试论工业化与县域经济的发展》，《南昌大学学报（人文社会科学版）》，2003（1）。

④ 刘镇：《县域经济的合理定位与可持续发展》，《企业经济》，2001（12）。

⑤ 凌耀初：《中国县域经济发展分析》，《上海经济研究》，2003（12）。

农业、城乡发展失调的情况下，中国不可能顺利地实现由二元化异质社会经济结构
向同质一元化社会经济结构的转变；县域内若不能实现农业现代化、农村工业化和
农村城镇化，就不能说国民经济实现了现代化。而县域经济的顺利增长，有赖于充
分利用城乡经济优势的互补功能，取决于最大限度地发挥农村经济的聚集效应和城
市经济的扩散效应。县域内农村经济和城市经济这种不可分割的紧密联系和相互依
存、共同发展的属性说明：农村经济没有城市经济的参与和支持，其发展速度将是
十分缓慢的。相反，脱离农村经济的支撑，城市经济的持续发展也是不可能的。因
此，大力发展农村商品经济，协调工农关系，统筹城乡经济社会发展是县域经济发
展的根本任务。①

其实，各县县情千差万别，各具特色，我们应该本着因地制宜、发挥优势、扬
长避短的原则，抓住新一轮经济结构调整的机遇，调整和优化县域产业结构，发展
既符合县情又适应市场要求的产品，培植优势产业，发展特色经济，迅速扩大县域
经济的总量规模。紧紧抓住创新这个关键环节，在突出和合理利用比较经济优势的
基础上，充分发挥第一、二、三产业和每个产业内部的联动、互动作用和协同效
应，大力发展县域经济的内生能力，推动县域经济从一般水平的数量扩张向提升核
心竞争力的整体升级转变。②

四、推进县域经济发展的思路与对策

县域经济发展的诸多困难和问题不是一日形成的，而解决这些问题也需要一个
过程，我们必须把增加农民收入作为一切工作的出发点和落脚点，紧紧抓住经济中
心不动摇，牢牢把握发展主题不放松，以结构调整为主线，积极推进经济增长方式
的转变；以增加财力、提高综合经济实力为核心，不断推进县域经济的跨越式发
展。主要应在以下六个方面下工夫：

一是把经济结构调整作为县域经济发展的重中之重。农业调整，要按照"区
域调特、规模调大、品种调优、效益调高"的思路，以国内外市场需求为导向，
大力推进农业产业化经营，龙头带农，科技兴农，基地扶农，市场活农，促进传统
农业的优化升级，提高农业的整体效益。工业调整，则应加快机制转换和体制创
新，以技术改造、产品创新为突破口，立足本地主导产业，抓大扶强。第三产业以
市场建设为重点，加快发展交通运输，邮电通信，金融保险业以及信息咨询、中介
服务等新兴产业，构筑以城市为中心的区域购物中心、乡镇级的商业服务中心和村
的三级服务体系。

---

① 刘志澄：《统筹城乡发展、壮大县域经济》，《农业经济问题》，2004（2）。
② 柯美录：《加快县域经济发展的对策研究》，《华中科技大学学报（社会科学版）》，
2003（4）。

二是把壮大民营经济作为县域经济发展的根本出路。从县域经济发展的走势看，民营经济产权清晰，主体明确，机制灵活，越来越显示出旺盛的生命力、很强的吸引力和极大的竞争力。因此，要想加快发展县域经济，就必须走出一条挖掘民智、吸引民资、依靠民力、做活民营经济的发展之路。针对当前民营经济发展的实际情况，在组织引导上，特别需要按照"抓大、促小、带中间"的思路和方法，促进民营经济的整体提升和群体拓展。"抓大"就是督促和引导规模企业，通过建立现代企业制度，实施强强联合，以龙头优势辐射带动民营经济整体水平的迅速提升。"促小"就是通过采取典型引路、示范带动、结对联谊、政策扶持等措施，鼓励、支持更多的农户介入务工经商，壮大民营经济群体规模，扩大富裕面。"带中间"就是通过龙头企业带动小业主群体的发展，激励中小企业在现有基础上增强技术创新能力，发挥优势，扬长避短，在某一产品、某一环节上做优做强，提高市场竞争能力。

三是把培育特色经济作为县域经济发展的主攻方向。从区域竞争的态势看，特色就是财力，特色就是潜力，特色就是竞争力，特色就是生命力。经济发达县（市）的实践也证明，发展特色经济是成功之道。特色是品牌，是市场，是竞争手段，要想加快发展县域经济，就必须更好地适应形势，放大优势，培植强势，做亮特色经济。特色经济多是"块状"、"集群"型经济，实行区域化布局、专业化生产，带有鲜明的比较优势和区域特色。因此，发展县域特色经济一定要走出"全面抓、抓全面"的常规思维，坚持有所为、有所不为的原则，结合本地资源状况、交通区位、产业结构、科技水平等综合因素，在全国、全球经济发展新格局中，打造自己的特色，扩张自己的优势，建立自己经济发展的"坐标系"，大力培植"人无我有、人有我优、人优我特"的市场"亮点"，开辟适合本地区发展的新路子。

四是把加快城镇建设作为县域经济发展的有效载体。从城乡发展的格局看，经济腾飞的"龙头"在城市、在集镇。从中国的实践看，沿海发达县市，近十几年来小城镇发展很快，形成了一个个密集的城镇群，不仅促进了城乡一体化发展，而且带动了当地经济的快速发展，增强了县域经济的竞争实力。因此，要想加快发展县域经济，就必须做强城镇经济。坚持"高起点规划、高质量建设、高标准管理、高效益经营"的原则，积极推进以县城为核心的城镇建设，坚持软件硬抓，硬件精抓，优化城市环境，不断提升城镇形象，引导生产要素尽快向城区集聚和重组，为第二、第三产业的快速发展拓展空间，创造条件。

五是把抓好项目建设作为县域经济发展的强力支撑。从经济发展的动力看，只有坚持不懈地抓投入、上项目、引资金，才能增强经济发展后劲。当前，县域经济发展能力和综合实力的竞争越来越集中地体现为项目的竞争，谁拥有高科技含量、高市场容量、高产品质量的项目，谁就能在今后的竞争中占据主动。要想靠有限的资金投入换取较高的经济效益，就必须立足自身实际，以市场为先导，选准投入方向，避免低层次盲目重复建设。在项目建设上，政府应着力在以下几个方面强化引导：引导现有企业通过联合等方式，尽最大能力搞大投入，扩大生产规模，培育龙头企业；引导企业坚定不移地走新型工业化道路，把强化科技创新，加快设备更新，加速产品研发作为投入重点；千方百计激活民间力量，聚集有限的资金，集中发展科技含量高、市场空间大的优势项目；引导规模企业不断健全和完善经营管理制度，强化诚信意识，以良好的形象取得金融机构对中小企业的更大支持。

六是把优化经济环境作为县域经济发展的第一竞争点。从县域经济的竞争基础来看，环境出生产力，环境出竞争力。中国入世后，县域经济已直接面对"国际竞争国内化，国内市场国际化"的新形势，区域间争夺资源、争夺市场、争夺效益的竞争更加激烈，如何在竞争中把握机遇，通过自身发展立于不败之地，经济发展环境的优劣成为关键因素。只有着力按照市场经济的要求，创新服务思路，拓宽服务领域，创造宽松的宏观社会环境、平等竞争的体制环境、加快发展的政策环境和高效快捷的服务环境，才能形成"磁场效应"，赢得发展主动权，实现经济跨越式发展。优化环境要通过积极创建服务型政府，切实从"管理企业、管理百姓"向"服务企业、服务民众"转变，最大限度地实现行政提速、审批畅通和办事高效；在服务领域上，从适应企业和民众的实际需求出发，由单一进行审、批、办手续向搞好产业指导、信息咨询和市场体系的健全完善等方面拓展；不断健全政府部门行政效能评估监督制度，从源头治理，从机制入手，坚决清除一切不利于环境发展的障碍。经济发展无尽头，创优环境无止境，如何在国家政策和发展的大环境中，优化县域经济发展环境是一个长期的课题，只有上下齐心，协调发展，才能使县域经济充满生机活力，为整个国民经济的发展作出更大的贡献。

主要参考文献：

1. 朱舜：《县域经济学通论——中国行政区域经济研究》，北京：人民出版社，2001。

2. 伍新木等：《县经济概论》，北京：中共中央党校出版社，1988。

3. 季建业：《产业创新与县域经济发展模式研究》，北京：经济科学出版社，2006。

4. 刘俊杰：《县域经济发展与小城镇建设》，北京：社会科学文献出版社，2005。

5. 孙学文等：《中国县经济学》，北京：中国经济出版社，1990。

6. 熊耀平：《县域经济发展理论、模式与战略》，长沙：国防科技大学出版社，2001。

7. 王盛章等：《中国县域经济及其发展战略》，北京：中国物价出版社，2002。

8. 张金山:《中国县域经济导论》,杭州:杭州大学出版社,1997。

9. 谢自奋、凌耀初:《中国县域经济发展的理论与实践》,上海:上海社会科学院出版社,1996。

10. 王青云:《县域经济发展的理论与实践》,北京:商务印书馆,2003。

11. 张红宇:《县域经济:内涵、作用及政策调整的思路》,收录于《农村政策法规调查与研究2003》,北京:中国农业出版社,2004。

12. 朱孔来、倪书俊:《论县域经济的特点和发展》,《宏观经济管理》,2006(1)。

13. 魏秀芬、于战平:《我国县域经济的发展模式》,《农村经营管理》,2005(3)。

14. 陈文科:《中国县域经济转轨中的四大矛盾》,中经县域经济网(china-county. ce. cn),2006-06-24。

15. 郑炎成、陈文科:《县域经济在国民经济中的现实地位变迁:理论与实证》,《财经研究》,2006(3)。

16. 董福印、刘英豪:《关于县域经济现实问题的理论思考》,《中国经济时报》,2005-04-22。

17. 刘志澄:《统筹城乡发展、壮大县域经济》,《农业经济问题》,2004(2)。

18. 刘小龙:《中国县域经济论纲》,《中共云南省委党校学报》,2003(3)。

19. 凌耀初:《中国县域经济发展分析》,《上海经济研究》,2003(12)。

20. 陈清:《关于县域经济问题的若干思考》,《学术论坛》,2004(1)。

21. 刘福刚、孟宪江:《正确认识县域经济的内涵》,《经济日报·县域经济周刊》,2005-12-01。

22. 赖东宁:《对福建县域经济发展模式的思考》,《福州大学学报(哲学社会科学版)》,2000(4)。

23. 魏世恩:《县域经济壮大问题新视角》,《福建论坛(经济社会版)》,2003(11)。

24. 湖北省人民政府发展研究中心:《加快县域经济发展的若干政策建议》,《咨询与决策》,2003(4)。

25. 张宪昌:《县域经济在全面建设小康社会中的地位和作用》,《前沿》,2004(1)。

26. 王一鸣:《对发展县域经济的几点认识》,《宏观经济研究》,2002(12)。

27. 周金堂:《试论工业化与县域经济的发展》,《南昌大学学报(人文社会科学版)》,2003(1)。

28. 柯美录:《加快县域经济发展的对策研究》,《华中科技大学学报(社会科学版)》,2003(4)。

29. 刘镇:《县域经济的合理定位与可持续发展》,《企业经济》,2001(12)。

第十章　企业与区域经济发展

　　企业是区域经济发展的微观主体，是区域综合经济实力的直接体现，企业的数量与分布是一国或地区经济发展水平的最重要标志之一。区域内企业自身的发展直接影响区域发展，是构成区域经济发展最重要的基础。

第一节　企业与区域生产要素分布

一、区域生产要素集中

（一）生产要素与生产要素集中

　　生产要素是指经济活动中的有形或无形的各种投入，一般包括以土地为代表的自然资源、资本、劳动力、技术、管理和信息等。从微观经济理论上讲，生产要素的集中是一个必然趋势。资本向优势企业集中是一个基本的规律，是竞争的结果，最终必然是一些企业做大，另外一些企业被兼并、破产。从空间配置上看，生产要素的集中，除了向优势企业集中，最终也表现为向优势地区集中，实现生产要素的区域集中。如果这种集中可以以最小的国土空间创造更多的国内生产总值，那么这样的空间配置效率是最高的，土地利用效率也可以大大提高，从而实现一种帕累托改进。

（二）生产要素集中与企业聚集效能

　　从生产者的角度考虑：产出依赖各种生产要素的投入，生产投入品的差异性也同样重要。投入品的差异性越小，则产出品的品种越少；投入品的差异性越大，意味着产出品种变化种类越多。在企业层面，投入品的差异性转化为代理商的前向联结和后向联结，这种联结既可能是纯市场行为的，也可能牵涉到交易联系。这种由马歇尔所倡导的模式实际上就是聚集模式。这些企业间的聚集联结既可能在小型区域，也可能在大型城市地区。

　　总的说来，在一个市场内，生产要素的区域聚集能从两个方面提高企业效能：首先，一系列分散化的产品仅仅是在聚集区域内交换，比如，那些交易成本紧随运输距离增加而增加的产品，交易成本的距离敏感性意味着聚集区域内的分散性；其次，交易和交易成本因为相邻性而降低。前向或后向交易的企业以及运输成本都是促成位置趋同并且形成聚集区域的原因。

（三）区域生产要素集中与区域经济发展

生产要素在国家间、地区间分布的不平衡性，决定了生产要素在国家间、地区间是流动的而不是静止的。生产要素总是从禀赋充裕的地区流向禀赋稀缺的地区，以获得更多的收益。因此，从某种意义上说，生产要素流动可以在一定程度上改变一个地区的要素禀赋状况。要素的优化配置必然伴随要素的合理流动。在市场机制作用下，要素的流动通常遵循寻优原则，即向优势区位流动。要素的这种流动趋势将加速区域极化现象的产生和发展，导致优势区位的优先发展。非均衡增长现象在区域经济发展过程中是普遍存在的，而且是区域经济发展的一个重要特征。只有在区域要素的聚集达到一定程度时，出现部分要素的逆向流动趋势，区域非均衡趋势才会有所减弱。所以说，在区域经济发展中，极化作用和非均衡发展是一个绝对的过程，而均衡发展是一个相对过程，是非均衡发展中的间隙。对于技术和信息高度发达的现代社会而言更是如此。因为技术变革的频率加快，由技术变革所产生的新产业和新产品对区域固有的资源和要素的要求与原有产业及产品有所差异，原有优势区位所固有的优势逐渐弱化，导致优势区位的变迁，由此引起新的增长点或增长极出现，即新的优势区位出现时，区域各要素又向新的优势区位集中。

生产要素长期的、充分的流动，尤其是资本和劳动力的跨区域流动，密切了一国之内的各区域之间的贸易联系和经济合作关系，增强了各要素间的互补性，使要素得到最优配置，促进各区域的要素利用效率并提高实际收入水平，从而为区域经济一体化的实现提供了条件。

二、企业与区域生产要素集中

企业通过组织结构尤其是规模结构的优化，充分利用规模经济的好处。区域生产要素集中是企业获得规模经济的必要条件，同时，企业也是促进区域生产要素集中的主要力量。规模经济并不仅仅局限于单个企业的内部规模经济，还应当考虑空间上的外部规模经济即聚集经济。

（一）企业间的横向关联

这种聚集以区域内某一主导产业的一家或数家大企业为核心，外部是多层次的产业群体，形成一个企业间横向联系的系统。分别属于多层次产业群体的众多企业，之所以会在一个区域的局部空间上聚集起来，主要的经济原因在于互相之间产生一种外部经济，这种外部经济是由于空间上的聚集而产生的，故而属于聚集经济。通过占据多层次产业群体的主导产业，大企业发挥主导作用，只需少数几家大企业就能带动区域经济增长。

（二）企业间的纵向关联

在这种聚集中，同属于一个产业的上、中、下游企业存在着生产过程的投入产出联系，以及由此而引起的外围联系。这里可分为两种情况：一种是同属于一个产业的上、中、下游企业通过纵向一体化而形成一个大型的工业综合体；另一种是未实现纵向一体化的众多企业因纵向联系而形成的产业链。

（三）企业与区位优势聚集

特定企业的空间布局总是指向于某一种或若干种区位优势。这些区位优势如廉价劳动力集中地、原料或燃料集中地、商品的主要市场区、交通运输枢纽地等。企业总是根据自身所在行业的特点，在空间分布上指向于一种或若干种区位优势。同一种区位优势，可能会成为属于不同产业的企业布局的共同指向；反之，同属于一个产业的企业，依据其在该产业中所处部位之不同（如上、中、下游部位不同、市场细分导向不同等），也可能指向不同的区位优势。这种区位优势指向，往往也会成为众多企业聚集的重要原因，由此也会产生聚集规模经济。一般而言，在某个区位点上，所拥有的区位优势越是多样，聚集规模就越容易形成。

企业与区位优势聚集大致有三种情况，一是因一种区位优势指向而聚集的同属于某一产业部门的众多企业，二是因一种区位优势而聚集的属于不同产业的众多企业，三是因多种区位优势而聚集的同属于一种产业部门或属于不同产业部门的众多企业。

第二节　企业与区域创新系统

熊彼特（1921）在《经济发展理论》一书中，首次提出了创新理论。按照熊彼特的理论，"创新"就是建立一种新的生产函数，即实现生产要素和生产条件的一种新组合，而经济发展就是整个社会不断地实现这种新组合的过程。此外，他还进一步指出了创新的五种具体内容：开发一种新产品，采用一种新的生产方式，开辟一个新的市场，控制原材料、半成品的一种新的方法，实现一种产业的新的组织。

企业不仅拥有创新所需的投入能力，而且具有创新实践的动因，此外，企业还通过将技术转化过程内部化，并借助区域创新系统，加快技术扩散过程。

一、区域创新系统与区域经济发展

（一）区域创新系统的组成内容

区域创新系统主要由区域技术创新系统、区域管理创新系统和区域制度创新系统组成。

1. 区域技术创新

科学技术产生的效应不仅能促使区域经济、社会、资源和环境协调发展，而且能激发出一种激励机制，这种机制既能促使复合系统较快地进入可持续发展的轨道，也能推动其从一种低层次的可持续发展状态提升或飞跃到另一种更高层次的可持续发展状态，是一种基于以可持续发展为前提的技术创新过程。这要求技术创新所包括的技术发展不仅不能掠夺资源和破坏环境，而且必须能实现资源的再生和持续利用，实现对自然资源的维持和保护；也要求其技术创新所创造的效益应涵盖经济、社会和生态等方面的综合效益；还要求其技术创新所激发的推动力能促使社会的文明和进步。

2. 区域制度创新

区域的经济发展和增长、社会的文明和进步、生态的平衡和维护，除了需要区域发展的行为主体积极参与外，还需要各行为主体借助各自丰富的知识、科学技术水平和科学管理方法来带动，更需要有正确的制度变迁所激发的冲击力来推动。制度创新就是对与技术创新有关的制度进行调整、完善，进而形成一套有利于技术创新的基础性规则。

3. 区域管理创新

管理创新是指在已经达到一定管理水平的基础上，为主动适应外部环境，提高管理整体效能，而有意推动管理要素在质和量上发生新的变化和新的组合。它一般表现在环境的自适应与开拓，组织的调整和革新，生产要素质的提高和量的优化组合，管理职能的分解与协作，管理制度的改造与重建，管理技术的进步和管理方法的科学化等方面。其核心内容是通过管理思想、管理组织、管理手段、管理方法、管理人员的现代化演进，增强企业对环境的适应能力，实现在不增加或少增加生产要素的前提下，通过质、量的提高和科学的组合，以提高生产效率和经济效益。它具体可以分为管理要素创新和结构创新。从管理要素角度又可以把管理创新分为经营管理理念创新、管理组织创新、管理方法创新、管理手段或工具创新、经营机制创新（运行机制、激励机制、约束机制）、管理模式创新等。

（二）区域创新系统促进区域经济发展的机制

1. 带动区域经济增长

区域创新体系的系统目标核心是实现区域内的经济发展，区域创新活动促进区域经济发展的机理是：从区域经济发展的需要看，区域经济的发展固然可以凭借区域内的自然资源优势、已有产业优势和区域经济分工上的优势，发展本区域的经济，但区域经济的快速发展和经济增长质量的提高，需要依托区域创新系统不断开拓区域经济的新增长点，需要依靠区域创新体系带动整个区域经济的增长。这种带动作用机理是：第一，区域创新体系可以优化、整合区域内的创新资源，提高区域的创新能力，形成区域的创新合力，从而保证区域内的市场创新，保证区域内经济增长的质量。第二，区域创新体系的建设必然促进区域内高科技企业和高科技园区的发展，而高科技企业和园区的发展则导致区域内新兴产业和新经济增长点的形成。第三，区域创新体系不仅可以提高企业自身对先进技术的消化、吸收能力，还有利于逐步提高企业自主创新能力，其结果是区域内的新产品和技术含量高的产品不断增加；区域创新体系还可以为区域内的大量中小企业提供新技术和各种技术服务，进行技术扩散，形成更大规模的经济增长效应。

2. 引发区域经济增长方式转变

高度重视技术创新在社会经济发展中的重要推动作用，选取以技术创新为主导的发展模式是实现经济增长方式由粗放型向集约型转变的关键。推行以技术创新为主导的发展模式，能有效地促进科技创新活动与经济活动的双赢互动，加快科学技术转化为现实生产力的进程，降低对自然资源的依赖程度和对生态环境的破坏程度，从而以最少的生产要素投入获取最大化的产出效益，推动社会经济的可持续发展。

3. 提高区域经济竞争力

区域创新体系不仅促进了区域内的经济增长，而且有助于提高区域竞争能力。随着产品短缺时代的结束，区域内的自然资源优势将不断弱化，而强有力的区域创新体系则成为区域经济竞争力的基础。区域创新体系在提高区域经济竞争力上的作用机理是：第一，区域创新体系有利于新知识和新技术的增长，并把经济的增长建立在知识创新和技术创新的基础之上，而知识和技术这种资源具有"边际收益递增"的特性，区域内这种资源越丰富，区域内的经济竞争力就越强；第二，区域创新体系强调培养创新型人才和高素质的劳动者，并把此项活动作为经济持续增长的基础，这就大大增强了区域经济对国内市场、国际市场变化的适应能力，而适应能力是区域竞争力的重要体现。

4. 促进区域产业结构调整

在经济全球化和知识经济时代，产业结构合理化和高度化的速度有加快的趋势。实践证明，一个国家、一个地区能否跟上产业结构调整的潮流，能否顺利地实现产业结构的升级，取决于该国家或地区创新体系的优劣：第一，从产业结构升级的规律看，一个地区产业结构的升级是遵循着劳动密集型产业、资金密集型产业、资金技术密集型产业和知识密集型产业的发展方向，而区域创新体系则为知识、技术密集型产业的发展创造了条件，提供了基础；第二，技术创新在改造传统产业方面发挥着越来越重要的作用。

二、企业与区域创新系统

(一) 企业与区域技术创新

技术创新是一个从新产品或新工艺设想的产生到市场应用的完整过程，它主要包括新设想的产生、研究、开发、商业化生产到扩散这样一系列的活动①。它是一

---

① 王为民、邵云飞、唐小我：《中国区域技术创新能力的相关因素分析》，《电子科技大学学报（社会科学版）》，2004（3）。

种促使科技与经济一体化，加速技术应用速度，提高技术应用效率的发展模式。对企业而言，技术创新是企业家抓住市场潜在盈利机会，重新组合生产条件、要素和组织，从而建立效率更高、效能更强和生产费用更低的生产经营系统的活动过程。一般说来，它主要包括：新产品、新工艺的创造和改进，新生产方式、新组织体制的管理系统的建立和运行，新资源的开发和利用以及新需求、新市场的开拓与占领。

1. 区域技术创新能力与区域环境

根据王为民等人（2004）的研究表明，区域技术创新能力与区域知识资源、经济发展水平、区位优势以及自然禀赋等区域环境因素有关。

第一，区域技术创新能力与地区知识资源正相关。技术创新能力是技术基础设施的函数。技术基础设施是指由大学、科研院所、企业 R&D 部门、商业服务机构以及相关企业等构成的系统网络。技术创新能力的建构和发展取决于技术基础设施的完备程度。

第二，区域技术创新能力与地区经济发展水平正相关。

第三，区域技术创新能力与区位优势正相关。只有当出于区域内外经济发展之需，区位有利条件有必要也有可能得以充分利用时，它才有可能转化为区位优势。

第四，技术创新能力与区域自然禀赋负相关。区域的发展在很大程度上依赖于对区域内社会资源的深度开发，充分发挥其比较优势，发展技术密集型产业，构建起比较完善的技术基础设施。技术创新在现代经济发展中的作用正日益加强，而自然资源禀赋的优势正日益消失。

2. 企业是区域技术创新的核心力量

技术创新投入，尤其是技术研究与开发活动投入是一种典型的趋向于规模经济的跳跃过程。也只有占有较大市场优势的企业才最有能力把创新作为利益最大化的手段。纳尔逊的研究指出，技术研究与开发活动是一种风险投资，只有企业才能通过向不同研究项目进行分散化的投资以降低风险，只有企业才更能发现技术创新的市场价值，从而减少创新的不确定性和风险性。谢勒尔（1990）认为规模经济使新产品引入更加便利，规模经济使技术研究与开发活动投入的收益增加，使企业从创新中获得更大收益，从而有利于提高企业创新的积极性。

企业在区域技术创新活动中具有明显的优势：

（1）可采取更加灵活的方式吸引更多的人才和资金，技术研究与开发活动能力强，在创新管理水平、生产技术、生产设备、信息控制、市场销售等方面都具有优势；

（2）按市场化方式进行创新资源的投入，能承担创新所需要的较高的固定成本，能向不同研究项目进行分散化投资，承担风险的能力强；

（3）研究开发活动的专业化和分工的效率可以产生规模经济，规模经济使其技术研究与开发活动投入的收益增加，创新使成本降低，并且，新产品获取的收益较高；

（4）更容易发现和把握创新的市场价值，从而减少了创新的不确定性和风险性；

（5）与外部环境的联系较密切，与政府、科研机构的合作较多，利用外部创新资源的能力较强，对创新收益的保护能力较强。

（二）企业与区域制度创新

1. 区域制度与区域制度创新

从经济学的角度看：用交易费用较低的组织安排代替交易费用较高的组织安排，可以在激励、资源配置和收入分配等方面获得更高的效率。当创新的预期收益大于预期成本时，一种新的制度安排就有可能产生。当在现有的制度结构下，由外部性、规模经济、风险和交易费用所引起的收入的潜在增加不能内在化时，一种新制度的创新可能允许这些潜在收入的增加。制度水平之间的选择由与各种相联的成本收益来表示。成功的创新导致总收入的增加，而且在原则上可能没有人在这一过程中受损，是一种帕累托改进。当区域经济和区域间竞争发展到一定水平后，必然要求区域制度创新；成功的区域制度创新则会使有效的约束与激励、降低的成本、提升的经济效率成为影响区域经济发展最重要的因素。

区域经济的协调发展过程实质上就是区域制度不断创新的过程，制度创新的目的就是加速经济的市场化进程，实现资源的合理配置。制度创新通过寻求有效率的激励，使创新者获得追加或额外利益来对现存制度进行变革，同时它还能够提高生产率和加速经济增长。制度创新系统的主要功能一方面是通过现代企业制度、知识产权保护制度和激励制度强化企业和科技人员的创新动力，另一方面是通过经费投入制度、政府采购制度和风险投资制度增强对创新的推动力。

2. 企业的制度创新

企业制度是关于企业组织、运行、管理等一系列行为的规范和模式，它由企业产权制度、企业组织制度和企业领导制度三个部分组成，其中产权制度是核心和基础，对组织制度和领导制度起着决定性作用。企业制度创新主要通过对产权制度、组织制度和领导制度进行变革从而使企业更好地适应生产和经营环境发展变化的需要。

第一，企业产权制度创新是指企业产权结构调整和产权关系的变化，即产权的各项权能在不同的产权主体之间进行重新组合，以期更好地发挥产权的各项功能，最大限度地提高资源的使用效率。企业产权制度的创新，一是应从确定排他性产权的角度，分析技术创新的专利权激励，通过制度安排，保证创新者对成果有一定的独占权，排除仿制者对技术创新产权所有者利益的侵犯，让技术创新主体最大限度地承担经济责任，享受其利益；二是从形成有效率的企业产权结构的角度，分析企业股权激励效应，通过企业产权制度改革，完善企业产权结构，使企业经营者、技术人员的个人利益与企业的长远发展有机地结合起来，形成对企业员工技术创新的持久的动力系统。

第二，企业的组织制度创新是指运用组织设计理论，对企业组织结构进行科学选择和安排。企业组织结构的不同设计，决定了企业内部不同部门之间的联系方式，从而会影响企业内技术创新活动的绩效。因此，企业不仅要通过企业组织制度的创新和完善，使企业内部相关组织的形式、规模和结构适应技术创新需要，为技术创新要素的有机组合提供有利的条件，提高创新资源的利用效率，让企业资源更易集中投入到技术创新潜力大和发展快的领域。同时，还要通过企业组织制度创新，创造良好的组织结构，以协调各部门的行动，加强企业内研发、生产和营销等部门之间的关系，提高企业内部的运行效率。

第三，企业领导制度创新方面，则应该通过各项企业管理制度的规范和设计，加强界面管理，协调各部门行动，保持企业界面过程的有效性和效率，提高企业决策效率，对技术创新过程中的冲突和合作进行调节和控制。通过加强企业人力资源管理，既要激发创新人员的创造性，又要使其服从企业内部制度的整体要求，促使企业技术创新资源发挥最大的效应。通过企业管理制度创新，提高企业的技术创新管理能力，建立起高效的创新机制，以形成合作有效的创新环境。通过管理制度的科学安排，使创新文化与企业文化建设结合起来，在企业内部创造出一种有利于创新的宽松环境和文化氛围，激发企业成员的工作热情。

3. 企业与区域制度环境创新

在区域创新发展中，政府是区域层面新制度的供给者，只有充分认识并有效发挥政府在区域制度创新中的主导作用，提高区域制度创新对区域经济发展的贡献度，才会积极推动区域经济发展。区域政府要加快制度创新的进程，促进市场体系的发育，加快宏观经济法律制度、政治制度的创新与建设，加强政策层面的导向和支持，更好地发挥政府的宏观调控职能。

首先，区域制度创新不仅要进行企业内部制度之外的与企业有关的宏观区域运行制度环境的创新，根据国家的基本法律制度和政策法规制定区域指导性实施意见以及其他由当地行政部门制定的法律法规，而且还要在宏观（国家）层面建立有权威的组织保障体系；在中观（区域）层面建立跨行政区的行业协会；在微观（企业）层面加快不同地区间企业的制度整合，从而为区域企业创造良好的区域制度环境。

其次，区域制度创新是企业技术创新的内在要求，也就是说企业要进行技术创新就必然要求有一定的制度创新与之相适应。反过来，制度创新对企业的技术创新又存在着很强的反作用。制度的作用就是在一个不确定的环境中降低不确定的因素，从而促进技术创新的发展，因此，规范稳定的制度环境具有引导、激励、调整企业技术创新的作用。

再次，区域制度创新为企业的管理创新提供了动力机制，而管理创新又是制度创新实现的基础，对其具有加速作用。现代企业制度的建立过程就是政府、市场、企业以及企业内部产权体系重新安置并明晰的过程。产权明晰的现代企业制度及宏观的相关制度的创新，为企业的管理创新提供了制度化的动力机制。在我国现行的制度下，以国有企业为代表的企业的一个主要缺陷就是权利没有得到明确的界定，企业利益边界模糊，政企不分，缺乏专业化和职业化的管理者，往往造成这些企业很难意识到创新的重要性，也很难组织开展技术和管理创新。而且，企业也不存在正常发生、发展、消亡的机理，用人机制僵化等，所有这些都是造成其管理、技术创新动力不足的制度原因。所以，我们必须加快现代企业制度的改革步伐，要通过市场方式尤其是竞争性市场交易的方式进行产权制度变革，以此来改变企业内部人的预期。换句话说，也就是使其意识到只有现在不断地进行管理与技术的创新，发展壮大企业实力，使自己的企业在竞争性产权交易中占有主导地位，才能使自己的利益在该创新过程中达到最大化。

区域政府需大力营造区域创新的软环境，特别是加强区域内制度环境的创新，诸如企业的产权制度、区域的科教体制、区域的内部工业联系等方面的制度调节，提高本地企业的学习能力，增强整体区域的学习效应，并加强与区域外的交流与合作，不断延伸区域创新网络的联结范围。同时，使各种创新的网络联系根植于当地的社会文化环境中，形成自我调节能力强的区域创新系统，以获得区域竞争的优势，提高区域竞争力。

（三）企业与区域管理创新

1. 区域管理与区域管理创新

区域是人口、资源、环境与经济发展的综合体，区域发展就是要通过对区域综合体中的人口、资源、环境、经济、科技等各方面进行组织和协调，以实现区域的可持续发展目标。区域管理不仅涵盖宏观管理和微观管理两个层面，而且兼顾公共管理（宏观管理）和企业管理（微观管理）的双重特点，远比一般意义上单纯的微观管理问题复杂得多。如企业管理是由企业的管理者对企业实施的管理，其企业组织目标是简单的，即追求利润的最大化。区域管理不仅包括区域内的企业管理，而且还包括区域内由区域地方政府实施的公共管理，区域管理至少同时要面对经济增长、环境保护、社会公平三个最根本的目标。

经济发展离不开管理创新，而管理创新的导因之一就是技术创新。技术创新对区域管理创新的影响主要表现在两个方面：一是技术创新直接引发企业组织形式、管理理论与方法的变革，从而促进企业制度、经济运行规则以及经济管理体制的变迁；二是技术创新直接或间接引发人们价值观念、伦理规范、道德观念、风俗习惯和意识形态等的变迁，进而引发人们改变对技术进步、资源利用、环境保护、发展的可持续性等的认识和行为。

2. 企业的管理创新

管理是企业生产的"第四要素",管理创新是提高企业经营效益的加速器。区域内企业的管理创新是区域管理创新的重要组成部分,是区域经济发展的重要推动力量。

管理创新首先是管理理念的创新,而管理理念的创新,关键在于思维方式的创新。企业内部应树立"以人为本"的新观念,从物本管理走向人本管理,加强感情管理、自主管理和民主管理力度,注重培养人、激励人、凝聚人。要通过组织和参与各种创新活动,来开展创新性的工作,在企业内部建立一个倡导、鼓励创新的环境。

其次,由于企业管理的对象是社会化大生产,它要求组织优化和规模经济。要真正实现正的规模效益,只有通过管理创新来深化改革,把组织体制和组织结构调整到理想的状态,以便有效地发挥管理功能。通过树立企业柔性化战略理念,实现战略决策柔性化、生产制造柔性化、营销管理柔性化等,利用变化和制造变化来提高竞争力,而不是仅仅适应环境变化。以企业的管理创新为依托,既强调企业家的创新,又强调组织群体的创新,力求在企业中组建保持适度刚度、灵活的柔性管理体系。

3. 企业与区域公共管理创新

就区域公共管理而言,区域地方政府作为一级行政单位,具有推动本地经济社会发展和利益最大化的动机和权力,相对于其他微观主体有更强的组织集体行动和制度创新的能力和动因。区域政府对区域管理的作用表现于两个方面:一个是间接的、宏观的,主要在于提供一个制度性的、控制性的区域发展环境;另一个则是直接的、微观的,重在介入到具体的有关该区域自然、社会和经济各方面的管理实践中去。无论是在宏观经济方面还是在微观经济方面,放松管制、调整管制手段和管制领域是区域管理的主要趋势。在管理的手段上,市场制度的作用受到社会的重新推崇,以前那种以价格管制、发放许可证为主的直接管制方式受到了人们广泛的怀疑和批评,而以市场机制为基础、通过制定技术标准、创造良好的政策环境的间接调控成为实施区域公共管理的主要手段。

在区域的某些公共管理领域,尤其是公共微观经济管理领域,企业可以通过非行政手段的区域市场机制,在调节和规范市场行为方面发挥导向作用,进而取代一部分原来区域公共管理部门的行政职能和管理方式。这对进一步理顺区域公共管理职能,减少区域政府对区域经济的直接干预,减少公共管理的成本,提高管理效率,实现集约化的区域公共管理具有重要意义。

三、企业与区域技术扩散

（一）技术扩散及其作用机制

1. 技术扩散的经济学意义

按照新经济增长理论的观点，经济增长的动力是内生的技术进步。对区域经济发展而言，技术扩散是非常重要的。技术扩散是技术创新取得社会效益的源泉，因为一项新技术的经济效益主要来自于它的扩散。新技术只有大规模地进行扩散，整个社会才能取得更大的经济效益。新技术的出现会在社会上形成巨大的社会效应，那些还没有通过采用新技术获得超额利润的企业会纷纷通过再工程模仿或者通过市场途径购买该项新技术来模仿，以期获得超额利润，从而整个社会的经济技术水平得到提高。

2. 技术扩散的作用机制

一项创新由于它能够提高系统运行的效率并创造出更高的价值，节约劳动和资本，提高系统功能和质量而创造新的市场，便在创造者与其周围的空间里产生"位势差"。为了消除这种差异，一种平衡力量就会促使创新者向外扩散和传播。同时，周围地区为消除差异而进行学习、模仿和借鉴。

技术扩散主要包括三个环节：一是技术供给，也就是研究与开发；二是技术需求，也就是技术应用；三是技术扩散的中间过程，包括技术市场和技术中介服务及管理。

技术扩散的作用机制有两种：一是通过正式契约实施的技术转让；二是技术主体不能直接受益的技术扩散，即技术扩散的外部效应，也就是通常所说的技术溢出。

（二）区域技术扩散与区域经济发展

1. 区域技术扩散与区域产品升级

美国的 R. 弗农于 1996 年提出了产品循环学说。他认为产品创新存在如下四个不同的阶段：第一，产品导入期。从新产品问世，扩大市场，直至国内市场饱和。第二，产品增长期。新产品出口到国外，开拓国外市场。第三，产品的成熟期。随着国外市场的形成，伴随着产品的输出，出现资本和技术的出口，把工厂外迁到国外生产成本低的地方，促成资本、技术与当地廉价的劳动力、市场和其他资源的结合，在输入国发展这种新产品生产。第四，另一新产品研究的开始或新的循环起点期。由于国外新产品生产能力的形成，产生"反回头效应"，新产品以更低的价格打回本国市场，使原来开发新产品的国家不得不放弃该产品的生产，输出国变成了输入国。新产品研制国家受到国外竞争压力的威胁，将转向研究开发更新的产品。

技术创新和扩散活动是由其内在的经济利益驱动的。在技术创新开始阶段，由于技术不成熟，产品不定型，产品的竞争主要是质量的竞争，新产品的首次商业生产一般在经济社会发展水平较高的创新阶段。到扩散阶段，技术渐趋成熟，产品定型，大规模的生产流水线出现，生产规模成为决定竞争力大小的关键。在技术成熟期，由于经济发达地区或大都市地价高、工资水平高，环境问题也日益突出，生产成本不断上升，创新产品的商品生产将由发达区域向不发达区域逐步转移。

当然，不计外部成本的技术扩散也容易造成企业在技术创新上的"搭便车"行为，使得区域内的企业所使用的技术同质。区域内企业使用同样的技术就会导致区域技术结构、产业结构和产品结构的单一和趋同。如果面对着相同的市场，就可能导致企业之间的恶性竞争，从而减少了技术创新带来的回报，使创新企业得不到应有的收益，甚至不足以弥补为获得技术创新而投入的成本，最终扼杀技术创新和技术扩散。

2. 区域技术扩散与区域技术进步

任何一个区域都可以通过创新和引进两个途径获得新技术和新产业。对于经济不发达地区或边缘地区来说，技术引进更具现实意义。首先，因为技术引进可以避免漫长的探索、发现、研究过程，节省大量的科学研究和试验的费用，更可以缩短投资多、风险大的技术开发过程。其次，技术扩散有利于欠发达地区从发达地区引进资金、技术，利用本地区低工资、市场竞争弱等优势，发展新兴产业，提高区域核心竞争力，尽快缩短与发达地区的差距。一般而言，重大的创新成果，从研究、试验、设计到投产，通常要 10 年甚至更长的时间，而引进技术，也许只需要二三年就可以投入生产，可以节省大量的科学研究和试验阶段的经费。同时，在条件成熟时，还可对引进技术进行"二次开发"，实现新的创新。这就是说，欠发达地区和边缘地区应充分利用"回流效应"，减少投资多、风险大、历时长的技术开发过程，从发达地区引进资金、技术，利用本地低工资、低地价、市场竞争弱等优势，发展新兴产业，加速产业结构的转换，扩大出口，尽快缩短与发达地区的差距。

(三) 企业与区域技术扩散渠道

技术扩散是技术在经济领域和更大地域空间范围的应用推广。从地理角度看，技术扩散是技术在空间上的流动和转移，它是由新技术供给方、需求方、扩散渠道组成。新技术供给方是新技术的发源地，需求方是技术的引进者，它们是位于不同地区的两个经营实体，如科研机构、企业单位等。技术扩散渠道则是指技术由供给方到需求方的传递通道和组织过程，受经济发展水平、经济和政治体制、经济政策、科技政策等的强烈影响。

根据技术空间传递方式，技术扩散可以分为空间梯度式、跳跃式和双向对流式等三种类型。空间梯度技术扩散是指以发源地为核心呈放射状向周围地区渐次转移的技术扩散过程，空间距离远近是影响技术扩散强度的主要因子，此外，在交通通信较为落后的历史时期和地区也较为多见。跳跃式技术扩散是指技术从一地呈跳跃式传播到另一距离较远的地点。它的出现得益于交通、通信技术的进步，并受地区技术势能差、政治经济关系、应用开发条件等的影响。双向对流式技术扩散是指技术从 A 地转移到 B 地，经改造发展后又传回到 A 地的技术扩散过程。它是跳跃式技术扩散的更高一级形式，主要发生在技术、经济、社会条件差别不大的两个地区之间。它得益于地区之间特别是跨国公司各个子公司之间的技术交流与合作。日本与北美、西欧间的技术扩散就属于这种类型①。

1. 企业与区域技术扩散的物质条件

装备技术水平较低的区域，只有实力雄厚的企业才有能力通过引进先进技术装备，大幅提升现有产业设备的技术水平，从而进一步为全方位接受区外的技术扩散创造更好的物质条件。

2. 企业与区域技术扩散途径

企业不仅是区域技术扩散的主要供给方，而且是主要的需求方，同时还是区域技术扩散的主要渠道。

（1）企业与中间产品贸易。由于社会化大规模生产的需要，企业和区域分工协作的范围日益扩大和深化。作为大规模生产的核心机构，企业具有巨大的中间产品供给能力和需求能力，也是中间产品贸易主要的供给方、需求方和贸易商。由于中间产品含有物化的专业技术知识，企业通过中间产品的贸易，直接导致了技术溢出，而且这种技术溢出是双向的。

（2）企业与技术贸易。技术贸易是技术知识转移和扩散的最为直接的方式。技术贸易的主要方式包括：许可证贸易、咨询服务和技术服务、合作生产等。近年来，科技进步以及信息技术传播的加快促进了区域的发展。特别是由于国际技术贸易的发展，贸易规模不断扩大，并且技术转让趋于"软化"，纯知识或信息形态下的软件技术转让，如专利、专有技术、情报技术等，占据了越来越重要的地位。企业拥有大量的专利、专有技术、情报技术等，并且是许可证贸易、咨询服务和技术服务、合作生产等的主要交易方，因此，企业直接促进了区域技术贸易，并通过技术贸易实现了区域技术扩散。

3. 企业与区域技术扩散效率

企业是提高区域技术扩散效益、培养区域企业引进技术、实现二次创新的关键。首先，只有以市场为主导，通过企业与大学、科研院所等高新技术研发力量的直接合作，才能使区域了解特定行业最新技术研发动态，获得创新技术产业化的优先权，从而保证本区域拥有同行业最先进的技术。其次，企业有能力通过培养区域高新技术开发与产业化的人才队伍，达到建设区域产业技术高地的目的。第三，企业有能力更好地把握市场，并根据区域市场的需求以及企业自身经营战略的需要，

---

① 曾刚：《技术扩散与区域经济发展》，《地域研究与开发》，2002（3）。

随行就市，及时推进技术成果的转化，促进区域产品结构和产业结构的升级。

4. 企业与区域技术扩散保障体系

在区域政府的宏观指导下，通过产权关联和生产契约等方式，建立起区内生产企业、服务企业等相关利益团体之间的合作网络和联盟，建立开放、灵活的技术保障体系，从而在技术引进与开发，市场信息的收集、处理、应用方面保持开放性、非排他性，并吸纳充满活力的区内外企业加盟；通过合理竞争，让技术应用及经营管理不善的联盟内企业"出局"，维持区域经济的活力与生机，充分体现市场经济优胜劣汰的基本原则，保持区域企业网络和区域经济系统的开放性。

第三节　企业与区域产业结构

区域产业结构是指特定区域各经济要素之间的相互关系、相互作用方式。① 产业结构调整就是要从宏观上优化各种物质生产要素的配置，优化各产业部门之间的比例关系，减少资源的浪费，促进各种生产要素的有效利用。产业结构是一个相互制约、相互促进的有机整体，调整产业结构是一项综合型、系统性的工作，必须因时、因地、因条件地进行。产业结构调整包括产业结构的合理化和高度化。

一、企业与区域产业结构合理化

产业结构合理化是区域经济发展的客观要求。产业结构的合理化在很大程度上决定了资源配置的效果。如果产业结构比较合理，与国内和国际市场需求相适应，与技术的发展水平相适应，那么，资源配置是有效的，经济得以持续发展；如果产业结构失调，即使短期的高增长能够发生，最终也不会持续下去。企业在区域产业结构合理化过程中有着非常重要的作用。

（一）企业与区域市场供求关系

在大规模生产过程中，企业需要大量的生产投入品，同时也生产大量的中间产品和最终产品，企业对与其相关的区域市场供求关系有着十分直接的作用，从而对区域产业结构调整产生根本性的影响。

在生产投入过程中，企业必然要考虑如何充分利用企业所在区域的自然资源、人力资源和其他中间投入品。企业对自然资源，尤其是区域特点十分明显的自然资源的大量需求，必然会引导区域相关企业从事和发展本区域上游的资源利用产业，企业对自然资源的利用方式也会对区域相关产业的发展方式产生直接的影响；企业对不同水平和种类的技术人员的需求，将对人员教育培训产业和区域人力资源市场建设起到导向性作用。企业对生产所需的大量中间投入品的需求，将使区域相关配

---

① 吴殿廷：《区域经济学》，第 117 页，北京：科学出版社，2003。

套产业得到发展机会，使相关科技成果转化以及技术创新和传播成为可能。此外，由于存在大量由企业所生产的中间产品和最终产品，并且能够以较为经济的价格和便利的方式获得，为本区域利用这些企业产品的下游产业提供了良好的发展空间。

（二）企业与区域技术市场

相比而言，企业具有数量众多的科研人员、科研场所和科研设备，特别是大型科研设备主要集中在企业，并且企业具有雄厚的科研投入能力，是十分重要的科研研发和科技成果转化基地。企业对中间投入品的大量需求，使得大量物化在中间投入品中的科技成果，找到了市场，实现了科技成果的转化和交流，同时企业本身所掌握的技术成果也通过物化在其中间产品和最终产品上，实现了技术转化和交流。以企业的技术研发中心为基础，建立区域技术市场有利于合理利用国内外的成熟技术，充分吸收当代最新科学技术成果。

二、企业与区域产业结构高度化

产业结构高度化是指产业结构随着技术水平的提高和需求结构的变化向更高层次不断演化的过程。根据产业结构演进的一般规律，产业结构的高度化具有以下几个特征：一是产业结构的发展沿着一、二、三产业分别占优势地位的方向顺向演进；产业结构的发展沿着劳动密集型产业、资本密集型产业、技术（知识）密集型产业分别占优势的地位顺向演进，技术资本和人力资源成为生产资源最重要的因素，生产资源结构趋向于以技术为主体，知识和技术密集型产品的比重和地位日益提高；产业结构的发展沿着低附加值产业向高附加值产业方向演进；产业结构的发展沿着低加工度产业向高加工度产业方向演进。企业对实现产业结构高度化有着非常重要的作用。

（一）企业与区域主导产业升级

主导产业是区域产业的核心，主导产业的升级是实现区域整体产业结构高度化的主要动力。企业是区域主导产业升级的主要推动力，其作用主要表现在如下几个方面：

1. 企业具有实施以高层次产业替代原有产业的实力和动因

新主导产业是根据工业化进程中产业结构演进的基本规律逐步形成的，与原产业相比，新主导产业一般技术含量和层次更高，对市场营销网络和企业内部管理要求也更高。从区域资源投入能力的角度来看，企业既具有雄厚的经济实力，也大量掌握产业发展最新的前沿技术，同时具有先进的管理经验和信用基础，是最有能力进入新主导产业的机构。此外，对企业而言，进入新的主导产业，也是其保持竞争优势，实现可持续发展的内在必然要求。

2. 企业具有通过产品技术创新实现现有产业升级的平台和动力

区域主导产业的升级还可以在同一产业内部，通过技术创新实现产品结构升级的方式实现。通过技术创新可以大大提高劳动生产率，降低生产投入，提高单位资本投入产出效率，并且能够为市场提供更加价廉物美的产品，更好地增进消费者福利。企业往往需要掌握技术创新的前沿动态，同时，大规模生产方式也为技术创新成果提供了最为方便快捷的转化平台。此外，由于规模效益巨大，技术创新产品能够在节能降耗、品牌建设、市场垄断和产品的先进性方面为企业带来更大的效益。

3. 企业适宜通过制度创新和组织方式的转变实现现有产业的升级

管理也是生产力。先进的制度能很好地促进生产力的发展，落后的制度会制约生产力的发展。由于企业具有鲜明而清晰的管理层级，更容易通过内部制度创新使生产组织方式更加适宜产业结构高度化的需要。

主导产业发展的规模和水平在一定程度上决定整个区域经济发展的规模和水平。企业是区域主导产业建设的关键力量，也是区域主导产业发展的载体。

区域主导产业是在市场中富有竞争力的产业，主导产业要得到良好的发展，需要及时获取国内外同行业的最新信息，需要不断进行创新，不断进行产品升级换代，需要多方面跨区域的经济和技术合作。

（二）企业与区域产业协作

区域产业结构中，不仅包括区域主导产业，还包括直接为主导产业进行生产配套的辅助产业、基础设施产业和服务业。为了实现区域经济协调发展，不仅要发展主导产业，还要发展辅助产业、基础设施产业和服务业。

1. 企业直接引导区域产业协作

由于区域内的大企业一般从事主导产业和支柱产业。辅助产业包括为主导产业提供上游原材料及其他发展条件的产业，利用主导产业产品进行深加工的产业，为主导产业技术进步进行协作研究与开发的产业，为主导产业发展提供人才培训的教育产业以及金融、广告、中介服务的产业等。在大企业的带动下，区域内从事辅助产业的中小企业必然围绕为大企业提供服务而展开。

通常情况下，大企业往往以产权为纽带，以产品为核心，围绕本企业所从事的产业链，通过对上下游生产企业进行控股、参股等方式，控制和网络一大批关联公司，进行分工协作，从而实现对整个产业的引导和直接投入。此外，大企业也可以以签订合同的方式，把一些辅助生产环节和辅助投入品的生产，实施委托外包，从而实现对区域产业协作和分工的引导，形成有利于区域产业协作的企业网络。

2. 企业影响区域基础产业发展

基础设施是区域内一切社会经济活动赖以进行的基本条件，也是区域投资重要的硬件环境。与其他产业相比，虽然基础设施具有比较明显的通用性，但是与不同产业相配套的基础设施并不完全相同，不同区域的基础设施产业不可能完全一样，这种不一样不仅表现在基础设施投入水平上，而且也表现在基础设施本身的组成结构上。区域经济发展总体水平较高的区域的基础产业发展水平往往较高，经济发展水平大体相当的区域，其基础产业也未必相同。从基础产业的目标来看，基础产业一方面要满足区域内的日常消费活动的需要，更重要的是，基础产业要为区域投入产出服务，是区域财富增长的基础。企业是决定区域内投入产出的核心机构，也是实现区域财富增长的主要机构，基础产业的发展要为具有区域特色的企业服务，基础产业发展水平要与区域内的企业发展水平相适应。具有鲜明区域特色和产业特点的企业对区域基础产业投入水平和组成结构具有重要影响。

3. 企业决定区域公共服务产业发展

区域公共服务业大多具有鲜明的区位特点，主要依靠为所在区域内的用户提供服务来获得生存和发展机会。企业具有追求规模经济效益的特点，企业的生存和发展需要依赖区域内大量的自然资源以及以人力资源为主的社会资源投入，需要大量的公共服务业为其提供配套服务，这就为区域公共服务产业提供了坚实的基础，企业及与其直接产生生产性联系的产业是区域公共服务最大、最稳定的服务对象。同时，企业及其产业特性也决定了区域公共服务产业的产业结构组成。对劳动力密集型企业而言，饮食、卫生、初级职业技能教育和培训服务是公共服务的重点；对资金密集型企业而言，金融、保险、中介等公共服务是区域公共服务的重点；对知识密集型企业而言，公共服务业的重点则是提供良好的生活环境、便捷的中介服务以及高端人员培训等。

主要参考文献：

1. 蔡昉、王德文：《比较优势差异、变化及其对地区差距的影响》，《中国社会科学》，2002（5）。

2. 陈烈、赵波：《论区域可持续发展战略》，《经济地理》，2005（7）。

3. 陈文晖、杨天翔：《中国行业结构全景透视》，北京：中国物价出版社，2003。

4. 陈秀山、张可云：《区域经济理论》，北京：商务印书馆，2003。

5. 戴伯勋、沈宏达：《现代产业经济学》，北京：经济管理出版社，2001。

6. 黄鲁成：《宏观区域创新体系的理论模式研究》，《中国软科学》，2002（1）。

7. 李辉山：《均衡与非均衡的战略演进——试论新中国区域经济发展战略的演变》，《开发研究》，2004（2）。

8. 李坤望：《经济增长理论与经济增长的差异性》，太原：山西经济出版社，1998。

9. 齐良书：《发展经济学》，北京：中国发展出版社，2002。

10. 上海财经大学区域经济研究中心：《2003 中国区域经济发展报告：国内及国际区域合作》，上海：上海财经大学出版社，2003。

11. 申俊喜：《区域网络整合与我国高新区的发展》，《商业经济与管理》，2003（2）。

12. 汪海波：《新中国工业经济史》，北京：经济管理出版社，1994。

13. 王缉慈：《关于我国区域研究中的若干新概念的讨论》，《北京大学学报（哲学社会科学版）》，1998（6）。

14. 殷醒民：《中国工业与技术发展》，上海：上海人民出版社，2003。

15. 邬义钧、邱钧：《产业经济学》，北京：中国统计出版社，2001。

16. 范黎波、李自杰：《企业理论与公司治理》，北京：对外经济贸易大学出版社，2001。

17. 吴殿廷：《区域经济学》，北京：科学出版社，2003。

18. 夏曾玉、谢健：《区域品牌建设探讨——温州案例研究》，《中国工业经济》，2003（10）。

19. 曾国安：《管制、政府管制与经济管制》，《经济评论》，2004（1）。

20. 张平：《中国区域产业结构演进与优化》，武汉：武汉大学出版社，2005。

21. 柯武刚、史漫飞著，韩朝华译：《制度经济学：社会秩序与公共政策》，北京：商务印书馆，2000。

22. J. 卡布尔主编，于立、张嫚、王小兰译：《产业经济学前沿问题》，北京：中国税务出版社、北京腾图电子出版社，2000。

23. 小艾尔弗雷德·D. 钱德勒著，张逸人等译：《企业规模经济与范围经济——工业资本主义的原动力》，北京：中国社会科学出版社，1999。

24. 哈罗德·德姆塞茨著，段毅才等译：《所有权、控制与企业：论经济活动的组织》，北京：经济科学出版社，1999。

25. 金指基著，林俊男、金全民编译：《熊彼特经济学》，北京：北京大学出版社，1996。

第十一章　区域分工与合作

现代经济已发展为一种非常复杂的实行专业化协作的经济，各个部门、企业、地区之间，都不能没有分工，也不能没有联合。市场经济要求发展横向联合，形成统一的市场和四通八达的经济网络。从客观上看，单个地区、单个企业总是各有所长、各有所短的，而且各自长短的具体表现又不相同，通过联合，扬长避短，互相补充，就可形成一种新优势、比较全面的综合优势，使先进地区、企业得到发展的机会，后进地区、企业得到提高的机会，这对联合的各方，对整个社会都很有利，宏观效益和微观效益都比较明显。

第一节　区域分工与合作的客观基础

区域之间的分工与合作是随着经济发展的历史过程逐步形成和深化的。经济发展的水平决定了经济分工与合作的必要性和可能性，经济越发达，区域经济分工与合作就越广泛和深入。区域经济分工与合作的客观基础包括以下方面：

一、自然的与历史基础的区域差异

所谓区域差异，是指不同区域之间的自然资源与环境和其他生产要素的禀赋的不同，以及发展结构与水平的不同。区域差异可分为两类：自然形成的差异与历史形成的差异。区域差异是区域分工与合作的基础前提，倘若各区域的自然资源与环境完全一致，经济发展结构与水平毫无差别，区域分工就不可能出现，合作也就毫无意义。事实上，这种情况是不存在的。

（一）自然条件和自然资源差异

自然条件是指环绕人类的自然环境，包括作为生产资料和劳动对象的各种自然要素，如大气圈、水圈和岩石圈等；而自然资源则是指自然条件中可以被人类生产和生活利用的自然条件，如矿产资源、气候资源和水资源等。不同产业和不同经济发展阶段，自然条件和自然资源所起的作用是不一样的。从总体来看，第一产业（农业和采矿业）对自然条件和自然资源的依赖程度最高，第二产业（制造业）次之，第三产业（商业、贸易、金融、信息、技术、服务、通信业等）最小。同时，随着人类认识世界和改造世界的能力的提高，自然条件和自然资源对区域经济发展的约束力在逐渐减小。但就目前来说，自然条件和自然资源仍然是制定区域经济发展战略、确定区域产业结构和布局模式所必须考虑的重要因素之一。

（二）历史基础的差异

历史的差异包括区域劳动力、资本、技术与发展水平的差异。此类差异是历史发展的结果，也是区域分工的重要原因。[1] 劳动力、资本、技术的区域差异既包括质与量方面的差异，也包括组合方面的差异。落后地区一般是简单劳动力丰富但劳动力素质较低、资本不足、技术水平低的区域，劳动密集型产业所占比重较大；而发达地区一般拥有高素质的劳动力，资本充裕，技术水平高，资本密集型产业与技术密集型产业所占比重较大。劳动力、资本、技术之所以影响分工，是由于它们在一定程度上存在区域间不可流动性，即存在区间流动的障碍。要素的不可移动性可通过分工合作促使商品在区间充分流动来弥补。

无论是自然的区域差异还是历史的区域差异都是明显的，都会影响区域分工。但为什么有的国家区域分工合理而有的不合理呢？单纯从区域差异的角度是不能全面回答这一问题的。区域差异只是区域分工的一个前提与必要条件，而区域分工的形成还取决于分工所带来的区域经济利益和全国整体利益以及对这种利益的识别与调控能力。

二、经济利益最大化的要求

经济利益最大化是经济发展的基本规律和要求。区域分工与合作是人类在地域空间上长期分化组合的动态结果，这种地域空间上动态分化组合是由经济利益最大化的内在机制决定的。人们总是想从区际分工中获得尽可能多的利益，这促使着劳动分工在区际间形成和发展。

劳动分工导致经济利益的产生就是劳动分工的经济性。劳动分工的经济性有两种[2]，一种是直接经济性，就是采用一定程度的分工和专业化的生产方式能够带来生产效率的提高或生产资源的节约；另一种是间接经济性，就是指分工和专业化的发展为生产方式的其他创新提供了条件，而对这些生产方式创新的采用会带来生产效率的提高或生产资源的节约。当劳动分工的经济性在地域上表现，就是区际劳动分工的经济性。区际劳动分工经济性同样具有上述两种经济性。区际劳动分工的经济性表现为：①区际劳动分工导致各地区根据自身生产要素的比较优势，将其生产和经营活动集中在少数部门，这样既能够较快地提高自身生产的熟练程度，又能最大限度地合理利用各种生产要素，提高劳动生产率，增加社会财富。②区际劳动分工可以节约生产成本，提高社会生产的外部性。这无疑减少了区际要素的大规模流

---

①　张敦富：《区域经济学原理》，第 190～191 页，北京：中国轻工业出版社，1999。

②　盛洪：《分工与交易》，第 39～45 页，上海：上海三联书店、上海人民出版社，1995。

动而产生的成本。同时因劳动分工而产生的生产相对集中，可以带来软硬件及基础设施的资源共享，进而节约生产成本。③区际劳动分工可以形成较高效率的地方劳动力市场，也有利于培养专业技术人才。④区际劳动分工有利于专业技术的发展和不断提高。总之，区际劳动分工的经济性表现为社会财富的增长，这种社会财富的增长就是区际劳动分工产生的规模经济效应。也正是因为规模经济效应的存在，经济利益最大化推动着区际劳动分工不断深化。

三、生产力扩张和规模经济跨区域发展的要求

生产力具有一种内在的扩张力。当生产力发展到一定程度后，就会超出原有的地域范围，向新的区域转移、扩展，在新的区域集中发展起来。随着生产力扩展到一切有人居住的地方，就在大范围内将各种生产要素组合起来，提高生产要素的利用率。各区域产业之间相互传递信息，交流管理经验和技术，调整生产规模，有利于协调区域之间相关产业的发展关系，提高产业的组织水平，增强区域竞争力。分工的深化过程表现为专业化经济和多样化经济的扩展。专业化经济是指基于技术和经济的优势而产生的生产活动的细化。原有产业部门不断分解，形成越来越多的专门行业。专业化经济决定了分工水平，各专业化行业之间存在一种基于技术的亲和力，同时各专业化行业各自又容易形成合理的经济规模；多元化经济则是分工深化导致的产业集合边界的外延。多样化经济拓展了产业发展的领域和总体规模，更有利于扩大产品的深加工程度，提高其附加值。在产业水平上，专业化经济和多样化经济构成了区域经济的两个主要拓展方向。

区域之间产业的合作能够把单个区域产业发展的外部性因素转化为内部性因素，使区域之间的产业发展趋于理性的协调，减少市场强制性调整所造成的损失。一个地区的产业在其发展过程中，必然要把实现最佳的经济规模作为重要目标。除了在本地进行规模扩张外，向外区域进行扩张也是重要的方式，并且通常采取与外区域进行合作的途径。例如，可以与外区域的企业实现产权一体化的合并，或者单纯的生产经营上的密切合作。这样，在区域与区域之间，就形成了同一产业和产品的生产经营一体化。对原有企业来说，这是一种低成本的扩张和实现规模经济的过程。对不同区域来说，这是区域合作的重要形式。国际上的跨国集团和国内跨地区的大企业集团，很多是通过区域合作的途径形成的。

四、减少地区冲突的要求

每个地区都有着各自独立的利益，每个地区内部又要根据自己的情况和条件选择不同的目标和发展模式。同时，同一区域内有着共同占有的资源，为了实现地区目标，对资源的使用方式就会有不同的考虑，由此形成了地区利益冲突。在西方，这种冲突主要体现在政治领导人对选民的争夺上，不同地区的政治领导者为了实现

争取更多选民的目的，采取兼顾更多地区目标的施政方针，以便在竞选中获得相邻地区选民的支持，为此需要寻找政治同盟者，实行相邻地区政治纲领上的联合。在我国，这种冲突主要体现在对资源获取的争夺上。区域内不同地区对共同资源的少维护、多索取只会引起地区经济的过早衰落和长期发展乏力。为了减少这种无谓的资源损失代价，地区政府会选择协商的形式，实现地区间分工与联合，以减少地区间利益与目标的冲突。不进行分工与合作，冲突就不能得到解决，就会增加地区对资源的保护成本，不仅不能选择最好的时机来开发和综合利用资源，降低资源开发效率，还会因冲突过多而形成过高的维持性成本，甚至造成地区间的对立。只有分工与合作，才可能将出现的冲突抑制在发生之前，提高区域内利益各方的效益。

五、技术创新趋于高级化、综合化的要求

在技术创新加速率的作用下，现代技术的更新期大大缩短，并且越来越趋于高级化和综合化。高新技术的研究开发和高新技术产业群的建设耗资巨大，多数地区都无力单独进行，必须通过广泛的协作才可能实现。例如，大型飞机的研制，即使在发达国家也要动员全国各地区的力量，通力合作，才可能达到技术上的领先水平。缘于分工和合作的技术进步是经济发展的主要原因，技术进步反过来又深化分工和协作。分工演进导致相对独立的各专业活动之间的技术联系在区域之间以及区域内各产业之间的协调。同时，对于新技术开发的区域来说，需要扩大技术市场，促进其技术的扩散、应用和经济效益的实现；而对技术落后的地区来说，需要引进外部的技术，加快技术进步和经济发展。这些都需要通过区域间的分工与合作得以实现。

第二节　区域分工与合作理论①

区域分工与合作理论的产生与发展是伴随着国际贸易理论的形成与演进而发展起来的。从亚当·斯密（Adam Smith）的古典贸易理论开始一直到克鲁格曼（Paul R. Krugman）的新贸易理论，从广义上讲都可以被视为区域分工与合作理论。区域分工与合作理论是研究利用区域差异进行专业化生产与贸易以求得比较利益的理论，主要包括绝对成本及相对成本理论、生产要素禀赋论、产品周期与技术要素差

---

① 本节中，绝对优势理论、比较优势理论、资源禀赋理论和技术要素理论与产品周期理论的内容主要借鉴了：任保平：《区域经济理论、方法与政策》，第48～57页，北京：经济科学出版社，2004；吴殿廷等：《区域经济学》，第268～272页，北京：科学出版社，2003；张敦富：《区域经济学原理》，第167～181页，北京：中国轻工业出版社，1999；张金锁、康凯：《区域经济学》，第249～255页，天津：天津大学出版社，2003。

异理论以及规模经济贸易理论等。

一、绝对优势理论

绝对优势（Absolute Advantage）理论是区域分工理论的思想源头，这一理论源于英国古典经济学家亚当·斯密的地域分工理论。亚当·斯密于 1776 年在其经典著作《国民财富的性质和原因的研究》一书中这样写道："劳动生产力上最大的增进，以及运用劳动时所表现的更大的熟练、技巧和判断力，似乎都是分工的结果。"① 斯密在重点论述了分工可以增进劳动生产力的基础上，着手于一般制造业工厂内部的分工，进而分析了国家之间的分工。与此同时他极力提倡自由贸易，认为各国可以利用在生产某种产品上的绝对优势来进行专业化生产并用以交换其他产品。市场范围的扩大会促进区域分工，形成规模经济进一步促进经济增长；另一方面，区域分工使得生产产品多样化，有利于社会福利的提高。按照斯密的思路，各国的经济专业化能够提高生产效率和增进国民收入，每一个国家都有其生产成本最低的产品，各国将生产成本最低的产品发展为其专业化生产领域，通过交换各自的专业化产品，能够使各个国家的资源、劳动力、资本得到最有效的利用。亚当·斯密从当时工场手工业向机器工业过渡的时代背景出发，看到了工场手工业分工所带来的利益，进一步联系到整个社会，论证了劳动地域分工的合理性，即每个生产者为了其自身的利益，应该集中力量去生产在社会上有利的产品，然后用其专业化生产销售所得，去购买各自所需的其他所有物品。包括国家之间的贸易都可以利用这种地区分工而获得好处。依照这个理论观点，每个地区都有其绝对有利的、适合于某些特定产品的生产条件，这种特定的生产条件导致了生产成本的绝对低廉，这就叫做绝对成本学说。

二、比较优势理论

比较优势理论源于英国著名古典经济学家大卫·李嘉图（David Ricardo）的国际分工理论。他是在亚当·斯密的绝对优势理论基础上发展起来的一种地域分工理论。与亚当·斯密一样，李嘉图在 1817 年的著作《政治经济学及赋税原理》中，以劳动价值理论为基础，通过分析两个国家生产两种产品在单一生产要素的差异，从理论上论证了比较优势的存在以及贸易之间的互利性，从而奠定了比较优势理论的基础。

根据大卫·李嘉图的比较优势理论，地域分工的基础并不仅仅限于生产成本的绝对差异，只要地区间存在着生产成本的相对差异，各地区就可以利用在不同产品

---

① 亚当·斯密著，郭大力、王亚南译：《国民财富的性质和原因的研究》（上册），第 5 页，北京：商务印书馆，1972。

的生产上具有的比较优势进行合理的地域分工，并各自从中获得利益。大卫·李嘉图的比较优势理论的核心思想为：各地区都应该集中生产，并向其他地区输出本地区具有比较优势的产品，同时从其他地区输入自身具有比较劣势的产品，这样每个地区都能从分工中获得比较利益；即在所有产品生产上处于绝对优势的国家和地区不必生产所有的商品，只应生产并出口最大优势的商品，处于绝对劣势的国家和地区也不能什么都不生产，可以生产劣势较小的商品，也就是所谓的"两利相权取其重，两弊相衡取其轻"。这样会使各地区的资源都得到充分有效的利用，这种"两优取其大优，两劣取其小劣"的思想长期以来一直被视为指导区域分工的基本原则。

三、资源禀赋理论

资源禀赋的思想最早由赫克歇尔（E. Heckscher）提出，他于1919年发表的一篇论文中，对两国之间比较成本差异问题做出了解释。赫克歇尔认为产生比较成本差异需具备两个条件：一是两国拥有不同的要素资源，也即要素禀赋；二是在产品生产过程中不同产品的要素投入比例不一样。俄林（B. Ohlin）在继承老师赫克歇尔观点的基础上，于1933年出版了名著——《区际贸易和国际贸易》。在这本论著中，俄林指出一个国家内部的贸易和国际之间的贸易都属于区域间的贸易，进一步指出进行贸易的基本单位是地域，并对地域内涵做了进一步解释。他指出作为地域必须具备两个基本的条件：一是本地区与其他地区具有不同的生产要素分布和流动情况；二是相比于其他地区，本地区内部各地域之间生产要素分布和流动情况的差异较小。

资源禀赋理论把地域分工、区域贸易、生产要素禀赋三者紧密地联系起来，认为导致产品比较成本差异的关键原因在于各地区拥有的要素资源比例的不同，即各地区生产要素相对丰裕程度的差异，并由此决定了生产要素相对价格和劳动生产率的差异。根据资源禀赋理论，对于同一种商品在不同地区的生产函数相同的假设前提下，由于在同一区域生产不同产品的各部门所使用的技术不同，使得在不同产品的生产中投入的生产要素资源的比例也是不相同的。在一些产品的生产过程中，有些产品使用的劳动要素比重较大，则称这些产品为劳动密集型产品；另外一些产品使用的资本要素比重较大，则称这些产品为资本密集型产品。从对现实世界的分析中我们可以得出：各国或各地区的要素资源禀赋相对而言是不同的。供给量越丰富的要素资源，其相对价格也越低，密集使用这种要素生产的产品的相对成本也越低；而供给量相对稀缺的要素，其相对价格越高，密集使用这种要素生产的产品的相对成本也越高。因此，每个地区专门生产密集使用其相对丰裕要素的产品，以换取其他地区密集使用其本地区相对稀缺的要素生产的产品。如果每个地区都以自己的比较优势（资源禀赋差异）为基础进行合理的分工和贸易，其结果是将使相对丰裕的生产要素的价格提高，相对稀缺的生产要素的价格降低，并促进了它们之间的相互替代，使得实际的生产要素价格趋于均等化，最终实现各地区趋于均衡。

无论是李嘉图的比较优势理论还是俄林的要素禀赋理论，都是建立在比较利益的基础上的，它们主要是用各地区要素拥有的资源禀赋差异来解释国家或区域之间的分工和贸易。20世纪60年代以来，各发达国家之间的资源禀赋变得越来越相似，而发达国家与欠发达国家之间仍存在较大的差别。按照资源禀赋理论，各发达国家之间的贸易应越来越少，发达国家与欠发达国家之间的贸易将会扩大。然而事实恰恰相反，第二次世界大战后国际贸易发生的现实更多地表现为发达国家之间的贸易额持续增加。这些现象均说明，资源禀赋理论在解释现实世界时显示出了其局限性，这就要求有新的理论对此做出解释。基于资源禀赋相近国家持续增长的贸易现实，经济学家从不同角度对其进行了解释，并形成了一些有影响的理论。

1. 相似性偏好理论

相似性偏好理论是从需求结构的相似性角度来解释区域分工与区域交易的理论，以往的古典理论和新古典理论均是从供给方面和成本方面来解释国际分工和国际贸易。由于假设需求是不变的，所以很难解释现实世界中收入水平相近、资源禀赋相近的国家或地区间形成大规模分工和贸易的事实。针对这种现象和问题，瑞典的经济学家林德（S. B. Linda）提出了相似偏好理论，从需求角度探讨了国际或区际贸易的成因。林德认为一种工业品要成为潜在的出口产品，首先必须在国内形成消费需求，为此他将工业品的需求分为两种：国内需求和国外需求。他认为产品出口的可能性主要取决于产品的国内需求，因为只有在国内产品需求趋于饱和时，产品出口才有可能。两个国家或地区的需求结构越相似，它们之间形成的贸易量就可能越大，因为两个国家或地区的发展水平越接近，其相应的收入水平也就越接近，由此导致的需求结构和需求偏好也越相近，它们之间就越容易形成贸易，贸易量也就越大。

2. 协议性分工理论

林德的相似偏好理论从需求角度阐述了发展水平相近的国家和地区之间形成较大贸易量的原因，对传统分工理论进行了补充与发展。此后日本著名经济学家小岛清从规模经济收益递增等方面进行了分析，提出了协议性地域分工理论。这一理论的基本思想是区域分工应在政府指导下，参与分工的有关主体通过协同进行有效率的分工。小岛清认为，即使不存在比较成本差距或拥有的要素资源比例相近的条件下，地域分工依然存在而且是作为一种必然的趋势。他在协议性地域分工理论中，假设存在一种完全消除了比较优势差距的极端状态，指出即使是在这样的一种极端状态下，仍存在有为了向以较优技术水平的生产函数转移的分工，或为了互相获得规模经济的分工。他指出在这种状况下可以通过市场机制来调节对于要素禀赋相同和相似地区间所形成的分工，但这种机制调节的结果将是以资源的浪费和不合理的使用为代价，并有可能引发地方保护主义盛行和恶性竞争。相比于市场机制调节，小岛清认为由中央政府和有关地方政府出面，通过协商进行分工则更有效率。

3. 规模经济贸易理论

20 世纪 70 年代以来，随着国际贸易的迅速发展和结构变化导致了比较优势理论再次活跃并出现新的发展，规模经济贸易理论便应运而生，其主要贡献者是美国经济学家克鲁格曼。规模经济贸易理论认为，在同行业产品间贸易条件下，比较优势取决于两个因素：规模经济和产品差异化。当一个地区的某种产业能有效地发挥出规模经济效益时，就能以有较强竞争力的价格向外销售商品；而当某一地区的收入达到相当高水平时，消费者的需求就会表现出多样化选择，从而为其他同类地区但具有不同特征的商品提供市场。规模经济效益和产品多样化结合在一起，就会形成新的比较优势；另一方面，由于技术模仿率的增长，新产品的开发区域面临着其他区域的竞争。在标准化时期，新技术产品已经高度标准化，技术要素的重要性下降，而劳动力价格要素的重要性上升，产品生产逐渐从技术先进的区域向拥有大量半熟练劳动力的低工资区域转移，以至于使后者成为这种产品的专业化生产区域，而最先生产这一产品的区域最终可能丧失该产品市场的竞争力，成为这种产品的净进口区域。

相对于比较优势分工而言，规模经济分工具有以下特点：

（1）当今区域分工的发展趋势正由以传统分工为主导转变为以规模经济分工为主导，比较优势分工为辅，分工效应的主要来源不再是比较利益，而是规模递增收益，规模经济分工并不排斥比较优势分工，而且能够通过要素的组合配置，优化比较优势的分工效应。

（2）比较优势分工表现为行业间的分工，而规模经济分工则表现为行业内的分工。行业内的分工能使各个区域从更大的市场规模中获益，因此从区际分工贸易中可以获取额外收益，且比从比较优势中获取的要多。

（3）规模经济分工较比较优势分工的贸易量大，商品种类多。区域通过行业内分工，可以在减少自产商品花色的同时，增加国内消费者所需的商品种类。由于减少了商品生产的种类，区域的生产规模会更大，从而引起生产率的上升以及成本的下降。同时，消费者也从更广泛的选择中获利。

（4）与传统比较优势理论模型不同，新贸易理论模型揭示了：人口增长在规模经济分工条件下，会促进生产率的增长。由于规模经济的存在，当人口规模上升时，生产率就上升，产品数上升，每种产品的价格下降，而每人的效用上升；同时，生产率上升，每个人消费的每种产品数量也可能上升，总的市场容量也会因每个人购买的产品种类数和每种产品购买量上升而增加。这个结论能够很好地解释东亚经济快速增长的许多现象。

四、动态比较优势理论

传统比较优势原理的一个较为严重的缺陷是，它的静态假设有时难以用在变化的环境中。根据地域分工理论，可以导出动态比较优势原理，即在区际交往中，不仅要考虑静态比较优势原理，更要在动态中考虑比较优势转移原理。这个原理是建立在经验研究之上的，它根据不同国家、不同地区贸易结构的演变过程，提出比较优势演变的经验规律。这就是：发达国家、发达地区随着劳动成本的不断上升，原先那些劳动密集行业的优势不断丧失，从而先是从纺织、制鞋等方面退出出口市场，随后又从造船、钢铁、一般机电行业、塑胶行业等市场中退出；中等发达国家和地区，就有可能先是把纺织品出口市场接过来，随着实力的增长，再去接收那些中等技术的机电、塑胶产品的出口市场；如果这些国家、地区发展得快，在 10 ~ 20 年内也会因劳动成本的上升而逐步放弃纺织、制鞋的出口，进而把这部分市场转让给劳动成本更低的发展中国家和地区。这样就在国际市场、国内市场的出口份额中呈现出按产品在国家、地区之间分组排队型的动态平移现象。每个国家或地区都要努力在平移梯队中根据自己各种产品的劳动成本，选择自己适当的位置，判断出未来若干年内自己的出口优势是什么，也就是要盯住梯队中上方成员的出口产品来开展竞争，争取主动权。由此还可以推论出，一个国家或地区如在出口上盲目追求不适宜自己的高新技术产业，可能会因代价过高而失败；同时，如果不及时甩掉那些已经缺乏竞争力的劳动过于密集的产业，也将延缓自身的发展，并使矛盾激烈起来。所以，任何地区在发展规划中，都要动态地从比较优势转移的分析中来运用比较优势原理，确定自己的优势产业，从而在国际分工中处于更有利的地位。①

五、技术要素理论与产品周期理论

技术要素理论和产品周期理论是在 20 世纪 50 年代形成和发展起来的区域经济理论。技术要素理论研究的是区域的创新能力、经营能力和劳动技能等问题。这一理论从产品技术发展过程的角度来研究区域经济传播，认为一个技术要素丰富的区域，总是领先进行技术革新和新技术产业化，它在技术（知识）密集的商品方面具有比较优势，因此地域分工和贸易可能以技术差异为基础。但是，一个地区不可能长期垄断制造任何产品所需的技术，在扩散效应下创新会扩散到其他区域，从而各区域回归到相同的生产函数条件——要素禀赋论的基本假设上来。产品周期理论最早是研究国际贸易的，雷蒙德·弗农（Raymond Vernon）1966 年发表在《经济学期刊》上的《产品生命周期中的国际投资和国际贸易》一文中首次提出，这一

---

① 　张金锁、康凯：《区域经济学》，第 256 页，天津：天津大学出版社，2003。

理论"重视研究创新的时间选择、规模经济的影响以及不确定性对贸易的影响"①。这一理论从动态角度研究了技术对区域比较优势的影响，揭示了随着产品技术含量的变化而出现的生产区域转移与技术传播的规律。1966 年汤普森（J. H. Thompson）在《经济地理》上发表了《对制造业地理的几点理论思考》，将弗农的产品生命周期理论引入区域经济学的研究之中，提出了区域生命周期理论。他认为一个工业区的发展是按照年轻期、成熟期、老年期的次序有规则地发展的。

技术要素理论和产品周期理论从不同的角度阐明了技术要素与分工和贸易的关系，从新的视角对区域分工问题进行了新的解释，这两种理论的共同之处是都强调创新与技术进步的作用，解释了创新和技术在区域之间的转移和扩散。技术要素理论认为能产生大量创新的新产品的区域将拥有生产这些产品的优势。虽然这种优势不会长久，但在其他区域能生产这些产品之前有一个模仿滞后期。这一时差可分为两部分：一是区域创新期。创新区域生产新产品，但因需求滞后，并不输出新产品，对于其他区域来说，正是了解新品和使新品适应消费习惯的时期。二是区域模仿滞后时期。创新区域开始向其他区域输出产品，这是模仿滞后时期。一旦其他区域开始模仿，创新区域即开始失去其优势和输出主导地位。产品周期理论认为，产品一般都要经过产生、发展、衰退和消亡的产品生命周期。新产品的生命周期，大体上可分为开创期、成长期、成熟期和标准化生产期四个阶段。随着产品生产周期阶段的更替，区域的分工和贸易格局随之也会发生相应的变化。

六、要素替代理论

要素替代理论是采用经济学中的替代原则对区位理论进行综合与发展而形成的一种区位决策理论。从广义上讲，古典区位理论，如杜能的农业圈理论、韦伯的工业区位理论等，都涉及分工问题。工业区位理论探讨了运输成本、劳动力成本、规模与聚集对企业区位决策的影响，但未考虑到要素的可替代性。

1965 年，艾萨德（W. Isard）出版了《区位与空间经济》一书，在该书中他详细阐明了要素替代对企业区位决策的影响。古典分工理论与古典区位理论都只强调了相同因素的区际比较，而忽视了有些生产要素是可相互替代的。例如，煤、水力发电、原子能、石油、天然气在能源生产中可互相替代；在一些生产中，塑料、钢材、铝材等可相互替代；资本与劳动力可相互替代，等等。因此，在分析区域生产优势时，不能仅简单地按统一的成本项目进行比较，而必须按根据各区域最有利的投入组合方式计算出的成本进行比较。在要素可替代的情况下，比较优势由要素边际替代率和各种要素在不同地区的价格共同决定。例如，纺织业作为劳动密集型产业应该由劳动力价格低廉的落后地区发展，但是，如果发达地区地处沿海，其输入

---

① 陈秀山、张可云：《区域经济理论》，第 326 页，北京：商务印书馆，2003。

的棉纱等原料价格低廉，足以弥补劳动力价格较为昂贵的劣势，则纺织业仍然可以在发达地区发展。

七、马克思关于地域分工的理论①

（一）关于地域分工的起源和实质

马克思写道："在家庭内部，随后在氏族内部，由于性别和年龄的差别，也就是在纯生理的基础上产生了一种自然的分工。随着公社的扩大，人口的增长，特别是各氏族间的冲突，一个氏族之征服另一个氏族，这种分工的材料也扩大了。另一方面，我在前面已经谈到，产品交换是在不同的家庭、氏族、公社互相接触的地方产生的，因为在文化的初期，以独立资格互相接触的不是个人，而是家庭、氏族等等。不同的公社在各自的自然环境中，找到不同的生产资料和不同的生活资料。因此，它们的生产方式、生活方式和产品，也就各不相同。这种自然的差别，在公社互相接触时引起了产品的互相交换，从而使这些产品逐渐变成商品。"② 就是说，在地域分工形成的初期，主要原因是自然条件的差别。这种自然条件形成的地域分工，直到现在仍然发挥着作用。不过，随着科学技术的飞速发展和经济的发展，社会经济条件也对地域分工产生了影响，而且这种影响在现代越来越重要。也就是说，早期地域分工的实质是自然条件的差异，现在的地域分工越来越多地渗入了社会经济因素。

（二）关于地域分工的基本内容

马克思写道："一切发达的、以商品交换为媒介的分工的基础，都是城乡的分离。可以说，社会的全部经济史，都概括为这种对立的运动。"③ 从经济层面考察，所谓城市就是工商业经济中心，农村就是农业产业所在地。最基本的地域分工就是划分城市和农村两大经济区域。这种划分贯彻于全部经济史。在工业革命后，城市的经济内容发生了变化，主要是现代工商业所在地。相当多的现代工商企业集聚在一个区域，这个区域就形成了城市。进一步考察可以看到，在工业革命时代的地域分工实质是产业的地域分布。马克思说："把一定生产部门固定在国家一定地区的地域分工，由于利用各种特点的工场手工业生产的出现，获得了新的推动力。"④这个特点在现代表现得相当明显。不同产业的地区分布，不但在工业方面得到充分表现，而且在古典经济学家认为不可能有分工的农业部门也得到了表现。如美国的

① 转引自杨永华：《马克思的地域分工理论、刘易斯的二元经济模型与区域协调发展战略》，《华南师范大学学报（社会科学版）》，2003（8）。

② 马克思：《资本论》，第1卷，第389~390页，北京：人民出版社，1975。

③ 马克思：《资本论》，第1卷，第390页，北京：人民出版社，1975。

④ 马克思：《资本论》，第1卷，第392页，北京：人民出版社，1975。

农业生产在不同地区表现为不同的农作物生产带，构成了地域分工。

第三节　中国区域分工分析

一、中国区域分工的特征分析

改革开放20多年来，我国区域分工格局发生了巨大的变化，社会经济发展进入了重要的转型时期。改革开放之前，我国实行的是典型的计划经济模式，由中央制定国民经济计划，"全国一盘棋"，统一按计划配置资源。区域分工采取的是均衡式开发模式，产业政策趋于向落后地区倾斜。在利益分配上，实行平均主义，整个国民经济在各区域之间呈现均衡增长势态。改革开放以来，市场机制日益成为配置资源的主导力量，经济发展获得了空前的活力。区域分工有了新的改观，原来中央政府高度集权，现在已开始向地方政府与企业放权。地方政府在财政"分灶吃饭"、"分税制"条件下，发展地方经济的动力大大增强了。在地方政府和企业的共同努力下，从20世纪80年代中后期到90年代初的"资源大战"①（如"羊毛大战"、"棉花大战"）可以看出当时各级地方政府和企业积极发展加工工业的一般情况。随着市场经济的日益完善，这种竞争势态在某些方面可能加强了，在某些领域可能正在发生微妙的变化。

在一定程度上，不同地区第二产业的结构状况更能说明地区间专业化分工协作的水平。衡量地区工业结构相似程度，一般采用联合国工业发展组织提出的结构相似系数。通过不同地区工业结构相似系数和专业化系数的统计，1989～1995年，我国总体工业结构相似系数下降了0.0057，产业结构的趋同情况略有变化，但1995年的工业结构相似系数0.8643仍显示出我国区域间产业结构趋同严重。在统计的29个省、市、自治区中，相似系数下降比例高于全国平均比例的有15个，占统计指标的51.24%，下降比例超过0.1的有4个：北京（0.1340）、吉林（0.1530）、广东（0.1355）、宁夏（0.2042）。工业结构相似系数呈现上升的有12个省区，占统计指标的42.86%，其中山西（0.1400）、辽宁（0.1440）、黑龙江（0.2378）、贵州（0.1122）和云南（0.2597）上升的幅度较大。②"同质化"或"同构化"下降的地区一般为经济发达地区，而上升的一般为经济欠发达地区。这种发展有进一步拉大经济发达与不发达地区差距的可能性，加剧我国东西部经济发

---

①　张可云：《区域大战与区域经济关系》，第42～48页，北京：民主与建设出版社，2001。

②　钟昌标：《中国区域产业整合与分工的政策研究》，《数量经济技术经济研究》，2003（6）。

展水平的既有差异程度。

再从一些具体行业看（见表 11-1），省级经济区的工业区际分工程度最大（文体用品制造业、炼焦煤制品业、煤气及煤相关制品业除外），其次为十大经济区①，分工程度最低的为三大经济带（即东、中、西三大地带）。原材料和资源型的省级区际工业分工程度最高，如黑金属采选业（168.11）、木材及竹材采运业（34.41）、油气开采业（11.46）、烟草加工业（10.82），而精细加工型则分工程度普遍偏低，如金属制品业（0.14）、机械工业（0.17）。这显示了我国的分工还处在最基本的横向分工阶段，向纵深拓展的力度很小，在一个地区内形成的是分割的产业供应链，经济之间的竞争性多于互补性，没有进行合作的动机。这种情况形成的根本原因也是产业结构的趋同，出于保护自身的利益，而对外界经济主体进行市场封锁。

表 11-1　　　我国 36 个工业在每一区域层次上区位商分布的期望和方差

	煤炭采矿业	油气开采业	黑金属采选业	建材非金属采选业	采盐业	木材及竹材采运业	自来水生产供应业	食品制造业	饮料制造业
省市区	6.37(1.30)	11.46(1.14)	168.11(3.20)	5.82(1.37)	7.30(1.24)	34.41(2.06)	0.37(0.87)	1.04(1.10)	0.47(1.02)
十大区	6.55(1.29)	2.54(1.28)	0.29(1.04)	0.47(1.09)	3.49(1.13)	0.26(0.95)	0.53(1.07)	0.14(0.99)	
三大带	0.98(1.17)	3.60(1.13)	0.17(0.91)	0.10(0.83)	0.31(0.94)	1.92(1.04)	0.02(0.77)	0.02(0.83)	0.04(0.81)
*		0.62(1.16)	2.55(0.96)	1.12(0.79)		14.67(1.47)			

	烟草加工业	饲料工业	家具制造业	造纸及纸制品业	印刷业	文体用品制造业	工艺美术品制造业	纺织业	缝纫业
省市区	10.82(1.4)	0.55(0.82)	0.56(0.81)	0.52(1.04)	1.16(1.17)	0.71(0.50)	1.46(0.89)	0.39(0.72)	0.48(0.73)
十大区	1.97(1.3)	0.37(0.90)	0.18(0.88)	0.15(0.93)	0.01(1.00)	0.92(0.60)	0.45(0.78)	0.21(0.78)	0.40(0.71)
三大带	2.03(1.4)	0.02(0.75)	0.04(0.87)	0.01(0.81)	0.03(0.98)	0.56(0.67)	0.13(0.61)	0.04(0.83)	0.25(0.70)
*					0.29(1.05)		0.76(0.78)		

	皮革制品业	木材加工业	电力工业	石油加工业	炼焦煤制品业	化学工业	医药工业	化纤工业	橡胶制品业
省市区	0.83(0.79)	1.30(0.94)	0.85(1.25)	1.32(0.77)	2.58(1.05)	0.20(0.86)	0.38(0.85)	0.95(0.71)	1.36(0.75)
十大区	0.47(0.74)	0.37(0.91)	0.25(1.08)	0.86(0.88)	2.64(1.34)	0.02(0.94)	0.07(0.93)	0.40(0.69)	0.08(0.89)
三大带	0.02(0.76)	0.13(0.93)	0.04(0.90)	0.15(0.85)	0.26(1.16)	0.002(0.93)	0.07(0.88)	0.23(0.77)	0.02(0.81)
*			0.47(1.18)						

---

① 这里参照刘再兴教授的划分方案，该方案在主要考虑了区域经济社会发展总水平和自然资源丰度等因素基础上，将全国划分为 10 大经济区：辽吉黑区；京津区；蒙晋区；冀鲁豫区；沪苏浙区；皖赣鄂湘区；闽粤区；桂琼区；川贵云藏区；陕甘青宁新区。

续表

	塑料制品业	建材工业	黑金属加工业	金属制品业	机械工业	交通设备制造业	电机及器材制造业	电信制造业	仪器仪表制造业
省市区	0.38(0.75)	0.76(1.05)	0.78(0.95)	0.14(0.78)	0.17(0.84)	0.95(0.95)	0.28(0.68)	0.92(0.72)	0.76(0.76)
十大区	0.31(0.76)	0.09(0.96)	0.34(0.99)	0.08(0.83)	0.03(0.91)	0.28(0.99)	0.18(0.77)	0.64(0.85)	0.51(0.99)
三大带	0.15(0.80)	0.002(0.75)	0.004(0.75)	0.07(0.79)	0.01(0.72)	0.01(0.72)	0.08(0.82)	0.25(0.85)	0.14(0.97)
*		0.13(0.95)							

注：（1）括号内的数值是数学期望，其他为方差；（2）区位商是通过工业总产值指标计算的；（3）"﹡"行的数值，除黑色金属采选业是剔除西藏的高区位商值的影响外，其他行业为剔除西藏和海南的影响后得到的值。

资料来源：王海鸿：《中国工业区际分工程度研究》，《中国工业经济》，1997（3）。

二、我国区域分工的变化趋势

（一）东、中、西三大经济带之间的分工，在长期占据的垂直式分工发展的同时，已出现水平式分工，并向前发展

区域经济分工虽大体上同我国三大地带的自然、地理和经济、技术等因素的现状相适应，但这种区际分工还属低层次、低水平的分工。水平式分工相对于垂直式分工来说，是高层次、高水平的区际分工，具有垂直式分工不可比拟的优越性。高增长率产业按部门、产品专业化的形式，依照各地区的相对优势在全国各地区展开，能使各地区的经济发展都得到产业高增长能力和高产业关联度优势的滋润，各地区的经济发展都能得到高增长率产业的带动。从国民经济整体发展角度看，高增长率产业的地区部门专业化生产有利于利用规模经济性，并使生产要素得以在全国合理配置，促进高增长率产业更有效率的成长，推动整个国民经济的发展。而且，地区间的经济联系也由单纯的产业间的原材料供给与加工关系转化为多样化的产业内分工协作关系。这样各地区之间的经济联系必然也会增强，变得更为牢固。① 鉴于此，水平式区际分工是今后我国区际经济分工的发展方向。

目前，我国区际经济分工的类型，从历史上的垂直分工，正朝着垂直型分工与水平型分工并存的格局转化。这可从东部、中部、西部三大地带，区位商大于1的产品构成中得到佐证②，1987年32种工业品中，中西部区位商大于1的工业制成品就有5种，区位商超过东部的就有4种，这表明我国区际水平式分工有一定的发展。

---

① 庄志毅：《论我国地域分工的水平相对优势原理》，《当代经济科学》，1990（4）。
② 陈栋生：《区域经济学》，第156页，郑州：河南人民出版社，1993。

（二）大经济区之间分工，已由行政特色的经济区转变为经济特色的经济区

20 世纪 60 年代开始，我国按照六大经济协作区进行了区际分工，行政特色甚浓，没有很好地起到区际分工的作用。改革开放以来，随着改革的深化和开放的不断扩大，我们强调突出本区域的经济优势，建立合理的新型区际分工体系，以区域经济增长因素差异为基础，以发挥经济区的比较优势为出发点，本着效率优先、兼顾公平原则，注意对外扩大开放和参与国际分工，充分发挥经济区在全国区际分工体系中的作用；同时，遵循经济区发展的客观规律，突破了传统的经济区划的理论原则，充分考虑到了社会主义市场经济的发展和我国扩大开放的需要。这不仅突破了经济区的理论模式和传统的区际经济分工原理，而且在实践上还打破了原有的区际分工格局，使我国区际经济分工走上了一个新台阶，它必将进一步推动我国区际分工体系的建立和发展。

（三）区际经济分工已由国内区际分工扩展到国际分工①

扩大对外开放，积极参与国际分工，拓展国际贸易，是我国经济走向世界、提高国际地位的必由之路。参与国际分工有利于在更大范围内优化资源配置，提高资源的利用率，改善经济结构。

20 世纪 80 年代以来，为了迎接世界新技术革命的挑战，沿海地区实施了外向型经济发展战略，一方面接受来自发达国家，特别是新兴工业化国家和地区的产业转移，另一方面又利用两种资源，开拓两个市场，直接地或间接地参与国际分工，使我国区际分工的范围、层次相应地扩大，区际分工的水平和效应不断提高。

随着我国对外开放的力度不断加大，全方位开放格局已经形成。我国西部地区一些省区边境贸易得到了迅速发展，目前已出现了有利于我方的贸易结构和分工格局。

第四节　中国区域合作的发展

一、中国区域合作的发展趋势

中国区域经济合作，主要是在改革开放后探索摆脱计划体制下行政束缚和破除区域内部各地市场封闭的状态下推进的。随着经济市场化的发展，中国区域经济合作将逐渐形成以市场为主导、政府积极推动、区域协调组织有效发挥作用的发展机制。区域合作将更多地体现为以资产联结为纽带，以资源优势为基础，以生产要素优化组合为导向，合作领域不断拓展的趋向。具体来看，中国区域经济合作呈现如

---

① 李树桂：《区际分工原理与区际分工格局的新变化》，《经济评论》，2000（5）。

下三个方面的发展趋势。①

（一）全方位、多层次的区域合作全面铺开，区域一体化步伐有所加快

加入 WTO 后，国际市场国内化、国内市场国际化的趋势进一步明显，这必然促使各地内外开放的深化，于是新一轮中国区域经济合作将大规模地推进，其典型标志就是在扩大地区之间开放领域和开放程度基础上的全方位、多层次的区域合作全面铺开。发达地区如长江三角洲、珠江三角洲地区的区域合作将向纵深发展，并逐渐过渡到以国际大都市圈经济一体化模式来发展。其中特别是城市产业合作的发展，区域核心城市、次中心城市、专业性城市、一般城镇等四个层次在产业结构的衔接和协调上，更好地体现出区域专业化分工合作。发达地区与不发达地区的区域合作（如东西部合作），也将在自然资源开发、基础设施建设、旅游资源开发等方面的资源优势互补基础上实现广范围的联合和协作。

（二）企业成为区域经济合作的主体，跨区域的产业集团化发展趋势加强

中国市场经济的日臻成熟必然催生出大批具有独立行为能力的微观企业主体，而企业在日益激烈的市场竞争中，为了寻求更大的发展空间，必然需要不断地向外拓展，行政区域的界限已难以割断利益诱导下的资源流动，尤其在行政机制逐渐让位于市场机制的条件下，成长起来的企业必然会通过跨地域的横向经济联合来拓展自身的空间，由此区域产业的集团化发展趋势也必然会加强。其中，尤其会发展起五种类型的企业集团，一是以贸易业为主，多种业态相结合，集贸易、工业、农业、金融、科技、信息于一体的综合性商社式企业集团；二是以制造业为主，集工业、贸易、金融、科技、信息于一体的跨国公司式企业集团；三是以金融业为主，集金融、贸易、工业科技、信息及其系列金融衍生产品于一体的融资型企业集团；四是以国际级高新技术开发区为依托，集科技、工业、贸易、金融、信息于一体的科技型企业集团；五是以交通运输业为主，集交通、贸易、工业、科技、信息于一体的物流型企业集团。这些企业集团可以通过资产重组，由大型企业集团跨地区收购、兼并中小企业，也可通过大型企业集团之间的相互控股参股，组成新的跨地区经济联合体与利益共同体，实现强强联合；还可以通过政府、企事业单位共同募集资金组建发展起来。

（三）区域产业结构调整进一步加快，区域合作格局逐步由垂直型向水平型转变

随着中国工业化、市场化的发展，经济结构调整，尤其是区域产业结构的调整和优化步伐必然加快，这势必对区域合作格局产生重大影响。从三大地带看，今后沿海地区将进一步向技术和资金密集型方向发展，而中西部则在发展劳动和资源密集型工业方面具有较大的优势。从城市规模看，大、中、小城市之间的产业分工将会进一步强化。一般性的制造业产品将逐步向大城市郊区和中小城市转移，而高新

---

① 杨亚琴：《中国区域经济合作的趋势及相关对策》，《上海经济研究》，2003（3）。

技术产业、大企业或大公司总部以及研究与开发机构将逐步向大城市尤其是地区中心城市集聚。地区间工业分工格局也将逐步由部门间分工转为部门内产品间分工，甚至同一产品按不同生产环节进行分工转变，这种部门内的产品分工主要是由企业规模经济、产品质量、品牌和商业信誉等因素形成的竞争优势所决定的。这就意味着传统的单纯垂直型的区域合作将逐渐转向高层次的水平型区域合作。不论是发达地区与发达地区，还是发达地区与不发达地区，都要着眼于各自产业结构的升级，根据市场效率原则，加强劳动密集型、资本密集型、技术密集型之间以及在其工序与零部件生产之间的分工与合作，以促进各地区经济的有序发展。

二、中国区域合作发展中的问题

中国区域经济合作发展的前景是令人鼓舞的，但就目前的发展来看，还存在着诸多问题，这些问题影响着区域经济合作的推进，而导致这些问题产生的原因主要是制度层面的障碍，当然也有一些操作层面的失误。概括起来看，可从如下三个方面分析。

（一）市场发育的区域不平衡影响了区域合作主体的有效运作

区域经济合作的主体是企业，成熟的市场经济环境是企业地位和作用确立的前提，所以企业在区域合作中有效运作的制度保证就是必须有完善的市场机制。但是，转轨经济背景下的中国，在培育市场经济主体方面存在明显的不平衡，东南沿海地区由于外资经济、民营经济的迅速崛起和蓬勃发展，造就了一大批市场经济主体；而广大的内陆地区，尤其是经济发展滞后、计划体制根深蒂固的一些落后地区，市场机制的作用还很弱。这样，在区域合作中，由于市场发育区域不平衡所造成的障碍就十分突出，当东南沿海发达地区的企业实现跨地区投资时，其运作方式、规则就无法与当地经济对接，从而影响了其跨地区发展的积极性和成效。市场发育的区域不平衡是一个长期的发展问题，在经济真正从封闭走向开放的过程中，外在力量的冲击可以逐渐改善其不平衡的状况。

（二）地方政府的行政力过强导致区域合作的内容和方式难以拓展

共同利益趋向是区域合作发展的内在动力，但是在现有发展条件下，地方政府还难以从根本上认识到区域长期发展的利益所在，或者即使认识到了长期的共同利益，但在就业、产值等一些经济指标的支配下，地方政府还难以摆脱政绩考核等自身利益的羁绊，于是"画地为牢"，阻碍地区间商品和生产要素的自由流动，恶性竞争、相互内耗时有发生，由此造成了区域之间争夺资源、分割市场等严重的问题。区域合作总体上还停留于浅表层次的合作，还无法越过行政区划的界限进入深层次的区域合作，地方政府的利益趋向成为决定区域合作成功与否的关键因素。行政力过强的地方政府尽管在基础设施建设等方面可以建立比较有效的区域合作关系，但这种合作如果没有经济融合的内在利益驱动，则最终还是会影响到区域合作内容和方式的拓展，而经济融合的前提是必须在政府行政力削弱的情况下充分发挥市场作用。

（三）区域合作协调机制发育不完善，难以推进区域合作的规范化发展

区域合作协调机制的建立是区域合作规范化有序运作的重要保障。国际上的协调组织机构一般有两种形式：一种是具有制度性的协调组织机构，是凌驾于地方政府之上的具有某种政治权威的组织，授权于中央政府而对区域经济发展进行协调；另一种是非制度性的协调组织机构，是区域内各地方政府通过倡导方式成立的松散性的协调协商组织。当前中国的区域合作协调机制大多属于第二种形式，而且处于初创探索阶段，其运作成效也还没有完全显现出来，特别在行政力量过强的条件下，这种合作协调机制相当程度上也还难以摆脱地方政府的控制，或者某些方面还得借助于地方政府的政治权威来推进合作协调组织的工作。这样，区域合作协调机制实际上也难以承担起真正的协调职能。客观上，中国各地设立的各种高层会议已构成区域合作协调组织的一部分，但大多还流于形式，其机制发育还不完善，难以有实效地推进区域合作的规范化发展。

三、中国的东、中、西区域合作

我国东、中、西区域合作的主要方式有：

1. 基础设施开发合作

采用"东部资金＋东部技术＋中西部基础设施"模式进行合作开发，加快发展中西部地区的基础产业和基础设施，使中西部地区经济结构得到改善。在具体操作上，可以通过在东部地区发行债券、设立投资基金、成立中西部开发银行或把有关项目股份化在东部募集股本等多种方式筹措资金。在中西部地区城镇网络化、信息化建设中，除了要积极吸引多方资金参与外，尤其要注意引进国内外先进技术，做到定点高，起点高，直接与发达地区信息接轨。

2. 自然资源开发合作

采用"东部资金、技术＋中西部资源＋东部市场"模式，这实际上是对传统的"中西部开采企业＋中西部资源＋东部市场"模式的完善。在具体操作上，可以由东部企业单独投资开发，也可以把资金、技术注入到中西部相关企业实行联合开发。显然，投资主体的多元化和利益机制的作用，使得它比传统模式更有效。针对中西部地区农牧资源优势，可以采用"东部公司＋中西部农牧基地＋东部市场"的模式，把资源优势转化为产品优势，并进一步转化为市场优势。如东部地区一些棉纺、食品、饮料、制药等企业以及其他一些农牧产品深加工企业，在中西部地区建立原料基地，既有利于拓展自身的生存空间，也有利于中西部地区发挥土地资源和劳动力优势。

3. 智力开发合作

从长远看，教育能否发展起来，居民整体素质能否提高，将关系到中西部开发的成败。长期以来，教育投资往往作为一种社会资本，其投资主体也只能是政府。随着我国教育产业的发展，教育投资将一改投资周期长、收益低的状态，转而成为众多社会资金关注的"朝阳产业"。东部地区的资金、师资力量、人才等办学优势，加上中西部地区潜在的、庞大的教育市场，为地区间开展教育合作提供了广阔的市场前景。东部地区可以通过单独投资办学或联合办学等方式积极参与中西部地区高等教育、基础教育、职业教育培训等各种层次的人力资本开发，也可以通过网上教育、远程教育等先进手段来推动中西部教育发展，并获得相应的投资回报。

4. 经济技术开发合作

在高新技术产业化、企业品牌创造、技术改造等方面，东中西部地区之间可以开展灵活多样、互惠互利的经济技术合作。

（1）可以采用"东部资金、技术、人才＋中西部土地＋中西部市场"的创业道路，也可以采用技术投资、技术入股等方式，走"东部技术、人才＋中西部资金、土地＋中西部市场"的道路，把技术、人才优势转化为经济利益；还可以利用投资基金、股票、债券等金融工具，发挥中西部地区潜在的技术、人才的作用，采用"东部资金＋中西部技术、人才＋中西部市场"进行合作开发，要注意运用先进技术，发挥中西部地区"基因库"、稀缺资源的优势，积极培植"绿色价值链"和高附加值产品系列。

（2）依托东部产品名牌效应合作开发，可以采用"东部名牌＋中西部企业＋全方位市场"的模式。采用这一模式，中西部企业可以省去大量用来做广告、建立销售网络等开拓市场的费用。中西部一部分企业如家电、轻纺等消费品生产企业要想早日立足国内外市场，这不失为一条捷径。具体操作方式可采取品牌的折价入股、购买、兼并等。

（3）围绕专业化生产过程进行分工合作。可以采用"东部优势企业＋中西部相关企业＋全方位市场"模式。在具体操作上，拥有先进深加工技术的东部企业把自己的零部件或初级产品生产基地向中西部转移，或者收购中西部相关企业，组成企业集团。通过这种模式对接，可以使东部优势企业更加专注于核心技术的研究发展，也可以使中西部相关企业获得上游产品的市场份额，发挥其劳动力和资源密集的优势。但这种分工模式不能长期固化，要逐步提高中西部企业在产业链条中的地位。

四、中国区域合作组织的发展实践

（一）中国区域合作组织的基本类型

改革开放以来，我国出现了建立区域合作组织的高潮。区域合作组织的基本类型有省（区）际间经济协作区、省毗邻地区经济协作区、省内经济协作区、城市间经济协作网络等四种类型。

省（区）际间经济协作区是由相邻的若干省区市按照发展市场经济的需要，在自愿互利的基础上建立起来的区域合作组织，组成成员为省级地区单位和计划单列市。省毗邻地区经济协作区是由相邻几个省区市间的部分接壤地区，按照历史的经济联系和经济发展的需要建立起来的经济合作组织。这类区域组织呈现两个重要特点：第一，一般由中心城市发起；第二，在省（区）际间经济协作区内部可以有多个此类区域组织，例如，在黄河经济协作区的范围内建立了黄河金三角协作区、陇兰经济协作区、宁蒙陕经济联谊会、宝中铁路协作带、中原经济协作区等。省内经济协作区是根据本省区的经济布局和各市县经济发展的要求，自愿建立起来的合作组织。城市间经济协作网路是由若干地域相邻，或沿海、沿江、沿路若干城市在自愿互利的基础上建立起来的合作组织。

（二）区域合作组织的总体合作目标

通过参与区域合作组织来共同追求和实现区域性集团利益、实现综合发展效应，是加入区域合作组织的基本目标，也是区域合作组织得以建立和发展的基本动力因素。从各个区域合作集团开展合作的背景和提出的合作规划来看，合作成员都倾向于在区域性集体利益的框架下实现自身利益最大化，被摆在首位的区域性集团利益目标与国家提高整体经济效益及实现区域均衡发展的利益目标并不完全一致，有时甚至有明显冲突。我国范围内各类区域合作集团谋求的区域性集团利益可归纳为四个方面：

1. 共享国家和地方有关优惠政策

国家在深化改革开放政策的过程中，一直采取先在局部地区优先试验、再推向全国的做法，人为地造成了地区间的政策梯度。于是，在跨地区联合基础上充分利用与国家宏观区域发展战略相关的政策资源，即国家有关不同类型地区的倾斜政策和地方优惠政策，成为成立和加入区域合作组织的重要驱动力之一。这一点在合作成员区域类型多样化的区域合作组织中很普遍，突出反映在由发达地区和欠发达地区组成的省际毗邻地市协作区和由多个城市组成的城市协作网络中。例如，前些年长江沿岸中心城市经济协调会提出"要利用浦东开发开放和三峡库区移民的优惠政策"。闽粤赣边协作区提出要充分利用该协作区由"经济特区"、"保税区"、"老少边穷地区"、"中西部地区"等多种区域类型构成的优势，争取用足用活各种优惠政策。显然，这一动力因素有一定的随机性，不是长久稳定的。

2. 形成区域整体形象和影响力

形成区域整体形象和影响力，扩大知名度和社会影响以争取更多重视和支持，改善区域性投资环境。这一点是各类区域合作组织普遍追求的长期目标。一方面，争取国家和上一级行政管理部门的更多重视和支持，也可以说是，联合扩大影响力，提高与上级政府部门讨价还价的能力；另一方面，通过区域整体性改善区域性投资环境，共同提高对国内外投资者的吸引力。许多区域组织提出希望上级政府（国家或省）给予区域组织以特殊政策支持。争取上级部门把本区域作为投资重点地区并在项目安排上给予优先考虑是普遍要求。

3．实现区域联合发展

办"一地一市办不了而通过联合协作能够办成的实事"，是各类区域组织合作伙伴的共同愿望。有两个基本努力方向：第一，共同克服地方封闭弊端；第二，共同实现互补性发展：以合作伙伴在政策环境、资源、区位、交通、人才等方面的差异性为基础进行互补性发展，使处于不同发展水平的地区组合形成高水平的专业化协作分工体系，实现综合发展效应。其中，发挥整体区位优势共同发展国际化经济和加强港口—腹地的协同配合，是两个被普遍重视的目标。例如，辽宁中部经济区提出以城市群整体优势面向东北亚；闽西南赣东南粤东经济区提出要发挥面对台湾、毗邻港澳的区位优势，共同建设海峡西岸繁荣地带；淮海经济区提出要综合发挥陇海—兰新带"新亚欧大陆桥"的优势和连云港、日照港对外窗口的作用。

4．促进地区均衡发展

我国的地区经济发展不平衡问题也反映在各省区内部，近年来一些沿海发达省份开始把促进省内区域经济一体化发展作为提高本省地区社会经济发展总体收益水平的重要途径。于是，促进地区均衡发展成为省内毗邻地市经济协作区的伙伴地区之间的共同利益。

（三）区域合作组织制度建设

国内区域合作组织在组织制度建设方面普遍取得一定进展。虽然大多数区域合作组织的组织制度仍处于松散型、低层次上，但绝大多数区域组织发挥了加强对外宣传的作用，其中一些组织提高了区域知名度，对有关地区深化改革开放、加快地区经济发展有促进作用。积极效果主要体现在以下方面：

1．编制区域合作规划

各种不同形式的区域合作组织在国家指导下，相继制定出或正在着手制定区域合作规划。一些区域组织，如长三角区域经济协调会、泛珠三角经济协调会、武汉城市圈、成渝经济区、淮海经济区、中原经济区、闽东南经济区、闽西南赣南粤东经济区等相继进行了经济区经济发展规划，积极为企业提供规划咨询和信息服务。规划以解决区域性共同问题、协调区域关系为基本目标，重点内容一般包括区域性能源、交通通信等重大基础设施建设、区域性产业组织和产业结构调整、区域市场形成和发展等方面，近期完成的一些区域合作规划中加入了区域环境保护等新内容。

2．实行高层次领导对话

组织合作区域内不同地区之间开展双向经验交流和参观学习，高层领导互访，沟通信息，联络感情；坚持定期轮换地点召开高层领导人联席会议；建立省（市、区）长或市长专员联席会。

3．正式建立起协作区的常设机构

建立联络处和相应的组织制度，负责协作区日常组织协调工作，同时加大行业网络的合作力度和组织程度。

建立三级机构，即市长专员联席会——常设机构——协作区各工作网络和企业联合组织。行业协作联席会得以普遍发展，一般一个区域组织成立的行业网络为几十个，组织各省区同行业开展联合和协作。

建立省（市、区）长或市长专员联席会，坚持定期召开高层领导人联席会议。多数区域协作组织建立了中间层次的协调机构——联络处，同时加大行业网络的工作力度和组织强度。其中，少数区域协作组织建立了常设机构和相应的组织制度，负责协作区日常组织协调工作。

4．加强经验信息交流

一些区域合作组织在加强对区域合作理论和实践的宣传，探讨、总结与交流区域合作经验和对策方面做了大量工作，其中，创办刊物和组织研讨会是两种最主要的方式。长江三角洲地区和长江沿岸城市市长专员联席会、西南六省区市七方经济协调会等区域组织创办了自己的刊物并定期总结发布有关信息；淮海经济区、闽粤赣三边协作区等区域组织成功召开过有关区域合作的研讨会。环渤海地区经济联合市长（专员）联席会注重发挥理论新闻界在推动环渤海区域合作中的舆论导向作用，多次举办区域经济研讨会等，收到了积极的成效。

主要参考文献：

1．张敦富：《区域经济学原理》，北京：中国轻工业出版社，1999。

2．马克思：《资本论》，第1卷，北京：人民出版社，1975。

3．盛洪：《分工与交易》，上海：上海三联书店、上海人民出版社，1995。

4．任保平：《区域经济理论、方法与政策》，北京：经济科学出版社，2004。

5．吴殿廷等：《区域经济学》，北京：科学出版社，2003。

6．刘再兴：《工业地理学》，北京：商务印书馆，1997。

7．张金锁、康凯：《区域经济学》，天津：天津大学出版社，2003。

8．亚当·斯密著，郭大力、王亚南译：《国民财富的性质和原因的研究》（上册），北京：商务印书馆，1972。

9．陈秀山、张可云：《区域经济理论》，北京：商务印书馆，2003。

10．陈栋生：《区域经济学》，郑州：河南人民出版社，1993。

11．陈计旺：《地域分工与区域经济协调发展》，北京：经济管理出版社，2001。

12. 陈泽民：《区域合作通论　理论·战略·行动》，上海：复旦大学出版社，2005。

13. 张可云：《区域大战与区域经济关系》，北京：民主与建设出版社，2001。

14. 庄志毅：《论我国地域分工的水平相对优势原理》，《当代经济科学》，1990（4）。

15. 李树桂：《区际分工原理与区际分工格局的新变化》，《经济评论》，2000（5）。

16. 杨永华：《马克思的地域分工理论、刘易斯的二元经济模型与区域协调发展战略》，《华南师范大学学报（社会科学版)》，2003（8）。

17. 钟昌标：《中国区域产业整合与分工的政策研究》，《数量经济技术经济研究》，2003（6）。

18. 王海鸿：《中国工业区际分工程度研究》，《中国工业经济》，1997（3）。

19. 杨亚琴：《中国区域经济合作的趋势及相关对策》，《上海经济研究》，2003（3）。

20. 周鹏：《经济转型期我国区域分工演化分析》，《财贸研究》，2005（5）。

21. 钟昌标：《国内区际分工和贸易与国际竞争力》，《中国社会科学》，2002（1）。

22. P. A. Samuelson. International Trades and the Equalization of Factor Price. Economic Journal, Vol. 58, 1948.

23. Leontief, Domestic Production and Foreign Trade. The American Capital Position Re-Examined, Proceedings of the American Philosophical Society, 1953.

第十二章　区域可持续发展

发展是人类社会永恒的主题。随着科技进步和经济的全球化，人类社会取得了辉煌的成就，但同时其生存和发展也面临越来越严峻的挑战：片面追求 GDP 增长的畸形发展，人口过度膨胀，自然资源短缺，生态环境恶化，等等，如何实现可持续发展已经成为整个人类社会亟待解决的一项重大任务。我国目前正处在社会经济发展的关键时刻，经济增长和社会发展也面临着种种不和谐的声音，如何实现区域的可持续发展，探寻一条社会、经济、自然协调发展、良性循环的和谐发展之路，已经成为我国实现科学发展观、建设社会主义和谐社会的一项十分紧迫而且需要高度重视的问题。

第一节　区域可持续发展的基本内涵

一、可持续发展理论的提出

可持续发展概念和理论的提出与构建始于人们对环境问题的关注以及对环境和发展之间联系的认识和研究。自 18 世纪工业革命以来，受"人类中心主义"思想的支配以及技术的滥用，致使人类盲目地以追求 GNP 的高速增长为目的，以牺牲环境、资源为代价，从而产生没有发展的增长，甚至没有增长或负增长，并导致严重的资源浪费和环境污染及生态破坏。20 世纪 60 年代，人类开始对单纯追求经济增长的发展道路（战略）进行反思和较深入的总结，在 1972 年瑞典斯德哥尔摩召开的"世界环境大会"上，发出"只有一个地球"的呼喊，到 20 世纪 80 年代，世界自然保护联盟（IUCN）、联合国环境规划署（UNEP）和世界野生动物基金会（WWF）共同发表的《世界自然保护大纲》，第一次提出了"可持续发展"这一名称，并比较系统地阐明了可持续发展的战略思想，提出了可持续发展的明确目标。1981 年，美国世界观察所所长 L. R. Brown 出版了《建设一个可持续发展的社会》，阐明了可持续发展的社会属性；1987 年，布伦特兰夫人领导的世界环境与发展委员会出版的《我们共同的未来》的报告，提出了"从一个地球走向一个世界"的总体看法，认为可持续发展就是指"既满足当代人的需要，又不对后代人满足其需要的能力构成危害的发展"，这标志着可持续发展理论的正式形成；1992 年联合国环境与发展大会在巴西里约热内卢召开了"地球高峰会议",通过了《里约热内卢环境与发展宣言》、《21世纪议程》两个纲领性文件和相关的国际公约,要求各国制定和组织实施相应的可持续发展战略、计划和政策,迎接人类社会面临的共同挑战,至此可持续发展理论已得到了世界各国的普遍认同。中国政府于1994年3月正式批准了《中国21世纪议程——中国21世纪人口、环境与发展白皮书》,从具体国情出发提出了中国可持续发展的总体战略、对策及行动方案。在21世纪初,为了全面推动可持续发展战略的实施,明确21世纪初我国实施可持续发展战略的目标、基本原则、重点领域及保障措施,保证我国国民经济和社会发展第三步战略目标的顺利实现,在总结以往成就和经验的基础上,根据新的形势和可持续发展的新要求,又制定了《中国21世纪初可持续发展行动纲要》。

可持续发展思想的内涵十分丰富,但究其核心,在于正确规范了两大基本关系:一是人与自然之间的关系;二是人与人之间的关系。其中,人与自然之间的互为调适和协同进化是人类文明得以发展的必要性条件;而人与人之间的和衷共济、平等发展、利己利他的平衡、当代与后代的公正、自助互助的公信、自律互律的制约、共建共享的参与等,是人类文明得以延续的充分性条件。惟有这种必要性条件与充分性条件的完满结合,才能真正地构建出可持续发展的理论体系,形成世界上不同社会制度、不同意识形态、不同文化背景在可持续发展问题上的共识。具体地说,可持续发展思想主要包括七个最基本的原则,即公平性原则、可持续性原则、共同性原则、需求性原则、发展效率原则、时序性原则、长期性原则。

二、区域可持续发展的基本内涵

地球上的人类无论是现在还是将来,都生存在一定地域空间范围内(即一定区域内),而且区域是一个不断发展着的多层次空间系统,区域结构是一个具有开放性和自身组织性的耗散结构,从而决定了区域经济和社会同人口、资源、环境之间保持着经常性的特定的相互关系。区域发展问题又是一个具体的现实问题,任何一个区域都是全球或全国的重要组成部分,又是比区域更小的若干系统的综合,具有承上启下的作用,因而区域可持续发展既是国家乃至全球可持续发展的基础,又是比区域更小的地域生产系统可持续发展的综合,它是实现可持续发展的关键环节,人类可持续发展的战略思想和新模式最终需要通过在一个个区域的推行来体现。

此外,可持续发展的地区差异性特点也要求建立区域可持续发展模式。这是因为:第一,发展在地域上是不均衡的。人们无法在地球表面上找到任何两个完全相同的地方,地区之间资源的丰度、自然环境的适宜性、区位的优劣等,都存在不同程度的差异,由此所孕育的"发展状态"和"发展水平"自然也不可能是均衡的。第二,人类社会发展的进程本质上也要求这种不均衡的存在。在一个完全没有差异的空间中，物质的迁移、能量的交换、信息的流动将会全部陷入停滞，这其实不是社会的进步和发展，而是对发展活力的扼杀。因此，不刻意追求理想状态的"均衡"，保持合理的区域发展梯度，把区域的空间差异规范在某个临界阈值之内，在差异不超出这一阈值的情况下，寻求各区域的良性可持续发展，这些才是正确的战略选择。①

所以，要实现人类社会可持续发展，既要在全球或国家的宏观背景上把握全局，又要在区域尺度上开展基础性工作，这样才能真正实现整个人类社会的和谐发展。于是，区域可持续发展应运而生。

区域可持续发展有多种相似提法，如区域的可持续发展、可持续的区域发展等，这些概念只是语言表述的差异，但它们的内涵基本上是一致的，均是从区域角度来探讨可持续发展问题。由于区域可持续发展涉及的内容多、范围广，其研究处于起步阶段，其概念目前学术界尚未形成共识。主要观点有以下几种：

（1）在可持续发展本质的基础上，进一步演绎了区域可持续发展的内涵，即区域可持续发展是指既满足当代人的需要又不危及后代人和相关区域的人满足其需求的发展。②

（2）从动态的角度，考虑到可持续发展的时空公平原则和区域的复合系统性质，可以把可持续发展定义为：在不危害后代人和其他区域满足其需要能力的前提下，以满足当代人的福利需求为目标，通过实践引导特定区域复合系统向更加均衡、和谐和互补状态演化的定向动态过程，因而区域可持续发展的实质就是区域复合系统发展条件的不断改善，即区域复合系统不断地克服限制因子的过程。③

（3）从系统的角度，区域可持续发展是指在一定时空尺度区域内，人类通过能动地控制区域这个复杂大系统，在不断提高人类的生活质量，又不超越资源环境承载力的条件下，既满足当代人和本区域发展的需求，又不对后代人和其他区域满足其需求的能力构成危害的发展。因而，判定一个区域的发展是否属于可持续发展的主要标准为：一是自然资源系统的开发利用是否合理；二是经济系统是否高效；三是社会系统是否健康；四是生态环境系统是否能实现良性循环。④

（4）从区域生态的角度出发，区域可持续发展是一种以保证区域资源生态环境永续利用为基础，以激励区域经济持续稳定增长为前提和条件，以改善区域内部

①　赵惠、张楠、南京福：《中国可持续发展之路——区域可持续发展模式探讨》，《兰州大学学报（社会科学版）》，2001（3）。

②　潘玉君等：《"区域可持续发展"概念的试定义》，《中国人口·资源与环境》，2002（4）。

③　曹利军：《区域可持续发展轨迹及其度量》，《中国人口·资源与环境》，1998（2）。

④　冯年华、王飞：《区域可持续发展的制度创新研究》，《南京晓庄学院学报》，2004（4）。

人类生活质量为目标的发展模式和战略目标，正如 F. Kuhann 所认为的区域可持续发展的基本内涵就是使"区域保持长期发展能力"，协调好人口、资源、环境与发展之间的关系和行为。①

（5）从区域可持续发展的最终效果来看，区域可持续发展是指不同尺度区域在较长一段时期内（如 10 年、20 年乃至更长时间），经济和社会同人类、资源生态环境之间保持和谐、高效、优化、有序的发展，亦即是确保其经济和社会获得稳定增长的同时，谋求人口增长得到有效控制，自然资源得到合理开发利用，生态环境保持良性循环。②

（6）结合可持续发展的基本原则和区域发展的特点，可将区域可持续发展定义为特定的区域在对人类有意义的时间跨度内，不以破坏本区域或其他区域现实的或将来的满足公众需求的能力的发展过程。③ 或者说，在人类依赖一定的空间范围而生存发展的情况下，该空间范围内的发展能保持持续的最优状态，即区域发展的进程永不中断且与区外的交流有序进行，并且不对外部区域的发展发生损害。④

通过上面的表述，可以看出，不管对区域可持续发展作如何表述，其基本内涵都是指在一定时空尺度区域内，协调好区域内人口、资源、环境与发展之间的关系和行为，在既满足当代人的需要又不危及后代人和相关区域的人满足其需求的基础上，使区域走向更加均衡、和谐、有序、高效、持续的发展过程，其实质是在区域经济发展过程中要兼顾局部利益和全局利益、眼前利益和长远利益。经济的发展要充分考虑到区域自然资源的长期供给能力和生态环境的长期承受能力，不要为一时、一事、一地的利益而损害将来和全局的利益，既要满足当代人的现实需要，又要足以支撑或有利于后代人的潜在需要。因此，区域可持续发展除了具备可持续发展的一般特性以外，还可以从以下几个方面来理解：

1. 区域可持续发展要重视其地域性

地域分异规律是地球表层区域等级与层次分化所遵循的基本规律。在地域分异规律制约下，不同尺度的区域各有特点，正是这些区域特性导致了区域发展的不平衡性。区域发展的不平衡性不仅表现在不同区域以自然条件为基础的生产力和生产方式的差异，还表现在特定地区的人们各具特点的生活水准、消费水平和消费倾

---

① 王彦丽、李晓华：《区域可持续发展——21 世纪地理科学的主题》，《齐齐哈尔大学学报（哲学社会科学版）》，2004（5）。

② 毛汉英：《人地系统与区域持续发展研究》，第 1～2 页，北京：中国科学技术出版社，1995。

③ 吕鸣伦、刘卫国：《区域可持续发展的理论探讨》，《地理研究》，1998（2）。

④ 俞勇军、陆玉麒、杨忠臣：《区域可持续发展目标下的子系统的调控》，《南京师范大学学报（自然科学版）》，2003（1）。

向，也表现在人类改造自然满足自身需求过程中面临的环境、资源、人口、经济和社会发展等问题，最终表现为各个区域具有不同的持续发展潜力和途径。因此，抓住区域的特色，研究本区域和不同区域的可持续发展，协调区域之间的联系，寻找适合区域特性的持续发展模式是区域发展的核心。惟有如此，才能够因地制宜地制定区域持续发展的战略对策与措施。

2. 要从整体上把握区域可持续发展

任何区域都是由自然、社会、经济、文化等多因素组成的复合系统，它们相互联系，相互制约，融合形成一个不可分割的统一整体，它们的持续性或最优发展都是以其他子系统为基础或前提的。因此，区域整体水平的优化或持续性才是区域发展的最高利益，这就导致区域内部的性质和功能趋于一致，形成区域同一性。因此，一个区域的可持续发展要从区域整体着眼，从全局的角度进行综合分析和宏观调控；构成区域的各要素只有在整体功能强化的前提下才能实现协调发展，实现区内利益的一致性。

3. 区域可持续发展具有可调控性

由于人类活动的参与，区域可持续发展过程实质上是一个自组织、组织合作的过程，人们可以通过决策，选择不同的发展模式对区域发展过程进行干预。人类对区域的可持续发展进程具有双向调控作用，可能促进区域的可持续发展，也可能延缓或破坏区域的可持续发展，这要根据阈值而定。所谓阈值，是指生态系统稳定与不稳定的节点，也可理解为系统要素或子系统的极限，即在此极限内系统可以稳定在一定的状态。从区域系统持续发展的子系统或要素来看，包括区域资源承载力、环境自净（缓冲）能力、生产支持能力与社会承受能力等。任何一个超潜力（或能力）的发展都将破坏区域的持续性。人们可以通过实践活动去认识和掌握这些阈值，通过决策，作出理性的选择，建立一个充分利用区域系统各种潜力的调控系统，引导区域可持续发展的实现。

4. 从动态的角度来理解区域可持续发展

区域可持续发展是一个开放的系统，时时刻刻处于动态变化中，也就是系统与区域外部环境中的其他系统之间、系统内部各子系统之间、子系统内部各要素之间进行着物质和能量的交换，处于不断运动变化之中。也就是说，区域可持续发展是一个动态的发展过程。因此，区域可持续发展的能力不是局限于现状，而是注重发展潜力的培养，关键在于对区域可持续动态发展的监测、分析和调控。

5. 区域可持续发展同样要追求效益

可持续发展是满足同代人及各代人的需求，这一需求的满足预示着在区域发展中经济社会的进步，而经济社会的进步涉及资源的利用与对环境的影响。因此，可持续性发展是一个区域人口、资源、环境与经济复合系统的有机增长问题，这一有机增长的结果通过效益的高低来衡量。区域可持续发展的效益不仅仅是根据区域经济生产率来衡量的，更重要的是根据人们的基本需求所得到的满足程度来衡量，是人类整体发展的综合和整体的高效性，是社会效益、经济效益和生态效益的统一。对于物质生产来讲，高效性是指在区域生态系统容许的界限内，达到在时空上对资源的最大利用效率和以尽可能低的代价产出尽可能多的效益；对于非物质生产来讲，高效性包括能充分吸收利用人类一切先进文明成果，形成有利于实践活动实现高效率的社会文化价值和经济运行机制。只有全面优化区域发展的效益，才能保证区域高效、稳定、持续发展。

6. 区域可持续发展的阶段性

对同一区域来讲，从时间轴来看，其区域可持续发展又具有阶段性的特点，是一个起步期——成长期——成熟期——顶极期的渐进过程。在不同的发展阶段就应该实行相应的发展措施，不能超越阶段限制采取不合理的发展战略，更不能照搬照抄其他地区的发展模式。

7. 区域可持续发展是更高层次区域可持续发展的主要组成部分

任何区域都是更高层次区域系统中的特定组成部分，它具有一定的范围与界限，一个区域的活动与它所推行的政策都会在不同程度上影响其他区域以及更高层次区域，它的发展也会在不同程度上受到更高层次区域经济社会活动的影响。所以，区域可持续发展目标的制定必须与更高层次区域可持续发展的大目标保持一致，只有在保证更高层次区域总体目标顺利实现的前提下，区域可持续发展目标的实现才有意义。所以，区域可持续发展是既满足本地人口的需要，又不危害更高层次区域人口满足需要能力的发展。

第二节　区域可持续发展的系统构建

可持续发展观的实质就是把区域看成是由人口、资源、环境、社会、经济等多因素组成的复合系统，它们之间既相互联系，又相互制约，其相互作用因地而异，且处于不断的变化之中，这种系统的科学观是区域可持续的理论核心，并为整个区域持续发展的分析与决策提供了一个整体框架。因此，在制定和实施区域可持续发展战略时，需要从全局出发，以系统的观念来看待和分析区域可持续发展问题。

一、区域可持续发展是一个客观存在的发展系统

区域系统是指某一特定区域的人口、资源、环境、经济与社会等子系统，在物质、信息和能量的流通与交换过程中，通过相互作用、相互影响、相互依赖和相互制约而组成的具有一定结构和功能特点的复合系统。区域可持续发展就是在区域这个复杂的系统内实现人口、资源、环境、经济与社会等子系统的协调、有序、高效发展，它几乎涵盖了区域发展的所有方面，因而也是一个复杂的系统工程。之所以

称之为系统工程，主要基于以下几个原因①：

（一）可持续发展的系统质客观存在

多种要素的总合体是不是一个系统，主要看其系统质是否存在。通常认为物质世界存在三种固有的基本质：第一种为"自然的、物质结构的质"，它指自然物质本身的属性；第二种为"功能质"，它指自然物质的用途和功能；第三种是"系统质"，它是指结合成系统以后产生的一种新质，即总合的或整体的用途和功能。可持续发展涉及大量的自然质、功能质，但无论其自然质如何优秀，无论其功能质如何强大，都不能自发地单独地达到可持续发展的目的，只有把这些自然质和功能质组合成一个整体，充分发挥其总体的作用（系统质），才有可能实现区域的可持续发展，由此可见，可持续发展的系统质是确实存在的。

（二）区域可持续发展整体作用大于部分作用之和

区域可持续发展所涵盖的各种单元要素，都有其各自的功能和作用，若不是系统结构，即使把它们凑到一个总合体内，这个总合体的作用只能等于各个单元要素功能作用的和。但在可持续发展这个整体内，其整体的作用比各单元要素功能作用之和大得多。它能使同等量的自然质发挥出最大的社会发展功能，把互相抑制、互相抵消限制到最低限度，既满足当代人的需求，又不对满足后代人需求的能力构成危害。这个整体作用与部分作用之和的差，即是可持续发展系统存在的证明。

（三）可持续发展整体有量的变化，也有质的跃迁

区域可持续发展是个动态的定量过程，其整体作用的发挥是逐渐由低级向高级发展的，而不是把组成整体的要素结合到一起就能实现可持续发展的目的，它的整体作用不能充分发挥的时候，只能是可持续发展的起步阶段，整体作用基本发挥出来，属可持续发展的成长期，只有整体作用得到充分发挥，才能进入可持续发展的成熟和顶级阶段。每一个阶段的进步都是一次质的跃迁，都是从量变到质变的过程。这种整体质的跃迁在单元要素的总合体中是不存在的，这是系统结构的重要特点表现。

因此，区域可持续发展不仅仅是一堆一系列复杂的问题，而且是一个客观存在的系统工程问题，是一个由人口、资源、环境、社会、经济等子系统组成的一个动态的、开放的、复杂的巨系统，是一个具有自组织特点的人控系统，同时也是一个不断发展着的多层次的时间系统和空间系统。

二、区域可持续发展系统的结构

根据构成的子系统不同，区域可持续发展系统有不同的结构，如区域 SER 系

---

① 张林泉、于杰：《关于区域可持续发展的系统分析》，《中国人口·资源与环境》，1994（2）。

统，将区域可持续发展系统分为社会（S）、经济（E）、资源环境（R）三个子系统；区域 PRED 系统，将区域可持续发展系统视为人口（P）、资源（R）、环境（E）、发展（D）组成的复合系统；区域 SPERE 系统，即区域可持续发展系统由社会（S）、人口（P）、环境（E）、资源（R）和经济（E）等子系统构成；区域 PREE 系统，将区域可持续发展系统分为人口（P）、资源（R）、环境（E）、经济（E）等子系统；区域 PRETSD 系统，区域可持续发展系统由人口子系统（P）、资源子系统（R）、环境子系统（E）、科技子系统（T）、社会子系统（S）和经济发展子系统（D）组成。本文采用区域 PREE 系统，将区域可持续发展视为一个由人口子系统、资源子系统、环境子系统、经济子系统组成的一个复合系统。

（一）人口子系统

在区域可持续发展这个复杂的巨系统中，人始终处于主体地位，不仅是生产者，也是消费者，是全系统中最积极、最活跃的要素。人口子系统既是可持续发展系统中的独立要素，又是资源的重要组成部分（人力资源），还是环境的重要组成部分，是联结经济系统与资源、环境系统的桥梁，是惟一能主动参与和调整系统的物质、能量和信息交流的生命体。因此，在区域 PRED 系统中，人处于塔尖，起着最重要的作用，人口的数量、质量和结构直接影响着区域可持续发展系统的状况，适宜的人口数量、较高的人口素质可以促进社会经济的发展，而过大的人口数量或人口结构失调都会制约区域社会经济的发展。

（二）环境子系统

环境是人类赖以生存的基础，它既为人类活动提供资源，又为人类活动提供空间和载体。环境子系统是区域可持续发展的容量支持系统，是指人类周围一切物质、能量和信息要素的总和。由于环境容量是有限的，区域可持续发展是以良好的生态环境系统平衡为前提的，生态环境是人类生存和可持续发展的必要前提。如果区域系统总人口规模不断膨胀，人口压力增大，就突破环境承载力，使环境污染加剧和生态环境自调功能退化，使生态系统进入恶性循环，从而导致区域环境质量下降。环境与经济发展则是协调统一的关系。一方面，经济发展要以保护环境为条件。环境系统的生产力是社会劳动生产率和价值增值的基础，只有环境系统源源不断地为经济系统提供物质和能量，才能使经济增长成为可能。另一方面，只有财富不断积累，经济基础雄厚，才能使社会有财力、物力和技能来治理环境污染，保持生态环境良性循环。此外，环境是资源的载体，维护生态平衡，就为可持续发展提供了永续利用资源的可能。保持生态环境系统的良好平衡状态，其宗旨是保证自然资源的永续开发利用、维持生态系统的支持能力和所有生物的生存能力，从而保证人类社会可持续发展。

（三）经济子系统

经济的可持续发展是可持续发展的基础，是其他子系统可持续发展的物质保障，经济发展是区域可持续发展研究中永恒的课题。实现区域可持续发展的关键就是根据资源承载力和环境容量进行适度开发的经济活动，实现对资源的合理开发利用，获得较高的经济效益，同时对资源再生和环境保护投入日益增多的资金，使资源不断更新，使污染物的积累量小于环境容量，从而建立一个良性循环，达到可持续发展的目的。

经济子系统与其他子系统的关系是十分密切的。比如，经济子系统与资源子系统的耦合意味着区域经济发展模式适应了当地资源的特点；经济子系统与环境子系统的耦合，意味着在区域经济快速发展的同时，又能维持较好的环境质量；经济子系统与人口子系统的耦合，意味着人在良性循环的条件下，人的需求（包括物质需求和精神需求）能得到不断的满足。

（四）资源子系统

所谓资源（自然资源），是指自然界中所有能够为人类利用的物质和能量，它是人类生存与发展的物质基础，一部人类社会的发展史，就是一部开发利用自然资源的历史。因此，资源构成了金字塔的塔基，它是区域可持续发展的基础支持系统，是可持续发展的动力和客观条件。可持续发展实质上是以实现资源的可持续利用来保证人口、经济与环境的相互协调发展，因而资源这个塔基的大小就是发展是否可持续的最直接、最根本的体现。

根据可持续发展的基本内涵，在某一区域中，发展是根本目的，可持续发展是基础和保证。区域可持续发展就是保持资源和环境的可持续性，目的是为了人类社会、经济的发展，因此，它们之间的关系如图 12-1 所示。从图 12-1 的金字塔模型和倒金字塔模型可以看出，发展的可持续性主要体现在塔尖与塔基的比例是否合理，塔基小于塔尖，则不可持续；塔基大于塔尖，则可持续。①

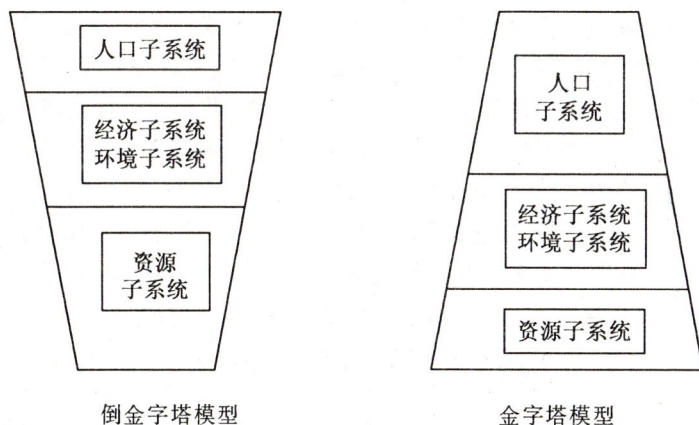

倒金字塔模型　　　　　　　　金字塔模型

图 12-1

---

①　秦耀辰：《区域系统模型原理与应用》，北京：科学出版社，2004。

第三节　区域可持续发展的指标体系

要实现区域发展从传统模式向可持续发展模式的有序转变，除了正确把握可持续发展的基本内涵、制定切实可行的发展战略以外，还必须从量上准确界定与衡量区域的可持续发展程度，这是区域可持续发展战略的一个重要组成部分。通过建立评价区域可持续发展的指标体系，可以对区域的发展度、协调度、持续度有一个更为清晰的认识，使区域的发展现状和问题明确地展现在我们的面前，同时也反映了不同区域之间的差异，增加了它们之间的可比性，为区域规划、区域发展研究和政府宏观决策提供依据。

一、建立区域可持续发展指标体系是区域实施可持续发展的重要环节

所谓区域可持续发展的指标体系，即是指描述、评价区域持续发展的可量度参数的集合，是综合评价区域发展阶段、发展程度、发展质量等的重要依据。一般认为，区域可持续发展的指标体系应该具备以下功能：①描述功能，能反映系统目前的社会、经济、环境和资源的基本状况；②解释功能，能提供分析系统的客观现象和产生原因的逻辑线索及有关数据；③评价功能，能对实际发展状况、政策、措施做出客观评价；④监测功能，能监测发展过程中出现的问题及其程度；⑤预测功能，能预测发展趋势，为制定政策和预防措施提供服务。因此，建立区域可持续发展的指标体系是连接观念理论层次与实际操作层次的桥梁和纽带。

基于区域可持续发展指标体系的基本功能，国内国际非常重视区域可持续发展指标体系的建立和运用，并把它作为实施区域可持续发展战略的重要环节和重要工具。1992年6月联合国环境与发展大会通过的《21世纪议程》的第40章就明确指出："国民生产总值（国民总产值）或个别资源或污染流动的计量单位等常用的指标不能充分说明可持续能力。目前，用来评价不同的部门性环境、人口、社会和发展参数之间相互作用的方法尚未充分制订或应用。必须制订出可持续发展的指标，以便为各级决策提供坚实的基础，并促进一体化环境与发展体系能自我调节的可持续能力。"我国也非常重视区域可持续发展指标体系的建设，1996年6月，原国家计委、国家科委在《关于进一步推动实施〈中国21世纪议程〉的意见》中指出："有条件的地区和部门可根据实际情况，制定可持续发展指标体系，并在本地区、本部门试行。"

二、区域可持续发展的指标体系

自从1992年联合国环境与发展大会制订的《21世纪议程》要求各国、国际组织和非政府组织建立和运用可持续发展的指标体系以来，有关可持续发展的指标体

系不断提出，其中比较重要的大致有以下几种：联合国可持续发展委员会（UNCSD）的"驱动力—状态—响应"（DSR）指标体系、联合国统计局（UN-STAT）的可持续发展指标体系框架（FISD）、国际科学联合环境问题科学委员会（SCOPE）的可持续发展指标体系、联合国开发计划署（UNDP）的人类发展指数（HDI）以及以色列希伯来大学建立的人类活动强度指数（HAI）等。同时，国家、区域层次上的可持续发展指标体系也不断涌现。特别是 20 世纪 90 年代以来，国际上提出了一些直观的、较为易于操作的可持续发展指标体系及其定量评价和计算的方法及模式，如世界银行的"国家财富"指标体系，美国总统可持续发展委员会指标体系，Wackemagel 等提出的"生态足迹"（Ecological Footprint）的概念及其模型，Daly 和 Cobb 提出的"可持续经济福利指数"（ISEW），H. T. Odum 提出的"能值度量"体系（Energe System），Prenscott-Allen 提出的"可持续性的晴雨表"（Barometer of Sustainability）模型，等等。由于研究的理念、方法和侧重点不同，众多的指标体系可大致划分为三类：一是基于货币化度量的单项指标，如人均GDP、人均收入等；二是测定可持续发展的复合指标体系，如 HDI 指数、HAI 指数等；三是以系统理论和方法构建的指标体系，如 DRS 指标体系等。

我国学者对可持续发展指标体系的研究始于 20 世纪 90 年代初。1993 年牛文元和美国学者约纳森、阿伯杜拉在总结国外可持续发展指标体系研究的基础上，提出了可持续发展度（DSD）指标体系，该体系采用资源承载力、经济生产力、发展稳定性、环境缓冲力和管理调控力来测定区域可持续发展能力，并构建指标体系分析和评价了中国的生存支持系统、发展支持系统、环境支持系统和智力支持系统，在此基础上，对全国 30 个省市的可持续发展的总体能力进行了综合评价。而中国科学院可持续发展战略研究组（牛文元为组长）则在世界上独立地开辟了可持续发展研究的系统学方向，依据系统理论和方法设计了一套"五级叠加，逐层收敛，规范权重，统一排序"的可持续发展指标体系。该指标体系分为总体层、系统层、状态层、变量层和要素层五个等级，并每年根据我国可持续发展的现状对指标予以变动。依据该指标体系，中国科学院可持续发展研究组在每年发布的《中国可持续发展战略报告》中，对各省、市、自治区的可持续发展能力进行了系统排序和过程评估。

由于区域可持续发展指标体系的制定相当复杂，至今尚没有一个世界公认的方案，下面选择几种具有代表性的区域可持续发展指标体系作简要介绍和评述。

（一）联合国可持续发展委员会（UNCSD）的可持续发展指标体系

联合国可持续发展委员会依据联合国《21 世纪议程》提出了一套可持续发展体系，该指标体系由社会、经济、环境与制度四大部分组成；同时它是根据"驱动力—状态—响应"（DSR）指标体系构建的，体现了在某一时刻状态下人类活动过程和活动方式的选择可能获得的效果（见表 12-1）。

表 12-1　　　联合国可持续发展委员会的可持续发展指标体系（1996 年）

类型	驱动力指标	状态指标	响应指标	依据
社会	就业率 人口增长率 成人识字率 卫生条件 城镇人口增长率	贫困度 人口密度 初等教育人数比例 预期寿命 城镇人口比重 人均居住面积（m²）	人口出生率 教育投资占 GDP 的比重 医疗卫生支出占 GDP 的比重 基础设施人均支出	第 3 章 第 5 章 第 36 章 第 6 章 第 7 章
经济	人均 GDP 及增长率 进出口总额占 GDP比重 矿产资源的消耗量 年人均能源消费量 资源转化为 GDP 净值——资源贡献率 技术转让	出口比重 矿产资源 能源储量 原材料使用强度 债务额 GDP	区域贸易 再生能源消费比率 环保支出占 GDP 比重 环境经济综合核算状况	第 2 章 第 4 章 第 33 章
环境	淡水资源减少率 人均水资源消费率 海洋污染状况 土地利用变化 降雨指数 灌溉地占耕地百分比 农业污染 森林状况 有害气体排放量 有害固体产出量	水资源总量 水质量 海洋生物储量 海藻指数 土地条件的变化 受荒漠化影响的土地 农业技术推广 洪涝干旱等受灾面积 森林面积覆盖率 有害气体浓度 垃圾处理能力	污水处理状况 防止海洋污染状况 自然资源管理状况 生物技术推广 森林管理水平 生物多样性 治理大气污染经费 废物再利用率	第 18 章 第 17 章 第 10、12 章 第 13 章 第 11 章 第 9 章 第 19～22 章
制度		科技人员比重 环境规则（有、无） 可持续发展信息库与网络状况	科技经费占 GDP 比重 环境评估措施	第 35 章 第 8、38～ 40 章

　　资料来源：承继成、林珲、杨汝万：《面向信息社会的区域可持续发展导论》，第 225～226 页，北京：商务印书馆，2001。

　　联合国可持续发展委员会的可持续发展指标体系有较强的科学理论依据，并且十分重视信息的可获取性、指标的综合性，提出的方法表单是一个非常实用的工具，有很广的应用前景。但是，该指标体系缺乏指标综合方法，没有进一步将指标进行综合，没有提供一个指标选择的方法和衡量进步的测度方法，指标体系过于庞大，指标之间可能存在着大量的重复信息，完全可能进一步简化，UNCSD 也承认需要科学界对指标的科学蕴涵以及社会、经济、资源、环境制度之间和指标之间的内在关系及联系进行进一步深入研究。因此，在实际操作实施时，需要根据区域特点从多方面进行提炼和修改。

（二）世界银行的可持续发展指标体系

1995 年 9 月 17 日，世界银行向全球公布了衡量可持续发展的新指标体系，并明确宣称："这一新体制在确定国家发展战略时，不只是用'收入'（Income）而是用'财富'（Wealth）作为出发点。它对传统的思维提出了挑战，同时也使财富的概念超越了货币和投资的范畴。它有史以来第一次以三维的立体方式，而不是采取过去一贯所用的有限和单要素的方式，去展现世界各国和地区的真正财富。"[1]

世界银行将国家财富定义为生产资本、自然资本、人力资本和社会资本之和，用于判断各国或地区实际财富以及可持续能力随时间的动态变化。

（1）生产资本，是指以机器、厂房、基础设施（供水系统、公路、铁路）等形式体现的价值，它是物质财富的直接体现。

（2）自然资本，即环境资产存量，主要指大自然所赋予的财富，如土地、空气、森林、水、地下矿产资源（化石能源、金属与非金属矿产）等，它是人类生存和发展不可缺少的物质基础。

（3）人力资本，是指人们通过对自身教育、健康和营养的投资而具有为自己创造福利的能力，也可以理解为当代人为后代人所作的知识技术储备。

（4）社会资本，是联系生产资本、自然资本、人力资本的纽带，指促使社会各类资本有效配置和发挥作用的社会体制和文化基础。

通过对传统资本的概念创造性地扩展，世界银行提出了衡量可持续发展的新指标——真实储蓄（Genuine Saving）。真实储蓄表示的是一国或地区用于生产资本、自然资本、人力资本和社会资本之投资上的收入总量，其计算方法见表 12-2。

表 12-2　　　　　　真实储蓄衡量区域可持续发展的方法

指　标	计算方法	指　标	计算方法
GDP	（1）	总储蓄	（8）＝（6）－（7）
总消费	（2）	生产资本折旧	（9）
服务及货物净出口	（3）	净储蓄	（10）＝（8）－（9）
国内总投资	（4）＝（1）＋（2）＋（3）	自然资源损耗	（11）
经常性教育投资	（5）	环境污染损耗	（12）
广义国内总投资	（6）＝（6）＋（5）	真实储蓄	（13）＝（10）－（11）－（12）
国外借款	（7）	真实储蓄率	（14）＝（13）/（1）

---

[1]　中国科学院可持续发展研究组：《2000 中国可持续发展战略报告》，第 225 页，北京：科学出版社，2000。

如果一个国家的真实储蓄处于负储蓄状态，说明财富在减少，国家财富中的一部分被消费掉了，这种发展损害了将来的福利，是不可持续的。

世界银行可持续发展指标体系存在许多优点：①将财富通过自然资本、生产资本、社会资本、人力资本等四种资本来衡量，理论上更加全面、合理，特别是自然资本和人力资本的测算，丰富了传统意义上财富的概念；②真实储蓄动态地表达了一个国家或地区的可持续发展能力，真实储蓄负增长最终必将导致财富的减少，这赋予了决策者一种有力的手段，去有效调控区域的健康发展；③该指标体系的实证分析和判别能力较强，具有很强的可操作性，将十分有助于去实施区域可持续发展状态的总体把握并进行预警。但在实践中，也存在一些缺陷，如这一体系在衡量国家财富净值随时间变化的同时，忽略了不同国家的基本条件，即它们的不同发展阶段特点和不同的文化背景。其次，该指标体系虽比较注重衡量时间过程的动态变化，但对地理空间上的不均衡，却未能较好地体现。此外，对于资源损耗、污染损失还需要更多的科学研究和数据支持。

（三）联合国环境问题科学委员会（UNSCOPE）的可持续发展指标体系

为了克服由 UNCSD 提出的可持续发展指标体系中指标数目过多的缺陷，环境问题科学委员会和联合国环境规划署（UNEP）合作开展了高度综合的可持续发展指标体系的研究，并提出了一套指标体系①。该指标体系采用的基础模型将人与自然间的相互作用关系划分为四大类：

（1）源（Source）：环境是人类通过经济活动获得矿物、食物、纤维等的物质来源，而人类的经济活动过程又使这些资源或它们再生所依赖的生态系统面临耗竭的危险。

（2）汇（Sink）：自然资源转化为产品或作为能源利用而最终被散失或废弃，产生污染或废物而流回到环境中去，环境起到容纳废物的汇的作用。

（3）生命支持：生态系统是生命支持系统的基础，如有机废物的分解，营养物循环，产生氧气以及支持物种多样性。

（4）人类福利：环境条件，如污染的空气或水直接影响到人类的福利状况。

SCOPE 开发了一套覆盖以上四个方面包含 25 个指标的指标体系。例如，汇指标包括测量物理和生物系统变化的指标，如气候变化、臭氧消耗、酸雨、海滨、有毒物质的扩散以及固体废弃物处置等 6 个指标，这些指标由其下一层次的数据计算而来。最终 25 个环境指标综合为 4 个基础环境指数：净资源消耗、总污染指数、生态系统的危险性或生命系统的支持性以及对人类福利的影响。该指标体系初期工作主要集中于资源环境的可持续性方面，最终目标是将其扩展到持续发展的社会、经济等其他领域，即构成如表 12-3 所示的复杂矩阵。

---

① 朱启贵：《可持续发展评估》，第 253～255 页，上海：上海财经大学出版社，1999。

表 12-3 联合国环境问题科学委员会的可持续发展指标体系结构

经济子系统	社会子系统	环境子系统
经济增长（GDP）	失业指数	净资源消耗
储蓄率	贫困指数	总污染指数
支付平衡	居住指数	生态系统风险/生命支持
国家债务	人力资本投资	对人类福利的影响

资料来源：姚士谋等：《区域与城市发展论》，第 264 页，合肥：中国科技大学出版社，2004。

（四）中国科学院可持续发展战略研究组的可持续发展指标体系①

中国科学院可持续发展战略研究组按照可持续发展的系统学方向，设计了一套"五级叠加，逐层收敛，规范权重，统一排序"的可持续发展指标体系，依照人口、资源、环境、经济、技术、管理相协调的基本原理，对有关要素进行各部关联及内部自洽的逻辑分析，并针对中国的发展特点和评判需要，把可持续发展指标体系分为总体层、系统层、状态层、变量层和要素层五个等级。

总体层：表达可持续发展的总体能力，它代表着战略实施的总体态势和总体效果。

系统层：依照可持续发展的理论体系，将由内部的逻辑关系和函数关系分别表达为：生存支持系统、发展支持系统、环境支持系统、社会支持系统、智力支持系统。

状态层：在每一个划分的系统内，能够代表系统行为的关系结构。在某一时刻的起点，它们表现为静态的，随着时间的变化，它们呈现动态的特征。

变量层：采用多个"指数"加以代表。它们从本质上反映状态的行为、关系、变化等的原因和动力。

要素层：采用可测的、可比的、可以获得的指标及指标群，对变量层的数量表现、强度表现、速率表现给予直接的度量，这构成了指标体系的最基层的要素。

该指标体系经过连续几年的应用与修改，在评价中国区域可持续发展能力方面已经日臻完善，逐渐被国际同行所认可，其每年发布的《中国可持续发展战略报告》已经具备了较大的影响力，对制定区域可持续发展战略具有重要的参考价值。

---

① 中国科学院可持续发展研究组：《2000 中国可持续发展战略报告》，第 232～234 页，北京：科学出版社，2000。

第四节　中国的区域可持续发展

中国是一个发展中的大国，人口、资源、环境与发展间的相互关系，在不同的地域空间上表现出不同的特征，这直接影响到中国各个区域可持续发展的进程和结果。因此，分析中国实行区域可持续发展的现实基础，评价中国各个区域的可持续发展态势，提出相关的政策建议，是十分必要的。

一、中国实行区域可持续发展的现实基础

地域分异性是区域可持续发展的本质特征之一。中国地域辽阔，区域间自然禀赋差异明显，再加上现阶段经济发展过程中出现的巨大地区差距，这为走区域可持续发展道路提供了现实基础。

（一）自然禀赋的差异性，是中国实施区域可持续发展的客观基础

自然禀赋的差异性主要是指自然条件的异质性、空间区位的不同、资源禀赋的稀缺性、人口分布的不平衡性等。我国南北跨越热带、亚热带、温带，东西跨越五个时区，地势复杂，形成了各具特色的区域系统，这导致我国区域间自然禀赋差异明显，从而要求实施不同的区域可持续发展战略。

1. 区域差异巨大的自然条件

人类的社会经济活动总是要立足于一定的地域空间，而这个地域空间经过亿万年的沧海桑田变迁，自然条件千差万别，一些地方的自然条件适于人类的生存和发展，而另一些地方则自然条件恶劣。我国是全球自然地理条件最为丰富多彩的国家之一，其空间差异以三大自然区和地势的三大阶梯的差异最为明显，这在相当程度上控制了我国区域自然地理环境的宏观框架，成为影响我国各区域可持续发展的重要因素之一。从表12-4可以看出，位于东部的沿海地区自然条件得天独厚，环境容量大，对区域社会经济发展的支撑能力比较强，实施可持续发展战略的基础较好；而位于西部的内陆地区则先天自然条件相对较差，生态脆弱，环境容量有限，社会经济发展面临的自然环境比较严酷，支持区域可持续发展的自然基础相对薄弱。

表 12-4　　　　　　　　　　中国三大地区自然条件比较

指　标	东部地区	中部地区	西部地区
自然成本指数	64.42	55.04	35.22
区域生态水平	69.84	61.97	47.98

资料来源：中国科学院可持续发展研究组：《2005中国可持续发展战略报告》，第388、394页，北京：科学出版社，2005，数据由编者计算得出。

2. 空间禀赋差异悬殊的自然资源

自然资源是区域可持续发展最重要的物质基础，尤其是关键的矿产资源、水资源以及其他可再生资源的地域分布和组合差异，对我国不同区域的可持续发展影响比较大。由于资源空间分布的随机性，我国各地区的资源条件也极不平衡。

从矿产资源来看，我国各省区分布极不均匀，如煤炭资源，储量主要集中在北方和西南，其中北方占全国储量的 85% 左右，而山西、内蒙古和陕西三省区就占全国储量的 70% 左右；而石油资源，我国约 76% 的石油资源分布在陆地，目前石油探明储量大多集中在黑、鲁、冀，这 3 省油田探明的剩余可采储量约占全国总量的 70%；再如铁矿，储量主要集中在河北、辽宁、四川三省，其共占全国探明储量的 50% 以上。

从水资源来看，南丰北贫是我国水资源分布的基本特征。全国水资源量的 81% 集中分布在长江流域及其以南地区，而这一地区耕地面积只占全国的 36%，人口占全国的 54%；黄淮海流域及其以北地区，耕地面积占全国的 64%，人口占全国的 46%，水资源却只占全国的 19%，尤其是华北及胶东地区、辽宁省中南部、西北地区，供水矛盾十分突出。因此，水资源短缺已经成为影响我国北方地区可持续发展的关键因素。

从可再生资源来看，我国分布也不均衡。以森林资源为例，主要集中在三大地区：东北的黑龙江、吉林和内蒙古东部，长江以南的江西、福建、广东、湖南和广西，西南的四川、云南和西藏东部，广大的西北和华北地区森林资源相当匮乏，华北地区、西北地区，再加上山东、江苏、辽宁、上海、河南、湖北、安徽等 17 省（市），面积占全国总面积的 57%，而森林资源蓄积量只占全国总蓄积量的 12%。[①]

3. 分布相对集中的人口群体

人口与区域可持续发展的关系比较复杂，适量的人口规模是区域可持续发展的必要条件，但过量的人口或人口的过快增长又是区域可持续发展的障碍。我国是世界上人口最多的国家，截至 2005 年底，全国总人口为 130 756 万人[②]，预计 2010 年将达到 14 亿。这些人口，绝大多数分布在东中部地区，2004 年东中部地区的人口占全国总人口的比重达 71.44%，尤其是大中城市和经济发达地区，人口尤为集中。另一方面，我国西部地区虽然人口分布较东中部地区稀疏，但这些地区人口自然增长率较快。2004 年，人口自然增长率排名居前的省份大多是西部地区的，如西藏、宁夏、新疆、青海、云南位居前五位，人口自然增长率都超过 9‰。此外，我国人口的整体素质较低，2004 年，我国具有大专以上文化程度的人口仅占全国

---

① 王伟中：《中国可持续发展态势分析》，第 317 页，北京：商务印书馆，1999。

② 国家统计局：《中华人民共和国 2005 年国民经济和社会发展统计公报》，国家统计局网站（http://www.stats.gov.cn），2006-02-28。

总人口的 5.23%，在经济相当落后的中西部地区和农村地区，这一比例更低。这就使得我国各区域的可持续发展面临较大的人口压力。

4. 区位优势差异显著

人类的社会经济活动离不开地域空间，有空间就有距离，既然要进行社会经济活动，就会产生运动，产生位移，就要克服空间的距离限制，支付距离成本。由于我国地域辽阔，使得对社会经济发展起很重要作用的区位因素在我国各地区间的差异也十分明显。从表 12-5 可以看出，东部沿海地区的区位度明显优于西部内陆地区，这使得东部区域可持续发展拥有较好的区位条件，发展更为有利。

表 12-5   中国三大地区区位优势度

	东部地区	中部地区	西部地区
区位优势度	41.3	14.32	10.86

资料来源：中国科学院可持续发展研究组：《2000 中国可持续发展战略报告》，第 262 页，北京：科学出版社，2000，数据由编者计算得出。

(二) 区域经济发展不平衡是实施区域可持续发展的现实条件

经济持续、健康、快速发展是区域可持续发展的核心。改革开放 20 多年来，我国经济快速增长，整体经济实力明显增强，综合国力迅速提高，但由于自然的、历史的和政策的种种原因，地区之间的发展差距逐渐拉大，区域经济发展不平衡加剧。从国内生产总值来看，1980～2004 年，东部地区在全国 GDP 中的比重明显上升，中西部地区所占比重相应下降，这种趋势从 20 世纪 90 年代以来明显加剧。从 GDP 增长速度来看，东部地区的增速明显快于中西部地区，中西部地区发展相对滞后。在产业结构上，东部地区第一产业比重低于全国平均水平，第二、三产业比重则高于全国平均水平，而中西部地区第一产业的比重高于全国平均水平和东部地区，第二、三产业比重则低于全国平均水平和东部地区。

此外，各地区不同的经济发展水平和工业化程度使其对人口的吸纳度各不相同，从而对资源和环境所产生的压力也不相同。当一个地区的人口密度增加到某一很高水平时，会严重产生对食物和其他资源的竞争，产生空间拥挤与环境质量恶化现象。目前我国东南沿海经济发达地区，外来劳动力大量涌入，人口密度增高，这类问题显得比较突出。由此得出结论，中国地区间经济发展水平的巨大差异，决定了中国可持续发展战略不可能在全国范围内按统一的模式实施，必须根据各地区不同的经济发展水平，所处的不同发展阶段，寻找各自的侧重点或突破口，创造出各具特色的可持续发展模式。

二、中国区域可持续发展的指导思想、发展目标及基本原则

为了全面推进社会、经济和生态环境的可持续发展，我国于 2003 年 1 月制定并实施了《中国 21 世纪初可持续发展行动纲要》（以下简称《纲要》），它明确了 21 世纪初我国实施可持续发展战略的目标、基本原则、重点领域和保障措施，是 21 世纪初我国实施区域可持续发展战略的纲领性文件。根据《纲要》，结合中国区域的具体状况，可以初步制定出中国区域可持续发展的指导思想、发展目标及基本原则。

（一）中国区域可持续发展的指导思想

中国区域可持续发展的指导思想是：坚持以人为本，以人与自然和谐为主线，以经济发展为核心，以提高人民群众生活质量为根本出发点，统筹区域发展，发展循环经济，创建节约型社会，坚持不懈地全面推进中国区域经济社会与人口、资源和生态环境的协调，不断提高各区域的综合竞争力，为全面实现中国可持续发展奠定坚实的基础。

（二）中国区域可持续发展的发展目标

我国 21 世纪初区域可持续发展的总体目标是：各区域可持续发展能力不断增强，经济结构调整取得显著成效，缩小区域发展差距和城乡差距，人口总量得到有效控制，生态环境明显改善，资源利用率显著提高，促进人与自然的和谐，推动各区域从而推动整个中国走上生产发展、生活富裕、生态良好的文明发展道路。

（三）中国区域可持续发展的基本原则

1. 持续发展，重视协调的原则

各区域应以经济建设为中心，在推进经济发展的过程中，促进人与自然的和谐，重视解决人口、资源和环境问题，坚持经济、社会与生态环境的持续协调发展。

2. 发展循环经济、创建节约型社会的原则

区域的可持续发展必须建立在可持续的资源供给基础上，并与自然环境和谐共处，这就要求人类在社会经济活动中遵循"资源—产品—再生资源"这一循环型的物质代谢模式，即大力发展循环经济，而发展循环经济的一个关键，就是要把节约资源作为一个基本原则。因此，《中共中央关于制定国民经济和社会发展第十一个五年规划的建议》就指出，"要把节约资源作为基本国策，发展循环经济，保护生态环境，加快建设资源节约型、环境友好型社会，促进经济发展与人口、资源、环境相协调"。①

---

① 《中国共产党第十六届中央委员会第五次全体会议文件汇编》，第 5 页，北京：人民出版社，2005。

3. 充分发挥市场机制的调节作用与加强国家宏观调控相结合的原则

充分发挥政府、企业、社会组织和公众四方面的积极性，政府要加大投入，强化监管，发挥主导作用，提供良好的政策环境和公共服务，充分运用市场机制，调动企业、社会组织和公众参与可持续发展。

4. 依法实施、循序渐进的原则

依法治国是我国的基本国策，而且国家法律体系越来越考虑可持续发展的要求。因此，在推进中国区域可持续发展的进程中，应该做到有法必依，执法必严，违法必究。只有建立在完善立法和严格执法的基础上，才能将区域可持续发展的各项任务落到实处，使其走上法制化、规范化的轨道。在依法实施的基础上，应该注意到区域可持续发展具有明显的阶段性，因而应该采取循序渐进的方略，合理安排区域可持续发展的近期、中期、远期安排，使之相辅相成，共同实现中国区域可持续发展的目标。

5. 统筹规划，广泛合作的原则

针对我国区域经济发展不平衡的现状，应该坚持统筹规划，以统筹区域发展和城乡发展，缩小区域差距和城乡差距。这就需要加强各区域间的协调合作，大力推进区域经济一体化进程，并积极利用外资和国际合作，充分利用国际、国内两个市场和两种资源，在更大空间范围内推进区域可持续发展。

6. 因地制宜、重点突破的原则

我国区域间自然禀赋差异较大，因而各区域要因地制宜，制定符合本区域特色的可持续发展战略。在因地制宜的基础上，要突出重点，针对重点区域集中人力、物力和财力进行突破，做到有的放矢，以推进中国区域可持续的全面发展。

主要参考文献：

1. 秦耀辰：《区域系统模型原理与应用》，北京：科学出版社，2004。

2. 罗勇：《区域经济可持续发展》，北京：化学工业出版社，2005。

3. 承继成、林珲、杨汝万：《面向信息社会的区域可持续发展导论》，北京：商务印书馆，2001。

4. 朱启贵：《可持续发展评估》，上海：上海财经大学出版社，1999。

5. 中国科学院可持续发展研究组：《2000 中国可持续发展战略报告》，北京：科学出版社，2000。

6. 中国科学院可持续发展研究组：《2005 中国可持续发展战略报告》，北京：科学出版社，2005。

7. 中国科学院可持续发展研究组：《2006 中国可持续发展战略报告》，北京：科学出版社，2006。

8. 王伟中：《中国可持续发展态势分析》，北京：商务印书馆，1999。

9. 姚士谋等：《区域与城市发展论》，合肥：中国科技大学出版社，2004。

10. 吴殿廷：《区域经济学》，北京：科学出版社，2003。

11. 张学文：《区域可持续发展的评价与调控》，哈尔滨：黑龙江人民出版社，2003。

12. 孙久文、叶裕民：《区域经济学教程》，北京：中国人民大学出版社，2003。

13. 孟庆红：《区域经济学概论》，北京：经济科学出版社，2003。

14. 武友德、潘玉君：《区域经济学导论》，北京：中国社会科学出版社，2004。

15. 储东涛：《区域经济学通论》，北京：人民出版社，2003。

16. 赵惠、张楠、南京福：《中国可持续发展之路——区域可持续发展模式探讨》，《兰州大学学报（社会科学版）》，2001（3）。

17. 潘玉君等：《"区域可持续发展"概念的试定义》，《中国人口·资源与环境》，2002（4）。

18. 曹利军：《区域可持续发展轨迹及其度量》，《中国人口·资源与环境》，1998（2）。

19. 冯年华、王飞：《区域可持续发展的制度创新研究》，《南京晓庄学院学报》，2004（4）。

20. 王彦丽、李晓华：《区域可持续发展——21世纪地理科学的主题》，《齐齐哈尔大学学报（哲学社会科学版）》，2004（5）。

21. 毛汉英：《人地系统与区域持续发展研究》，北京：中国科学技术出版社，1995。

22. 吕鸣伦、刘卫国：《区域可持续发展的理论探讨》，《地理研究》，1998（2）。

23. 俞勇军、陆玉麒、杨忠臣：《区域可持续发展目标下的子系统的调控》，《南京师范大学学报（自然科学版）》，2003（1）。

24. 张林泉、于杰：《关于区域可持续发展的系统分析》，《中国人口·资源与环境》，1994（2）。

25. 叶民强、张世英：《区域可持续发展系统及其目标实现过程研究》，《科技进步与对策》，2001（2）。

26. 《中国共产党第十六届中央委员会第五次全体会议文件汇编》，北京：人民出版社，2005。

第十三章　区域竞争力

市场经济是竞争的经济，21 世纪是竞争的世纪。在这样一种环境下，一个企业、一个行业面临的是一个激烈竞争的环境，一个地区、一个国家所面临的也是一个激烈竞争的环境，它们都要积极参与竞争。正如马克思所说，在商品经济条件下，作为商品生产者（利益主体），"他们不承认任何别的权威，只承认竞争的权威，只承认他们相互利益的压力加在他们身上的强制"①。由于竞争对于市场经济的重要性，现代社会中各个经济活动主体的竞争力便显得具有生死攸关的意义。正如著名学者詹姆斯·雷利哈特所说："竞争力已经被提升到与自然法则同等的地位，就像重力法则，是一种不容怀疑和无法抗拒的力。"② 每个竞争主体的竞争力有强有弱，但是任何个人、企业、产业和国家都不会没有竞争力，区域也不例外。随着区域一体化进程的加快和产业日益集群化，从某种意义上讲，区域发展已经成为全球社会经济竞争的焦点，区域竞争力的强弱已经决定了一个地区乃至一个国家发展的优势与劣势、互补与竞争、分工与合作、繁荣与衰微。因此，加强区域竞争力研究，既有助于各个区域正确认识和评价区域发展的现状和潜力，制定恰当的竞争与合作战略，形成合理的区域经济格局，实现区域间的优势互补和良性竞争，又有助于我国各个区域参与国际竞争与国际分工，以争夺最大化的利益，争取最快速的经济、科技和社会发展。

第一节　区域竞争力概述

一、区域竞争力的基本内涵

自 20 世纪 80 年代以来，竞争力的概念尤其是国家竞争力的概念逐渐被引入学术研究领域，并广为世界各国所接受，日益受到重视。区域竞争力作为竞争力的一种，是国家竞争力研究的深化，其研究视野从以前的企业或产业扩展到区域。但由于区域是地球表面的一个空间系统，它是一个多侧面、多层次、相对性极强的概

---

① 《马克思恩格斯全集》，第 23 卷，第 394 页，北京：人民出版社，1972。
② James Rinehart. The Ideology of Competitiveness [J]. Monthly Review, 1995 (10).

念，其规模的范围与类型主要是根据研究对象而定，可大可小，大到跨国或跨洲的区域，小到一个小的居民点，因而区域竞争力是"一个很难界定的概念"①，或者说是"一个具有明确直观含义却又不易精确把握的概念"②，至今仍没有一个明确和公认的定义，学术界对区域竞争力的研究主要根据不同行政管理层次的地域而定，包括以确定区域为研究对象的国家竞争力、地区竞争力、城市竞争力、县域竞争力等和以不确定区域为研究对象的区域竞争力等，而且有区域竞争力、区域国际竞争力、区域综合竞争力等不同的提法。

（一）国外关于区域竞争力的研究与定义

国外关于区域竞争力的研究主要集中在国家层面上，其中具有代表性的是世界经济论坛（WEF）和瑞士洛桑国际管理发展学院（IMD）关于国家竞争力的定义。IMD（1996）认为："国家竞争力是指一国在其经济与社会结构中，通过管理原有自然禀赋和创造附加价值的过程、对内吸引力和对外开拓力以及国际型和国内型经济来创造附加价值，并进而增加国家财富的能力。"WEF（1986）则认为："国家竞争力是企业目前和未来在各自的环境中以比它们国内或国外的竞争者更具吸引力的价格和质量来进行设计、生产并销售货物以及提供服务的机会和能力"；1996年则把国家竞争力定义为"一国或地区保持人均国内生产总值较高增长的能力"；2000年将国家竞争力进一步定义为"获得中长期经济增长的能力"。美国总统竞争力委员会《关于产业竞争力的报告》（1997）指出："国家竞争力是指在自由公平的市场环境下，国家能在国际市场上提供好的产品、好的服务，同时又能提高本国人民生活水平的能力。"经济合作和发展组织（OECD）也提出："国家竞争力是指在开放的市场条件下，一个国家生产商品和服务以满足外国竞争检验，同时维护和增加国内实际收入的程度。"迈克尔·波特从另外一个角度定义了国家竞争力，他认为，一国的竞争力集中体现在其产业在国际市场上的竞争表现，而一国的产业能否在国际竞争中获胜，取决于四个因素：生产要素条件、需求状况、相关和支撑产业的状况、企业战略、结构和竞争状况。此外，政府的作用以及机遇因素也具有相当大的影响力。这六大要素相互作用，形成了国家竞争力。③ 上述定义各有侧重，而且随着世界社会经济的发展有所改变。

（二）国内关于区域竞争力的研究与定义

我国学者结合竞争理论、区域经济学和比较经济学等相关理论，逐渐形成了关于区域竞争力研究的理论体系，其中具有代表性的观点主要有以下几种：

---

① 仇保兴：《城市定位理论与城市核心竞争力》，《城市规划》，2002（7）。

② 倪鹏飞：《中国城市竞争力与基础设施关系的实证》，《中国工业经济》，2002（5）。

③ Michaiael E. Porter. The Competitive Advantage of Nations. Macmillan Press, 1998, p. 69-130.

1. 财富创造论

根据 IMD 国家竞争力的定义，国内学者将区域竞争力定义为区域创造财富的能力。他们认为，"竞争力是一个城市在国内外市场上与其他城市相比，所具有的自身创造财富和推动地区、国家或世界创造更多社会财富的现实的和潜在的能力"①；是指"一个地区在国内外市场上与其他地区相比所具有的自身创造财富和推动地区、国家或世界创造更多财富的能力"②；是"一国对该国企业创造价值所提供的环境支持能力和企业均衡地生产出比其他竞争对手更多财富的能力，是一国或一企业成功地将现有资产用于转换过程而创造更多价值的能力。它包括一国或一企业发展的整体现状与水平，拥有的实力和增长的潜力"③，等等。此类定义突出了区域经济的产出层面，其最大优势是用经济的产出来直接衡量区域竞争力的强弱。

2. 资源配置论

将区域竞争力定义为区域的配置资源能力。他们认为，"区域竞争力就是一个区域争夺大区域市场和资源的能力。或者可以说，区域竞争力是一个区域在其所从属的大区域中的资源优化配置能力等"④；是指"一个城市在竞争和发展过程中与其他城市相比较所具有的吸引、争夺、拥有和控制、转化资源，争夺、占领和控制市场，以创造价值，为其居民提供福利的能力"⑤；是指"一个特定地区在参与国际国内竞争中具有相对于其他地区更能优化资源配置，营造竞争优势，增强综合实力的能力"⑥；是指"城市在社会、经济结构、价值观、文化、制度政策等多个因素的综合作用下创造和维持的一个城市为其自身发展在其从属的大区域中进行资源优化配置的能力，目的是获得自身经济的持续高速增长，推动地区、国家或世界创造更多的社会财富，表现为与区域内其他城市相比能吸引更多的人流、物流和辐射更大的市场空间"⑦，等等。这一类定义突出投入与过程层面，力求将概念立足于经济学的基本原理：经济的本质是资源的优化配置。但通过选择衡量资源优化强度的指标来分析区域竞争力的强弱，是相对比较不容易的事情。

---

① 郝寿义、倪鹏飞：《中国城市竞争力研究——以若干城市为案例》，《经济科学》，1998 (3)。

② 姜丽：《地区竞争力的综合评价方法探讨》，《辽宁经济统计》，2003 (4)。

③ 王与君：《中国经济国际竞争力》，第 46 页，南昌：江西人民出版社，2000。

④ 王秉安：《区域竞争力研究——理论探讨》，《福建行政学院福建经济管理干部学院学报》，1999 (1)。

⑤ 郝寿义：《有关城市竞争力研究的几个问题》，《开放导报》，2001 (4)。

⑥ 谢立新：《论地区竞争力的本质》，《福建师范大学学报（哲学社会科学版）》，2003 (5)。

⑦ 黄旭成：《城市竞争力理论浅析》，《经济地理》，1998 (2)。

3. 经济社会持续发展能力论

这种观点基于提高竞争力的最终意图，即促进国民经济持续增长，体现了古典经济学的核心思想。他们认为，区域竞争力是"一个区域整个市场加强分工协作，创造以实现区域经济社会可持续发展为目的的能力，它的本质特征是对区域内全社会生产要素的整合和利用，实现产业的合理分工与协作，创造区域经济发展的最佳环境"①；是"参与竞争的区域（省、地区）依据区位特点，通过实现产业的合理分工、协作而表现出吸引利用资源并促进经济社会可持续发展的综合能力"②；是指"一个区域综合利用并不断改善本区域的自然环境、经济和社会结构、文化、价值观、制度体系等而获得的与其他区域相比所共有的能够促进本区域环境、经济和社会全面、可持续发展的能力"③。

4. 产品提供论

根据 WEF 和美国总统竞争力委员会《关于产业竞争力的报告》中关于国家竞争力的定义，国内学者将区域竞争力定义为区域向大区域提供产品与服务的能力。他们认为，竞争力是"为满足区域、国家或者国际市场的需要生产商品、创造财富和提供服务的能力，以及提高纯收入、改善生活质量、促进社会可持续发展的能力，是城市'竞争资本'和'竞争过程'的统一④；是"一个区域在与其他区域的竞争中，在公正、合理的市场条件下，所能提供有效产品和服务的能力"⑤，等等。这一类定义最直接，强调区域对外提供产品和服务的能力。

5. 经济实力论

这种观点用区域经济实力来定义区域竞争力。他们认为，区域竞争力是指"一个地区与国内其他地区在竞争某些相同资源时所表现出来的综合经济实力的强弱程度"⑥；是"城市在劳动分工国际化、国际贸易全球化、世界经济一体化和经济区域集团化过程中形成的对某一区域或世界范围内在经济、政治、文化交流中持续具有的辐射力和吸引力，最终起决定作用的是城市的经济实力"⑦，等等。这个提法着重强调了区域的经济实力，强调了区域经济竞争力的重要性。

---

①　张为付、吴进红：《对长三角、珠三角、京津地区综合竞争力的比较研究》，《浙江社会科学》，2002（6）。

②　左继宏、胡树华：《区域竞争力的指标体系及评价模型研究》，《商业研究》，2005（16）。

③　张斌、梁山：《区域竞争力初探》，《经济师》，2005（11）。

④　于涛方等：《新时期的城市和城市竞争力》，《城市规划汇刊》，2001（4）。

⑤　盛世豪：《区域竞争力若干问题探讨》，《浙江经济》，1996（8）。

⑥　严玉龙：《我国地区经济竞争力比较研究》，《中国软科学》，1998（4）。

⑦　王兆华、武春友、张米尔：《产业结构高级化与城市国际竞争力提升——兼论大连市国际名城的建设》，《大连理工大学学报（社会科学版）》，2000（12）。

6. 市场竞争论

这种观点从市场竞争的角度来定义区域竞争力。他们认为，区域竞争力是"一个区域参与全国乃至世界市场的分工与竞争的能力，可用该区域输出产品占全国或世界输出产品总量的比重，以及吸引要素资源占全国或世界要素输出总量的比重来表示，它也是区域内所有企业的区外市场竞争力的总和"①；是"一国商品在国际市场上所处的地位"②，等等。这一提法强调了区域产品或服务的市场竞争能力。

7. 要素综合论

基于迈克尔·波特的竞争力理论，国内学者从综合的角度对区域竞争力进行界定。他们认为，区域竞争力是区域通过竞争力资产的经营、竞争力过程的控制，不断提高区域的吸引力、进取力，并以此为手段所具有的、为自身创造财富价值所提供的环境支持能力和均衡持续地生产出比其竞争对手更多财富的综合能力，反映了一个区域将现有资产运用于转换过程而创造更多财富价值的综合能力，它包括一个区域发展的整体水平（拥有的实力）、环境质量和未来持续增长的潜力③；是对一个区域经济发展状况和发展环境的概括，是该区域经济规模、经济增长质量、经济结构的综合体现，是各种经济变量的有机组合及其变动合力的结果④；是指一个城市在其发展过程中所拥有的与其他城市竞争某种相同资源的全部实力⑤；是一个区域在与其他区域竞争中所具有的相对优势，包括经济增长潜力、资源优化配置能力和市场占有能力等，是社会、经济、文化、制度、政策等多种因素综合作用的结果⑥；是对一个地区在政治、经济、社会、基础建筑、环境、科技、文教等各个领域所能达到的先进程度的综合反映⑦；竞争力等于优势＋能力＋吸引力＋收益能力，其中：优势为竞争主体对于竞争者的优势，包括比较优势和竞争优势；能力为竞争主体的能力；吸引力为竞争主体对竞争对象的吸引力；收益能力为竞争主体获取收益的能力⑧，等等。这一提法强调了区域竞争力是一种综合性的能力。

---

①　刘勇：《我国典型地区区域竞争力初步研究》，《学习与探索》，2003（1）。

②　樊纲：《论竞争力——关于科技进步与经济效益关系的思考》，《管理世界》，1998（3）。

③　朱孔来：《国民经济和社会发展综合评价研究》，第239页，济南：山东人民出版社，2004。

④　陈秋月：《区域经济竞争力的比较模型》，《现代情报》，2002（6）。

⑤　莫大喜：《城市综合竞争力：深圳与京津沪穗之比较》，《特区理论与实践》，2001（5）。

⑥　郭秀云：《灰色关联法在区域竞争力评价中的应用》，《统计与决策》，2004（11）。

⑦　李宝新：《地区竞争力评价指标体系设计研究》，《山西财经大学学报》，2001（5）。

⑧　张金昌：《国际竞争力评价的理论和方法》，第34～35页，北京：经济科学出版社，2002。

基于以上的讨论，一个较为完善、合理的区域竞争力概念至少应该包含以下几层含义：

（1）区域竞争力是一种立足现在、面向未来的能力，既包括现实竞争力，也包括潜在竞争力，它不只是衡量一个区域现有资产和资源要素参与竞争所表现出来的能力的概念，而且同时反映和度量一个区域未实现的竞争力，即潜在竞争力，因而它是以区域的经济和社会等的客观现状为基础，以支撑区域持续发展为导向来促进本区域经济振兴和崛起的；

（2）区域竞争力是一个相对性的能力，是一种比较的竞争优势；

（3）区域竞争力的主体是区域，而且区域的范围可大可小，包括不同等级的竞争力，这主要根据研究对象而定；

（4）区域竞争力是一种综合竞争力，而不是区域某一层次或方面的竞争力，构成竞争力的要素是一个庞大的簇，包括区域的直接性竞争力要素（如企业竞争力等）、间接性竞争力要素（如国民素质竞争力等）、显在性竞争力要素（如经济实力竞争力等）、潜在性竞争力要素（如可持续发展竞争力等）、物质性竞争力要素（如基础设施竞争力等）和精神性竞争力要素（知识经济竞争力等）；

（5）区域竞争力的最终目标是优化资源配置，提供具有市场竞争力的产品和服务，以尽可能多地提高居民福利，促进经济社会的可持续发展。

总之，区域竞争力是一个综合性的社会经济概念，反映了一个区域社会经济增长过程中可持续发展的综合水平和能力，为区域经济发展战略提供了一个很好的现实依据。

与区域竞争力相近的概念是区域核心竞争力，这一概念主要是指一个区域在发展中形成的有独特竞争优势、不易被竞争对手仿效、能带来超额利润的独特的能力，是支撑区域具有可持续性竞争优势的核心能力。其特点是：具有独特性，是其他地区所没有或程度不及的，在竞争中能获得较大的差别利益；具有充分的经济和市场价值，能够极大满足经济和市场不断发展的要求，具有发展的长远性和持续性；符合经济发展的基本趋势，能为区域经济带来持续发展的能力。因此，区域核心竞争力是区域竞争力的一个有机组成部分，它与基础竞争力、辅助竞争力共同组成一个完整的区域竞争力系统。

二、区域竞争力的特征

1. 系统性

区域竞争力是由各种因素构成的有机统一体，它是在社会、经济、文化、制度政策等多因素综合作用下创造和维持的，是区域经济、社会、科技、管理等方面力量整合、协同的结果，各因素相互依存、相互制约。也就是说，区域竞争力衡量的是一个区域资源环境、经济和社会因素的综合发展程度与发展潜力，反映的是一个区域的组合与运作能力，它的形成和发展是区域各个层次的个人、企业和政府相互影响、相互促进、共同努力的结果，同时也体现了构成一个区域的较小范围的所有区域之间协作或合作发展的能力。因此，在营造区域综合竞争力时必须从整体出发，系统地综合多方面因素，以一个或若干个关键因素为主导，对各种能力不断进行有机整合才能形成较强的区域竞争力。

2. 动态性

在经济运行过程中，各种因素总是处于不断的发展变化之中，这导致了区域竞争力在不断地发生变化。也就是说，区域竞争力是一个动态平衡的开放系统。因此，原先那些不具备竞争优势的区域可能因为不断创新而转变为竞争优势明显的区域，原来竞争实力强的区域也有可能因为满足现状、不思进取而丧失优势。所以，在实践中要立足区域现实条件，找准自身优势所在，正确定位，这样才能建立自己的竞争优势；要审时度势，积极抓住机遇迎接挑战，把不利因素变为有利因素，使区域获得长期的竞争优势。

3. 过程性

由于对本区域竞争优势的了解、培育以及采取措施有效发挥竞争优势都需要时间，所以，区域竞争力具有过程性，这种过程性主要指区域竞争力一般都要经历由不明显到明显，由低到高的发展过程。这一发展过程大致可以分为：认识阶段──→形成阶段──→稳定阶段──→衰退阶段──→再认识阶段──→再形成阶段……

4. 差异性

区域竞争力的表现方式多种多样，更强的引资能力、更好的人居环境、更多的发展创业机会、更优秀的人才聚集都有可能发展成为区域的竞争优势。事实上，由于区域间在资源禀赋、区位条件、历史文化背景、政治经济地位等方面存在差异，世界上没有两个完全相同的区域，它们各具特色，都具有相对的比较优势，会形成独具特色的竞争优势。这也就是说，培育区域竞争力可以从区域的差别优势出发，权衡自身在区域的角色定位，把区域间的单纯竞争关系转变为竞争──合作关系，形成优势互补、相互促进、共同发展的"双赢"局面。

5. 相对性

竞争本身就是一种比较，竞争力作为一种能力也只有在比较中才能体现，只就本区域的发展状况进行研究毫无意义。因此，区域竞争力是一个相对概念。一方面，从广义的区域概念来看，可以将区域划分为不同层次，但是不同层次的区域之间对比价值不高，因此，区域竞争力强调的是处于同一层次的区域间的比较，如城市之间、国家之间的比较；另一方面，区域竞争力通过对一个区域目前的发展情况进行分析、评价，从而反映其潜在的发展能力。

6. 不稳定性

区域竞争力的外在表现实际上就是一个区域在某一时间所具有的优势，从本质上来说这种竞争优势是暂时的，难以持久的，区域竞争力的不稳定性也就体现在此。具体而言，这种竞争力的不稳定性包括竞争优势的透明性、可模仿性与可转移性。透明性是指只要取得相关资料并采用适当的分析工具，就可以获知任何一个区域的竞争优势；可模仿性是指有些竞争优势可以被学习、模仿，从而使一个区域失去其在某一方面所共有的完全优势；可转移性是指一个区域在发展过程中，为了避免竞争优势被模仿后可能出现的发展停滞状况，有意识地转变发展重点，培育新的竞争优势。

第二节　区域竞争力的理论模型

竞争力不是一个能直接衡量的特征变量，评价竞争力首先必须构建一定的理论模型，根据模型来进行指标体系的选择。目前，区域竞争力研究的不同学派，依据其对区域竞争力构成的不同理解，构造了各具特色的理论模型。

一、国外区域竞争力的理论模型

在目前，最具有代表性、最权威的区域竞争力理论模型有两个：一个是迈克尔·波特提出的"钻石模型"，他认为，一国经济发展及其国家竞争力必须以微观经济为基础，同时运用政治环境和宏观经济条件来共同评价；另一个是瑞士洛桑国际管理发展学院（IMD）的国家竞争力模型。IMD 的模型以国家竞争力为直接研究对象，认为核心是企业竞争力，在此基础上选择了一些构成要素对国家竞争力进行评价，并根据模型评价结果每年发布一次世界部分国家（或地区）的竞争力排序。

（一）波特的"钻石模型"

波特认为，一国经济发展以及国际竞争力水平，并非只与政治环境和宏观经济条件相关，微观经济基础也起着重要的作用。一个国家的竞争力集中体现在其产业在国际市场中的竞争表现，而一国的特定产业能否在国际竞争中取胜，取决于要素状况，需求状况，相关和支撑产业，企业战略、结构与竞争等四个因素。此外，政府的作用以及机遇因素也具有相当大的影响力。这六大要素构成了著名的"钻石模型"（见图 13-1）。波特特别强调，若要发挥国家竞争优势，必须先善用上述四大关键要素，加上机遇、政府角色，彼此互动。通过这些关键要素，可以评估国家环境对产业竞争产生的可能效果，它们会引导企业创造并保持本身的竞争优势。"钻石模型"体系中的每个关键要素都是互相依赖的，因为任一项的效果都建立在其他条件的配合上。

波特的模型在宏观和微观层面之间架起了一座桥梁，它通过对影响产业竞争力的 6 个因素进行深入剖析的基础上，得出对产业竞争力的整体评价，从而最终完成了对国家竞争力的最后判断。同样，具体到区域范围，由于经济是由产业构成

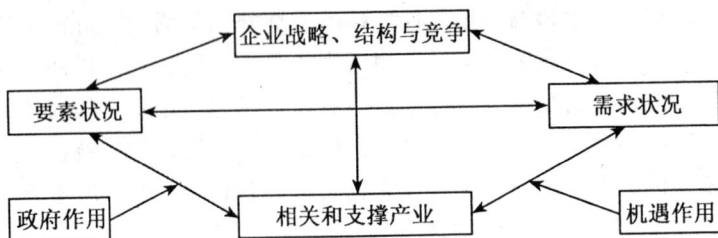

图 13-1　波特的"钻石模型"

的，产业结构的合理程度、效率的优劣、技术水平的高低等直接关系到区域的整体发展，因此，产业竞争力也必然是区域竞争力的核心之一。

（二）IMD 的国家竞争力模型

IMD 的模型以国家竞争力作为直接研究对象，目的是探讨世界部分国家（或地区）的竞争力排序。IMD 认为，国家竞争力核心是企业竞争力，即国家内企业创造增加值的能力，而企业的竞争力的大小又体现在国家环境对于企业营运的有利或不利影响程度，二者相互作用，相互补充，共同以持续发展作为取向。这一模型几经完善，发展比较成熟。

1. 早期的 IMD 国家竞争力模型（2001 年以前）①

IMD 在 2001 年以前选择了企业管理、经济实力、科学技术、国民素质、政府管理、国际化度、基础设施、金融体系等八个方面的构成要素予以评价，而这八个构成要素又取决于四大环境要素，即本土化与全球化、吸引力与扩张力、资产与过程、冒险与和谐四组因素的相对组合关系（见图 13-2）。

2. 现行的 IMD 国家竞争力模型（2001 年以后）②

2001 年，IMD 对模型作了较大的调整，用四个要素替代了原先的八个要素。它们分别是：经济表现、政府效率、企业效率、基础设施。每个要素又各自包括了五个子要素，经济表现包含的子要素为：经济实力、国际贸易、国际投资、就业、物价；政府效率包含的子要素为：公共财政、财政政策、机构框架、商务法规、社会框架；企业效率包含的子要素为：生产力、劳务市场、金融、管理实践、态度与价值；基础设施包含的子要素为：基础性基础设施、技术性基础设施、科学性基础设施、健康与环境、教育。

IMD 区域竞争力模型，从国家竞争力与企业竞争力的相互关系出发，认为国家竞争力的核心就在于国家内企业创造增加值的能力，即企业竞争力；而企业是否具

---

① IMD. World Competitiveness Yearbook. Switzerland: Lausanne Press, P. 14-20, 1997.

② IMD. World Competitiveness Yearbook. Switzerland: Lausanne Press, P. 10-45, 2003.

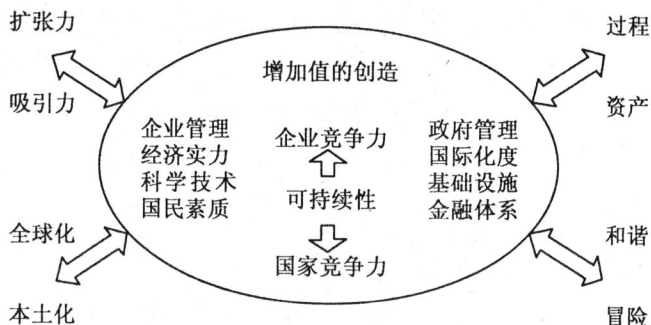

图 13-2　早期的 IMD 国家竞争力模型

有竞争力，则是从国家对企业营运能力的有利或不利影响来分析。企业作为市场经济的主体，是产业活动的载体和基石，因此，企业竞争力应是区域竞争力的核心内容之一，而构成企业竞争力内涵的那些构成因素经过适度的调整也相应成为区域竞争力模型的重要组成部分。

二、国内区域竞争力的理论模型

国内关于区域竞争力的研究始于 20 世纪 90 年代中期，并形成了一些研究成果，其中具有代表性的主要有王秉安的区域竞争力模型、倪鹏飞的弓弦箭模型和中国人民大学竞争力评价与研究中心的"三力体系"模型以及张辉的"三维"模型。

（一）王秉安的区域竞争力模型①

王秉安等从区域竞争力定义（大区域中资源优化配置能力）出发，以分析一个国家内区域的竞争力为对象，在 IMD 模型的基础上将波特产业竞争力概念吸纳进来，提出了直接—间接竞争力模型（见图 13-3）。该模型认为，区域竞争力由三个直接竞争力因素（产业竞争力、企业竞争力和涉外竞争力）和支撑它们的四个间接竞争力因素（经济综合实力竞争力、基础设施竞争力、国民素质竞争力和科技发展竞争力）两个层次构成。直接竞争力因素是指直接影响、表征区域竞争力的因素，产业竞争力、企业竞争力和涉外竞争力这三个方面相互作用、相互影响，共同构成的有机整体就表现为区域竞争力；间接竞争力因素是指间接影响区域竞争力的因素，经济综合实力竞争力、基础设施竞争力、国民素质竞争力和科技发展竞争力这四个方面是相互作用、相互影响的主动关系，它们共同构成直接竞争力的依托，其中，经济综合实力竞争力和基础设施竞争力更体现为近期的支撑性竞争力，

---

① 王秉安等：《区域竞争力理论与实证》，第 92～95 页，北京：航空工业出版社，2000。

国民素质竞争力与科技发展竞争力则更体现为长期的支撑性竞争力。直接竞争力起着直接的决定的作用，间接竞争力要通过直接竞争力才能凝结成区域竞争力，但是，间接竞争力对直接竞争力有重要影响，在一定意义上说起决定性作用。这七个因素相辅相成，共同构成了区域竞争力的有机整体。

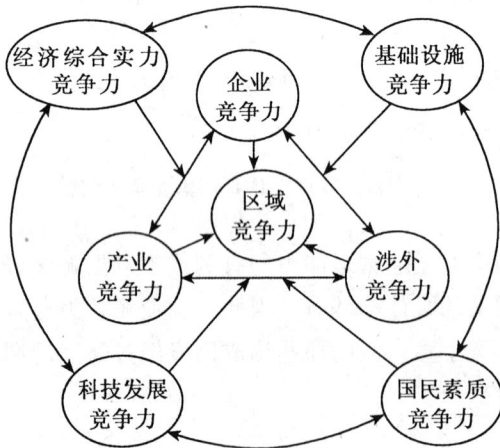

图 13-3　王秉安的区域竞争力模型

(二) "三力体系" 模型①

该模型由中国人民大学竞争力评价与研究中心组提出，他们认为：区域竞争力＝核心竞争力＋基础竞争力＋环境竞争力。核心竞争力是指生产增加值的竞争力，包括国家经济实力、企业管理竞争力、科技竞争力，其水平取决于竞争资本的水平和竞争过程的水平。基础竞争力是支持核心竞争力的基础设施竞争力和国民素质竞争力。环境竞争力所指的环境包括市场竞争环境和政府提供的社会组织和结构的环境。在竞争力的构成要素中，不仅包括竞争力实力要素，还包括竞争力的潜在要素；不仅包括竞争力的硬要素，还包括推动竞争力成长的软要素，竞争力是一个整体的竞争水平的系统提高（见图 13-4）。

(三) 区域竞争力的 "三维" 模型②

张辉认为，区域竞争力是由区域网络、区域内部流和区域外部流三大要素构成，三要素有机地统一于区域之中，密不可分。区域网络既是区域内部流和区域外

---

① 赵彦云等：《国际竞争力统计模型及应用研究》，第 5～6 页，北京：中国标准出版社，2005。

② 张辉：《区域竞争力的有关理论探讨》，《中国软科学》，2001（8）。

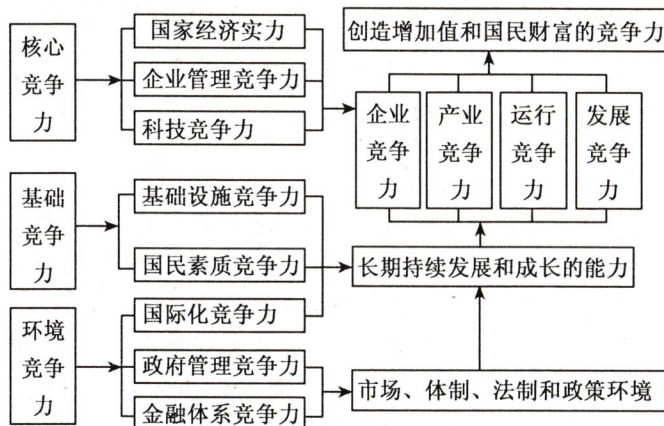

图 13-4　区域竞争力的"三力体系"模型

部流得以有效运行的通道，又是联结区域内外部流的必要枢纽，而区域内部流和区域外部流则是区域网络得以构建的基础和实质内容，并且区域网络会由于内部流和外部流的发生和发展而不断地得到加强和发展。反过来，区域网络的发展又会极大地促进区域内部流和区域外部流的发展。此外，区域内部流与区域外部流也不是相互独立的，它们之间的关系是正相关的。

三、区域竞争力理论模型的简要评述

从上面的介绍可以看出，目前国内外主要的区域竞争力模型各有千秋，区别主要在于分析角度的不同。①从影响区域竞争力的因素分析角度建立模型，如 IMD 国家竞争力模型、王秉安的区域竞争力模型，这类模型虽然形象地勾画出了区域竞争力的主要因素，奠定了区域竞争力的评估基础，但缺乏区域竞争力的系统结构分析和层次分析；②从区域竞争力的构成或结构角度建立模型，如"三力体系"模型，这类模型较为具体地刻画出区域竞争力的现状，但多为静态的研究；③从区域竞争力的微观基础——产业竞争力角度建立模型，典型代表为波特教授的"钻石模型"体系，这类模型反映了区域的核心竞争力，但忽视了区域竞争力的系统性和综合观；④从区域竞争力系统论的角度建立模型，如张辉的区域竞争力"三维"模型，这类模型注重了区域竞争力的系统结构分析，却忽略了影响因素分析，不利于区域竞争力的评价。因此，在具体的区域竞争力研究中，应该结合研究对象来借鉴上述模型的优点，综合应用。

第三节　区域竞争力的评价指标体系

一、典型的区域竞争力评价指标体系

目前，不同的学者从不同角度出发对区域竞争力给予了不同的理解和定义，从而建立了不同的评价方法。早期的学者们基于竞争的结果，对不同区域的竞争力进行评价，一个常用的指标就是 GDP 和人均 GDP，但由于指标的可比性问题而影响比较的准确性。后来，从竞争力的来源或决定因素评价区域竞争力的方法日益为更多的人所接受，其中，多因素评价法综合各个方面影响竞争力的因素，克服了单一因素出现的片面性，从而成为学术界普遍接受的评价区域竞争力的基本方法，如 IMD 的评价指标体系，WEF 的评价指标体系以及我国学者王秉安、倪鹏飞等人的评价指标体系等。

（一）IMD 的国家竞争力评价指标体系

IMD 基于竞争力的基本内涵，设计了一整套定量评价的指标体系。IMD 着眼于国家或地区宏观环境与企业财富创造过程之间的关系，同时关注竞争力要素交互作用的结果，广泛采集多项指标，分层归类，做出可比口径的计算值，进而做出排序。并且，注重跟踪实践发展，不断补充完善年度评价指标。

2001 年，IMD 对使用的模型作了较大的调整，用 4 个要素替代了原先的 8 个要素，进而，又将每项竞争力要素进一步分解成 5 个子要素，共计 20 个子要素。然后，再为每个子要素项下配备数量不等的若干指标。如 2004 年共采用指标 323 个，其中 129 个指标为硬指标，112 个指标来自于经营者问卷调查，此两类指标是用于计算排名的指标，分别在排名计分中占有 2/3 和 1/3 的比重，合计 241 个；此外还包括参考指标，也称"背景信息"指标，共 82 个，其来源与前两项相同，特别之处在于不直接进入竞争力总体排名的计分。

另外，IMD 还提出了提高国家竞争力的十条黄金法则，即创造一个稳定、可预见的法制环境；塑造一个灵活和有弹性的经济结构；投资于传统的和技术的基础设施；鼓励个人储蓄和国内投资；占领国际市场和吸引外国直接投资；追求政府行政管理的质量、速度、透明度；改善工资水平、生产率、税收之间的关系；通过减少工资差别和壮大中产阶层来维持社会秩序；大力投资于教育，尤其是中等水平教育和劳动力终身培训；平衡本地经济和全球化，在保证大量财富创造的同时保留社会理想的价值体系。

（二）WEF 的国家竞争力评价指标体系

1980 年起 WEF 开始进行工业化国家竞争力的评价与排名。1985 年，它与 IMD 合作出版《世界竞争力年鉴》，并自 1996 年起出版自己的竞争力报告《全球竞争力报告》。WEF 进行竞争力评价所依据的理论包括新古典经济增长理论、技术内生化经济增长论、波特的竞争力理论等多方面，其对国家竞争力的界定是变化的，对国家竞争力来源的解释和评价指标的选择也是变化的。如 1996 年 WEF 在《全球竞争力报告》中将国家竞争力定义为一个国家或地区保持人均国内生产总值较高增长的能力，基于这一定义设计了三个国家竞争力指数：一是综合反映当前经济发展水平的国家竞争力综合指数；二是经济增长指数；三是反映在全球经济增长中份额的市场增长指数。1998 年根据波特竞争力理论，增加了微观经济竞争力指数，由影响企业生产率的投入要素、需求因素、相关产业、竞争环境方面的问卷调查指标组成。2000 年，它将国家竞争力定义为获得中长期经济增长的能力。基于影响和决定经济增长的要素，国家竞争力评价从四个方面展开：一是经济增长的能力；二是当前经济发展的能力；三是经济创造力；四是环境管理制度竞争力。在此基础上，它提出了测定未来经济增长竞争力指数和支持当前高生产率和经济、业绩的当前竞争力指数，以取代微观经济竞争力指数；新增加了两个指数：经济创造力指数和环境管制体制指数，前者测定技术上的竞争力，后者反映各国在环境法律、制度上的差异与经济业绩的关系。

综合来看，WEF 关于国家竞争力的评价体系由以下因素构成：国际贸易和国际金融的开放程度，政府预算、税收和管理，金融市场发展，基础设施，科学技术，企业组织与企业管理，劳动力市场及其流动性，法规和政治体制等，并按八大要素及分类指标排序。

WEF 用于竞争力评价的数据包括两个部分，一部分是来自于有关机构的统计数据，此为定性数据；另一部分是通过向参评国家发放问卷获得的调查数据。由于侧重于经济的动态增长，WEF 更强调企业家的意见，大约使用 3/4 的调查数据，1/4 的统计数据。各要素项目所包含的定性数据与调查数据的比重不同，其中开放程度，政府预算、税收和管理，金融市场发展，劳动力市场及其流动性等 4 项，各自的定性数据占 3/4，调查数据占 1/4；基础设施，科学技术两项各自的定性数据占 1/4，调查数据占 3/4；企业组织与企业管理，法规和政治体制两项，全部为调查数据。在进行竞争力指数评价时，八大要素项目又具有不同的权重，合计为 1。在各要素项目内部，不同指标也有不同的权重。定量统计指标按照实际得到的数据排序，问卷调查指标按照 1~7 赋予权重，最低为 1，最高为 7。权重的确定一部分是基于统计分析和实证分析，一部分是基于问卷调查。

（三）王秉安的区域竞争力评价指标体系①

王秉安的评价指标体系分为七大竞争力要素，其中：经济综合实力竞争力由总

---

① 王秉安等：《区域竞争力理论与实证》，第 106~108 页，北京：航空工业出版社，2000。

量竞争力、速度竞争力、人均竞争力等指标构成；产业竞争力由产业结构高级化程度、企业结构专门化程度、产业结构转换能力、产业结构效益效应等指标构成；企业竞争力由企业规模竞争力、企业经营竞争力、企业创新竞争力等指标构成；涉外竞争力由国际商品市场竞争力、国际资本市场竞争力、国际旅游市场竞争力、经济外向度等指标构成；科技竞争力由科技队伍、科技投入、科技成果、科技项目、科技转化等指标构成；基础设施竞争力由交通竞争力、电信竞争力、能源竞争力等指标构成；国民素质竞争力由健康素质竞争力、文化素质竞争力等指标构成，在各二级指标下又细分了共 69 项具体评价指标。

二、区域竞争力评价指标体系的简单评述

一个评价指标体系是否科学与完善，关键在于分析指标的选择，这是评价指标体系应用于分析研究主体是否确切有效的重要前提。上述的区域竞争力评价指标体系在理论和实践上具有一定的代表性，各具优缺点。

IMD 对国家竞争力的评价是基于大量的统计数据和调查数据基础之上的，是用综合要素评价国家竞争力的一种比较成熟的方法，也是目前世界上最著名的国家竞争力评价方法之一，其优点主要在于：第一，提供了大量的统计数据，形成了比较全面和完善的评价体系，其收集的指标数据对于进行国家或地区间的分析比较，具有重要的借鉴意义。第二，通过排名突出了国家或地区间的竞争力差距，能够比较清楚地了解到自己与竞争对手相比的强项和不足。第三，通过对最差指标的单独列示和模拟排名，向决策者提出了亟待改进的主要方面，并指出了改进之后排名的变化。

但 IMD 指标也存在一些不足之处：第一，IMD 将国家竞争力定义为支持企业竞争力的环境，该定义只是强调了国家竞争力来源的一个侧面，以该定义进行的评价结果是偏颇的。如 IMD 多年的评价结果都认为新加坡的国家竞争力为第一，从竞争环境角度来看是可能的，但从国际竞争实力看是不恰当的，新加坡竞争实力显然不可能超过美国，也不可能超过德国和日本。第二，评价指标设置和处理也不太合理，如评价指标的重复性较大，有些指标实际上是另外一些指标的同义词，如早期指标体系中对反映国内经济实力的 GDP 设置了 7 个不同的指标，在汇率是否可自由兑换问题上也有 3 个指标来重复反映。第三，指标评价标准的确定也显得比较武断，特别是用一些有争议的结论作为评价标准的原则，如汇率、财政赤字等对国家竞争力的影响等。第四，将国家、企业等不同竞争主体和制度、产品等竞争对象的竞争力决定因素放在一起，加权计算，使加权值几乎失去了意义。第五，在指标处理方面不进行关键指标和相关指标的分析与筛选，致使指标多的评价要素在排名中所起的作用大于指标少的要素，并且对不同层次、重要性不同的统计数据指标用统一的权重来计算，影响结果的准确性。

与 IMD 类似，WEF 国家竞争力评价也建立在大量的统计数据和调查数据基础之上，是一个比较全面、完善、成熟的综合要素评价法，也是目前世界最著名的国家竞争力评价方法之一。WEF 评价体系的特点在于采用最新理论作为指导，在竞争力决定要素的选择上不断变化，其评价指标体系比较注重实际运营方面的问题和机制方面的问题，侧重于经济的动态增长，并且 WEF 重视企业家的意见，大量使用定性指标，评价结果较多依赖于来自民间的评价者或调查对象的看法。但是，WEF 对国家竞争力的评价缺乏一个有效的、一致的理论指导，竞争力的概念缺乏一个统一的、一致的定义，因此，竞争力决定要素的选择不断变化，其评价体系、评价结果在不同的年份之间差别较大，而且大量使用定性指标，使调查结果的准确性严重依赖回收的调查问卷的准确性和代表性，直接影响到评价结果的准确性。

王秉安的区域竞争力评价指标体系以 IMD 指标体系为基础，又在一定程度上吸引了波特"钻石模型"的优点，但也存在一些明显的不足。首先，该指标体系抽象掉金融体系、政府管理和企业管理三大要素，但事实上，一个国家或地区特别是发展中国家或地区经济发展和竞争力的提升，与该国或该地区市场体系尤其是金融市场的发育、完善程度以及政府实施经济发展战略、宏观调控、政策导向有很大的关系，忽视金融市场和政府两要素显然不能准确反映一个国家或地区的成长能力。其次，七大要素的归纳和归类也不够科学，该指标体系把产业竞争力、企业竞争力和涉外竞争力作为区域直接竞争力要素，其实，产业竞争力是企业竞争力的集合，企业竞争力更多的是研究单体企业的竞争能力。在区域竞争力层次上，完全可以突出产业层次而抽象掉企业层次。

因此，在制定区域竞争力评价指标体系时，应该综合考虑研究对象的实际情况，在借鉴上述指标体系优点的基础上，制定出一套较为科学合理的指标体系。

第四节　中国的区域竞争力

中国作为一个发展中国家，地域辽阔，各地区发展差异较大，因而从不同角度来分析和评价中国及其各个地区或城市的竞争力，对于制定、实施中国及其各个地区或城市经济发展战略都具有非常重要的意义。

一、中国的国家竞争力

国家竞争力作为衡量一国竞争实力的重要指标，至 20 世纪 80 年代以来就引起世界各国的普遍关注，其中最为权威的国家竞争力评价机构主要有 IMD 和 WEF 两家。这里主要以 IMD 的国家竞争力评价为标准来分析和评价中国的国家竞争力。

在 IMD 的国家竞争力评价体系中，中国于 1993 年首次加入了包括俄罗斯、印度等在内的转轨国家的国际竞争力的比较，1994 年开始加入分项比较，IMD 于

1995 年一次性公布了 1994 年与 1995 年各国的国家竞争力排名。2001 年以前参与评估的有 47 个国家和地区，2001 年，增加了爱沙尼亚和斯洛伐克共和国两个国家，共有 49 个国家和地区参与国际竞争力的评估。

（一）中国国际竞争力的综合水平变动

中国在历年（1994～2006 年）国际竞争力排名中的位次确实提高了，但是，它也正如其他事物的发展规律一样，包含了迂回曲折的过程。1994～1998 年，中国竞争力排名逐步上升，由第 34 名上升到了第 21 名；1999～2001 年，中国竞争力排名逐渐下滑，1999 年排名在第 29 名，2000 年第 30 名，2001 年第 33 名；2002～2004 年，中国竞争力排名又逐步回升，由第 33 名回升至第 24 名；2005～2006 年，中国竞争力排名骤降而后又骤升，先由第 24 名下降到第 31 名，而后又由第 31 名上升至第 19 名，升幅居全球之最。但总体来看，中国排名基本稳定，大多在第 20～30 名之间徘徊，如果把参与排名的国家或地区的国际竞争力分为上、中、下三等，中国大约居于中等的水平。以 2006 年为例，中国国际竞争力为 71.554，高出平均值 9.007，在 61 个国家或地区中属于中等偏上的水平。

（二）中国四大要素竞争力的变动（见表 13-1）

表 13-1　　　中国国际竞争力的要素排名变化表（2001～2006 年）

年份	2001	2002	2003	2004	2005	2006
总排名	33	31	29	24	31	19
经济表现	5	4	3	2	3	3
政府效率	23	23	22	21	21	17
企业效率	28	38	46	35	50	30
基础设施	40	37	41	41	42	37

1. 经济表现竞争力

中国的经济表现竞争力一直是中国国际竞争力要素中表现最好的要素。中国经济表现竞争力一直名列前茅。2001～2004 年，中国经济表现竞争力排名逐步上升，分别排第 5、4、3、2 位，2005 年和 2006 年基本保持稳定，由第 2 名略微下降到第 3 名。中国国际竞争力综合排名基本稳定，主要取决于中国经济的持续稳步发展所带来的经济表现竞争力的稳步提高。具体来说，中国国际竞争力的主要优势在发展速度上，主要表现为经济表现国际竞争力的各有关方面，如 GDP 增长率、储蓄和资本流入的水平都比较高。另外，随着中国加入 WTO 之后，国际贸易和国际投资的增长以及就业率的上升和价格的稳定，都提高了中国经济表现竞争力。尽管这方面的竞争力排名很靠前，但这主要是部门运营、储蓄积累、资本形成、经济前景等方面具有较强国际竞争力的结果，反观最终消费需求、生活成本和增加价值等方面的国际竞争力则比较弱。

2．政府效率竞争力

中国的政府效率竞争力排名2001～2006年一直保持稳定，基本维持在第20位左右，而且排名还处于上升趋势，由2001年第23位已经上升到2006年的第17位。这对于中国国际竞争力综合排名基本稳定具有重要作用。比如，在2006年，中国制定的个人实际税负、被雇用者和雇用者的社会保障负担政策的竞争力三项均列世界第一；社会总积累（包括个人储蓄和国家储备的资金和黄金，世界第2位）、政府总负债水平（第4位）都很合理。

3．企业效率竞争力

企业效率竞争力是中国竞争力四大要素中表现最差的一个，不但其竞争力水平低，而且自2001年以来中国的企业效率竞争力排名下滑趋势明显，从2001年的第28名一直落到了2005年的第50名。企业效率成了影响中国整体竞争力提高的主要因素。但2006年，中国企业效率竞争力跃居第30位。其中，表现最为突出的是，劳动力、管理人员和普通工人的薪酬水平竞争力均在世界前5名之内，而高级管理人员缺乏、股市表现不佳、低生产率和风险投资不足是中国市场的缺陷。但总体来说，中国企业竞争力依然是比较落后的，在所有参评的国家和地区中，大约属于中等偏下的水平。

4．基础设施竞争力

中国的基础设施竞争力也表现不佳，基本维持在第40名左右，大大落后于中国国际竞争力的综合排名。尽管近年来中国内地基础设施投资力度很大，2006年的排名也从第42位升到第37位，但中国内地经济发展的基础仍不厚实。这说明中国在所有参评的国家和地区中，基础设施是比较落后的。不过，该要素中也包括有利于生产水平进步的经济发展基础的各个方面。其中，中国内地的高科技产品出口、电脑使用数量、青年科技人员、电信投资和老幼人口比率各项均在前4名之内，而人口问题、城市化水平、信息科技、移动电话和互联网使用率仍是中国内地经济基础的"短板"。

二、中国的地区竞争力

我国学者肖红叶以省（直辖市、自治区）为区域划分标准，参考IMD早期的评价体系，结合中国的现实国情，首先考虑到对中国地区竞争力的研究属于国内一个地区的情况，目前各地区没有金融政策制定权，所以将金融体系竞争力要素删除。将金融活动作为企业竞争环境的一部分，纳入管理要素之中；其次考虑到我国正处于工业化过程中，由产业结构变动形成的竞争力占有重要地位，产业结构的变化最能体现产业政策与经济结构的变化，所以从总体经济要素中将产业结构独立出来单独研究；最后，考虑到环境问题对我国可持续发展的重大意义，环境对于经济增长的影响作用，将环境列为一个要素，这样就将 IMD 的八大要素调整为九大要素：总体经济、对外开放、产业、政府管理、基础设施、环境、管理、科技、人力资源与生活质量①，由此构建了中国地区竞争力评价指标体系，并在搜集和处理全国 31 个省（直辖市、自治区）的相关数据的基础上，得到了中国 31 个省（直辖市、自治区）的地区竞争力总水平标志值，并以此作为各地区竞争力排名的依据，得出了中国地区竞争力总水平的排名和具体分值。这里我们以这一评价结果为依据，对中国地区竞争力进行全面的分析。

（一）东、中、西部地区综合竞争力分析

与中、西部地区相比，东部地区综合竞争力优势明显，1995～2004 年，平均指数值为 67.81，高于全国平均的竞争力指数，也远远高于中、西部地区的竞争力指数。而中、西部地区综合竞争力较差，与全国平均水平相比要低，特别是西部地区，竞争力劣势最为明显（见表 13-2）。

表 13-2　　　　　　东、中、西部地区竞争力分值表（1995～2004 年）

年份	东部	中部	西部	全国平均
2004	67.73	42.16	39.16	49.68
2003	68.39	42.57	38.27	49.74
2002	67.84	43.03	38.48	49.78
2001	67.40	42.96	38.92	49.76
2000	67.02	43.38	38.98	49.79
1999	67.58	45.20	37.29	50.02
1998	67.80	44.84	36.10	49.58
1997	69.14	43.53	35.66	49.44
1996	67.71	43.36	37.24	49.44
1995	67.46	42.61	38.17	49.41
10 年平均	67.81	43.36	37.83	49.67

资料来源：根据肖红叶主编的《中国区域竞争力发展报告（1985-2004）》相关数据计算得出。

---

① 肖红叶主编：《中国区域竞争力发展报告（1985－2004）》，第 13 页，北京：中国统计出版社，2004。

（二）东、中、西部地区要素竞争力分析

从各要素竞争力来看，2004 年，东部地区在总体经济竞争力、对外开放竞争力、产业竞争力、政府管理竞争力、基础设施竞争力、管理竞争力、科技竞争力、人力资源与生活质量竞争力等 8 个方面均具有优势，尤其是总体经济竞争力、对外开放竞争力、产业竞争力、政府管理竞争力、管理竞争力等方面优势明显，只有环境竞争力较弱；中部地区竞争力虽整体比西部要强，但在产业竞争力、环境竞争力等方面没有任何竞争优势；西部地区除环境竞争力较强外，其余要素竞争力均较弱（见表 13-3）。

表 13-3　　　　　**2004 年东、中、西部地区的要素竞争力分值表**

指数	东部	中部	西部	全国平均
总体经济竞争力指数	69.92	39.30	34.53	47.92
对外开放竞争力指数	64.29	42.79	41.71	49.60
产业竞争力指数	67.60	39.37	40.96	49.31
政府管理竞争力指数	64.74	44.72	40.02	49.83
基础设施竞争力指数	61.01	45.08	43.19	49.76
环境竞争力指数	51.91	47.11	53.98	51.00
管理竞争力指数	67.67	43.08	38.42	49.72
科技竞争力指数	62.10	45.52	41.89	49.84
人力资源与生活质量竞争力指数	59.64	46.13	43.75	49.84

资料来源：根据肖红叶主编的《中国区域竞争力发展报告（1985-2004）》相关数据计算得出。

三、中国的城市竞争力[①]

在 21 世纪开始的全球化竞争时代，城市正日益成为基本舞台和重要主角。城市是国家的基点，一方面，国家通过城市参与国际竞争，另一方面，城市国际竞争依托于国家竞争实力。城市是区域的龙头，一方面，城市国际竞争依赖区域城市群的整体力量，另一方面，城市通常以城市群整体参与国际竞争。在这样一种激烈的竞争环境下，中国城市竞争力不再仅仅只依赖于要素资源的禀赋，而且还取决于城市各个方面的综合能力。正确评价中国的城市竞争力，对于合理制定中国城市发展

① 参见倪鹏飞主编：《中国城市竞争力报告 No.4》，北京：社会科学文献出版社，2006。

战略、提升中国城市的国际竞争力具有非常重要的意义。这里我们根据我国学者倪鹏飞的研究成果，简要地介绍、分析和评价中国的城市竞争力。

（一）中国城市综合竞争力的评价与分析

从城市综合竞争力来看，我国已经形成了非常明显的从东到西、从南向北、由高到低的阶梯状竞争力分布格局，而且东西部发展差距很大。从竞争力的表现要素来看，东部地区在速度、规模、效率、效益、结构、质量各个方面都普遍优于中部、东北和西部地区。总的来说，中部和东北地区又比西部地区要强一些，特别地，西南地区的各指标表现优于西北地区。港、澳、台地区除了速度以外，规模、效率、效益、结构、质量、就业等指标都要强于东部地区城市。

（二）中国城市要素竞争力的评价与分析

从要素竞争力来看，东部地区和港、澳、台地区的城市在人才本体竞争力、企业本体竞争力、产业本体竞争力、公共部门竞争力、生活环境竞争力、商务环境竞争力、创新环境竞争力和社会环境竞争力上都普遍比中部、东北和西部地区强。而西南地区和中部地区的各要素竞争力差异不大，基本处于中等水平，东北地区和西北地区则在各个方面的表现都比较弱。

通过要素竞争力与综合竞争力之间的回归分析，可以得出如下结论：①城市的发展水平与其综合竞争力息息相关，一般来说，收入水平越高的城市，其综合竞争力也就越高。②收入水平与增长速度有关。高收入和低收入阶段的城市，经济增长比较缓慢，中等收入水平的城市往往处于一个经济高速增长的时期，具有巨大的发展潜力。③经济规模大的城市，收入水平往往比较高，但也受到城市人口和收入分配的影响。④高收入和低收入阶段的城市，效益指数一般比较高，而处于中等收入水平的城市，往往由于注重增长速度而忽视了效益。现代城市的发展越来越注重效率、质量和就业的提高，这三个因素对城市收入水平有很大的影响，而效率指数、质量指数和就业指数的高低也成为不同城市发展阶段的重要特征。

主要参考文献：

1. 国家体改委经济体制改革研究院、人民大学联合研究组、综合开发研究院（中国·深圳）：《中国国际竞争力发展报告（1996）》，北京：中国人民大学出版社，1997。
2. 金碚：《中国工业国际竞争力——理论、方法与实证研究》，北京：经济管理出版社，1997。
3. 迈克尔·波特：《国际竞争优势》（中文版），北京：华夏出版社，2002。
4. 张金昌：《国际竞争力评价的理论和方法》，北京：经济科学出版社，2002。
5. 王与君：《中国经济国际竞争力》，南昌：江西人民出版社，2000。
6. 王秉安等：《区域竞争力理论与实证》，北京：航空工业出版社，2000。

7. 赵彦云等：《国际竞争力统计模型及应用研究》，北京：中国标准出版社，2005。

8. 肖红叶主编：《中国区域竞争力发展报告（1985-2004）》，北京：中国统计出版社，2004。

9. 倪鹏飞：《中国城市竞争力报告 No.4》，北京：社会科学文献出版社，2006。

10. 朱孔来：《国民经济和社会发展综合评价研究》，济南：山东人民出版社，2004。

11. 张辉：《区域竞争力的有关理论探讨》，《中国软科学》，2001（8）。

12. 樊纲：《论竞争力——关于科技进步与经济效益关系的思考》，《管理世界》，1998（3）。

13. 仇保兴：《城市定位理论与城市核心竞争力》，《城市规划》，2002（7）。

14. 左继宏、胡树华：《区域竞争力的指标体系及评价模型研究》，《商业研究》，2005（16）。

15. 于涛方等：《新时期的城市和城市竞争力》，《城市规划汇刊》，2001（4）。

16. 盛世豪：《区域竞争力若干问题探讨》，《浙江经济》，1996（8）。

17. 严玉龙：《我国地区经济竞争力比较研究》，《中国软科学》，1998（4）。

18. 王兆华、武春友、张米尔：《产业结构高级化与城市国际竞争力提升——兼论大连市国际名城的建设》，《大连理工大学学报（社会科学版）》，2000（12）。

19. 刘勇：《我国典型地区区域竞争力初步研究》，《学习与探索》，2003（1）。

20. 倪鹏飞：《中国城市竞争力与基础设施关系的实证》，《中国工业经济》，2002（5）。

21. 郝寿义、倪鹏飞：《中国城市竞争力研究——以若干城市为案例》，《经济科学》，1998（3）。

22. 姜丽：《地区竞争力的综合评价方法探讨》，《辽宁经济统计》，2003（4）。

23. 王秉安：《区域竞争力研究——理论探讨》，《福建行政学院福建经济管理干部学院学报》，1999（1）。

24. 郝寿义：《有关城市竞争力研究的几个问题》，《开放导报》，2001（4）。

25. 谢立新：《论地区竞争力的本质》，《福建师范大学学报（哲学社会科学版）》，2003（5）。

26. 黄旭成：《城市竞争力理论浅析》，《经济地理》，1998（2）。

27. 张斌、梁山：《区域竞争力初探》，《经济师》，2005（11）。

28. 张为付、吴进红：《对长三角、珠三角、京津地区综合竞争力的比较研究》，《浙江社会科学》，2002（6）。

29. 陈秋月：《区域经济竞争力的比较模型》，《现代情报》，2002（6）。

30. 莫大喜：《城市综合竞争力：深圳与京津沪穗之比较》，《特区理论与实践》，2001（5）。

31. 郭秀云：《灰色关联法在区域竞争力评价中的应用》，《统计与决策》，2004（11）。

32. 李宝新：《地区竞争力评价指标体系设计研究》，《山西财经大学学报》，2001（5）。

33. IMD. World Competitiveness Yearbook. Switzerland：Lausanne Press，1997.

34. IMD. World Competitiveness Yearbook. Switzerland：Lausanne Press，2003.

第十四章　区域经济发展战略

　　区域是一个客观存在的利益主体，其经济发展是一个有意识、有组织的过程，在国民经济中占有十分重要的地位，体现了一个国家生产力布局和经济发展的空间特征。一个区域的经济发展，涉及区域资源的开发利用和合理配置、区域资金的筹措与投放、科技进步对区域发展的影响、区域产业结构和空间结构的调整以及区域间的经济关系等许多问题，需要从整体上来协调，这就要求有一个综合性的、长远的、有关区域经济全局的考虑，来确立区域自身发展的目标、重点、步骤及其实施途径与措施，而这些问题就是区域经济发展战略研究的内容。对于我国而言，区域经济发展战略是当前区域经济研究中的重要任务之一。

第一节　区域经济发展战略的含义与特征

一、战略与发展战略

　　无论在中国还是在西方，战略一词都是一个十分古老的概念。在早期，战略是个军事方面的概念。在中国，战和略最初是分开来使用的，《说文解字》中称，"战，斗也"；《正字通经》中称，"略，筹略，策略，计画也"。直到公元 3 世纪，西晋史学家司马彪（？ ~约 306 年）才正式以《战略》为名著书立论，其意思主要是指军事领域的指挥谋划。1906 年，中国第一部《军语》就将"战略"定义为"策划军之方略也"。在西方，"战略"一词源于古希腊语"诡计"（Strategem）或"将道"（Strategos），后来逐渐合为一词被许多国家所使用，并逐渐演变为今天这样不同于战役和战术的内涵。德国著名的军事学家克劳塞维茨（1780 ~ 1831 年）认为："战略是为了达到战争目的而对战争的运用。"[①]《苏联军事百科全书》将军事战略表述为"军事学术的组成部分和最高领域，它包括国家和武装力量准备战争、计划与进行战争和战略性战役的理论与实践"[②]。毛泽东则在《中国革命战争的战略问题》中对军事概念的战略作了科学的表述，即"战略问题是研究战争全

---

① 克劳塞维茨：《战争论》第 1 卷，第 175 页，北京：商务印书馆，1982。
② 《苏联军事百科全书》第 1 卷，第 342 页，北京：战士出版社，1982。

局的规律的东西", "凡属带有要照顾各方面和各阶段的性质的,都是战争的全局", "研究带全局性的战争指导规律,是战略学的任务"①。随着社会生活的发展,在近代,"战略"一词逐渐被扩展并广泛地应用于政治、经济、科技、教育、文化等社会的各个领域,其含义相应地更为普遍化,变成一般用语,泛指重大的、关系到长远的、带有全局性的谋划。

在当代,和平与发展已经成为世界的两大主题,于是"战略"一词又逐渐被运用于经济领域,产生了经济发展战略的概念。一般认为,1958 年美国经济学家赫尔希曼在其专著《经济发展战略》中最早将军事上战略概念移植到发展经济学中,提出了发展战略的概念,把经济发展提高到战略的高度,并把经济发展与社会发展紧密联系起来,重点探讨发展中国家如何利用自己的潜力、资源与环境,谋求区域经济社会发展的宏观策划。此后,对发展中国家和地区的经济发展战略研究热逐步兴起,并提出了各种各样的发展战略模式,如进口替代战略与出口替代战略、超越发展战略与起飞发展战略、平衡发展战略与不平衡发展战略等。联合国在 20世纪 60 年代、70 年代和 80 年代也分别制定以 10 年为期的三个"国际发展战略",从而使发展战略的概念进一步在全世界传播。在我国,20 世纪 70 年代末,一些从事世界经济与地理研究的学者从国外引入了"发展战略"的概念,并受到政府部门及学术界的普遍关注。而 1982 年召开的党的十二大,明确了我国未来 20 年经济建设的战略目标、战略重点、战略步骤和战略方针,实际上就是对全国未来一段时期内经济社会发展的全面谋划,标志着我国区域经济发展战略的全面实施。随着人们对发展战略研究的加深,现在的发展战略概念,已经超出纯经济的范围,深入到社会、科技、文化、教育和生态等许多领域。

所谓发展战略,就是指从总体上决定人类社会各个领域发展的全局性、长远性的指导原则和谋划。它具有三个主要特征,即全局性、决定性和长远性。发展战略不是着眼于短期的成败得失,而是着眼于未来和长远;不是研究一些表面现象、次要矛盾,而是研究根本性的主要矛盾和长远性的问题。发展战略与发展规划、发展计划之间既有区别,又有联系。从广义上说,战略、规划与计划都是对未来发展的筹划与部署;从狭义上看,发展战略较原则,规划和计划更具体。可以说发展战略是制订规划与计划的大思路,是规划与计划的灵魂与精髓。从工作程序看,战略研究是基础,应当先有发展战略研究,再编制发展规划和计划。②

二、区域经济发展战略的内涵和基本特征

具体到某一个区域,就出现了区域经济发展战略,它是指根据特定区域中各个

---

① 《毛泽东选集》第 1 卷,第 175 页,北京:人民出版社,1991。

② 何炼成:《中国发展经济学概论》,第 210 页,北京:高等教育出版社,2001。

因素条件和可能的发展趋势，对一个较长的历史时期内区域经济、社会发展中带有全局性、长远性和决定性的问题所作的总体部署和筹划，以达到指导区域经济发展、促进区域经济腾飞的目标。它的核心是要解决区域在一定时期的基本发展目标和实现这一目标的途径，包括战略目标、战略重点、战略方针、战略布局、战略措施等等。

区域经济发展战略作为发展战略的一种，既有一般发展战略的共性，又有自己鲜明的特征。

（一）全局性

区域经济发展战略具有全局性，旨在从全局上指导一个区域未来的发展，研究的是决定全局的关键性问题和影响全局的各个方面。它是发展目标和实现发展目标的方针、政策、途径、措施、步骤的高度概括，对国家、地区或城市的发展具有方向性、长远性、总体性的指导作用。所有区域经济发展战略的实施，包括区域发展规划和计划的制定以及各种经常性的工作，都应在总体战略的指导下进行。或者说，区域经济发展战略的实施过程，就是战略全局性思路转化为区域经济发展的规划、计划进而变成人们实践的过程。

（二）系统性

区域经济发展战略研究的客观对象是一个许多要素相互联系、相互依存、相互作用、相互制约构成的复杂的巨系统，系统内的元素形成各种相互关系，从而形成系统的不同结构和层次，它们共同有机结合于区域内，形成一个整体，即系统。这就要求用系统分析的方法来进行区域战略研究，要求区域经济发展战略全面地、准确地反映区域的客观现实系统，按照区域客观对象的发展趋势，从区域战略方针、战略目标、战略重点、战略步骤、战略布局和战略措施等方面制定相应的系统性发展战略。同时，这个区域经济系统又是一个开放的子系统，还需要考虑与区域总系统以及其他系统的关系，做到统筹规划、互补优势。

（三）客观性

区域的经济、社会发展状况，时空环境等都是客观存在的，它们是制定发展战略的基础和依据。任何区域经济发展战略都是在具体分析区域经济条件、区域市场、区域产业结构现状以及确定区域发展阶段的基础上，对区域的未来发展作出的谋划。因此，区域发展战略具有客观性，这是其科学性和具有实践意义的前提，是衡量一个战略是否成功的关键，也直接影响到区域发展战略对规划和计划的指导作用。

（四）区域性

不同区域的经济发展战略也各具特色，即表现为区域发展战略的多样性和差异性。由于区域间自然条件和经济社会条件呈现出明显的不同，不同区域的发展往往形成很大差异，各个区域发展都有各自鲜明的特色，因而每个区域的发展目标、模式、途径和措施就互不相同，发展战略也就表现出明显的地域性特征。

（五）长远性和阶段性

一般而言，区域经济发展战略不同于经营决策，主要是着眼于在今后较长时期内所要实现的战略目标和所应采取的对策措施，而不是眼前的、近期的目标和行动计划。如果只考虑眼前怎么办，或眼前效率与利益，就不属战略问题。

当然，长远性也是相对而言的，决不能由此就认为战略问题是遥遥无期的问题，它总是为在一定特定的时间范围内实现某种目标而设立的，因而具有鲜明的阶段性。当某一阶段的战略完成了它的历史使命，或与战略对象的新情况不相适应时，它必然要被新的战略所取代。

（六）层次性

任何一个区域发展系统，都有大小之分，具有鲜明的层次性。相对于不同层次的系统，就有不同层次的战略。从一个国家到一个经济区，从一个部门到一个企业，都有自己的发展战略问题。下一个层次的区域发展战略是上一个层次发展战略的有机组成部分，因而在考虑制定下一个层次的战略时，应该同上一个层次的战略要求相符合，反之，上一层次战略的实现必须以下一层次战略的实现为基础。所以，区域发展战略是具有双重任务的战略，它既要实现本区域经济发展的客观要求，又要实现上一层次发展战略对本区域提出的要求。

区域经济发展战略，除有上述一般特点外，与部门发展战略和产业发展战略相比，它还有自身的某些特点。如前所述，区域经济发展战略的研究对象是一个复杂的巨系统，即使是带有专业或部门经济性质的经济区域，也同时包括有许多经济部门和行业。因此，区域发展战略具有更大的综合性和适用性。同时，与企业发展战略相比较，企业层次的经济行为较单一，经济活动的范围和内容较区域层次简单，因而区域发展战略与之相比则显示了其复杂性。

三、区域经济发展战略的基本要素

区域经济发展战略富有高度的概括性，其内容由若干基本要素构成，包括战略方针、战略目标、战略重点、战略布局、战略步骤、战略措施等几个必不可少的组成部分。

（一）战略方针

区域经济发展的战略方针又称为区域经济发展的战略思想、指导思想或指导方针，它是发展战略的"纲"，是确定战略目标、战略重点、战略布局、战略步骤、战略措施的依据，是区域谋求发展的最高理论概括和规范区域发展行动的指南。战略方针一般具有较高的稳定性，是在全面考虑区域内、外各要素的动态与静态状况后提炼而成的，因而除非发生不可预见的突发因素，否则不可随意更改。

正确的区域经济发展的战略方针，是制订区域经济发展战略的出发点，一般要有区域的针对性，并与区域经济的发展阶段相一致。因此，作为某一特定地区经济发展的战略方针，不能简单地照搬照套上一层次区域经济发展的战略方针，而是要立足于本区域的特点，将上一层次的战略方针同本区域的实际相结合，找到制约本区域发展的症结所在，看清本区域面临的形势，抓准推进本区域经济"更上一层楼"的关键环节与契机。这是制定区域经济发展战略的第一个环节。

（二）战略目标

区域经济发展的战略目标是某一区域在未来一个较长时期内试图达到的全局性的奋斗目标和未来预期达到的总的要求，也是一定时期的总任务和未来区域为之奋斗的远景蓝图。战略目标是区域经济发展战略的核心部分，既包括对未来区域经济发展的"质"的规定，也包括对主要经济指标"量"的要求。区域经济发展的战略目标，是区域经济发展方针的具体化和量化，但由于区域经济发展战略研究的是一个复杂的巨系统，因而区域的战略目标不可能用一些简单的数字或文字来表达，而是综合反映整个区域在未来一段时期内所能达到的一系列指标，这一系列指标本身相互联系、相互制约，从不同侧面反映了区域届时的状态，共同构成了一个完整的目标体系。它主要由两大部分组成。

1. 区域经济发展战略总目标

它是区域在一定时期经济发展的总纲领，是区域进行规划和制定计划的依据。总目标往往具有较强的概括性，能够较完整地涵盖区域今后一段时期的奋斗目标，同时又具有统揽全局的特点，能够正确处理各种关系。一般而言，总目标应当包括以下两方面的内容：一是以经济效益为主的目标，如我国制定的"三步走"战略目标就属此类；二是以社会公平为主的目标。

2. 区域经济发展战略的具体目标

它主要是通过一系列具体指标来综合反映经济效益和社会公平目标。

（1）经济发展方面，包括国内生产总值、人均国内生产总值、国内生产净值、国内生产总值中三大产业的比例，社会劳动力中三大产业就业者的比例等。

（2）科技进步与效益方面，包括国内生产总值增长额中科技要素的贡献率、技术装备水平、综合技术进步率、工业产值中高新技术产业的比重、社会劳动生产率等。

（3）人民生活质量方面，包括居民消费水平，城镇居民生活费收入，农民人均纯收入，城镇、农村居民人均居住面积，食物支出占消费支出比重等。

（4）社会发展方面，包括人口自然增长率、学龄儿童入学率、人口的文化程度、森林覆盖率、环境保护度、水土保持率、治安案件发案率等。

按照时间尺度分析，每一项具体的战略目标可包括近期目标、中期目标和远期目标。按照区划尺度和产业尺度分析，每一项具体的战略目标又可包括许多分区域目标和分产业目标，它们是区域发展战略目标实现的基础和前提。

战略目标的确定，是制定区域经济发展战略的关键。只有确定一个科学的战略目标，才有可能使区域经济健康地发展。否则，目标一错，一错百错，必将造成重大的损失。因此，确定区域经济发展的战略目标，必须要以上一层次的战略目标和本区域区情为依据，并借鉴其他区域的经验，既不能违背客观规律，也要把握经济发展的趋势，大胆创新，在民主决策和科学决策的基础上，实现短期利益与长期利益相衔接，单项效益与综合效益、微观效益与宏观效益、经济效益与社会效益、生态效益相一致。

（三）战略重点、战略布局和战略步骤

区域经济发展的战略重点、战略布局和战略步骤，是分别从产业结构、空间配置和时序安排上，保证区域发展战略目标顺利实现的三个重要方面。

1. 战略重点

所谓战略重点，实质上就是为了实现战略目标，在产业方面所寻找的战略产业突破口，即未来区域经济发展的重点产业。一个时期，区域经济发展的重点产业如何安排，一般来说主要是两类：一是瓶颈产业，即指在国民经济中既重要又薄弱的环节。重点抓瓶颈产业，旨在体现和实现产业之间平衡和协调发展的要求，通过拉长短线，克服瓶颈，使长线产业的闲置能力充分发挥。二是战略产业，指对某一区域经济长期发展，即对产业结构的升级转换和经济持续增长起根本性、全局性作用的产业，它主要包括先导产业、主导产业和支柱产业。以战略产业为重点，旨在发挥其带动地区经济全面发展的作用。所以，在产业结构的战略安排上，既要有重点，又要倾斜适度但不过度，做到适时调节，协调发展。

2. 战略布局

战略布局是资源配置的空间部署，是区域经济结构的空间表现。而区域经济结构与布局，是由自然资源因素、社会经济因素以及国家经济政策等因素在较长时期内相互作用的结果。因此，正确地进行区域经济的战略布局，就需在详细考察区情的基础上作出选择，需要根据区域空间结构发展演变规律，判明本区处于哪个阶段。对不发达地区，首先是培植增长极，提高增长极的实力与功能，形成支撑与带动整个地区经济发展的据点与核心区。在核心区已具备相当实力后，要充分依托核心区，向外围区扩展推进，使经济布局有序展开。对于产业和人口过分密集的地区，战略布局的重点应设在发挥其扩散效应，促使中心区传统产业和部分人口向外围地区扩散，实现产业和空间重组，形成等级有序的城镇体系，既缓解由于中心区"过密"引起的诸多矛盾，又推进外围地区的发展。

3. 战略步骤

战略步骤是从时间序列上来安排区域经济发展战略目标的实施，实质上就是从时间序列对实施战略目标的阶段划分，重点在安排阶段间的转移与衔接。一般来说，一个区域经济发展的战略目标会把实施目标的时限划成几个阶段，每个阶段都是总目标的分解，每个阶段性目标又相互衔接，通过逐个完成分阶段目标来实现总体战略目标。如我国的"三步走"战略，就是要通过三个阶段的持续发展，最终实现国家经济全面振兴的战略目标。

（四）战略措施

战略措施是为实现区域经济发展战略目标而制定的具体对策，是实现战略目标的手段。拟订战略措施，是研究与制定区域经济发展战略的重要内容，就是把比较抽象的战略目标、战略方针进一步具体化的过程。正确的战略目标，是拟订战略措施的基础。而战略措施又决定着战略目标的落实程度，它贯穿于战略规划期的全过程，从纵向与横向上促成有利于实现战略目标的区域经济运行的基本格局。

一般来说，区域经济发展的战略措施体现为实施战略的组织机构以及控制、激励、协调的手段等，具体而言，主要包括以下几个方面的内容：①实现战略目标的政策措施，主要包括财政、税收、金融、就业、产业等方面的政策；②实现战略目标的社会经济体制措施，主要指健全的体制、法律、法规等；③实现战略目标的资源配置对策，包括劳动力、资金、技术、生产资料等方面的优化配置；④实现战略目标的国际化对策，以谋求和平与稳定的国际环境。事实上，战略措施是一个多作用点、多层面的对策体系，需要根据区域经济发展的时空演变规律进行动态的把握，以确保发展战略的顺利实施。

四、区域经济发展战略的主要类型

自从"经济发展战略"引入经济学以来，人们在众多的领域对其加以应用，目前，各国各地区各类经济发展战略研究层出不穷，经济发展战略的理论和实践都有重大的丰富和发展，也产生了各种不同的区域经济发展战略。

（一）按区域层次组合的类型

1. 跨国发展战略

随着经济全球化和一体化进程的加快，在世界上出现了许多跨国的区域经济组织，它们纷纷根据本区域的情况制定和实施了诸多经济发展战略，如欧盟于2000年3月在里斯本首脑会议上提出"建立一个以知识为基础，最具经济活力和竞争力的欧洲"发展战略、东盟经济一体化的发展战略等。

2. 国家经济发展战略

它是对区域方面的问题作全国性的部署与谋划，它主要包括全国范围内如何划分经济区域，各区域在全国宏观经济中的地位和作用，在全国总体发展中各个区域之间的相互联系，各区域间的分工、协作与联合以及各区域的开发步骤等。

3. 地区经济发展战略

它是从各区域（地区）本身的角度来研究区域发展的全局，包括经济区域发展战略和行政区域发展战略。前者主要指经济区域的发展战略，如长江经济带发展战略、东北地区经济发展战略、沿海地区经济发展战略等。后者是以行政区划为对象的经济发展战略，如省域发展战略、地市级发展战略、县域发展战略、乡（镇）发展战略等。行政区既有国家赋予的行政职能，又有经济职能。在我国现实经济运行中，各级行政区域（地方）政府在经济活动中扮演着极其重要的角色，对全国及各区域（包括经济区域）的经济发展起着关键的作用。因此，对区域经济发展战略的研究应该包括地区经济发展战略。

（二）按战略目标组合的类型

1. 增长战略

增长战略是在传统增长理论指导下形成的，它把经济增长作为经济发展的主要目标，追求 GDP 的高速增长。在 20 世纪下半叶，这种战略为许多发展中国家和地区所采用。

2. 非传统战略

非传统战略主要是在批判传统的增长战略过程中所提出的各种发展战略的总称，它没有具体的发展战略形式，也没有特定的战略步骤和措施，主要是针对"增长"与"发展"的区别，强调"增长并不等于发展"，针对"增长"缺欠，提出经济结构的转换和升级，在带来增长的同时，也带来经济质量的提升的一系列"发展"战略。20 世纪 80 年代以后，环境问题、可持续发展问题逐渐被人们所重视，成为"增长"战略向"发展"战略转变的重要契机，许多国家，包括发展中国家和发达国家开始了着眼于全方位、全要素的经济发展战略研究，比较有影响的包括"基本需要发展战略"、"边增长边分配战略"、"甘地"式发展战略等。

3. 工业赶超战略

工业赶超战略认为，发展中国家要想在短期内赶上先进国家，就必须大规模发展工业，以工业的快速增长来促进其他产业的增长，以带动国民经济发展，缩小同发达国家的差距。世界上大部分国家都采取了优先发展工业、实现经济飞跃的战略，区别在于是优先发展轻工业还是优先发展重工业。其实两者各有优劣，应该根据具体国情和具体的发展阶段来确定优先发展的顺序。我国在改革开放以前，采取了前苏联的发展模式，优先发展重工业。虽然我国在较短时间内建立了比较完整的工业体系，但由于长期忽视农业和轻工业的发展，导致了人民的生活水平提高较慢，经济发展受到严重影响。

4. 非工业化战略

非工业化战略认为，随着以微电子技术为中心的新技术革命的发展，人类社会正从工业化社会向信息化社会迈进，它带来了人类生态环境、社会环境的巨大变化，也带来了从市场方式、社会组织形式到人们耕作方式、人际交往乃至日常生活起居的巨大变化，在这种情况下，非工业化战略所追求的目标是建立一个由人类最先进的科学技术与"甘地梦想"的田园般的蓝色牧场相结合的综合体。这些战略主要见于针对发达国家发展战略方面的理论探索。

5. 再工业化战略

再工业化战略认为，尽管美国等发达国家已经迈入信息化社会的门槛，但就世界范围而言，工业化进程还远未结束，大多数新兴工业化国家和一部分发达国家的经济仍处于调整时期，工业化对于这些国家而言依然是一个必须经历的社会经济发展过程。因此，在人类社会进入知识经济大门的今天，处于工业化时期的国家如何完成工业化和尽快向更高层次迈进，就成为它们积极探索的新课题。

（三）按区际经济关系组合的类型①

1. 内向型发展战略

内向型发展战略强调依靠本区域资源和市场发展经济，通过贸易保护政策保护本区域经济，特别是幼小工业的发展以形成较完整的工业体系，不发达国家在建设之初，大多实行这种战略。

在国家层面上，这一战略主要是指进口替代战略，它是处于工业化初期阶段的发展中国家应对国际竞争，发展本国现代工业的一种内向型发展战略。进口替代战略是以本国生产的工业产品替代进口，满足国内需求，并通过进口替代工业的发展逐步实现工业化的战略，拉丁美洲的一些国家、东亚和东南亚的一些国家以及非洲的一些国家都先后实施过该战略。为了实施该战略，许多发展中国家都采取了严格的保护政策，如实行进口许可证、进口配额、关税保护等政策，以限制被保护部门产品的进口和有关原材料的进口，同时对国内生产所必需的资本货物、中间产品的进口征收低关税或减免关税，以降低进口替代产品的生产成本。但这一战略有一定的局限性，即由于长期推行保护政策，一方面使得进口替代工业效率低下，在国际市场上缺乏足够的竞争力；另一方面导致资本货物、中间产品的大量进口，并使出口因竞争力不强而受阻，从而导致国际收支日趋恶化。因而，随着国内市场的逐渐饱和，产品销售日益困难，不少发展中国家因此而陷入内外交加的困境，不得不放弃该战略，实行战略转移。

2. 外向型发展战略

外向型发展战略主要是指以国际市场为导向，发展出口商品的发展战略。由于出口商品结构不同，外向型发展战略又可分为两类。

（1）初级产品出口战略。初级产品出口战略的特点是利用本国丰富的自然资源，以发展农业、矿业等初级产品的生产和出口来带动本国民族经济的发展。这是20世纪60年代前后许多发展中国家所采用的发展战略，如以出口石油为主的世界各主要石油输出国等。这一战略具有很大的局限性，就是严重依赖国际市场，国内

---

① 吴殿廷等：《区域经济学》，第394页，北京：科学出版社，2003；孙久文、叶裕民：《区域经济学教程》，第288~230页，北京：中国人民大学出版社，2003。

经济结构单一，经济具有很大的脆弱性，而且出口的多是初级产品，在国际分工中处于相对不利的地位。

（2）出口替代战略。出口替代战略，是以国际市场为导向，发展出口工业，用工业制成品的出口来代替农矿等初级产品的出口，以推动本国民族经济的发展。它是一种典型的外向型战略，亚洲四小龙就是这一战略的典型代表。在该战略的推动下，亚洲四小龙逐步建立了自己的工业体系，早于其他发展中国家进入了工业化阶段，成为新兴工业化国家。

3. 内向型与外向型相结合的发展战略

这一战略也称为进口替代与出口替代相结合的战略，一般是首先实行进口替代战略，并通过大力引进外资和技术，以求尽快建立起自己独立的工业体系，以此为基础，积极发展出口产品的生产。我国在改革开放以后基本上是实行该战略。

（四）按区际经济联系组合的类型①

1. 封闭型发展战略模式

这是一种注重区域内发展而忽略外部联系的区域经济发展战略模式，其指导方针是追求区域内经济发展的自我健全和完善，生产和流通体系基本建立在"内循环"运行的基础上。封闭型发展战略模式的明显特征是：①生产力水平低下，商品经济不发达，市场狭小，处于自给自足状态；②产业结构以自我需求为导向，追求"大而全"、"小而全"，导致重复建设，结构雷同；③地方保护主义严重，排斥较发达经济的渗透，等等。如我国在计划经济体制下的区域经济发展，就基本属于这一模式。实践证明，封闭型发展战略模式与区域经济的开放性相违背，如果采纳势必禁锢和扼杀区域经济的活力和动力，所以应当弃之不用。

2. 开放型发展战略模式

这是一种与封闭型发展战略模式相对立、重视与外部经济广泛联系的区域发展战略模式。这一模式的主要特征是：①增强对外经济联系，取长补短，互通有无，互相交流，互相促进，加快经济增长；②生产和流通不再只基于"内循环"，而更注重"外循环"的作用；③区域经济活动主要靠市场机制来调节，产业结构则主要以市场需求为导向，实行专业化分工与协作。

可见，开放型发展战略与封闭型发展战略是本质不同的两种模式，开放型发展战略既是市场经济发展的必然结果，更是区域经济发展的内在要求。

（五）按战略内容侧重导向组合的类型②

1. 资源转换型发展战略模式

---

① 储东涛：《区域经济学通论》，第 344～345 页，北京：人民出版社，2003。

② 储东涛：《区域经济学通论》，第 346～348 页，北京：人民出版社，2003；吴殿廷等：《区域经济学》，第 395 页，北京：科学出版社，2003。

它是一种立足于区域内自然资源的开发和转换，从而促进区域经济发展的战略模式。这一模式的显著特征是：①它以区域自然资源结构状况来决定产业结构和产品结构，而与市场需求结构之间缺乏相关性，市场意识淡漠，因而其经济效益较差，这种模式通常被用于自然资源丰富但商品经济不发达的地区；②这一模式是区域经济发展的最初存在形式（初级阶段），但不是最终存在形式。随着区域内部自然资源开发利用程度的增大，可供开发利用的自然资源逐渐枯竭，环境污染日趋加重等，它逐步被其他类型的战略模式所置换。在国际上，属于这种发展模式的典型国家和地区有德国鲁尔区、印度的乔塔那格浦尔区和中东各石油输出国。

2. 市场导向型发展战略模式

这是一种以市场为核心和导向的经济发展战略模式。它不是立足于区域内的自然资源，而是根据市场需求变化调整区域产业结构，充分发挥市场机制优化资源配置的基础性作用，逐步形成既符合市场需求、又具有区域优势的产业结构来推动区域经济发展。可见，市场需求及其变化，是决定该区域经济发展战略的决定性因素。这一模式适合于市场经济较发达的国家和地区，如日本"两头在外"的加工贸易型等就基本属于这种模式。

3. 资源与市场双导向型战略

即上述两种战略的有机结合。资源开发以市场需求为前提，市场容量决定资源开发规模和产品及产业组织规模。这种战略在某些国家的经济发展中期阶段采用得比较多。

4. 技术导向型发展战略模式

这一模式与市场导向型发展战略模式相类似，也是以市场的需求变化来组织生产和配置资源的，但它更注重技术进步在区域经济发展中的作用。因为竞争是市场经济的重要特征和推动力，区域经济发展同样存在资源、产品、市场份额、科技、人才等各种市场竞争。通过竞争，促使各区域不断革新技术，更新设备，提高产品的科技含量及在市场上的竞争力，使高新技术产业在产业结构中的比重不断提高。一般来说，区域的经济技术水平具有向"高、精、尖、新"方向发展的动力和趋势，区域的产业结构具有不断高度化和技术—知识密集化的演进趋势。技术进步是区域经济发展的决定因素，技术不断进步不仅会保持区域经济发展的活力和潜力，还会保持该地区的重点区域而不被其他区域所置换。如第二次世界大战后的日本和韩国就属于技术导向型发展战略模式。

5. 知识导向型战略

在知识经济时代，主要依靠知识和高素质人才发展经济，实现区域经济的信息化和知识化。

第二节 区域经济发展的理论基础和战略模式

区域经济发展理论是区域经济发展战略的基础和理论依据，正确的、科学的、适合区域实际的经济发展理论，是构建区域经济发展战略的基础。因此，在研究制定区域经济发展战略时，必须以区域经济发展理论作指导，并借鉴和参考相应的区域经济发展战略模式。

一、区域经济发展的基本理论

关于区域经济发展的基本理论，就国内外已有的研究文献来看，在区域经济发展战略上，主要有三种理论，即区域经济均衡发展理论、区域经济非均衡发展理论和区域经济协调发展理论。

（一）区域经济均衡发展理论

区域经济均衡发展理论又称做区域经济平衡发展理论。区域经济均衡发展理论最初产生于 20 世纪 40 年代，在区域经济非均衡增长理论产生之前，它一直处于支配地位。这一模式是探寻发展中国家和地区实现经济增长的一种理论模式，以保罗·罗森斯坦·罗丹、拉格纳·纳克斯、斯特里顿等人为代表。发展中国家和地区的落后是多方面的，局部的、个别的或小规模的投资难以解决其发展落后的状况，因而强调在整个工业或整个国民经济各部门同时进行大规模投资，使其按同一比率或不同比率全面得到发展，以此来实现工业化或经济发展。区域经济均衡发展理论分为三种类型：一是强调投资规模的平衡增长理论，以罗森斯坦·罗丹的大推进理论为代表，主张对各个工业部门同时、按同一比率进行大规模投资，使整个工业按同一速率全面增长；二是注重经济发展路线的平衡增长理论，以拉格纳·纳克斯的恶性循环理论为代表，主张对国民经济各部门按不同比率同时进行大规模投资，使整个国民经济各部门按不同速率全面增长，实现经济发展；三是上述两者的折中，以斯特里顿为代表，主张同时扩大许多按照产品的价格和收入弹性大小选择的国民经济部门的投资，使供给创造自己的需求，达到经济发展的目标。

（二）区域经济非均衡发展理论

针对区域经济均衡发展理论，另一些经济学家从其缺陷提出了相反的意见，即区域经济非均衡发展理论。如汉斯·辛格在其《国际发展·成长与转变》一书中指出：平衡增长理论主张工农并重，忽视了经济发展的主旨在于将人力从低生产力的部门转移到生产力较高的工业部门，工业发展固然有赖于农业的协助，但尽管如此，经济发展仍然要完成转移人力使用的目的。要达到这一目的，平衡增长战略无能为力。辛格认为，平衡增长不是从起步开始，而是从过去的结果之处开始。如果过去的发展并非均衡的发展，为了使失去的均衡逐渐恢复，则有必要采取不平衡的战略。因此，区域经济非均衡理论认为，发展中国家或某一地区并不具备全面增长的资本和其他资源，均衡增长是不可能的。投资只能有选择地在若干部门或区域进行，其他部门或地区通过利用这些部门或区域的投资带来的外部经济而逐步得到发展。该理论的主要代表包括：赫希曼（A. O. Hischman）的非均衡发展理论、增长极理论、循环累积因果理论、梯度理论、中心—外围理论和点轴开发理论等。

（三）区域经济协调发展理论

第二次世界大战以来，许多发展中国家将工业化作为自己的首要目标而采取了许多不同的经济发展战略，但最终结果发现，虽然经济发展的目标大多实现了，但贫富差距、城乡差异仍在扩大，贫困人数在增加，大多数穷人的生活水平没有得到改善。有些国家脱离本国实际，不适当地强调工业化，忽视农业的发展和粮食的生产，忽视国民经济各部门的协调，陷入了不讲求经济效益的高投入、低产出、盲目刺激高消费的恶性循环之中，阻碍了经济发展，有些国家甚至出现了经济衰退。由此，人们逐渐认识到增长与发展之间的区别，提出了"满足人民基本生活需要"的发展战略思想。联合国在制定第二个 10 年（1970~1980 年）国际发展战略时，除了经济增长、工业发展目标之外，还增加了社会发展目标，把经济发展目标同社会进步目标结合起来，是一种"增长与公平"的发展战略。这标志着区域经济协调发展理论开始提上议事日程，其目的就是要探索如何实现区域之间经济的共同发展与共同繁荣，实现区域经济利益和社会进步的和谐。

二、区域经济发展的战略模式

根据区域经济发展理论和对发展中国家和地区经济发展战略的实践进行总结概括，区域经济发展战略模式主要有以下几种：

（一）均衡发展战略模式

均衡发展战略模式最初是发展中国家和地区实现经济发展目标的一种战略模式，它是建立在区域经济均衡发展理论基础之上的。这种模式主要是从需求的角度出发，通过在各产业部门、地区同步使用资本，使整个市场得以扩大，满足各方面的需求，以实现经济的持续稳定增长。均衡发展战略注重于促进社会公平、缩小地区间发展差距和维护社会稳定，在经济发展到一定阶段的时候有利于区域和产业整体发展，因而该战略的实施取得了一定成绩，但具体到不发达地区的实践上，往往是行不通的。这是因为不发达地区普遍存在资金有限、外汇短缺现象，分散使用力量将一事无成，尤其是在发展的初期实施这种"大推进"平衡增长战略，必然要牺牲人民的眼前福利，造成各方面的关系紧张。同时，采取这种战略必须要有高度集中的行政管理体制，行政会过多地插手和干预经济活动甚至人民生活，时间过长不仅超过人民群众的承受能力，而且过于集中的行政管理体制会导致经济失去活力。其次，过分注重了地区间公平和产业平衡，忽视了效率优先原则。区域经济发展，必须遵循地域分工原则，发挥地区优势，尽量扬己之长，避己之短。如果违反这些要求，关起门来搞平衡，只能是低水平的平衡，是牺牲效益的平衡。因此，随着拉丁美洲的许多国家，尤其是伊朗巴列维国王的"大推进"经济改革的失败，越来越多的发展中国家和地区放弃了均衡增长战略。

（二）非均衡发展战略

非均衡发展战略又称倾斜发展战略模式，它建立在区域经济非均衡发展理论的基础上。该战略模式的出发点就是：地区经济的成长过程，实质上是产业部门的成长过程，而不同的产业由于条件、地位、作用不同，增长的势头是不一样的。往往是首先从主导产业、主导地区开始，然后再逐步扩大到其他产业和其他地区。所以，在一定的时期内，地区资源只能选择在若干产业、若干地方进行集中的投入。区域经济非均衡战略模式主要从供给的角度出发，通过重点发展一些产业部门或地区带动其他部门和地区供给，使整个市场供给增多，促进经济的增长。这种模式对于促进经济的发展所起的作用是巨大的，有利于重点产业、重点地区的发展，从而带动整个区域经济的发展和国民经济整体水平的提高，增强区域综合经济实力。但实践说明，这种战略也有其缺陷。这种战略模式突出了局部而忽视了地区内部产业间、地区间的协调发展，削弱了地区总体功能，重点产业、重点地区的发展并未发挥其应有的波及效果，对其他产业、其他地区的发展也没有起到很好的带头作用，相反很容易形成二元结构。结果造成了工农业失调，城乡脱节，落后与先进同在，过密与过稀并存，导致地区差距的扩大，激化各种社会矛盾。

（三）区域经济协调发展战略模式

这一模式是在吸收了前两个模式的优点、摒弃了其缺点的基础上形成的，它是建立在区域经济协调发展的理念基础之上的。它既强调区域各产业和各地区协调发展的必要性，又特别重视区域重点产业和重点地区对区域经济发展的支持和带动作用。区域经济协调发展战略模式就是要求按照统筹规划、因地制宜、发挥优势、分工合作、协调发展的原则，统筹区域发展，正确处理全国经济发展与地区经济发展的关系，正确处理地区与地区之间的关系，各地区在国家规划和产业政策指导下，选择适合本地条件的发展重点和优势产业，避免地区间产业结构趋同，促进各地经济在更高的起点上向前发展，形成区域间相互促进、优势互补的互动机制，最终实现区域间经济关系的和谐，经济发展水平和人民生活水平的共同提高以及社会的共同进步。这一模式得到许多国家的赞同，并正在得到普遍的应用。

三、区域经济发展阶段的战略选择

区域经济发展是一个渐进的过程，这一渐进的过程通常又表现为一定的阶段性特征。对此，理论界按经济增长的程度、经济结构的成熟和高级化以及生活质量的改善等标准提出了不同的发展阶段理论，其中影响较大的有胡佛—费希尔的区域经济增长阶段理论、罗斯托的经济成长阶段理论等。

区域间经济发展是不平衡的，在同一时点上，会存在处于不同发展阶段的区域。因此，不同的区域应该根据不同的发展阶段，制定相应的区域经济发展战略。①

（一）处于待开发（不发育）阶段的地区

这类地区的一般特征是经济发展水平低下，农业所占比重很高，劳动生产率低下，自身积累很少，投资供给和市场容量不足，资金短缺。要走出贫困循环的陷阱，一靠发挥区内自然资源与劳动力优势，二靠融入外部资金、人才和技术。为此，其经济发展战略着重于以下几点：

（1）资金投入的产业方面，要立足本地资源，技术层次要适合本地区劳动力素质，同时要选择有发展潜力的产业。

（2）资金投入的空间方面，要集中培养区内增长极，以带动整个区域经济的发展，切忌平均分散使用力量。

（3）重视人口素质的提高和观念转换，大力发展教育，打破封闭状况，促进市场发展。在起步阶段，可向外界输出劳务，减轻区内就业压力，发挥其积累初始资金的功能。

（4）善于招商引资，吸引人才技术，使自然资源和劳动力丰富的有利条件与外部输入要素相结合，转化为现实的经济优势。

（二）处于成长阶段的地区

这类地区的一般特征是已经跨过工业化的起点，第二产业在国民生产总值构成中已居主导地位，地区优势产业已经形成，地区经济呈现较强的增长势头。为此，处于成长阶段的地区在区域经济发展战略上要注意以下几点：

（1）进一步巩固、扩大优势产业部门，充分发挥规模经济优势，降低产品成本，不断拓展市场，扩大优势产品的国内外市场占有率。

（2）围绕优势产业，形成结构效益良好的关联产业系列。

（3）不断培植新产业，发展第三产业，特别是贸易、金融、信息、咨询、科教等，提高地区经济的结构弹性。

（4）沿若干开发轴线培植新的或次级的增长极以促进区域经济向纵深发展。

（三）处于成熟或发达阶段的地区

这类地区往往属于国家经济重心区，工业化历史较长，交通运输、邮电通信等基础设施齐备。第三产业相当发达，经济结构合理，门类齐全，协作配套条件优越，区内资金积累能力强，人才素质高。因此，这类地区经济发展战略的目标是如何防止潜在的衰退危险变为现实，保持和焕发区域经济的活力，其在经济发展战略上要着重注意以下几点：

---

① 陈栋生：《区域经济学》，第134～138页，郑州：河南人民出版社，1993。

（1）在产业结构上，要淘汰比较优势已经丧失的产品和产业，着力发展新兴产业，引进和运用新技术，改造传统产业，实现产业结构的优化组合，保证产业结构动态优化。

（2）在市场结构上，要大力发展外向型经济，进行跨国经营，接受国际市场的挑战，促进区域经济走向世界。

（3）在空间结构上，以城市为中心区，加快向外围地区的产业扩散，组成城乡一体化的大城市经济圈。以资本为纽带，实现资产重组，跨部门、跨行业集团化经营，走立体化道路。

（4）在发展目标上，要更加重视社会目标和生态目标，即使是经济目标，也要强调经济增长的质量和效益。

（四）处于衰退阶段的地区

这类地区的一般特征是处于衰退状态的传统产业在产业结构中所占比重大，导致经济增长的结构性衰退，经济增长缓慢，失去了原有的增长势头，此后，经济增长滞缓，区域逐渐走向衰落。因此，这类地区经济发展战略的重点是对传统衰退产业的更新换代，实现经济转型，以防止经济的继续衰退。值得注意的是，衰退阶段并不是一定要经历的阶段。当一个区域发现经济增长出现衰退特征时，如果及时采取有效的产业结构调整政策，就可以防止出现进一步的衰退，使经济维持稳定，甚至有可能促进经济进入新的增长期。

第三节　中国区域经济发展战略

在中国特定的体制环境下，区域经济发展战略的制定，一方面需要充分考虑各地区自然地理条件、交通条件、人文环境、历史原因等客观因素，另一方面还取决于国家政策、经济发展理论等因素的变迁。如果对中华人民共和国成立以来的我国区域经济发展战略作一个非常概括性的评述，可以看出我国的宏观区域经济发展战略经历了由改革开放前的区域经济均衡发展战略到改革开放后的区域经济非均衡发展战略，再到20世纪90年代中期以后的区域经济协调发展战略的演变过程。

一、区域经济均衡发展战略实施阶段（1949~1978年）

中华人民共和国成立以前，我国的区域经济格局深深地打上了半封建半殖民地的烙印：70%以上的工业分布在占国土面积不到12%的东部沿海狭长地带，广大的内地，除了沿江的武汉、重庆等几个城市外，几乎没有什么工业，其中占国土面积68%的西南、西北和内蒙古地区，其工业产值仅占全国总产值的9%。① 这种畸形

---

① 李世华、钱章：《中国区域经济的现状与前瞻》，第58页，北京：光明日报出版社，1996。

的生产力布局，无论是从经济上还是从国防上都极为不利。因此，中华人民共和国成立后，为了平衡经济布局，我国宏观区域政策的主线或基调是均衡发展战略，这一战略一直延续到党的十一届三中全会之前。其基本特点就是采取了以内地为投资和建设重点，以缩小沿海与内地差距，实现全国均衡发展为基本目标的发展战略，追求区域经济的同步发展和自成体系。① 毛泽东在《论十大关系》一文中就明确指出，"新的工业大部分应当摆在内地，使工业布局逐步平衡，并且有利于备战，这是毫无疑义的。"② 后来他又要求，地方应该想办法建立独立的工业体系。首先是协作区，然后是许多省，只要有条件，都应该建立比较独立的但是情况不同的工业体系。正是在这样的理论思想的指导下，国家采取强有力的指令性计划手段，果断地调整了内地与沿海的投资比例关系，国家把 50% 以上的基本建设资金投入内地，在落后的内地进行了大规模的开发建设，试图强行拉平沿海地区和内地的经济技术发展差距，以求区域经济的平衡发展。

这一时期实施的区域经济均衡发展战略要点主要表现为三个方面：一是平衡生产力分布，重点加强内地建设。在中华人民共和国成立后的近 30 年，国家的投资重点主要在内地，尤其是三线地区。如"一五"计划时期，全国共动工兴建的限额以上 694 个工业建设项目，就有 472 个分布在内地，占总额的 68%，沿海与内地基建投资之比由 1953 年的 1.04 下降到 1956 年的 0.67。二是强调建立区域独立的工业体系。1958 年 6 月，中共中央发出加强协作区工作的文件，决定把全国划分为东北、华北、华东、华南、华中、西南和西北七个经济协作区，并要求各协作区根据工业和资源等条件，尽快建立大型工业骨干和经济中心，形成若干个具有比较完整的工业体系的经济区域。此后，各省市、甚至各地县都致力于建立独立的、自成系统的工业体系，所谓"一省一盘棋、各省成体系"，基本建设"星罗棋布、遍地开花"。三是转向以备战为中心、以三线建设为重点的轨道。1964 年 8 月举行的中央书记处会议，根据毛泽东在会上提出的要准备帝国主义可能发动侵略战争的指示，决定新建的项目都要摆在内地。1965 年中共中央作出加速全国和各省市战略后方建设的决策，把全国划分为一、二、三线地区③，经济建设的投资重点为三线地区，工业建设要大分散、小集中，不搞大城市，工厂布点要"靠山、分散、隐蔽"，有的要"进洞"。根据这一决策，"三五"（1966～1970 年）时期内地基本

---

① 按当时的划分，沿海地区包括辽宁、河北、天津、北京、山东、江苏、安徽、上海、浙江、福建、广东、广西，其余为内地。

② 《毛泽东选集》第 5 卷，第 270 页，北京：人民出版社，1977。

③ 所谓一、二、三线，是按我国地理区域划分的，一线地区为地处东南沿海的战略前沿，二线地区为中部地区，三线地区为战略后方，包括两大片，一片是云、贵、川及湘西、鄂西地区的西南三线，另一片是陕、甘、宁、青及豫西、晋西地区的西北三线。三线又有大、小之分：大三线是就全国而言，包括西南和西北；小三线是各省、市、自治区自己的小后方。

建设投资占全国的 66.8%，其中三线地区建设的投资占全国的 52.7%；"四五"时期内地基本建设投资占全国的 53.5%，其中三线地区建设的投资占全国的 41.1%。在 70 年代中期前后，国家的投资重点有所东移。但在改革开放前，从总体上看，我国的宏观区域经济发展战略是区域经济平衡发展战略。①

　　总体上看，改革开放前 30 年的国家区域经济均衡发展政策，在实现全国生产力的均衡布局方面取得了很大的成就。一方面，它扭转了新中国成立初期内地与沿海工业布局严重失衡的局面，一大批国家重点项目在中西部地区的投资建设，一批沿海地区的老企业的内迁，在较短的时间内为中西部地区奠定了城市化和工业化基础，对所在区域的经济发展发挥了一定的带动作用，发展了内地的经济，促进了少数民族地区的繁荣。30 年中，内地工业产值增加了 40 多倍，其在全国工业总产值中的比重，由 1952 年的 30.6% 提高到 1978 年的 39.1%，相当于 1949 年全国工业总产值的 10 倍多。另一方面，正是由于这一时期的工业和公路、铁路的建设，才为后来的改革开放和迎接沿海地区经济的"扩散效应"提供了有力的支撑。

　　但是，这种战略也存在着根本上的缺陷。首先，这种战略没有把区域经济的平衡发展建立在生产力发展的客观规律上，生产力的平衡配置带有极强的主观性和片面性，是通过抑制东部区域、沿海区域的发展，而强化内地区域的发展，所追求的实际上是一种低水平的平衡。其次，"均衡发展"过多地考虑非经济因素，忽视资源和其他生产要素的合理配置，因此必然使区域经济和整个国民经济效率低下。据统计，20 世纪 60 年代下半期，我国基本建设投资的产出系数，沿海各省在 1.7 ~ 6.69 之间，而三线地区在 0.15 ~ 0.89 之间，两者相差 10 多倍。一方面，国家花费大量投资在中西部铺新摊子，植入现代工业，但是这些现代工业一般都集中在中心城市或某一点上，与周围缺乏有机的联系，成为典型的"二元结构"；另一方面，沿海老工业基地却因缺乏资金，不能进行更新改造，扩建新建，致使设备越来越陈旧，场地越来越拥挤，环境污染越来越严重，经济效益和社会效益不断下降。最后，这一战略实施的是"大而全、小而全"的非规模经济，效率低、效益差，重复建设严重，区域经济缺乏横向联系和组织能力，条块分割，互相封闭，自成体系，不利于中央宏观调控。总之，中国这一时期的"均衡发展"是以牺牲效率为代价的，不仅各地区最终不能平衡发展，而且整个国民经济必然在低效率的状态下运行。

二、区域经济非均衡发展战略实施阶段（1979 ~ 1991 年）

　　1978 年党的十一届三中全会后，随着国内外政治、经济、军事形势出现了一

---

　　①　李忠杰主编：《西部大开发战略干部读本》，第 88 ~ 89 页，北京：中共中央党校出版社，2000。

系列的新变化，我国经济建设的指导思想也作了相应的调整。这集中体现在邓小平同志所作的一些重要讲话之中："在经济政策上，我认为要允许一部分地区、一部分企业、一部分工人农民，由于辛勤努力成绩大而收入先多一些，生活先好起来。一部分人生活先好起来，就必然产生极大的示范力量，影响左邻右舍，带动其他地区、其他单位的人们向他们学习。这样，就会使整个国民经济不断地波浪式地向前发展，使全国各族人民都能比较快地富裕起来。"①此后他又指出："沿海地区要加快对外开放，使这个拥有两亿人口的广大地带较快地先发展起来，从而带动内地更好地发展，这是一个事关大局的问题。内地要顾全这个大局。反过来，发展到一定的时候，又要求沿海拿出更多力量来帮助内地发展，这也是个大局。那时沿海也要服从这个大局。"② 正是在这一指导思想的推动下，我国区域经济发展战略突破了过去片面强调均衡发展的束缚，变为实施有重点梯度推移的非均衡发展战略，经济发展重点由内地转向沿海，且更强调经济效率和发挥各地优势。在对东部沿海地区采取倾斜式不平衡发展战略的同时，随着社会主义市场经济的推进，宏观调控由直接调控向间接调控转换，实行了财税、信贷、外资外贸、价格等倾斜政策以及改革开放的梯度推进政策。

在"六五"计划（1981～1985年）中，我国明确提出要积极利用沿海地区当时的现有基础，充分发挥其特长，带动内地经济进一步发展，并开始采取一系列向沿海地区倾斜的政策措施。这主要表现在两个方面：一是对固定资产投资体制进行了一系列的改革，改变了过去投资向内地倾斜的方式，沿海地区所占的投资比重日益增加，一大批重点建设项目布局在沿海地区，沿海地区所占比重由"五五"时期的42.2%提高到47.7%，内地由50.0%下降到46.5%；二是国家在东部沿海地区率先开始区域制度创新，先后设立了深圳、珠海、汕头、厦门4个经济特区，14个沿海开放港口城市和沿海经济开放区，在外资项目审批权限、财税、外汇留成、信贷等方面给予特殊的优惠政策。

"七五"计划时期（1986～1990年）开始，实行按东、中、西三大地带顺序展开经济发展的梯度推移战略。这种战略的指导思想是：区域经济发展是一个非均衡的历史过程，区域政策应因势利导，坚持效率优先，促进区域经济和国民经济发展。首先加快东部沿海地区的发展，同时把能源、原材料的开放重点转移到中部地区，西部地区要为21世纪的大规模开发打基础。沿海发展战略也在这一时期正式被提出，强调要充分利用沿海地区的优势，面向国际市场，参与国际交换和国际竞争，大力发展开发型经济，使其取得先行发展。因此，这一时期的投资向沿海倾斜更加明显，几乎所有沿海省份在全国投资中所占份额都有所上升。

① 《邓小平文选（一九七五——一九八二年）》，第142页，北京：人民出版社，1983。
② 《邓小平文选》第3卷，第277～278页，北京：人民出版社，1993。

改革开放以来所实行的梯度推进的区域经济非均衡发展战略，符合总体经济发展战略，也符合区域经济发展阶段理论。这一战略强调区域经济的非均衡发展和区域间的分工与协作，同时由于我国各区域之间的经济技术水平确实存在差异，强调按东、中、西部的梯度推进，这在一定程度上反映了效益最大化原则，有利于我国经济发展战略从速度型向效益型的转化。因此，这种区域经济非均衡发展战略的实施，顺应了经济国际化和全球化趋势，发挥了区域优势和经济潜力，达到了推动经济高速增长的目标，对实施赶超战略十分有利，促进了经济的发展。但是，非均衡发展的梯度推进战略在促进国民经济总体水平提高的同时，也日益暴露出其局限性。首先，这种战略的实行是以国家的指令性计划直接配置资源为前提的。国家必须依托东、中、西部地区之间存在的梯度差，因势利导地制定一系列向东部倾斜的政策，其中主要是投资政策，但是随着经济体制改革的进行，国家投资占基本建设投资的比重日益下降，国家不再作为资源配置的直接主体，梯度推移战略的体制基础逐渐弱化。其次，梯度发展理论依据的是在产业区位活动中，各个地区具有各自的区域优势。区域发展政策的实施就该为各区经济发展创造公平的政策环境，让其真正做到优势互补、协调发展，而不是人为地去创造甚至扩大"政策梯度"。实际上，我国推行的一系列向东部倾斜的优惠政策却起着保护东部而歧视中、西部的作用。对于各地区来说，经济发展和机会的不均等以及"政策梯度"的存在，使得东部发达地区的极化效应增强，吸引了中西部的人才、资金东流，抑制了内地经济的发展，扩大了地区差距。1980～1990年，东、中、西部三地带国民收入占全国比重的变动值为0.86、－0.73、－0.67个百分点，工业总产值占全国比重的变动值为1.3、0.3、－1.6个百分点，东部对中西部的绝对差距分别扩大了341.4%和304.64%。最后，梯度推进战略所预期的"以东带西"的梯度推进目标没有实现。这是因为改革开放后，我国的经济体制得到转换，计划经济日益被市场经济所取代，利益机制成为了资源配置的指挥棒，大量的资金、技术、人才在市场的作用下流向经济发展基础好、投资回报率高、市场化程度高、经济效益好的东部沿海地区，梯度推进受到了市场机制的自发阻止。同时，在改革过程中，国家向地方放权让利，在区域管理中引入市场机制，强化了区域的责、权、利，加强了区域追求自身经济利益的动机和意识，促使区域成为一个相对独立的经济中心，地方保护主义盛行，而这一时期国家宏观调控体制不健全，对区域经济的控制力不足，使得各区域在自身利益和地方意识的支配下，减缓甚至停止区际的经济联系；再加上中西部地区自身条件的不完善，缺乏推进的条件，难以实现梯度推进的以东带西的目标。

三、区域经济协调发展战略实施阶段（1992年至今）

20世纪90年代以后，随着改革的深化和开放的进一步扩大，以及沿海地区与内陆地区之间的发展差距扩大问题日益受到各方面的广泛关注，我国对宏观区域经济发展的调整开始酝酿。在这种背景下，我国区域经济发展战略开始将重点转移到更加注重解决公平问题上，区域经济协调发展战略逐渐被提出并付诸实施。

"八五"计划（1991～1995年）时期，国家开始对非均衡发展战略进行反思，并提出了一些新的指导思想。"八五"计划纲要就明确指出，要正确处理发挥地区优势与全国统筹规划、沿海与内地、经济发达地区与较不发达地区之间的关系，促进地区经济朝着合理分工、各展所长、优势互补、协调发展的方向前进。党的十四大报告明确指出：我国地域辽阔，各地条件差异很大，经济发展不平衡。应当在国家统一规划指导下，按照因地制宜、合理分工、各展所长、优势互补、共同发展的原则，促进地区经济合理布局和健康发展。国家要在统筹规划下，对中部和西部地区，特别是少数民族地区以及革命根据地、边疆地区和贫困地区，采取有效政策加以扶持，经济比较发达地区要采取多种形式帮助它们加快发展。① 根据这一指导思想，在进一步巩固沿海地区对外开放成果的基础上，加快了中西部地区对外开放的步伐，调整国家投资和产业布局政策，在继续考虑沿海发展需要的同时，较多的项目安排在中西部地区，在国家预算投资中，中西部地区所占比重明显高于东部沿海地区。但是，在市场经济条件下，市场机制开始发挥基础性的调节作用，使得"八五"期间东部地区基本建设投资仍远远超过中西部地区，中西部地区与东部沿海地区的经济差距进一步扩大。

1995年党的十四届五中全会通过的《中共中央关于制定国民经济和社会发展"九五"计划和2010年远景目标的建议》中提出了"坚持区域经济协调发展，逐步缩小地区差距"的指导方针，它作为一条长期坚持的重要方针，可以使全国的经济社会发展进入相对协调、共同富裕的良性轨道。1996年，全国人大八届四次会议通过国民经济和社会发展"九五"计划和2010年远景目标《纲要》，专设了"促进区域经济协调发展"一章，并指出从"九五"开始，逐步加大中、西部地区发展力度，促进区域协调发展。1997年，党的十五大又对这种战略作了明确肯定，要求促进地区经济合理布局和协调发展，从多方面努力逐步缩小地区发展差距。从此，区域经济协调发展战略更加明确，成为我国在今后区域经济发展的指导思想。2003年10月召开的党的十六届三中全会通过了《中共中央关于完善社会主义市场经济体制若干问题的决定》，提出了"以人为本，全面、协调、可持续"的科学发展观，使区域经济协调发展战略由政策层面上升到理论的高度，并提出统筹区域发展的重要思想。根据这一战略，我国继续鼓励东部地区率先发展，并相继提出了西部大开发战略、东北等老工业基地振兴战略和促进中部地区崛起战略，以形成东中西部优势互补、良性互动的区域协调发展机制。

---

① 江泽民：《加快改革开放和现代化建设步伐，夺取有中国特色社会主义事业的更大胜利》，《人民日报》，1992-10-12。

1. 西部大开发战略

1999年6月，江泽民同志在西北五省国有企业改革和发展座谈会上，根据邓小平"两个大局"的战略思想，提出研究和实施西部大开发战略。同年9月，中共十五届四中全会作出了实施西部大开发的决定。这是党中央总揽全局，面向新世纪作出的重大决策。"十五"（2001～2005年）计划纲要第八章为"实施西部大开发战略，促进地区协调发展"，进一步强调了促进地区经济协调发展，要求西部大开发要从实际出发，积极进取、量力而行、统筹规划、科学论证，突出重点、分步实施，力争用5～10年时间，使西部地区基础设施和生态环境建设有突破性进展，科技、教育有较大发展，并要求打破行政分割，重塑市场经济条件下的新型经济关系，形成各具特色的区域经济。根据西部大开发战略，国家重点加大了对西部地区重点建设资金的支持力度，先后开工建设了青藏铁路、西气东输、西电东送等70项西部开发重点工程，总投资超过9800亿元，带动了全社会固定资产投资的增长。2000～2004年，西部地区全社会固定资产投资分别增长12.7%、17.2%、19.0%、27.3%和26.8%，年均增长20.5%，高于全国平均水平1.4个百分点。通过6年的发展，西部大开发取得得良好的效果，西部地区经济增长速度同全国的差距逐渐缩小。2000～2004年，西部地区生产总值（加总数）分别增长8.5%、8.8%、10.0%、11.2%和12.7%。5年年均增长10.2%，与全国同口径地区生产总值增速的差距由"八五"期间的2.8个百分点和"九五"期间的1.3个百分点缩小到0.7个百分点①。

2. 东北等老工业基地振兴战略

2002年11月，党的十六大报告中明确指出，支持东北地区等老工业基地加快调整和改造，支持以资源开采为主的城市和地区发展接续产业。这既是东北等地自身改革发展的迫切要求，也是实现国家经济社会协调发展的重要战略举措。为此，2003年底，国务院成立了"振兴东北地区等老工业基地领导小组"，并组建了"振兴东北地区等老工业基地办公室"，具体负责研究实施东北老工业基地振兴战略，力争将东北地区等老工业基地调整、改造、发展成为结构合理、功能完善、特色明显、竞争力强的新型产业基地，逐步成为国民经济新的重要增长区域。2003年底，国家发改委启动振兴东北老工业基地的第一批100个工业项目，主要分布在装备制造业、原材料工业和农产品加工项目，总投资610亿元。2004年2月又启动第二批共60个振兴东北老工业基地高新技术产业发展专项，总投资56亿元。而"十一五"计划纲要中也明确指出，东北地区要加快产业结构调整和国有企业改革改组改造，发展现代农业，着力振兴装备制造业，促进资源枯竭型城市经济转型，在改革开放中实现振兴。

---

① 常建国：《西部大开发成绩斐然》，《中国产经新闻报》，2006-01-09。

3. 促进中部地区崛起战略

2004 年的十届全国人大第二次会议上，温家宝总理在政府工作报告中指出：加快中部地区发展是区域协调发展的重要方面；国家支持中部地区发挥区位优势和经济优势，加快改革开放和发展步伐，加强现代农业和重要商品粮基地建设，加强基础设施建设，发展有竞争力的制造业和高新技术产业，提高工业化和城镇化水平，促进中部地区崛起。这是国家正式提出"促进中部地区崛起"的概念。在2004 年底闭幕的中央经济工作会议上，"促进中部地区崛起"首次出现在次年经济工作的六项任务当中。2005 年，党的十六届五中全会又把促进中部地区崛起作为统筹区域发展的一项重要举措列入"十一五"规划的建议当中，提出要继续促进中部地区崛起，抓好粮食主产区建设，发展有比较优势的能源和制造业，加强基础设施建设，加快建立现代市场体系，在发挥承东启西和产业发展优势中崛起。促进中部地区崛起战略的提出，是国家继作出鼓励东部地区率先发展、实施西部大开发、振兴东北地区等老工业基地战略后，从我国现代化建设全局出发作出的又一重大决策，是落实促进区域协调发展总体战略的重大任务，有利于进一步形成东中西部互动、优势互补、相互促进、共同发展的区域发展新格局。

主要参考文献：

1. 辛晓梅：《区域发展战略与规划》，合肥：中国科学技术大学出版社，2005。
2. 陈栋生：《区域经济学》，郑州：河南人民出版社，1993。
3. 朱传耿等：《区域经济学》，北京：中国社会科学出版社，2001。
4. 周起业等：《区域经济学》，北京：中国人民大学出版社，1989。
5. 叶依广：《区域经济学》，北京：中国广播电视出版社，1991。
6. 吴贻谷：《新编经济管理概论》，武汉：武汉出版社，1992。
7. 胡兆量：《中国区域发展导论》，北京：北京大学出版社，2000。
8. 张耀辉：《区域经济理论与地区经济发展》，北京：中国计划出版社，1999。
9. 郝寿义、安虎森：《区域经济学》，北京：经济科学出版社，1999。
10. 张敦富：《区域经济学原理》，北京：中国轻工业出版社，1999。
11. 黄继忠：《区域内经济不平衡增长理论》，北京：经济管理出版社，2001。
12. 吴殿廷等：《区域经济学》，北京：科学出版社，2003。
13. 李成勋：《经济发展战略学》，北京：北京出版社，1999。
14. 储东涛：《区域经济学通论》，北京：人民出版社，2003。
15. 孟庆红：《区域经济学概论》，北京：经济科学出版社，2003。
16. 武友德、潘玉君：《区域经济学导论》，北京：中国社会科学出版社，2004。

17. 孙久文、叶裕民:《区域经济学教程》,北京:中国人民大学出版社,2003。

18. 冯之浚:《区域经济发展战略研究》,北京:经济科学出版社,2002。

19. 高洪深:《区域经济学》,北京:中国人民大学出版社,2002。

20. 李世华、钱章:《中国区域经济的现状与前瞻》,北京:光明日报出版社,1996。

21. 何炼成:《中国发展经济学概论》,北京:高等教育出版社,2001。

22. 李京文:《中国区域经济教程》,南宁:广西人民出版社,2000。

23. 《毛泽东著作选读》下册,北京:人民出版社,1985。

24. 《毛泽东选集》第1卷,北京:人民出版社,1991。

25. 《邓小平文选(一九七五——一九八二年)》,北京:人民出版社,1983。

26. 《邓小平文选》第3卷,北京:人民出版社,1993。

27. 江泽民:《加快改革开放和现代化建设步伐,夺取有中国特色社会主义事业的更大胜利》,《人民日报》,1992-10-12。

第十五章　区域经济政策

区域经济差异是一种客观存在的社会经济现象，作为一种特殊的经济政策，区域经济政策就是政府为解决区域经济差异而设计的各种政策与政策体系。一个比较完整的区域经济政策应包括区域经济政策目标、区域经济政策战略、区域经济政策手段和区域经济政策效应评价等。

第一节　区域经济政策概述

一、区域经济政策的基本含义

区域经济政策有多种称谓，如地区发展政策或区域发展政策等，很多人把它简称为"区域政策"。实际上，区域政策的含义相当宽泛，是指造成不同区域效应的一些政策，或指所有关于区域发展的政策综合，它除了包括区域经济政策以外，还包括区域社会政策、区域文化政策、区域环境政策、区域政治政策、区域民族政策等。但是，由于经济发展与其他方面如政治、社会、环境等问题息息相关，一个完善的区域经济政策除了要考虑经济发展方面的问题外，往往要涉及政治、社会、文化、环境及民族等方方面面的内容。那么，何谓区域经济政策？学术界目前尚不统一，不同的专家、学者往往根据自己的习惯和研究侧重点来界定区域经济政策的内涵。

C. 罗杰（C. Roger）从区域经济政策的目的出发，将其定义为"所有旨在改善经济活动地理分布的公共干预，通过试图修改自由市场经济的某些空间结果，以实现两个相关的目标：经济增长和良好的社会分配"。

朱传耿等认为，区域经济政策包括国家区域经济政策和区域经济发展政策两个层面，前者立足于区域差异，旨在控制差距，协调区际关系，实现生产力布局均衡。而后者立足于资源禀赋，旨在发挥地区优势，调整产业结构以及促进资源合理开发利用和环境保护。总的来说，区域经济政策是指政府为实现区域经济发展目标，优化资源的空间配置，调整区域经济结构和区域经济布局，更好地参与区际经济的分工与合作，实现区域经济健康、持续、稳定增长而制定的由政策目标、政策手段和政策效应评价等组成的一套政策体系。它是实现区域资源和生产要素的合理配置，解决区域经济运行过程中可能或者已经出现的问题的有效措施。①

王一鸣等认为，区域经济政策是政府根据区域差异而制定的促进资源在空间的优化配置、控制区域差距的过分扩大，以协调区域关系的一系列政策的总和。区域经济的突出特点是以区域作为作用对象，其出发点是区域差异；它的必要性是纠正市场机制在资源空间配置方面的不足；它的目标是实现资源在空间的优化配置和控制区域差距的过分扩大。②

张可云认为，区域经济政策是政府（主要是指中央政府）干预区域经济的重要工具之一，它通过政府的集中安排，有目的地对某些类型的问题区域实行倾斜，以改变由市场机制作用所形成的一些空间结果，促使区域经济发展与区域格局协调并保持区域分配合理。③

孟庆红认为，区域经济政策就是通过各种调控手段使国家之内的各经济区域的经济有效、快速、健康发展，以达到国民经济健康发展的总目标。具体来说，就是运用诸如财政政策、货币政策、区域产业政策、区域贸易政策，以及法律和行政等手段，促进区域经济协调发展，其目标是区域发展上的公平，实现共同富裕。④

李京文认为，区域经济政策是指政府制定和实施的旨在协调、促进区域经济发展的各项法令、条例和措施。它是政府干预区域经济、规范区域经济主体的经济行为，诱导和保证区域经济按既定目标发展的重要手段。⑤

Marion Temple 认为，从各国实践看，迄今区域经济政策的着力点主要是解决国内欠发达地区的发展问题，其实质是运用政府干预，对欠发达地区实施发展援助，实现经济活动更有效和更公平的区际分布。⑥

从以上内容可以看出，区域经济政策作为一种特殊的经济政策，从主体来看，区域经济政策存在中央政府和地方政府两个主体；从原因来看，区域经济政策是为了纠正市场机制在资源空间配置方面的不足，解决区域发展差异问题；从手段来看，区域经济政策就是针对某一特定区域运用一系列的政策措施来实现区域经济的协调发展，其实质就是政府干预；从目标来看，就是在兼顾效率与公平的前提下优化资源在空间的配置，实现共同富裕。通过上面的分析，可以将区域经济政策定义为中央政府或者是地方政府在特定时期针对特定区域经济发展所制定的经济政策的总和，以优化资源在空间的配置，协调、促进区域经济发展，实现共同富裕。

①　朱传耿等：《区域经济学》，第 314～315 页，北京：中国社会科学出版社，2001。

②　王一鸣等：《中国区域经济政策研究》，第 1 页，北京：中国计划出版社，1998。

③　张可云：《区域经济政策》，第 6 页，北京：商务印书馆，2005。

④　孟庆红：《区域经济学概论》，第 274 页，北京：经济科学出版社，2003。

⑤　李京文：《走向 21 世纪的中国区域经济》，第 105～106 页，南宁：广西人民出版社，1999。

⑥　Marion Temple. Regional Economics, ST, MARTIN's Press, Inc., p. 225, 1994.

在研究区域经济政策时，人们通常把区域的范围界定为三个层次。与此相适应，区域经济政策可以区分为三级：超国家层次的区域经济政策、国家层次的区域经济政策和亚国家层次的区域经济政策。就超国家层次的区域经济政策而言，主要是指区域性国际组织制定的涉及该组织内部成员国经济发展的相关政策，其中比较成熟的有欧盟区域经济政策，包括欧盟财政政策、金融政策、产业政策、贸易政策等。目前，随着经济的全球化和一体化，超国家层次的区域经济政策正处于不断上升阶段。亚国家层次的区域经济政策是指一国内部地方政府在不违反国家宏观经济政策的原则下自行制定的关于本区域的经济政策。国家层次的区域经济政策主要是指一国中央政府从国家整体利益出发为了解决各区域体系之间经济发展的关系而制定的经济政策，它开始于20世纪20年代，并在六七十年代初趋于成熟。由于超国家层次的区域经济政策可以看做被"扩大了的"国家层次的区域经济政策，而亚国家层次的区域经济政策可以看做被"缩小了的"国家层次的区域经济政策，因此，研究国家层次的区域经济政策带有普遍意义。这里，如果不加特别说明，"区域经济政策"一般是指国家层次的区域经济政策。

二、区域经济政策的特点

1. 差异性

这是区域经济政策本质的体现。区域经济政策是为解决区域经济发展中的各种问题而制定和实施的，由于各个区域之间经济发展所面临的问题不尽相同，差异明显，区域经济政策只有针对不同区域的具体情况，采取不同的政策，才能有效地解决它们各自的问题。如果所有区域被一视同仁，受到政府同等的支持或获得相等的权利时，区域经济政策是不存在的。

2. 系统性

区域经济政策是一个由政策内容、政策目标、政策手段和政策效应评价等一系列相互关联的子系统构成的复合体系，而且虽然这一体系的内容和手段十分庞杂，但是由于区域发展的目标是一致的，各子系统的作用方向是相同的，它们相互衔接、相互配套，以体系的力量发挥作用，从而使区域经济政策呈现出明显的系统性。

3. 稳定性

区域经济发展中包含了各种各样的目标冲突和利益矛盾，要促使区域经济协调发展，实现共同富裕，就需要一个相对稳定的政策体系，在相对平衡的准则约束下，协调解决这些目标冲突和利益矛盾。如果区域经济政策不稳定，就会导致区域经济行为的多边与失衡，从而干扰区域经济政策目标的实现。

4. 阶段性

区域经济政策是针对区域问题而设计的。在区域经济发展的不同阶段，区域经济问题（包括单个区域的经济发展和区际经济关系变化）具有一定的特性，区域经济政策应该针对这一特性来制定实施，并根据情况的变化适时调整和完善，一劳永逸的区域经济政策是不存在的。这就说明区域经济政策具有明显的阶段性。

5. 干预性

作为一种特殊的经济政策，区域经济政策就像一只"看得见的手"，体现了政府对区域经济发展的各个方面的差异性决策、干预和管理。针对区域经济发展的各个方面或重大问题，政府运用相应的区域经济政策，主要采取诱导、鼓励、限制等方式来约束各种经济组织或个体的经济行为，协调各区域的经济发展，平衡各区域之间的经济利益，从而保障国民经济系统的良性运转。西方各国的实践证明，在市场经济中，区际差异不但不会因市场机制的作用而得到某种程度的缓和，反而会愈演愈烈，必须依靠政府干预才能解决，区域经济政策正是这种政府干预的产物。

6. 高度集中性

所谓区域经济政策的高度集中性是指区域经济政策的制定、实施、监督与评价是由中央政府来进行的，是一种"来自上面"的政策。从区域经济政策层次的论述中可以看出，区域经济政策虽然形式上可以分为三个层次，但实质上都可以统一到国家层次上来，因为超国家层次的区域经济政策和亚国家层次的区域经济政策都必须根据一国的整体利益而定，中央政府是区域经济政策最主要的主体。当然，这种高度集中性并不是说区域经济政策只是中央政府的特权，它并不排斥地方政府的作用，地方政府同样也有一定的自主性，只不过地方政府在制定区域经济政策时必须在国家区域经济政策允许的范围内进行。

第二节　区域经济政策的必要性

一、区域经济政策的产生与发展

区域经济政策产生于 20 世纪 20 年代，市场经济和计划经济两大经济体制国家所面临的是两种不同的经济发展问题及发展思路。

在计划经济体制国家，如早期的苏联和东欧社会主义国家，一方面，市场经济在理论上被认为是资本主义国家的"专利品"，在实践中被看做"洪水猛兽"；另一方面，计划经济覆盖整个社会的各个方面，因而在国民经济发展政策中就不可避免地要有专门针对区域经济发展的政策内容或专项政策，区域经济政策也就在这些国家应运而生。1920 年，当时的苏俄（1924 年成立苏联）制定了俄罗斯电气计划，把全俄罗斯分成八个区，作为国内各地区经济发展的基本框架，这是世界上第一个国民经济长远规划，也被认为是国家对区域发展进行干预的最早尝试。不过，区域问题，尤其是区域差异问题，并不是全俄电气化计划的主要内容，从某种程度上说，在前苏联和东欧社会主义国家不是因为存在区域问题而有区域政策，而是因为实行计划经济才产生了与此相适应的区域经济政策。此后，前苏联在经济区划、生产力布局方面作了大量的尝试，形成了由全苏生产力布局总纲要、各共和国地域计划、经济区域规划等构成的比较完整的区域政策计划体系和一整套复杂的区域计划方法。区域经济政策成为前苏联在地理空间指导社会经济发展的行动准则、对策与计划。在这一政策体系中，区域计划的主要功能有：①通过生产力的合理布局，实现社会资源在空间上的有效配置和开发利用；②通过计划指标的区域分解，确保国民经济计划的完成；③通过区域社会经济生活的全面计划，指导区域发展方式；④确定国家发展重点，加快不发达地区的发展，逐步缩小区际差异。① 第二次世界大战后，新成立的社会主义国家大多借用了前苏联的发展模式，对分布于全国各区域的资源、要素进行统一的调配和使用，并按照全国经济发展的总体要求，对各区域实行有计划的分工，以发挥它们在全国经济发展中的作用。1956 年，毛泽东发表的《论十大关系》就可以看做我国区域政策的基本宣言，成为我国生产力布局和经济建设的指导原则之一。

在西方资本主义国家，1929～1933 年的资本主义经济大危机是区域经济政策产生的转折点。这次经济危机之前，资本主义国家政府奉行的基本是"自由放任"政策，它们认为经济发展的区域分布是由市场条件所决定的，任何试图改变这种分布的政府干预行为都是徒劳的。对于区际差异，在当时看来，只是一种暂时性的现象，在市场机制的作用下，可以通过区域之间要素的充分、自由流动，自发消除区域之间的要素价格差，从而达到资源在区域之间配置的均衡。也就是说，从长期来看，区域之间的发展是一个由不均衡走向均衡的过程，市场机制将会使区际差异自动趋于缩小，不需要政府的干预即可消失。然而，爆发于 1929～1932 年的经济危机，打破了人们对仅仅依靠市场自发解决区域问题的幻想，凯恩斯提出国家干预的政策主张为西方大多数国家所接受。在凯恩斯"国家干预经济运行"理论的指导下，西方一些资本主义国家政府开始着手干预区域经济发展，从而一些旨在解决落后区域和萧条区域发展问题的区域经济政策应运而生。

从实践背景来看，区域发展差距的存在是导致区域经济政策的主要原因。英国是最老牌的资本主义国家，也是区域差距表现得最早和最充分的国家，因此，一般来讲，区域经济政策最早产生于英国，其积极的区域经济政策可追溯至 1928 年的《工业转移规划与青少年转移规划》和 1934 年的《特别地区（发展与改善）法》。当时，英国内部区际间出现巨大的发展差距。从失业率方面看，伦敦与东南部的失业率接近 14%，而在西北部、苏格兰和东北部，失业率超过了 25%，威尔士则超

① 陈栋生：《区域经济学》，第 250 页，郑州：河南人民出版社，1993。

过了 36%①。在这种背景下，英国政府通过上述立法将一部分地区划定为特别地区，实施特别援助，它标志着区域经济政策在英国的诞生。针对经济大危机带来的日趋严重的国内区域差距，美国总统罗斯福开始把扶持落后地区发展作为其"新政"的一个重要内容，所采取的主要措施是通过增加联邦政府的转移支付，将高收入地区的一部分收入转移到低收入地区。这一政策被以后历届美国政府延续下来，成为美国政府刺激落后地区发展、缩小地区差距的主要手段之一。此外，从20 世纪 30 年代起，美国还开始了综合开发治理落后地区的尝试，其中具有代表性的是 1933 年 5 月通过的《麻梭浅滩与田纳西河流域开发法》，并依法于 1941 年成立了田纳西河流域管理局，制定了完整的流域开发计划，目的在于对陷入困境的田纳西河流域进行多目标开发。通过几十年的综合开发治理，到 1980 年田纳西河流域的人均收入已经从不足全美平均水平的一半发展到接近全美的平均水平，成为世界上欠发达国家和地区摆脱贫困的一个成功范例。西欧大陆国家区域政策始于 20世纪 50 年代，其产生与经济的大萧条、大危机是分不开的：经济危机带来的大萧条，使得失业及随之而来的贫困影响面扩大，尤其是在传统工业地区，这种影响更为严重，以至于形成一种政治意见，即在国家或区域内应尽量避免萧条重演。在反萧条观点的支持下，许多西欧国家开始流行"移工作就工人"的区域政策。意大利于 1950 年建立了南部开发银行，随后德国（1951 年）、荷兰（1951～1952 年）与爱尔兰（1952 年）迅速仿效，法国在 20 世纪 50 年代中期开始实施相类似的区域政策，丹麦和比利时也于 20 世纪 50 年代末加入该行列。

　　20 世纪 50 年代以后，发展中国家纷纷取得民族独立，迫切需要发展经济。但是，发展中国家市场机制不健全，政府对经济生活的干预较强，它们为了加快实现工业化，往往实行了一些倾斜性的区域政策，即通过制定区域政策，促进一些地区的优先发展。如新中国成立初期的均衡发展战略和改革开放以后的沿海开放政策、沿边开放政策等。

　　由此可见，不管是在市场经济体制国家和计划经济体制国家，都产生了以解决区域经济问题，促进区域经济协调发展，进而保障国民经济持续、稳定增长的区域经济政策。这是社会经济发展的必然产物。不过，从前苏联、东欧等社会主义国家和西方资本主义国家区域经济政策起源比较来看，两者具有一定的区别。在计划经济体制下，区域经济政策是为了替代"市场机制"而出现的，覆盖了全部国土，亦即"所有区域"；而在西方国家，区域经济政策是为了纠正"市场缺陷"而出现的，一般仅覆盖部分国土，亦即"问题区域"。

---

　　① 张可云：《区域经济政策——理论基础与欧盟国家实践》，第 35 页，北京：中国轻工业出版社，2001。

二、区域经济政策产生的必然性

区域经济政策作为国家实现资源在空间优化配置和全社会共同富裕的重要的政策和政策体系，是社会经济发展的必然产物。具体而言，这种必然性主要体现在以下几个方面：

（一）"市场失灵"是导致区域经济政策产生的基本动因

所谓市场失灵，是指缘于市场机制本身的某些缺陷和外部条件的某种限制，它使得单纯的市场机制无法把资源配置到最优的状态。[①] 从空间角度看，由于在生产或分配上存在密切的前、后向联系，或在布局上有着相似指向性的产业布局与某个拥有特定优势的区域会形成集聚经济效应，而企业总是倾向于在这种地方集聚。在完全市场调节下，市场机制则会使这种集聚的趋势越来越明显，从而导致区域经济非均衡发展，形成明显的区际差距。按照经济自由主义者的说法，这种区际差距是可以通过市场机制再分配资源来促进区域均衡发展的。但实际上，一方面由于市场是通过调节产业经济活动来调节区域经济的，而现代产业经济的极化特征又会造成区域经济的更加不平衡；另一方面，由于市场本身存在对资源集中调动能力的不足，因此，单靠市场机制实现资源在区域间的倾斜配置或者集中资源开发重点区域根本行不通。因此，这种资源空间配置的市场失灵必须要借助于政府干预才有可能避免或弥补，这就为区域经济政策的产生提供了现实的需求。

（二）问题区域的存在是区域经济政策产生的直接动因

所谓问题区域，也称为问题地区，是由中央政府区域管理机构依据一定的规则和程序确定的受援对象，是患有一种或多种区域病而且若无中央政府援助难以依靠自身力量自愈的区域。[②] 划分问题区域的标准和方法，各国不尽相同。克劳森曾运用全国收入增长率、区域收入增长率、全国收入水平、区域收入水平四个指标来划分"问题区域"。他划分了繁荣区域、发展中区域、潜在萧条区域和萧条区域共四个区域类型。具体标准是，一个区域的区域收入水平与全国收入水平之比及区域收入增长率与全国收入增长率之比均大于1，则为繁荣区域；如果区域收入水平与全国收入水平之比小于1，而区域收入增长率与全国收入增长率之比大于1，该区域为发展中区域；如果区域收入水平与全国收入水平之比大于1，而区域收入增长率与全国收入增长率之比小于1，则是潜在萧条区域；如果区域收入水平与全国收入水平之比及区域收入增长率与全国收入增长率之比均小于1，则为萧条区域。[③] 我国学者张可云认为，区域问题可分为落后病、萧条病与膨胀病三大类，相对应的也

---

① 伍柏麟：《社会主义经济学教程》，第317页，上海：复旦大学出版社，1996。
② 张可云：《区域经济政策》，第13页，北京：商务印书馆，2005。
③ 李京文：《走向21世纪的中国区域经济》，第118页，南宁：广西人民出版社，1999。

存在三类问题区域，即落后区域、萧条区域与膨胀区域。①

虽然目前对问题区域的划分还没有一个统一的标准，但是问题区域的存在，则一定会引发或加剧许多社会经济问题，这是区域经济政策产生的直接动因，根据对落后区域、萧条区域与膨胀区域的分析就可以证明。

1. 落后区域

落后区域是经济发展水平绝对落后的地区，它们从来就是落后的。在它们的经济结构中占主导地位的是那些初级产业部门，诸如农业、林业、渔业和矿业等。这类区域一般地域偏远，自然条件较差，人均收入低下，科学教育文化水平落后，劳动力素质差，区内失业率（包括显性失业、在职失业、潜在失业等）高于全国平均水平，贫困面大，基础设施极为薄弱，发展环境欠佳，地方财政拮据，政府无力支撑自立发展。这些落后地区不仅大量存在于发展中国家，如我国中西部的贫困地区，在发达国家内部也存在这样的区域，如从美国纽约州到密西西比河的阿巴拉契亚山地、加拿大的滨海诸省（指大西洋沿岸圣劳伦斯湾的新布伦瑞克、新斯科舍和爱德华太子岛三省，有时还包括纽芬兰省）、意大利的南部地区（大致指罗马所在纬度以南地区，包括撒丁岛和西西里岛）以及瑞典的北部地区等。目前人们正探讨能够成功地跨越工业化门槛、形成"自立型增长"的起飞路径。

2. 萧条区域

萧条区域是经济发展水平相对落后的地区，它们过去曾是经济发达地区，有的甚至是高度发达地区。在它们的经济结构中占主导地位的是那些传统型的第二产业部门，诸如煤、钢、造船与纺织等。随着时代发展，这些行业都由创新阶段进入到衰退阶段。这种陈旧的经济结构给此类地区带来了主导产业衰败，企业开工严重不足，结构转换乏力，失业率高，地区经济与人均收入增长缓慢，人民生活水平逐步下降，人口大量外迁等一系列问题。因此，这类区域的表现是停滞不前与死气沉沉，它不仅存在于发达国家，也存在于发展中国家，我国东北和中西部的一些工矿业城市地区是比较典型的地区。在 20 世纪 20 年代，英国苏格兰南部、威尔士以及英格兰北部也先后衰落为萧条区。与贫困区域不同的是，这类地区人均收入与生产发展水平可能仍不低于全国平均水平，而且社会基础设施完备，科学文化比较发达。

3. 膨胀区域

膨胀区域是经济发展水平绝对发达的地区，经济活动过于集中，产业布局高度拥挤。发达国家如英国以伦敦为中心的英格兰东南部地区、美国的纽约—费城地区、法国以巴黎为中心的中部地区，不发达国家如印度的孟买地区、缅甸的仰光地区，等等。这类地区历史上曾长期是国家经济发展的重心，第二、三产业特别发

---

① 张可云：《区域经济政策》，第 12～13 页，北京：商务印书馆，2005。

达。从表面上看，地区经济高度繁荣，就业率高，居民收入大大高于全国平均水平。但潜在的问题是，由于产业、人口过度集中，地区规模急剧膨胀，各种外部不经济现象开始出现，诸如向企业、居民提供同等水平的基础设施往往需要比其他地区投入更高的成本，而且因污染、噪音、犯罪等公害而造成的环境成本上升；因住房、交通、入学等紧张而造成的社会成本提高，致使当地居民遭受到生活开支加大和生活质量下降双重损失。目前，膨胀区域已经出现了第二产业"空心化"的趋势。

由上述可以看出，之所以出现问题区域，主要是因为这些区域经济结构落后、陈旧或臃肿、紊乱，导致区域企业竞争力下降，失业率较高，人民生活水平或质量处于下降的趋势，从而影响到社会的安定以及整个国民经济的协调发展，因而必须借助于区域经济政策来解决这些区域问题。

（三）促进社会和谐发展是区域经济政策产生的社会动机

社会因素有多种存在形态，其中就业因素和区域社会福利差异问题是影响区域经济政策的最主要的社会因素。从自由主义理论的角度看，实现区域的充分就业和缩小区域社会福利差异，应该可以通过市场机制的调节来实现，但现实中，在完全市场调节下，区际就业差异和社会福利差异很大。在贫困区域或萧条区域，失业率上升，人民生活和社会福利水平出现相对下降甚至绝对下降；相反，在发达区域，人们的收入和社会福利远远高于其他区域。长此以往，就不可避免地将引发或加剧发达区域与欠发达区域、衰退区域之间，城市与乡村之间的社会矛盾和冲突。事实证明，这种状况如果得不到及时、有效的解决，就会引起社会动荡，危害无穷。对于这种由经济原因而引起的社会问题，除了采取一些社会性措施去解决外，根本的办法是运用区域经济政策，合理调控各个区域的经济发展，特别是加快贫困区域和萧条区域的经济发展，提高人民的收入水平，公正分享发展所带来的经济好处，消除地区之间社会分配不公现象，促进社会的和谐发展。这既是其他经济政策所要求的，也是区域经济政策所关心的。

（四）政治需要是区域经济政策产生的政治动因

区域之间的经济、社会矛盾往往会在国家的政治生活中反映出来，而且还会因此而产生或强化以经济、社会利益为背景的区域性政治集团。例如美国，既有东部利益集团，也有西部利益集团；在前苏联，既有欧洲部分集团，也有西伯利亚集团等。所以，在西方国家乃至一些原社会主义国家，为了平衡这些政治集团的势力，或者为了在竞选中获得更多选票，往往通过区域经济政策来反映和满足区域利益集团的要求，逐步缩小区域经济社会发展差距，以维护国家安定的政治环境或在政治上取得优势地位。

（五）实现区域的可持续发展是区域经济政策产生的环境动因

人是大自然的一部分，人类越是向前发展，需要层次不断升级，对自然环境的要求就越高。一部人类社会的发展史从某种意义上说是一部与环境的生存斗争史。然而，人类在经济发展的过程中，不断破坏自然环境事件时有发生，人口、资源、环境严重失调，人地关系处于剧烈的对抗中。如何实现区域的可持续发展，协调人与自然的关系，已经成为区域经济科学研究的核心问题，同时也是区域经济政策实施的对象。通过区域经济政策的实施，国家可以调整区域的资源开发活动，保护和改善环境，协调区域间在资源利用、环境保护方面的行动，为区域和国家的可持续发展创造良好的条件。

需要指出的是，区域经济政策的产生是多种因素共同作用的产物。但是，在不同国家或者同一国家的不同经济发展阶段，各个因素在区域经济政策中所占的地位是不同的。例如，在西方发达国家，最初的区域经济政策在很大程度上是起因于社会因素而非经济因素，只是到了 20 世纪 50 年代末和 60 年代初，经济因素才在区域经济政策中发挥主导作用。

第三节　区域经济政策的目标

所谓区域经济政策目标，是指运用区域经济政策工具解决区域问题时所要实现的目的的明确表述。[①] 作为区域经济政策的政策取向，区域经济政策的目标既是政策工具和手段选择的基础，又是对区域经济政策效果评价的依据和参照标准。可以说，区域经济政策目标是制定区域经济政策的起点和终点，其导向选择的合理与否是区域经济政策制定和实施成败的关键。

一、区域经济政策目标的界定

关于一个国家或地区经济政策的目标，一般认为包括充分就业、价格稳定、经济增长、国际收支平衡等四大目标。但具体到区域经济政策，由于不同区域间经济社会发展水平及文化背景存在巨大差异，各国中央政府、区域经济集团组织或学者在研究制定区域经济政策时，所要达到的目标往往各不相同，甚至是同一个国家的中央政府或区域经济集团组织所属的不同机构，在制定各项具体的区域经济政策时，所要达到的调控目标也不可能完全相同。美国著名区域经济学家 E. M. 胡佛认为："区域经济政策的最终目标，是通过增进个人福利、机会、公平和社会和睦体现出来的。因此，一个区域的经济政策，显然应该有助于提高人均实际收入，实现充分就业，扩大个人职业和生活方式的选择范围，保障收入和避免造成收入悬殊。"[②] 欧盟的前身欧共体于 1958 年签订的《欧洲经济共同体条约》则强调欧共

---

① 张可云：《区域经济政策》，第 201 页，北京：商务印书馆，2005。

② ［美］E. M. 胡佛著，王翼龙译：《区域经济学导论》，第 289 页，北京：商务印书馆，1990。

体的区域经济政策的任务就是"希望通过缩小存在于各区域间的差距和降低较贫困区域的落后程度，加强各国经济的一致性和保证它们的协调发展"。① 最早制定区域经济政策的英国，其区域经济政策的目标被总结为五个方面：①区域应最终实现自立增长；②区域收入水平应该是"可接受的"；③区域就业水平应该是"可接受的"；④区域不能因人口迁移而流失大量人口；⑤不同区域的失业率不应差别太大。②

由上述可以看出，从总体上讲，区域经济政策的总体目标是追求经济效率和社会公平的最大化，促进区域经济的协调发展，实现经济的高速增长和资源在空间上的有效配置。涉及具体内容，区域经济政策目标不仅包括区域经济发展目标，而且包含了社会、政治及环境等方面的目标要求，是一个多层次、多项目的复杂系统。

（一）区域经济政策的总目标

区域经济政策的总目标是追求经济效率和社会公平的最大化，即实现效率与公平的统一。作为人类实践活动的两种重要价值观，经济效率与社会公平之间的关系问题历来是各国政府和学术界普遍关注的重大课题，正如美国著名学者阿瑟·奥肯所说："平等与效率的抉择……是最大的社会经济抉择，而且它在社会政策的各个方面困扰着我们。我们无法在保留市场经济这块蛋糕的同时又平等地分享它。"③也就是说，两者是既矛盾又统一的辩证关系，如何正确处理两者之间的关系，如何在实际执行过程中兼顾效率与公平，是制定区域经济政策遇到的首要问题。

从世界各国的实践可以看出，经济发展的不同阶段，效率与公平的组合是不同的。在经济不发达阶段，经济效率和社会公平一般处于矛盾时期。这一"矛盾"表现在：要实现国民经济的高速增长，就不利于区域之间的平衡发展；而要实现区域之间的平衡发展，就可能影响国民经济的增长速度和效率。因此，这一时期，效率与公平之间存在着一种替换关系，要么效率优先、兼顾公平，要么公平优先、兼顾效率。那种为了效率牺牲公平、或者为了公平牺牲效率的极端做法在实践中是不存在的。在经济中等发达阶段，经济效率和社会公平目标将由矛盾走向统一。在这一时期的前半部分，经济效率和社会公平目标之间仍然是矛盾的，但矛盾的程度有所缓和；到了后半部分，两者之间相统一的迹象开始出现。这时，尽管效率和公平之间还有矛盾，但矛盾的方面已经不起主导作用。上述两个阶段区域经济政策的核心问题是如何解决区际差异问题。在经济高度发达阶段，经济效率和社会公平目标达到统一。这一"统一"表现在：一方面，公平促进效率。区域经济的发展和整体效率的提高，靠的是区域全体成员积极性的充分发挥，而积极性的发挥又取决于

①　张可云：《区域经济政策》，第34页，北京：商务印书馆，2005。

②　张可云：《区域经济政策》，第223页，北京：商务印书馆，2005。

③　阿瑟·奥肯著，王奔洲译：《平等与效率：重大的抉择》，北京：华夏出版社，1987。

每个成员对公平的感受，让绝大部分成员感到社会公平，使得他们愿为区域的发展创造财富、贡献力量，从而可以加速国民经济的高度增长。另一方面，效率创造公平。首先，效率决定公平的存在及其发展，只有当效率提高，剩余产品出现后公平才会发生。而且随着效率的不断提高，公平也会不断发展。其次，效率是实现公平的"物质基础"，没有一定的效率，国家就不可能积累足够的资金用来支持落后地区的开发。区域间的不平衡只有在经济向前发展的过程中才能得到纠正。这一时期，公平和效率之间是正相关关系，区域经济政策的重心则是追求社会公平目标，因此，区域经济政策目标的选择应根据区域发展现状及目标需求来共同确定。①

（二）区域经济政策的子目标

由于各国国情和面临的区域问题性质不同，其区域经济政策的子目标不会完全相同，但一般都包括经济目标、社会目标、环境目标和政治目标等四大目标，而这四大目标又可进一步分成若干子目标（见表 15-1）。而且，区域经济政策的子目标是动态的，随时间的推移会不断发生变化。在经济发展的初级阶段，经济目标占据主导地位；随着经济的发展，社会目标将上升为主导地位；在经济发达阶段，环境目标和政治目标将占主导地位。

表 15-1　　　　　　　　　区域经济政策子目标的宗旨和类型

区域政策的子目标	宗旨	具体子目标
经济目标	解决区域经济问题	缩小区际经济发展水平差距 生产力的合理布局 经济空间的扩大和新区开发 促进落后地区经济增长 衰退地区的复兴 核心地区经济活动的扩散 提高衰退地区、落后地区就业率 降低衰退地区、落后地区迁移率 实现地区经济一体化
社会目标	解决区域社会问题	缩小区域社会发展水平的差异 缩小区际生活质量的差异 改善落后地区教育、文化、卫生状况
环境目标	解决区域生态环境问题	环境保护 国土整治 资源的合理利用 "三废"的治理

---

① 陈栋生：《区域经济学》，第 258～259 页，郑州：河南人民出版社，1993。

续表

区域政策的子目标	宗旨	具体子目标
		生态环境的恢复和重建
政治目标	解决区域政治问题	区域政治一体化 国防安全 少数民族地区、边境地区的安全与稳定

资料来源：丁四保等：《区域经济学》，第 317 页，北京：高等教育出版社，2003。

二、区域经济政策目标的选择

从以上分析可知，区域经济政策具有多种目标性。由于这些目标是不完全统一的，所以，区域经济政策常常遇到目标冲突的困扰。从本质上看，这些目标之间的冲突可以归结为效率与公平的矛盾。因此，在制定区域经济政策时，需要确定效率目标与公平目标的主从关系。一般而言，效率目标与公平目标何者居先，应根据以下几个方面的情况来确定：

1. 根据当前的区域经济发展不均衡状况进行选择

在一个国家内部，区域经济非均衡发展引起的发展差距存在一个"适度间距"，其上限应以不影响或很少影响国民经济的整体发展为界，其下限应以问题区域的可承受程度以及不发生社会矛盾为准。如果超过适度间距的限度，地区间、城乡间经济发展的差距太大，已经成为经济进一步发展的障碍，甚至有触发经济、社会、政治危机的可能，则无论总的经济形势如何，在国家的发展战略中都要把社会公平原则放在重要地位，更加注重社会公平。否则一旦问题爆发，后果将难以收拾。反之，如果地区间的不平衡状况并不显著，社会比较安定，则有可能在区域发展中，把追求发展的高速度放在更加重要的位置上。

2. 根据特定的经济发展阶段进行选择

根据威廉姆森（J. G. Williamson）在 20 世纪 50 年代对 24 个国家实际资料的分析，发现在区域差异与经济发展水平之间存在一个倒"U"形的相关规律，即在国家经济发展的不发达阶段，区际差距会拉大，随之经济逐渐成长，区际差距趋于缩小，而到了经济发达阶段，区际差距又将进一步扩大。因此，在经济不发达阶段，应该选择经济效率优先目标，集中人力、物力、财力，发展条件较好的地区，以取得高效的投资回报，促进经济高速发展；反之，若国家经济发展处于发达阶段或成熟阶段，已经具备了解决区域经济差异所需的经济条件，那么就应该把公平目标作为区域经济政策的优先目标，实现全社会的共同富裕。

3. 根据国家在特定阶段内对经济发展的预测进行选择

经济发展具有周期性波动，在波动周期内经济繁荣与经济衰退往往相继出现。

如果估计在计划期间，经济处于繁荣时期，则应以经济效率为发展主要目标，以社会公平目标为辅，因为一旦错过这个时机，经济就会落后几年甚至更长时间，再想追上去就非常困难。反之，根据预测，如果计划期间的经济将主要处在危机、萧条阶段，则应以社会公平为主要发展目标，只有通过公平目标的实现，才能为下一轮的经济起飞创造条件。

4. 根据区域经济发展的实际情况进行选择

由于不同的区域所面临的经济发展问题是不相同的，其区域经济政策的目标也应与之相协调。一般而言，在欠发达区域，应该以追求效率目标为主；在发达区域，应更多地关注公平目标。

第四节　区域经济政策的主要内容

在确定了区域经济政策目标以后，就应该针对各项区域经济政策目标，科学拟定相应的区域经济政策体系，运用合适的政策手段和工具，以确保区域经济政策目标的实现。由于区域经济政策目标是多重的，区域经济政策体系也是一个由各种政策手段和工具组合的复杂体系。从层次上讲，包括宏观和微观的政策体系；从性质上讲，包括支持性和限制性的政策体系；从手段上讲，包括经济手段、法律手段、行政手段等；从内容上讲，包括区域财政政策、区域金融政策、区域投资政策、区域产业政策、区域就业政策以及特殊地区的特殊政策等；从实践中看，各种政策手段和工具常常是相互交织在一起共同使用的。

一、区域财政政策

区域财政政策，是世界上大多数国家的中央政府，在多数情况下都要实行的一种国家区域经济政策，它是通过利用税收、政府支出和公债的运转，以预定的方式影响各个区域的经济活动，并通过干预公共部门和私人部门之间的资源配置及使用，以达到区域经济政策的目标。区域财政政策主要包括区域补偿政策和区域税收政策。

（一）区域补偿政策

区域补偿政策，又称区域转移支付政策，是国家为了实现区际社会经济的协调发展，解决由于中央和地方之间的纵向不平衡和各地区之间的横向不平衡而产生的某些区域、某些产业和某些人口的发展落后而采取的一项区域经济政策，主要涉及财政资金在不同区域政府间的再分配。政府间财政转移支付一般存在三种形式：中央财政与省级财政之间的财政转移支付、中央财政对贫困县的财政转移支付以及发达省区对欠发达省区的财政转移支付。其中，中央财政对省级财政的转移支付是区域补偿政策的重点，主要包括三个方面的内容：①缩小地区差距方面的转移支付；

②基本公共服务设施建设方面的转移支付；③扶贫方面的转移支付。

在市场经济条件下，政府财政投资主要用于交通、通信、水利、卫生、教育等社会公共品的建设。对于经济较发达地区，政府财政可以满足社会公用设施建设要求，投资环境较好；而对于欠发达地区，由于政府财政入不敷出，导致社会公用设施建设严重不足，投资环境较差，经济发展落后。因此，在这一背景下，财政转移支付作为一种重要的援助手段，对于改善欠发达地区投资环境，促进区域经济发展、缩小区域发展差距具有重要意义。

（二）区域税收政策

区域税收政策主要是通过改变企业发展的外部环境，为特定区域的企业提供更多的发展机会，实现以企业发展带动区域进步，进而促进区域经济高速发展的政策措施，其核心内容是，在某些特定地区，尤其是政府大力支持发展的地区，通过对区域内部分企业的税收减免来促进区域经济发展。国家实施区域税收政策的重要手段是税收优惠，主要表现在两个方面：一是通过减免特定区域企业在特定时期的应缴纳的全部或部分所得税，提高该区域内企业的盈利水平，增加投资吸引力，促进区域经济发展。二是在某些特殊地区，除了减免区域内企业的所得税之外，对其部分或全部的进出口关税也实行减免政策，如出口加工区、自由贸易区、自由港等，通过对各项税收的减免，促进特定区域经济的开发和高速增长。

在正常情况下，企业发展有其自身的规律，需要一定的外部条件配合。一般而言，在外部条件更有利于企业发展的地区，通常经济发展得更快。而税收政策是外部条件中相当重要的一个外部条件，其对企业发展影响巨大，我国经济特区的企业发展就证明了这一点。

二、区域金融政策

区域金融政策主要是国家通过对区域间货币和资本的供给与流通状况进行调控，以此来影响区域经济发展空间格局的一种区域经济政策，它常常用于"活化"问题区域，尤其是不发达地区的经济开发。在不发达地区，由于没有或者缺少足够的熟练劳动力和投资环境，导致该类地区缺少货币和资本的流入，区域金融政策就是为了弥补不发达地区的缺陷，通过一定的货币金融手段，为不发达地区的开发人为地创造出"吸引力"。具体措施包括：①对不发达地区提供投资补助。②对在不发达地区的人员提供就业补助。③政策性投资。在许多发展中国家，由于政府已经认识到了银行对农村地区和小城镇发展的制约作用，纷纷建立了投资银行或发展银行等政策性投资，来支持不发达地区的发展，如非洲尼日利亚的农村银行系统、巴西农村信用社、印度地区银行、孟加拉的格雷敏银行等，其中孟加拉的格雷敏银行在孟加拉农村和小城镇发展中发挥了重要的作用。④贷款优惠。在市场经济条件下，银行是一个独立经营、自负盈亏的市场主体，因而国家只有通过一定的政策鼓励商业银行将资金投放到国家需要的区域，这种贷款就是优惠贷款。优惠贷款一般由商业银行提供，政府向银行补偿优惠利率与市场利率之间的差额，并为贷款提供担保，有时资金也可由政府机构和政策性银行提供。⑤培育区域资本市场。在发展中国家，资本市场不发达，因此通过在一些地区培育资本市场，进行内部积累、横向集中和社会化控制等资本运营，促进区域经济的发展。

三、区域投资政策

区域投资政策，是指中央政府通过投资决策权或一些经济调节手段、杠杆来调整区域投资、优化区域投资结构而实施的一项区域经济政策，它包括国家直接投资政策、国家间接投资政策。

国家直接投资政策是指国家利用它们在基础设施及生产性项目建设上的投资决策权，选择一部分地区作为基础设施及生产性项目建设的重点投资地区，通过它们所属的投资机构注入建设资金来促进这些特定地区的经济发展，其投资方式主要包括国家预算内投资、国内银行贷款以及国家可利用的外资等。一般来说，在发展中国家或计划经济国家，中央政府的投资决策权较强，因而常运用直接投资政策来促进特定区域的发展。一般来说，国家直接投资多用于交通、通信、能源等基础设施的建设上，以改善特定地区的投资环境，吸引国内外的投资。有时，中央政府也直接投资于某些重大工业项目的建设，以促进地区的经济发展。如我国在"一五"计划时期投资兴建的一些重大工业项目，基本上是国家直接投资，它对于我国工业体系的建立和完善意义重大。

国家间接投资政策是中央政府综合运用经济杠杆，通过制定若干政策和采取相应措施，来引导、调节、规范和补救各种利益主体的投资行为，促进区域投资结构的优化。在市场经济国家，由于政府的投资决策权相对较小，生产性项目投资一般来自于私人机构，基础设施建设资金来自财政支出的也只占很少一部分，因而较少运用直接投资政策，更多的是利用间接投资政策，来促使资金进入问题区域，以促进这些区域的经济发展。完善国家间接投资政策包括三个方面的内容：一是促进投资的财政金融政策，如前所述的税收优惠、优惠贷款等；二是积极发展共同投资基金；三是建立和完善相关的金融管理机构，统一使用地区开发资金。

四、区域产业政策

区域产业政策是指政府根据区域分工和整个国民经济发展的要求所制定的调节和控制区域产业结构和产业空间配置的相关政策的总和，其目的是根据区际经济差异和区域经济优势，确定主导产业部门，形成各具特色的区域产业结构，实现区际间产业分工、产业结构的有机耦合。区域产业政策从影响内容上划分，可分为区域产业结构政策、区域产业组织政策、区域产业技术政策及区域产业布局政策四个方面。

（一）区域产业结构政策

区域产业结构政策是以促进区域产业结构合理化和高级化为目标的政策，其政策设计的重点是区域产业选择，即通过区域主导产业的选择来改变区域产业结构不合理的状态，推进区域产业结构的升级或高级化、现代化。一般来说，区域主导产业的选择应综合考虑区域发展能力、产业的规模经济效益、产业创新能力、需求收入弹性、产业关联度、生产上升率等指标，充分发挥区域优势和企业创造力，促进区域产业结构的合理化和高级化。

（二）区域产业组织政策

产业组织政策是指调控一个产业内的资源配置结构的一种经济政策。对于区域而言，不仅要求每一个区域规划各产业内部企业的合理规模，使其充分发挥规模经济效益，而且还要保证区域产业内部企业的一定数量，使企业间能够展开平等竞争。从世界各国的实践看，传统区域产业组织政策的重点就是推行大规模生产，建立以大型企业带动区域发展的产业组织形式，这种政策虽然有利于规模经济效益的发挥，但对于避免垄断效果不佳，一定程度的垄断则限制了欠发达地区的经济发展。因此，为适应区域经济发展需要，现代区域产业组织政策的重点转变为：一是反对垄断，创造合理竞争的政策环境；二是扶持和促进中小企业的创建和成长；三是推动企业按经济规模生产，实施专业化协作。

（三）区域产业技术政策

技术进步是区域经济进步的主要源泉，也是区域产业结构升级的主动因。因此，有效的区域产业技术政策对实现区域产业结构合理化、推动产业技术进步具有重要意义。区域产业技术政策的设计包括两方面内容：一是根据区域的经济发展条件、产业的技术特点，综合考虑不同层次技术的资源特征、经济效果、社会效果、与相关系统的相容性及发展前景，确定产业适用技术及发展方向；二是按照选定的技术，通过开发或引进等方式，推动技术的实施。

（四）区域产业布局政策

由于经济的极化效应，生产要素往往会选择在某一优势空间集聚，形成区域化经济，但在取得集聚规模效益的同时，会导致区域经济非均衡发展，形成明显的区际差距。区域产业布局政策就是国家调整资源在地理空间配置结构的一种经济政策，其目标是既要提高区域经济的整体效益，又要缩小区域间经济发展的水平差距。区域产业布局政策主要包括两个方面的内容：一是在产业建设上，因地制宜，充分发挥各区域的比较优势，充分调动各区域经济的内在活力，实现区域经济综合效益的优化；二是在产业的空间布局上，要统筹规划、突出重点，坚持重点开发与协调发展相结合，促进区域间的合理分工和城乡间的相互支持，以形成区域间优势互补、良性互动的区域协调发展机制。

五、区域就业政策

区域经济政策的主要目标之一就是缩小失业率的地区差异，实现充分就业。区域就业政策主要指政府为有效调节区域间的劳动存量，合理配置劳动力资源，最大限度减少失业，实现区域充分就业而制定的相关性政策法规。由于问题区域及区域问题在不同国家和地区存在形式不同，区域就业政策在不同的国家侧重点也有所不同，纵览各国区域就业政策，其主要内容包括如下几个方面：

1. 以持续增长的经济活力创造就业机会。通过优化区域产业结构，改造传统产业，大力发展高附加值产业，积极扶植中小企业，大力发展服务业等措施在保持经济持续增长中拓展就业空间。

2. 建立健全的失业保障制度。建立健全的失业保障制度是就业政策的一个重要方面，它是对失业者提供的保护和激励措施，在实现失业人员再就业中起到了一定的作用。完善的失业保障制度必须建立在完备的立法之上，以法律为依托，以健全的政府职能为保证，严谨、协调地贯彻实施。

3. 加强对劳动者的培训和再培训，提高劳动者素质和就业能力，减少结构性失业。

4. 以促进劳动力市场灵活化为目标，完善劳务市场机制，促进劳务市场和劳动组织的现代化，使之适应经济发展的要求。①

六、区域法律政策

许多国家通过立法手段，使区域财政政策、区域金融政策、区域投资政策等的实施有法可依，特别是在市场经济发达国家。如英国于1934年的《特别地区（发展与改善）法》，被认为是第一部针对区域问题的立法，旨在解决巨大的事业差距。美国则于20世纪60年代颁布了一系列法案，如《地区再开发法案》、《公共工程域经济开发法案》、《阿拉巴契亚区域开发法案》等，以促进问题区域的经济发展。②

第五节　区域经济政策效应及其评价

区域经济政策效应及其评价是合理、有效地发展区域经济的必然要求，它是提高区域经济政策效率的保证，对区域经济政策的制定者、实施者与受益者起到监督作用，同时也是改善区域经济政策的主要依据。

---

① 母爱英：《区域经济政策新视角研究》，第25页，北京：经济科学出版社，2004。
② 丁四保等：《区域经济学》，第319~320页，北京：高等教育出版社，2003。

一、区域经济政策效应

关于区域经济政策效应，不同学者有不同的理解和界定。大体有以下五种解释：①实际国民生产总值（GNP）增长的最大化程度；②以最小的社会成本实现一定量的区域政策目标；③受援地区实行区域政策后导致更大的区域产出和区域就业；④区域政策目标是否实现及其实现程度；⑤区域政策成本和区域政策效益的比较。

事实上，区域经济政策的实施也是一项经济活动，也存在投入和产出，即存在成本和效益之间的比较，这一比较就是区域经济政策效应。一般来说，如果政策效益大于成本，就说明区域经济政策效应为正，反之说明区域经济政策效应为负。

但是，区域经济政策的实施，并不是一项简单的经济活动，其成本和效益的度量比较困难。有些国家为了便于操作，将区域经济政策的目标进行量化，设计相应的指标体系来评价区域经济政策效应。但是，在实践中，对目标进行量化是一件困难的事情。首先是区域经济政策的目标是一个由多目标组成的相互交织的体系，精确量化的难度很大；其次是区域经济政策在实际执行过程中受到一系列偶然因素的影响，这些偶然因素并不是政策制定者们所能够完全控制的，因而一项区域经济政策到底能够产生多大数量化的经济效益，事前往往难以准确测定。因此，单纯依靠目标的量化难以取代区域经济政策效应的评价。

二、区域经济政策效应的评价

（一）区域经济政策效应评价的内涵与特点

区域经济政策效应评价是根据既定的程序与方法对区域经济政策产生的结果和效益进行系统的评价和科学的预测，以提高区域经济政策的合理性与作用的工作过程，它是区域经济政策在制定和实施过程中产生最佳效益的保证。由于区域经济政策实施过程中会受到自然、社会、经济、政治等多种因素的影响，其实施后的结果如何；能否达到政策预期的目标；通过何种途径、方式和手段在何时何处推出区域经济政策，所产生的结果才能令各方面满意；如何判断区域经济政策实施过程中的效益是好还是坏，是大还是小；当影响区域经济政策制定和实施的背景、基础、条件和因素等发生变化时，是否需要对区域经济政策进行调整；如何调整才能产生最佳效益；如此等等，都是值得区域经济政策的研究者和制定者认真思考的问题。要对这些问题作出准确的判断和精确的回答，并非轻而易举，其根本途径就是综合运用区域经济政策评价方法，进行区域经济政策效应评价。

一般来说，区域经济政策评价具有五个方面的特点：①科学性。评价的分析必须以科学的理论准则为依据，应采用公认的研究方法。②系统性。评价应该是系统的，需要认真选择并统一运用评价方法。③可靠性。评价的结果应该是可靠的，即不同的评价者运用同样的数据与分析方法应能得出基本一致的评价结论。④指导性。评价不仅要能够全面、客观地描述和评价区域经济政策的实施效应，而且要能够突出与区域经济政策有关的主要问题，以满足综合决策和公众参与的要求。⑤可操作性。区域经济政策效应的评价不可能也没必要把所有因素都包括进去，这就要求选择那些具有典型代表意义的指标，便于具体的操作。

（二）区域经济政策效应的评价类型

区域经济政策效应评价有多种分类法，从不同的角度出发有不同的类型划分。按评价对象，可分为区域财政政策效应的评价、区域产业政策效应的评价、区域投资政策效应的评价等；按评价工作与区域政策实施在实践上的关系，可分为区域经济政策效应的事前评价、中期评价和事后评价；按评价的目的，可分为区域经济政策效应的过程性评价和总结性评价；按评价者，可分为区域经济政策效应的内部评价和外部评价；按评价的详略程度，可分为区域经济政策效应的概略评价和详细评价等。区域经济政策效应的评价类型的划分，便于对其深化认识和进行有针对性的分析，保证评价工作能有效地进行。区域经济政策效应的评价类型不同，其评价的对象和目的有侧重，评价的条件和背景有差异，反映在评价的要求、内容和方法上也必然有所区别。

（三）区域经济政策效应的评价程序①

作为正确制定、选择和适时调整区域经济政策的基础工作，区域经济政策效应评价是一项经常性的工作，是连续的、动态的系统反馈，从发现区域问题到制定及实施区域经济政策来解决区域问题，需要经过问题的提出、目标确定、政策设计、效应评价、实施政策再到效应评价等一系列的多阶段的工作。

1. 区域问题分析

区域经济政策的制定和实施，主要是为了解决业已发生和将要发生的区域差异问题。区域问题分析应包括对问题类型、特点、性质、范围、成因、程度和对国家及地区未来社会经济发展的影响等多方面的内容；区域问题随着社会经济的发展和区域经济政策的实施会不断地发生变化，因而需要定期对其进行追踪分析；问题分析的重心是确定区域问题的重点和关键所在。

2. 区域经济政策目标的确定

区域经济政策的目标是制定区域经济政策的起点和终点，同时也是区域经济政策效应评估的依据、标准和工具。目标的确定应注意以下几个方面：①要有针对性，即针对要解决的区域问题的类型、性质和特点等；②要适度合理，即要考虑到未来国家及地区解决区域问题的各种客观条件和能力等；③要从多角度多方面考虑目标的设计，即应从解决区域差异问题，促进地区协调发展和国家及地区社会经济持续发展等多方面来考虑其目标的设计，建立包括社会、经济、政治、环境、资源等多方面目标在内的目标体系；④要具体化和定量化，即为了便于区域政策效应的预估和评价，应将区域经济政策目标尽可能地细化和制定出目标的具体数值；⑤要有阶段性，即在确定区域经济政策目标的同时，应说明其可能的环境、条件和阶段，如短期、中期和长期等阶段性目标的时段等。

3. 区域经济政策的设计

区域经济政策按表现形式、作用目的、影响范围和实施时间等可以分成若干种类型，应根据要解决的问题和要达到的目标来进行区域经济政策的设计。包括：①区域经济政策宏观调控参数方案的设计；②侧重于解决区域某方面问题的某类区域经济政策，如侧重于解决地区间居民收入和生活水平差距的区域补偿政策等；③由若干既相互独立又相互联系的区域经济政策手段组成的区域经济政策体系。

在区域经济政策设计过程中，应注意以下几个方面：①应根据要解决的区域问题和所确定的目标提出特定时期的区域经济政策方案或区域经济政策体系；②所设计的区域经济政策不能独立或游离于国家宏观政策大系统，成为"政策孤岛"，应注意与国家宏观政策系统中的其他方面政策的相互协调性；③一个完整的区域经济政策体系的设计，应包括区域经济政策的种类，各类区域经济政策之间的区别与联系，区域经济政策实施的条件、前提、方向、方法、途径和手段等多方面的内容；④应尽可能设计多套区域经济政策方案，供评价和择优；⑤区域经济政策方案应尽可能细化和有数量说明，如财政转移支付，除了对转移支付方向和途径进行设计外，还应对转移支付的力度和水平等方面进行"数量方案"设计。

4. 事前评价

其主要任务是运用多种方法和手段，对已设计的若干区域经济政策方案在未来实施过程中的结果和效益进行系统评价和综合分析。事前评价的主要内容有：①对影响区域经济政策方案实施的各种条件和因素进行分析和预测；②根据区域经济政策目标，确定出评价指标（或评价指标体系）和评价标准；③对影响区域经济政策投入产出的有关信息、资料进行收集和处理，选择和确定有关评价参数值；④根据评价的对象、条件和要求，选择并确定评价方法；⑤对区域经济政策方案的投入产出的项目构成进行分解和估算，用已确定的评价方法对区域经济政策未来实施过程中的结果和效益进行评估和分析；⑥根据评价分析结果的具体情况，或提出较好的方案供有关部门抉择，或重复上述各步骤工作，如对问题、目标、政策等再分析、确定和设计，并进行重新评价。评价过程中应根据区域经济政策的类型及特点选用较适用的评价方法，并尽可能选择多种方法和手段进行系统评价和综合分析。

5. 区域经济政策的选择和实施

区域经济政策选择，是区域经济政策制定部门和决策者根据存在的区域问题、区域经济政策目标、区域经济政策方案及其评估报告，综合考虑和全面衡量各方面的情况及条件，如征求各地区和各部门对区域经济政策方案的意见并将其综合等，对未来推出的区域经济政策方案或区域经济政策体系所作出的选择。区域经济政策被确定下来后，就应适时地推出，进入实施阶段。在实施过程中，应注意政策的稳定性和灵活性的有机结合。应采取经济、法律和行政等多种有力的手段，使区域经济政策能够得到有效的实施，并根据各地区具体情况等保证区域经济政策有一定的机动范围；应对实施过程中所产生的结果和所遇到的问题等进行定期的监测和追踪。

6. 事后评价

区域经济政策实施到一定阶段时，应对其实施背景、条件、结果、效益等再进行系统评价和综合分析。事后评估的主要内容包括：①对已实施的区域经济政策的结果和效益进行计算，并和预期的目标进行比较，对区域经济政策效果及政策方案本身等作出评价和分析；②对区域经济政策的背景、基础、因素和条件等进行分析，对其发生变化程度、类型和特点等进行判断；③根据上述两个方面的评估结果组合类型，确定不同的策略，或继续实施原区域经济政策方案，或对原区域经济政策方案进行调整，或需要重新制定新的区域经济政策方案。在后两种情况下，需要部分或全部重复上述各阶段工作。策略的选择应视事后评估的结果而定（见表15-2）。

表15-2   事后评估可能出现的结果及策略

项　　目	基本上达到预期目标，有较好的效益	离预期目标有一定距离，效应偏低	离预期目标有较大的距离或无法实现目标，效益太差
基本上无变化	继续实施原区域经济政策方案	对原区域经济政策方案进行调整	重新制定新的区域经济政策方案
有一定程度的变化	对原区域经济政策方案进行调整	调整和重新制定	重新制定
已发生了重大的变化	重新制定新的区域经济政策方案	重新制定	重新制定

资料来源：王一鸣等：《中国区域经济政策研究》，第127页，北京：中国计划出版社，1998。

（四）区域经济政策效应评价的方法①

区域经济政策效应评价方法是区域经济政策效应评价的重要内容，评价方法选择的合理性，直接决定了区域经济政策效应评估结果的真实性，并进而影响到区域经济政策选择。具体而言，区域经济政策效应评价方法可以分为直接评价法、部分

① 母爱英：《区域经济政策新视角研究》，第32～44页，北京：经济科学出版社，2004。

评价法及综合评价法等三大类。

1. 直接评价法

直接评价法是通过分析事前确定的评价标准在不同时间、不同空间、不同部门或不同条件下的各种变化来衡量区域经济政策可能产生影响的一种评价方法。根据评价标准的不同，该方法又可以细分为劳动力标准评价法、资本标准评价法、环境和社会福利标准评价法等。

2. 部分评价法

部分评价法是对区域经济政策某单项政策目标实现状况进行分析评价的一种方法，它通过分析受援地区的某单项指标（如就业、投资、工业等）变化情况来评价区域经济政策对受援地区的具体影响。

3. 综合评价法

有关综合评价法的定义和具体范畴目前无确切标准，一般认为综合评价法是指将区域经济政策的全部成本和利益进行综合分析的一种分析方法，即区域政策成本效益分析法。与其他评价方法相比，它具有三大特点：一是综合程度高，它需要将区域经济政策的所有成本和所有效益进行对比分析。二是工作难度大，但评估价值较高。从理论上讲，区域经济政策成本效益分析包含有经济、社会、政治、生态等在内的多个方面，其影响范围囊括了区域内所有核算单位和个人，只有估算出其全部的成本和效益才能进行科学的评价。三是使用灵活，既可用于事前评估，又可用于事后评估。

主要参考文献：

1. 陈栋生：《区域经济学》，郑州：河南人民出版社，1993。
2. 张可云：《区域经济政策》，北京：商务印书馆，2005。
3. 母爱英：《区域经济政策新视角研究》，北京：经济科学出版社，2004。
4. 朱明春：《区域经济理论与政策》，长沙：湖南科学技术出版社，1991。
5. 丁四保等：《区域经济学》，北京：高等教育出版社，2003。
6. 张可云：《区域经济政策——理论基础与欧盟国家实践》，北京：中国轻工业出版社，2001。
7. 李京文：《走向 21 世纪的中国区域经济》，南宁：广西人民出版社，1999。
8. 王一鸣等：《中国区域经济政策研究》，北京：中国计划出版社，1998。
9. 安虎森：《区域经济学通论》，北京：经济科学出版社，2004。
10. 孙久文、叶裕民：《区域经济学教程》，北京：中国人民大学出版社，2003。
11. 储东涛：《区域经济学通论》，北京：人民出版社，2003。
12. 吴殿廷等：《区域经济学》，北京：科学出版社，2003。

13. 李京文：《中国区域经济教程》，南宁：广西人民出版社，2000。

14. 朱传耿等：《区域经济学》，北京：中国社会科学出版社，2001。

15. 胡兆量：《中国区域发展导论》，北京：北京大学出版社，2000。

16. 张敦富：《区域经济学原理》，北京：中国轻工业出版社，1999。

17. 孟庆红：《区域经济学概论》，北京：经济科学出版社，2003。

18. 武友德、潘玉君：《区域经济学导论》，北京：中国社会科学出版社，2004。

19. 郝寿义、安虎森：《区域经济学》，北京：经济科学出版社，1999。

后　记

　　国内外对区域经济学的研究有丰富的成果。在中国，特别是改革开放以来，对区域经济学和中国区域经济发展的研究逐步深入，渐成热潮。有的专家学者对区域经济学和中国区域经济发展的研究有深厚的功底，丰硕的成果，且有代表性的著作和论文。有的专家学者结合某一区域的经济发展对区域经济学和中国区域经济发展进行了深入的研究，出版和发表了一批有价值的著作和论文。有的专家学者对某一种类型的微观区域经济进行了深入的、颇有价值的研究。各个省（市、自治区）、市（地）、县乃至于乡镇和村的驾驭区域经济发展的领导者和实际工作者，对当地经济发展的研究和实践，都丰富了区域经济学和中国区域经济发展的研究，并对区域经济学和中国区域经济发展的研究提供了坚实的实践基础。

　　在学习和研究中国经济改革与发展的过程中，我们对中国区域经济发展产生了较浓厚的兴趣。我们步入区域经济学和中国区域经济发展的学术研究殿堂的时间较晚。尽管我们注重对区域经济学和中国区域经济发展研究的专家学者的丰富研究成果的学习，但是，我们深知，学习得还很不够。尽管如此，我们仍然愿意将我们的学习成果提供出来，以求得专家学者的指教。这本《区域经济学》就是我们的习作，渴望得到专家学者和实际经济工作者的指教。

　　本书由张秀生策划并任主编，写作提纲由编写组共同拟定，在分别撰写的基础上，由张秀生、王军民、卫鹏鹏负责全书的修改定稿。本书各章的执笔人为：张秀生撰写第七章，王军民撰写第四、十二、十三、十四、十五章，卫鹏鹏撰写第一、二、十一章，张平撰写第三章，赵伟撰写第六章，刘成奎撰写第八章，徐涛撰写第十章，第五章由张秀生和卫鹏鹏共同撰写，第九章由赵伟和张秀生共同撰写。

　　在本书编写的过程中，我们吸收了大量的国内外研究成果，在此，向成果的创作者表示衷心的感谢！凡在书中直接引用的成果，我们都作了必要的注释，并在每章的最后列出了主要参考文献。若有疏漏之处，我们深表歉意。

　　书稿虽然完成了，但我们深感我们的知识水平很难将区域经济学浩瀚的知识进行全面和准确的概括，尽管我们自己认为努力了，但错误和遗漏在所难免，我们真诚地希望专家学者不吝赐教。

　　最后，真诚地感谢武汉大学出版社为本书的撰写和出版提供的帮助，真诚地感谢责任编辑夏敏玲的辛勤劳动！

图书在版编目(CIP)数据

区域经济学/张秀生主编.—武汉:武汉大学出版社,2007.6(2015.8 重印)

21 世纪经济学系列教材

ISBN 978-7-307-05518-6

Ⅰ.区… Ⅱ.张… Ⅲ.区域经济学—教材 Ⅳ.F061.5

中国版本图书馆 CIP 数据核字(2007)第 049624 号

责任编辑:夏敏玲　　　　责任校对:刘　欣　　　　版式设计:支　笛

出版发行:**武汉大学出版社**　　(430072　武昌　珞珈山)

　　　　(电子邮件:cbs22@whu.edu.cn　网址:www.wdp.com.cn)

印刷:湖北睿智印务有限公司

开本:720×1000　　1/16　　印张:22.5　字数:444 千字

版次:2007 年 6 月第 1 版　　2015 年 8 月第 4 次印刷

ISBN 978-7-307-05518-6/F·1047　　　定价:29.00 元

21世纪经济学系列教材

- 管理经济学
- 产业经济学
- 发展经济学概论
- 新制度经济学
- 国际贸易学
- 国际投资学
- 环境经济学
- 国际经济学
- 保险学
- 产业结构理论与政策
- 区域经济学